LA CIVILISATION FRANÇAISE

Ausgabe C — Lese- und Arbeitsbuch für die Sekundarstufe II

Herausgegeben von Dr. Werner Hertel

Teil I – La France et les Français

Hirschgraben-Verlag · Frankfurt am Main 1974

ISBN 3-454-641 00-4

LA CIVILISATION FRANÇAISE
Ausgabe C — Gesamtübersicht
Teil I — La France et les Français (Nr. 641)
Teil II — La Littérature française (Nr. 642)

Das Urheberrechtsgesetz (URG) gestattet die Vervielfältigung oder Übertragung urheberrechtlich geschützter Werke, also auch der Texte und Bilder dieses Buches, nur, wenn sie mit dem Verlag vorher vereinbart wurde. Davon werden die in den §§ 53, 54 URG ausdrücklich genannten Sonderfälle nicht berührt.

Einbandentwurf: C. M. Estenfelder, Frankfurt am Main   Satz, Druck: Dr. Alexander Krebs, Hemsbach   Bindearbeit: Fink, Groß-Gerau

VORWORT

Im Vorwort der Ausgabe von 1966 schrieb der Herausgeber, daß es in der damaligen Situation des Französischunterrichts gewagt erscheine, ein neuartiges Lehrbuch für die Oberstufe zu veröffentlichen. Verglichen mit heute, lebten wir damals in verhältnismäßig geordneten und überschaubaren Zuständen. Die langsame Auflösung der gymnasialen Oberstufe, die fast totale Unklarheit darüber, was die Sekundarstufe II an Zielen und Inhalten bieten soll, nicht zuletzt die lautlose Konspiration zur Beseitigung des Französischunterrichts an unseren Schulen scheinen heute einen Verzicht auf die Herausgabe eines neuen Lehrbuchs nahezulegen.

Herausgeber und Verlag glaubten jedoch, daß nach der jahrelangen, alle Beteiligten ermüdenden theoretischen Diskussion über mögliche und utopische Lernziele und ihre Begründung Lehrer und Schüler ein Recht auf ein Lehrbuch haben, das versucht, die Summe aus den Entwicklungen der letzten Jahre zu ziehen und, ungeachtet des theoretischen Dickichts, einige für die Praxis gangbare Wege aufzuzeigen. Wenn es gelingt, den Abstand zwischen der fachwissenschaftlichen Diskussion einerseits und der fachdidaktischen und schulpraktischen Diskussion andererseits zu verringern, hat das Buch eine wesentliche Aufgabe erfüllt.

Die didaktischen Ziele des Buches sind aus dem Inhaltsverzeichnis klar zu erkennen: Landschaft, Bevölkerung, Sprache und Charakter, Verwaltung, Hauptstadt und Provinzen, Geschichte, Politik, Wirtschaft, Gesellschaft, Religion, Beziehungen zu Deutschland bezeichnen die Schwerpunkte, in denen ein Schüler im Hinblick auf seine Kommunikationsfähigkeit *Kenntnisse* über das fremde Land erwerben muß, wenn er sich sprachlich über das Vorfeld des Ferientourismus hinausbegeben will. Die angesprochenen landeskundlichen Inhalte stehen also in Zusammenhang mit sprachlichen Zielsetzungen, mit der Fähigkeit des Schülers, sprachliche Aussagen in bezug auf die andersgeartete Außenwelt Frankreichs entweder zu verstehen oder selber zu machen.

Methodisch ergab sich die bekannte Schwierigkeit, daß am Anfang der Sekundarstufe II das Problembewußtsein der Schüler weiter entwickelt ist als ihre Sprachbeherrschung. Ausführliche Erläuterungen sollen nicht nur über die größten Schwierigkeiten beim Vokabular hinweghelfen, sondern zugleich auch zu eigener Arbeit im Bereich von Grammatik und Stilistik anregen. Verständnis und Lernfortschritt werden abgesichert durch Übungen im Anschluß an das Lesestück und durch Lernkontrollen (Exercices de compréhension et de contrôle) nach einzelnen überschaubaren Kapiteln. Bei den Übungen zur Grammatik finden sich in Klammern Hinweise auf die entsprechenden Kapitel der Schulgrammatik (La Vie française, Kurzgefaßte Grammatik, Neue Ausgabe, Hirschgraben-Verlag, Bestellnummer 635 / La Vie française, Grammatik, Hirschgraben-Verlag, Bestellnummer 633).

Das Buch versucht auch, den Schüler schrittweise in verschiedene mündliche und schriftliche Arbeitsformen und Arbeitstechniken einzuführen, die ihm später in Studium oder Beruf wieder begegnen werden. Die Hinweise für dieses Gebiet mußten angesichts der Gesamtthematik des Buches notwendigerweise knapp ausfallen. Es liegt am Lehrer, sie zu nützen und anhand von Texten und Situationen zu erweitern und zu vertiefen.

Hier kann nicht der Ort sein, die nun schon seit Jahren andauernde Diskussion über die Landeskunde neu aufleben zu lassen. Im Hinblick auf dieses Problem setzt sich der Herausgeber folgende Ziele:

– An die Stelle von „*Mutmaßungen*" über Land und Leute Frankreichs und über Nationalcharakter, Wesensart usw. der Franzosen soll eine *rationale, faktisch begründete Kenntnis der Wirkungs- und Begründungszusammenhänge* treten. Landeskunde kann so schon in Sekundarstufe II auf wissenschaftspropädeutischer Basis betrieben werden, da hier die interdisziplinäre Zusammenarbeit organisatorisch eher möglich ist als auf der Hochschule.

– An die Stelle *subjektiver Einzelerfahrung* (gewonnen z. B. durch kurzen Besuch im fremden Land oder durch Begegnung mit Franzosen in Deutschland) soll die *objektive Kenntnis* aufgrund breiter eigener Information treten. Die verhältnismäßig ausführliche Bibliographie, die biographischen Angaben zu den einzelnen Autoren, Statistiken, Karten, Schaubilder und Fotos sollen dem Schüler den Weg zeigen, auf dem er methodisch exakte Kennt-

nisse über das fremde Land gewinnen kann. Register, chronologische Übersichten und Querverweise führen wissenschaftspropädeutisch in den Gebrauch eines Handbuchs ein.
— Weder Ideologie noch Schönfärberei sollen den Blick für die Realitäten des fremden Landes verstellen. Zu kontroversen Themen werden nach Möglichkeit Zeugnisse von Autoren verschiedener Tendenzen angeführt: Kritisches Bewußtsein kann nur der gewinnen, der verschiedene Möglichkeiten mit Hilfe seines Verstandes geprüft hat. Die Auseinandersetzung mit Texten und Aufgaben dieses Buches soll den Schüler ferner befähigen, Klischeevorstellungen über das fremde und das eigene Land abzubauen und einen rational gesicherten Standpunkt gegenüber europäischen Problemen unserer Tage und der nahen Zukunft zu gewinnen.

Für die Auswahl der Texte bedeutete das, daß der „brandaktuelle" Text zurücktreten mußte hinter Aussagen, die für die langfristige Entwicklung Frankreichs charakteristisch sind. Für eine solche Art der Auswahl sprach auch die Überlegung, daß Objektivität erst in einer gewissen Distanz zum Gegenstand gewonnen werden kann. Es bedeutete ferner, daß dem sachlich adäquaten, wenn auch anspruchsvolleren Text der Vorzug gegeben wurde vor Texten in simplifizierender Sprache, die das Problem eher umkreisen als in seiner Tiefe und Komplexität erfassen. Bei kontroversen Fragen wurde der Haupttext möglichst durch nicht so ausführlich kommentierte Zusatztexte (textes complémentaires, mit ▷ gekennzeichnet) ergänzt; dadurch konnte das Angebot an Texten erweitert und die Objektivität erhöht werden, ohne daß der Umfang des Buches zu stark angewachsen wäre. Mit diesen didaktischen Entscheidungen hängt auch die pädagogische zusammen, anstelle von isolierten Dossiers zu Einzelproblemen ein *Buch* herauszubringen, das dem Schüler die Übersicht über die gesamte Problematik erlaubt und ihm durch das Angebot von zusätzlichem Material die Möglichkeit gibt, die Aussage der Texte zu überprüfen, sie in einen Gesamtzusammenhang zu stellen und gegebenenfalls zu relativieren.

Die Abtrennung des Literaturteils bedeutet nicht einen Verzicht auf Literatur schlechthin oder die Behauptung, Literatur sei kein immanenter Bestandteil der Landeskunde im weitesten Sinne des Wortes. Die letzten Jahre haben sowohl in der Auffassung dessen, was Gesellschaft, als auch dessen, was Literatur ist, eine solche Fülle von Umwälzungen und Umwertungen gebracht, daß die Aufteilung in zwei Bände auch aus Kostengründen vernünftig erschien. Auf der Grundlage der fachwissenschaftlichen Diskussion der letzten Jahre muß für die Schule ein didaktisches und methodisches Konzept gefunden werden, das die Literatur sowohl aus ihrer einseitig ästhetischen wie auch aus ihrer einseitig soziologischen Abseitsstellung wieder herausführt und in das Gesamtfach Französisch integriert.

Die Arbeit an diesem Buch verlief zeitlich etwa parallel mit der Diskussion um die Neugestaltung der Curricula für die Sekundarstufe II in unserem Bundeslande (Mainzer Studienstufe). Der Herausgeber gesteht gern, daß er in weitem Umfang von den Auseinandersetzungen in dieser Frage profitiert hat, daß das Buch jedoch in keinem Fall sklavisch auf die Curricula der Mainzer Studienstufe zugeschnitten ist. Zu besonderem Dank fühlt sich der Herausgeber Herrn Studiendirektor Dr. Winfried Croon verpflichtet, von 1966 bis 1972 Fachleiter für Französisch am Studienseminar Kaiserslautern (jetzt Studienseminar Trier), dessen unbestechliche Rationalität zu steter Überprüfung des didaktischen Konzeptes zwang. Herr Dr. Croon, der geistig so eng mit der Entwicklung dieses Buches verbunden ist, wird den Livre du maître zu diesem Unterrichtswerk bearbeiten. Der von ihm herausgegebene Band «Le commentaire dirigé» (Hirschgraben-Verlag, Bestellnummer 1632) ergänzt dieses Buch sowohl in thematischer als auch in methodischer Hinsicht. Mein Dank gilt auch Madame Marie-Louise Orcel, agrégée des lettres, ancienne élève de l'Ecole Normale Supérieure (Fés/Villeneuve-Loubet), die auch dieses Mal wieder freundschaftlich bereit war, den Text auf Inhalt, Sprach- und Stilrichtigkeit zu überprüfen. Gedankt sei an dieser Stelle ferner den Fachlehrern für Französisch in Kaiserslautern und den Studienreferendaren, die in nicht zu zählenden Unterrichtsversuchen und Diskussionen einen erheblichen Beitrag zum theoretischen Fundament des Buches geleistet haben.

Der Herausgeber bittet um Verständnis im Hinblick auf manche Zahlenangaben. Der Kenner weiß, daß bei der Komplexität einzelner Gegenstände statistische Untersuchungen nur in längeren Abständen durchgeführt werden. Soweit dies möglich war, wurden bei der Niederschrift (1972) die Ergebnisse der Volkszählung von 1968 und die Angaben des Annuaire statistique de la France 1972 verwendet, im übrigen auf die in der Universitätsbibliothek Mainz oder im Buchhandel verfügbaren letzten Auflagen zurückgegriffen. Selbst wenn die absoluten Zahlen etwas korrigiert werden müßten, bleibt in der Regel die Relation (als wichtigstes didaktisches Ziel) erkennbar.

Dem Verlag gebührt Dank für die mühevolle Herbeischaffung der Illustrationen. Die textbezogenen Bilder und Grafiken sollen das Interesse des Schülers wecken, ihn zur Auseinandersetzung mit den Problemen des Buches und damit Frankreichs über den Unterricht hinaus anhalten und durch ihre Vielfalt ein lebendiges Bild des heutigen Frankreich vermitteln. Auch dieses Buch soll, wie sein Vorgänger, ein Kompendium der französischen Zivilisation und Kultur sein, mit der sich auseinanderzusetzen heute für einen jungen Deutschen sicher ebenso notwendig und anregend ist wie in der Vergangenheit.

Kaiserslautern, Juli 1974

TABLE DES MATIÈRES

I. LA FRANCE – TERRE ET POPULATION

La terre
Introduction: Les données géographiques .. 9
Texte 1: Jules Michelet, Tableau de la France 10
▷ Texte 2: Jacques Madaule, La France 14
Introduction à la méthode de l'analyse de texte 17
Le vocabulaire de l'analyse de texte 18
Texte 3: Jacques Madaule, La France, carrefour de l'Europe 18
Exercices de compréhension et de contrôle . 21

La population
Introduction: Le peuple français, résultat d'un processus historique 22
Documentation 22
Texte 4: Paul Valéry, Peuplement et population de la France 24
Quelques règles pour l'analyse de style 28
Texte 5: Alfred Sauvy, Les jeunes sont-ils trop nombreux? 29
▷ Texte 6 et Texte 7: André Aubert et divers, Jacques Boussard, L'explosion démographique au XVIIIe siècle 32
Exercices de compréhension et de contrôle . 33

Le caractère des Français
Introduction: Difficultés de définir le caractère national 34
Texte 8: Pierre Daninos, Définition des Français 35
Texte 9: André Gide, Le dialogue français .. 38
▷ Texte 10: Gabriel Le Bras, Psychologie de la France 40

Les Français et leur langue
Introduction: Le français, langue de communication universelle 42
Texte 11: Antoine de Rivarol, La clarté de la langue française 43
Texte 12: Georges Gougenheim, Le français dans le monde moderne 45
Texte 13: Marcel Braunschvig, Les origines et les travaux de l'Académie française 48
▷ Texte 14: Raymond Queneau, Langage littéraire et langage parlé 50
Exercices de compréhension et de contrôle . 52

II. PARIS ET LA PROVINCE

Administration centralisée – régionalisation
Introduction: Centralisation, concentration et disparités régionales 53
Documentation 53
Texte 15: Hervé Detton et Jean Hourticq, Une administration centralisée ... 56
Documentation: Le vocabulaire de l'administration 59
Texte 16: Charles de Gaulle, Principes et pratique de la régionalisation 61
▷ Texte 17: René Clozier, Vers une régionalisation économique de la France 64
Le compte rendu (le rapport) 66
Exercices de compréhension et de contrôle . 67

Paris
Introduction: Le rôle de Paris 68
Documentation: Quelques éléments pour comprendre le rôle de Paris 68
Texte 18: Paul Gaultier, Paris, centre intellectuel de la France 73
Texte 19: Philippe Lamour, L'avenir de Paris et de sa région 76
▷ Texte 20: Francis Carco, Paname 79
La synthèse 82
Texte 21: Gérard Marin, Vivre dans les cités nouvelles 85
▷ Texte 22: Jean Bastié, Un second Paris? ... 88
Exercices de compréhension et de contrôle . 90

La Lorraine
Introduction: Une région industrielle du Nord-Est: la Lorraine 91
Documentation 91
Texte 23: Claude Prêcheur, Paysage industriel lorrain 93
Texte 24: Maurice Barrès, Paysage lorrain . 96
La description 99

Le Bas-Languedoc
Introduction: Une région agricole du Midi: le Bas-Languedoc 100
Documentation 100
Texte 25: Paul Carrère et Raymond Dugrand, La structure économique du vignoble languedocien: dangers de la monoculture 101
Texte 26: André Gide, Bas-Languedoc ... 104

La Bretagne
Introduction: Une région maritime de l'Ouest: la Bretagne 106
Documentation 107
Texte 27: François-René de Chateaubriand, Portrait de la Bretagne et des Bretons 109
Texte 28: Pierre Flatrès, La vie maritime ... 113
▷ Texte 29: Yves Poupinot, Problèmes des pêcheurs bretons 117
Exercices de compréhension et de contrôle . 119

III. UN PASSÉ VIVANT

Introduction: Les Français et leur histoire . 120

La France monarchique

Texte 30: Jacques Bainville, Charlemagne, rénovateur de la civilisation romaine . 120
Chronologie: La France sous les Mérovingiens et sous les Carolingiens 123
Texte 31: Jules Michelet, La merveilleuse aventure de la Pucelle 124
Chronologie: Historique de la Guerre de Cent ans 126
Chronologie abrégée de la France médiévale et du XVIe siècle 126
Texte 32: Maurice Andrieux, Henri IV, un roi juste et paternel 127
Chronologie abrégée de la France à l'époque des guerres de religion et de Henri IV 130
Le portrait 131
Texte 33: Voltaire, Prospérité de la France sous le règne de Louis XIV 132
Texte 34: Mothe-Fénelon, Les misères à la fin du règne de Louis XIV 136
▷ Texte 35: Voltaire, Portrait de Louis XIV . . 139
▷ Texte 36: Roland Mousnier, Fénelon jugé par un historien moderne 139
Chronologie: Historique du règne de Louis XIV 140
Texte 37: Jean-Jacques Rousseau, L'oppression du peuple 140
▷ Texte 38: Arthur Young, La vie dans les campagnes à la veille de la Révolution française 144
Exercices de compréhension et de contrôle . 145

La Révolution et l'Empire

Introduction: Importance historique de la Révolution française 146
Texte 39: Déclaration des Droits de l'homme et du citoyen 146
Texte 40: Georges-Jacques Danton, «De l'audace, encore de l'audace» . . . 150
Chronologie: La Grande Révolution et la Première République 153
Texte 41: François-René de Chateaubriand, Pour et contre Napoléon 153
▷ Texte 42: Georges Lefebvre, Napoléon jugé par un historien moderne 156
Chronologie: Historique du Premier Empire 158

L'époque moderne

Introduction: Les étapes de l'histoire française depuis la Révolution 159
Texte 43: Félicité-Robert de Lamennais, Présage d'un monde nouveau 159
Texte 44: Emile Zola, «J'accuse!» 162
Texte 45: Henri Michel, La Résistance 166
▷ Texte 46: Charles de Gaulle, Appel aux Français du 18 juin 1940 168
Chronologie: Historique de la Résistance . . 170
Le discours et l'exposé oral 170
Exercices de compréhension et de contrôle . 171

IV. ASPECTS DE LA VIE FRANÇAISE CONTEMPORAINE

La vie politique

Introduction: Tendances de la vie politique française 172
Texte 47: La Constitution de la Ve Republique 172
Chronologie: Les crises du régime républicain 176
▷ Texte 48: Charles de Gaulle, L'opinion du général de Gaulle sur le rôle du chef de l'Etat 177
Documentation: Les partis politiques français 178
▷ Texte 49: Raymond Aron, Esprit de la société politique française 181
Visualisation et présentation orale 182
Texte 50: Roger Garaudy: Les événements de mai 1968: Crise historique . . . 183
▷ Texte 51: Raymond Marcellin, La défense de la République contre les groupes révolutionnaires 186
Texte 52: Valéry Giscard d'Estaing, Changement 187
Chronologie: Petite histoire du gaullisme . . 189
Exercices de compréhension et de contrôle . 190

L'économie française

Introduction: Les mutations de l'économie française 191
Documentation 191

L'industrie

Documentation 193
▷ Texte 53: Jacqueline Beaujeu-Garnier, L'essor de l'industrie française 194
Texte 54: Bernard Chenot, Le rôle des entreprises nationalisées dans une démocratie libérale 197

L'agriculture

Introduction: Les problèmes de l'agriculture française 200
Documentation 200
Texte 55: Georges Navel, Un fermier traditionnel 202
▷ Texte 56: Jean Lévêque, Les forçats de la terre s'éloignent de leur bagne . . 204
▷ Texte 57: Marcel Cazalé, Le poids de l'agriculture française dans le Marché commun 206
Exercices de compréhension et de contrôle . 207

La vie sociale

Introduction: Les classes sociales en France 208

La bourgeoisie

Texte 58: Pierre Sorlin, La culture bourgeoise 209
▷ Texte 59: Roland Barthes, Mythes bourgeois, aujourd'hui 212
Texte 60: Jean-Paul Sartre, Dimanche de bourgeois en province 214

Les ouvriers

En guise d'introduction:
Texte 61: Pierre Miquel, Les catégories d'ouvriers dans la France d'aujourd'hui 217
Documentation 217
Texte 62: Jacques Destray, Un ouvrier et son travail 218
▷ Texte 63: Eric Albert, Un prolo 220

Les syndicats des travailleurs

Documentation 222
Texte 64: Lucien Rioux, Le délégué du personnel 222
Chronologie: Histoire du mouvement ouvrier et de la législation sociale en France 225
Exercices de compréhension et de contrôle . 226

Les forces religieuses

Introduction: Nombre et diversité des croyants 227
Chronologie: Histoire de la religion en France 227

La catholicisme dans la France contemporaine

Documentation: Pratique religieuse catholique 229
▷ Texte 65: François-Georges Dreyfus, Le rôle du catholicisme dans la France d'aujourd'hui 229
Documentation: Catholiques de droite, catholiques de gauche 231
Texte 66: Gilbert Cesbron, La mission apostolique du prêtre-ouvrier 232
Chronologie: Le catholicisme français et la société moderne 235
Documentation: La presse chrétienne 235

Le protestantisme dans la France contemporaine

Documentation: Répartition par départements des églises protestantes et de leurs annexes 236
▷ Texte 67: François-Georges Dreyfus, Les protestants dans la société française contemporaine 236

Texte 68: André Gide, Vieux protestants du pays cévenol 237

La laïcité et la question scolaire

Introduction: La laïcité, problème spécifiquement français 240
Documentation: Les lois de 1901 et de 1905 240
Texte 69: Michel Debré, La laïcité sous la Ve République 241
Exercices de compréhension et de contrôle . 243

V. LES RAPPORTS AVEC LE VOISIN ALLEMAND

Introduction: Les rapports franco-allemands à travers l'histoire 244
Texte 70: Robert Minder, La conception allemande de l'histoire 244
Texte 71: Paul Valéry, Une conquête méthodique 246
Texte 72: Jacques Rivière, La volonté et la patience des Allemands 248
Texte 73: Henry de Montherlant, Le parapluie du samouraï 249
Texte 74: Albert Camus, Héroïsme allemand — héroïsme français 250
Texte 75: Jean Monnet, La naissance de l'Europe unie: le mémorandum Monnet du 3 mai 1950 251
Texte 76: Charles de Gaulle, Discours à la jeunesse allemande 254
Texte 77: Déclaration commune 256
Chronologie des rapports franco-allemands 256

ANNEXES

Table des matières synoptique des exercices pratiques ....
Liste alphabétique des principaux termes grammaticaux ....
Références des textes ....
Notices biographiques sur les auteurs de ce volume..........................
Orientation bibliographique ....
Index alphabétique des noms ....
Index alphabétique des matières ....

I. LA FRANCE – TERRE ET POPULATION

LA TERRE

Introduction: Les données géographiques

Parmi les Etats du monde, la France fait bien modeste figure. Pourtant elle est en Europe l'Etat le plus étendu après l'U.R.S.S., le cinquième par la population (1969). Comparez:

Pays	Superficie (en 1 000 km²)	Population (en millions d'habitants)
U.R.S.S.	22 403	240
Canada	9 976	21
Etats-Unis d'Amérique	9 363	203
France	552	50
Espagne	504	33
Suède	449	8
Japon	369	102
Italie	301	54
République fédérale d'Allemagne	248	61
Royaume Uni de Grande-Bretagne	244	55

(Source: Statistisches Amt der Europäischen Gemeinschaften: «Statistische Grundzahlen der Gemeinschaft» 10. Aufl. 1970)

La France est située au cœur de la *zone tempérée*, entre le 42ᵉ et le 51ᵉ degrés de latitude Nord. Le 45ᵉ parallèle traverse le pays, un peu au nord de Bordeaux et de Valence.

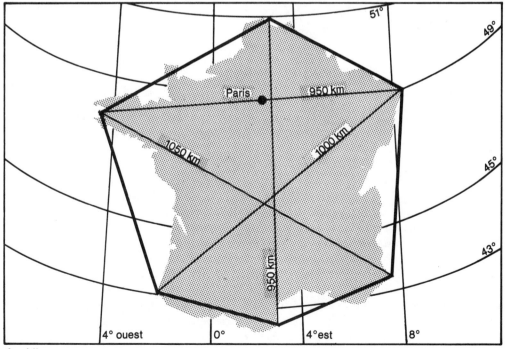

1 – L'hexagone.

Pays maritime, la France s'ouvre par 3 100 km de côtes, sur quatre mers qui comptent parmi les plus actives du monde.

Pays continental, elle a 2 100 km de frontières terrestres qui ne coïncident pas avec la frontière linguistique.

La France est européenne par son sol et ses paysages: presque toutes les formes de relief, presque tous les types de terrain du continent se retrouvent sur son territoire.

Une civilisation homogène, fruit d'une longue histoire nationale, contraste avec la *diversité* du relief, du climat, de la richesse du sol, de la population. La France est sans aucun doute le pays qui rassemble la plus grande *variété* de paysages.

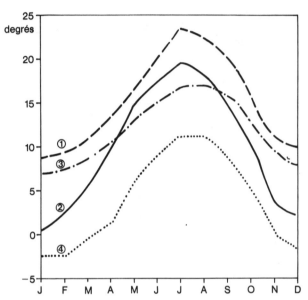

2 – Régimes thermiques
1. Toulon (climat méditerranéen),
2. Strasbourg (climat océanique dégradé à tendances continentales),
3. Brest (climat océanique),
4. Puy de Dôme (1 467 m, climat d'altitude).

Texte 1   Tableau de la France

Au début du second volume de son «Histoire de France» (1833), Jules MICHELET (1798–1874) présente une sorte d'introduction géographique, le *Tableau de la France.* L'auteur conçoit la géographie comme une base nécessaire à l'histoire: la géographie, l'histoire de la terre, doit amener le lecteur à une meilleure compréhension de l'histoire humaine. Michelet continue ainsi la tradition fondée par MONTESQUIEU (1689–1755) qui, dans l'«Esprit des Lois» (1748), avait constaté un rapport entre la nature du climat et les lois d'un peuple.

Contemplons l'ensemble de la France, pour la voir se diviser d'elle-même.

Montons sur un des points élevés des Vosges, ou, si vous voulez, au Jura. Tournons le dos aux Alpes. Nous distinguerons (pourvu que notre regard puisse percer un horizon de trois cents lieues) une ligne onduleuse, qui s'étend des collines boisées du Luxem-
5 bourg et des Ardennes aux ballons des Vosges; de là, par les coteaux vineux de la Bourgogne, aux déchirements volcaniques des Cévennes et jusqu'au mur prodigieux des Pyrénées. Cette ligne est la séparation des eaux: du côté occidental, la Seine, la Loire et la Garonne descendent à l'Océan; derrière s'écoulent la Meuse au nord, la Saône et le Rhône au midi. Au loin, deux espèces d'îles continentales, la Bretagne, âpre et basse, simple quartz
10 et granit, grand écueil placé au coin de la France pour porter le coup des courants de la Manche; d'autre part, la verte et rude Auvergne, vaste incendie éteint avec ses quarante volcans.

3 – «Une ligne onduleuse, qui s'étend des collines boisées du Luxembourg et des Ardennes aux ballons des Vosges.»
La Vallée des Lacs dans les Vosges lorraines.

Les bassins du Rhône et de la Garonne, malgré leur importance, ne sont que secondaires. La vie forte est au nord. Là s'est opéré le grand mouvement des nations. L'écoulement des races a eu lieu de l'Allemagne à la France dans les temps anciens. La grande lutte politique des temps modernes est entre la France et l'Angleterre. Ces deux peuples sont placés front à front comme pour se heurter; les deux contrées, dans leurs parties principales, offrent deux pentes en face l'une de l'autre; ou si l'on veut, c'est une seule vallée dont la Manche est le fond. Ici, la Seine et Paris; là, Londres et la Tamise. Mais l'Angleterre présente à la France sa partie germanique; elle retient derrière elle les Celtes de Galles, d'Ecosse et d'Irlande. La France, au contraire, adossée à ses provinces de langue germanique (Lorraine et Alsace), oppose un front celtique à l'Angleterre. Chaque pays se montre à l'autre par ce qu'il a de plus hostile.

L'Allemagne n'est point opposée à la France, elle lui est plutôt parallèle. Le Rhin, l'Elbe, l'Oder vont aux mers du Nord, comme la Meuse et l'Escaut. La France allemande sympathise d'ailleurs avec l'Allemagne sa mère. Pour la France romaine et ibérienne, quelle que soit la splendeur de Marseille et de Bordeaux, elle ne regarde que le vieux monde de l'Afrique et de l'Italie, et d'autre part le vague Océan. Le mur des Pyrénées nous sépare de l'Espagne, plus que la mer ne la sépare elle-même de l'Afrique. Lorsqu'on s'élève au-dessus des pluies et des basses nuées jusqu'au port de Venasque, et que la vue plonge sur l'Espagne, on voit bien que l'Europe est finie; un nouveau monde s'ouvre: devant, l'ardente lumière d'Afrique; derrière, un brouillard ondoyant sous un vent éternel.

Jules MICHELET «Tableau de la France» (1833)

A. Analyse du texte

LE VOCABULAIRE ET LES EXPRESSIONS

⁵**le ballon** nom donné aux sommets arrondis de certaines montagnes (p. ex. le Ballon d'Alsace, le Grand Ballon, etc.) — **le coteau** petite colline — ⁶**prodigieux** miraculeux; ici: extraordinaire par sa grandeur — ⁹**le quartz** [kwarts] < allem. Quarz, même signification — ¹⁰**l'écueil** (m) [ekœj] rocher ou banc de sable contre lequel un navire risque de se briser ou d'échouer (Klippe) — ¹⁴**le grand mouvement des nations** L'auteur parle de la grande migration des tribus germaniques qui, vers la fin de l'antiquité, ont pénétré dans l'intérieur des provinces romaines; les historiens français appellent ces migrations «les invasions des Barbares» — **la race** ici: la nation, la tribu — ²⁰**les Celtes de Galles, d'Ecosse et d'Irlande** Alors que la population de l'Angleterre a largement adopté la langue et la civilisation des conquérants germaniques et normands, la civilisation celtique s'est maintenue au pays de Galles (Wales), en Ecosse et surtout en Irlande. — **s'adosser** à appuyer le dos contre — **ibérien** (ou ibérique) L'Espagne et le Portugal forment la péninsule ibérique; elle était autrefois peuplée par les Ibères. La France ibérienne: la partie de la France qui a subi l'influence ibérique, c'est-à-dire le sud-ouest de la France. — ²⁵**l'Escaut** (m) Schelde — ³⁰**le Port de Venasque** col dans les Pyrénées (2417 m d'altitude), à mi-chemin entre l'Atlantique et la Méditerranée.

Travail personnel. Expliquez à l'aide du dictionnaire: percer, onduleux, boisé, vineux, âpre, bassin, se heurter, splendeur, ondoyant.

QUESTIONS ET SUJETS DE CONVERSATION

1. Faites une esquisse de la France et marquez «la ligne onduleuse des montagnes», les cours d'eau et les «îles continentales».
2. Quelle fonction attribue l'auteur à la ligne des montagnes?
3. Quel rôle jouent, selon l'auteur, les bassins du Rhône et de la Garonne? Etes-vous d'accord? Pensez à l'époque romaine!
4. Le rôle des plaines du Nord
— dans l'histoire,
— à l'époque contemporaine.
Est-ce que les arguments de l'auteur vous semblent suffisants pour expliquer le rôle dominant des provinces du Nord?
5. «La grande lutte des temps modernes est entre la France et l'Angleterre.» — «L'Allemagne n'est point opposée à la France, elle lui est plutôt parallèle.»
Dégagez les arguments par lesquels l'auteur cherche à prouver sa thèse historique et montrez que, dans les deux cas, il s'agit du même principe.
6. «On voit bien que l'Europe est finie.» — Montrez que l'auteur avait bien raison à son époque, mais que cette thèse n'est plus valable de nos jours.
7. Résumez brièvement le contenu du deuxième paragraphe.

LE STYLE ET LA COMPOSITION

1. Soulignez les mots clés et dégagez l'idée générale de chaque paragraphe.
2. A première vue, on constate que la nature du premier paragraphe est surtout *descriptive*, tandis que celle des deuxième et troisième paragraphes est surtout *explicative*. Pour prouver cette hypothèse de travail, il faut analyser le style; dans notre cas surtout.
— la construction des phrases,
— l'emploi des adjectifs,
— l'emploi d'images et de comparaisons.
Conseils:
— Comptez le nombre des propositions principales et celui des propositions subordonnées. Quelle conclusion tirez-vous de la relation numérique entre ces deux sortes de propositions?
— Dressez une liste des groupes substantif + adjectif du premier et du deuxième paragraphe. Quelle différence constatez-vous en ce qui concerne la valeur des adjectifs?
3. Est-ce que le texte de Michelet est un texte rigoureusement scientifique, c'est-à-dire construit d'après les principes de la raison, de la logique et de la causalité?
4. La perspective de l'auteur: Par quel procédé cherche-t-il à intégrer le lecteur dans son optique?

B. Exercices pratiques

VOCABULAIRE

1. Relevez dans le texte le *vocabulaire de la description géographique*.
Ex.: les *montagnes s'étendent* du nord au sud...
   les *fleuves s'écoulent* vers l'Océan...
   etc.
Exercice: En vous servant de ce vocabulaire, cherchez à faire une petite description de l'Allemagne.
2. *Le vocabulaire de la géographie*

le canal	le fleuve	la plaine
le climat	le golfe	le plateau
le col	l'île (f)	la presqu'île
la colline	le lac	le relief
le continent	la mer	la rivière
le détroit	la montagne	le ruisseau
l'étang	l'océan (m)	la vallée

Exercice: Vérifiez dans votre dictionnaire la signification exacte de ces mots et complétez la liste par d'autres termes du vocabulaire de la géographie.

GRAMMAIRE

1. Les verbes pronominaux
Exemples pris dans le texte:
   ... une ligne onduleuse qui *s'étend* ...
   ... là *s'est opéré* le grand mouvement des nations ...
   ... sont placés front à front comme pour *se heurter* ...
   ... lorsqu'on *s'élève* au-dessus des pluies ...
Définition: Un verbe est à la forme pronominale quand il a pour complément d'objet un pronom renvoyant au sujet.
On distingue des verbes pronominaux
– avec valeur *réfléchie*:
Ex.: Elle *se* voit; ils *se* lavent; elle *se* nuit.
– *sans* valeur *réfléchie*:
Ex.: Ils *s'*aperçoivent *de* leur erreur.
Le *passé composé* de ces verbes se conjugue avec l'auxiliaire *être*.
Ex.: Elle *s'est vue*.
   Ils *se sont lavés*.
   Elle *s'est nui*.
Pour l'*accord du participe passé*, respectez les règles suivantes:
1º Le complément d'objet direct, féminin ou pluriel, précède le verbe → accord du participe.
Ex.: Elle *s'est lavée*.
   (se = complément d'objet direct)
Mais: Elle *s'est lavé* les mains.
   (se = complément d'objet indirect,
   les mains = complément d'objet direct)
2º Les participes des verbes pronominaux sans valeur réfléchie s'accordent avec le pronom réfléchie (ou: avec le sujet).
Ex.: Elle *s'est enfuie*.
   Ils *se sont aperçus* du vol.
Exercices:
1. Avec chacun des verbes pronominaux du texte formez deux phrases au passé composé.
2. Cherchez cinq verbes pronominaux sans valeur réfléchie et formez des phrases, d'abord au présent, ensuite au passé composé. (Gr. §§ 37–40 ‖ §§ 68–73)
(Gr. §§ 37–40 ‖ §§ 68–73)

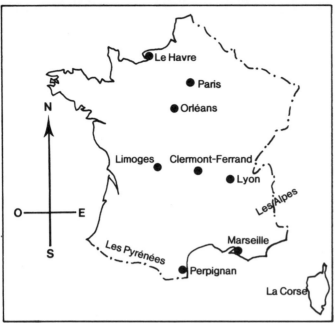

4 – Orléans est au sud par rapport à Paris.

2. *Modèle:* Orléans est *au sud par rapport* à Paris.
Composez des phrases du même type avec les exemples suivants:
Lyon — Clermont-Ferrand
Limoges — Lyon
Perpignan — Clermont-Ferrand
Orléans — Clermont-Ferrand
Perpignan — Orléans
Limoges — Clermont-Ferrand
Paris — les Pyrénées
Marseille — la Corse
Limoges — Le Havre

▷ Texte 2   La France

A la manière de MICHELET, Jacques MADAULE (né en 1898) commence son «Histoire de France» (1943) par une analyse des facteurs géographiques. Mais écrivant plus de cent ans après Michelet, cet auteur, bien que partant des mêmes données, arrive à des résultats sensiblement différents de ceux de son illustre prédécesseur.

Cet hexagone presque régulier, avec trois faces maritimes et trois faces continentales; ce pays harmonieusement dessiné, dont les fronts de terre égalent à peu près les fronts de mer, nous y sommes si bien habitués qu'il nous semble que tout cela est donné par la nature. Mais c'est une illusion.

5   Considérez une carte hypsométrique de l'Europe; tâchez d'oublier, en la regardant, ce que vous savez des frontières, et vous y trouverez préformé ni le dessin de la France, ni même celui de la Gaule. Sans doute les Alpes, la Méditerranée, les Pyrénées, l'Océan, ce sont bien là des limites qu'il est difficile de méconnaître. Mais il reste une trouée béante au nord-est, que rien ne comble. La vallée du Rhin, quelle que soit son importance, n'a
10 pourtant pas plus de titres géographiques à marquer une frontière que celles de la Vistule ou du Danube. Celle-ci, par exemple, qui fut comme le Rhin jadis la frontière de Rome, est depuis fort longtemps, non pas longée, mais coupée par les limites d'Etats.

Les montagnes semblent, un peu plus que les fleuves, capables de séparer les hommes. Mais il y a, là encore, une forte part d'illusion. Les Pyrénées, qui sont la moins franchis-
15 sable des barrières, n'ont pourtant jamais cessé d'être traversées par d'intenses courants

historiques. La capitale des Wisigoths d'Espagne fut un moment à Toulouse et, beaucoup plus tard, les liens de Toulouse et de Barcelone ont été plus étroits que les relations entre Toulouse et Bordeaux. Je ne parle pas des Basques et des Catalans, aux deux extrémités de la chaîne, qui n'en tiennent nul compte. Les mêmes remarques vaudraient pour les Alpes et pour le Jura. On y observe des communautés de vie montagnarde que la ligne de faîte, qui sépare aujourd'hui les nations, ne désunissait pas.

Il n'est pas jusqu'à la mer, la moins arbitraire pourtant des limites, qui n'unisse les rivages opposés bien plus qu'elle ne les sépare. C'est assez dire qu'un pays comme la France n'est pas donné par la nature, mais formé par l'histoire, par les hommes. Non pas, bien sûr, que le cadre géographique soit indifférent. Mais il ouvrait une foule de possibilités, dont quelques-unes seulement se sont réalisées.

Nous nous en convaincrons mieux encore si, cessant d'envisager les frontières, nous examinons les traits essentiels du pays français. Les diversités, les oppositions, les contrastes même nous y frappent à chaque pas. J'entends bien que ces diversités sont nécessaires; qu'un grand Etat ne peut pas s'équilibrer, ou s'équilibre mal dans la monotonie. Il n'en reste pas moins que les oppositions, chez nous, entre le Nord et le Midi, l'Est et l'Ouest, sont fortes au point d'avoir provoqué souvent des tendances centrifuges. Voyons-les d'un peu plus près.

Ce sont les premières pentes du Massif Central, plutôt que la Loire, qui séparent la France du Nord de la France du Midi; et cela coïncide à peu près avec la limite des parlers de langue d'oc, qui ne s'est guère déplacée, au cours des siècles. La France du Nord a les terres les plus fertiles, mais le climat le plus maussade; elle est presque entièrement faite de plaines, tandis que le Midi ne possède que le bassin aquitain. Cela détermine en partie deux histoires fort différentes; le Nord est constamment envahi, et les invasions qu'il subit sont des invasions massives; tandis que celles qui affectent le Midi ont plutôt le caractère d'infiltrations, si bien qu'ici les vieilles races se sont maintenues, et qu'à la différence des pays du Nord s'ajoute, presque dès le début de l'histoire, celle des hommes.

Entre l'Est et l'Ouest, nous observons le contraste du climat et de l'orientation. L'Est est profondément engagé dans le continent. Les vents océaniques n'y soufflent qu'une partie de l'année; le reste du temps, en hiver, il est soumis à la bise du Nord-Est, qui vient de la Baltique. Les écarts de température y sont considérables; les changements de saison rapides; c'est le pays des orages. C'est aussi celui de la forêt. Bien que largement essartée, elle demeure encore aujourd'hui fort étendue. Elle est l'extrémité occidentale de cette grande forêt du Nord, qui part de Sibérie et s'avance, à travers la Russie, la Pologne et l'Allemagne, jusqu'aux collines du Perche et à la forêt des Carnutes, dont Chartres garde le nom.

Certes, entre l'Est et l'Ouest il y a continuité. On ne passe pas brusquement de l'un à l'autre. La région parisienne est une zone de transition entre ces deux aspects de notre pays. Mais si le contraste se détaille en nuances, il n'en est pas moins net, au bout du compte. Ce n'est pas seulement le climat qui change, c'est la végétation aussi. Le bocage et la lande, qui caractérisent l'Ouest doux et pluvieux, où soufflent les grands vents du large, n'ont rien de commun avec la forêt et la steppe. Quoi de plus opposé que la Bretagne et l'Alsace! D'autant que, dans l'un et l'autre cas, nous subissons la tentation d'un monde étranger qui nous éloigne du centre. Ici, c'est le monde océanique, qui impose des caractères communs à la Galice espagnole et à l'Irlande; là, ce sont des influences continentales qui jouent, de Strasbourg à Wroclaw et au-delà. La pente des fleuves le montre bien: ceux de l'Est vont au Rhin ou à la mer du Nord; ceux de l'Ouest à la Manche et à l'Océan. Rien du reste n'est plus important que ces vallées fluviales. Ce sont elles qui ont tracé les premières routes.

Jacques MADAULE «Histoire de France» (1943)

NOTES

⁵**carte hypsométrique** carte montrant les reliefs. L'hypsométrie est la science de la mesure des hauteurs. — ¹⁰ **la Vistule** Weichsel — ¹¹**le Danube** Donau — ¹⁶**les Wisigoths** (Westgoten). En 412, les Wisigoths envahirent la Gaule et firent de Toulouse la capitale d'un royaume qui, pendant quelque temps, comprit le Sud-Ouest de la France et une grande partie de l'Espagne. — ²¹**le faîte** ici: partie la plus élevée des montagnes (First) — ³⁶**la langue d'oc** Au Midi de la France, le bas latin s'est développé et a formé la ‹langue d'oc›, d'où le nom du pays *Languedoc*; dans le Nord, le bas latin a pris la forme de la ‹langue d'oïl›. On distingue les deux langues d'après la façon de dire ‹oui› (oc-oil). (Cf. carte des langues et dialectes.) — ⁴⁵**la bise** vent du nord — ⁴⁶**les écarts de température** cf. le tableau des régimes thermiques, p. 10 — ⁴⁸**essarter** arracher et brûler les broussailles après déboisement (roden) — ⁵⁰**les collines du Perche** à la limite sud-ouest du bassin parisien, un peu à l'ouest de Chartres — **Carnutes** peuple de la Gaule celtique, établi des deux côtés de la Loire, sur le territoire occupé aujourd'hui par les départements: Eure-et-Loir, Loir-et-Cher, Loiret; ville principale: Cénabum (aujourd'hui Orléans) — ⁵⁵**le bocage** petit bois caractéristique pour le paysage de l'Ouest de la France — ⁵⁶**la lande** terre où ne croissent que certaines plantes sauvages — ⁶¹**Wroclaw** ville en Silésie (Breslau).

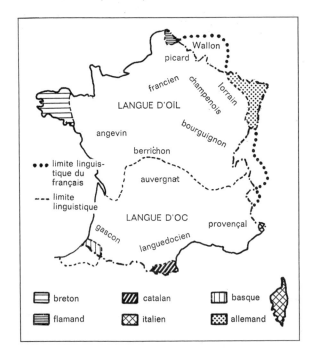

5 – Langues et dialectes.

QUESTIONS ET DEVOIRS

1. Quelle est l'intention de l'auteur? De quoi veut-il nous convaincre?
2. Cherchez un titre convenable pour le texte de Madaule.
3. Montrez les trois faces maritimes et les trois faces continentales de la France.
4. Comparez l'opinion de Madaule et de Michelet à propos des limites naturelles de la France, p. ex.
 — fleuves,
 — montagnes,
 — mer.
5. Michelet écrit: «Contemplons l'ensemble de la France pour la voir se diviser d'elle-même.» — Est-ce aussi l'opinion de Madaule? Relevez les passages où l'auteur exprime son opinion quant à l'influence des données naturelles sur la formation de la France.
6. Quels sont, d'après Madaule, les traits essentiels de la France?
7. Madaule compare le Nord et le Midi, l'Est et l'Ouest de la France. Quel est le résultat de cette comparaison?

LE STYLE ET LA COMPOSITION

1. Suivez la marche de la pensée de l'auteur et faites un plan de ce texte. Quelles sont les idées principales? Quel est, à votre avis, le passage le plus important pour la compréhension de l'idée de l'auteur?
2. Comparez le style de Michelet et celui de Madaule. Celui-ci veut opposer sa propre opinion à une idée établie. Par quel procédé de style le fait-il? Vous le trouverez assez facilement en observant de quelle conjonction de coordination il se sert le plus.
3. Il y a une attitude de la pensée qui va d'un jugement à son contraire, qui cherche à *compléter une vérité par ce qui lui est opposé*. Cette attitude intellectuelle, le principe même de la discussion et du dialogue, c'est la *dialectique*.
Essayez de montrer que les textes de Michelet et de Madaule ne sont pas contradictoires, mais *complémentaires*, du moins en ce qui concerne certaines parties.

SUJETS DE COMPOSITION

1. En vous servant du texte de Madaule, démontrez la variété de la France.
2. «Rien n'est plus important que ces vallées fluviales. Ce sont elles qui ont tracé les premières routes.» — En partant de cette thèse, démontrez la faveur de la situation géographique de quelques villes françaises.

Introduction à la méthode de l'analyse de texte

— Le réel,
— le discours,
— un texte
se présentent d'abord comme des
ensembles
dont le sens complet et profond se révèle rarement au premier abord.
— Pour bien *comprendre* et, par conséquent,
— pour *être* bien *informé*
il faut
— aller à l'*essentiel*,
— reconnaître les *principes abstraits*,
— distinguer les *éléments constitutifs*
de ce qui s'est présenté d'abord comme un tout, un ensemble.
Comprendre vraiment un texte, exige donc de notre part un effort de *décomposition*.
Cette action par laquelle on
réduit le complexe au simple
s'appelle l'**analyse**.
Voici quelques conseils pour l'analyse de texte. En abordant un texte, posez-vous ces cinq questions:
1° Quel est le *sens* apparent ou littéral, tel qu'a dû le vouloir l'auteur?
2° A travers, ou derrière, ce sens littéral, n'y a-t-il pas un autre sens, nourri d'une *intention secondaire,* ou même d'une intention symbolique?
3° Quelle est l'*intention directrice* de l'auteur? Que veut-il nous apprendre? De quoi veut-il nous convaincre?
4° Quelle est la *nature* de ce texte? Est-elle descriptive? narrative? explicative? affective? dramatique? mêlée?
5° Est-ce qu'on peut reconnaître un *plan*, une composition ou, du moins, une *suite des idées* significative?
Excercice: Appliquez ce schéma à l'analyse des textes de Michelet et de Madaule.

Le vocabulaire de l'analyse de texte

l'argument (m) — raisonnement pour ou contre une thèse
   On démontre par des arguments la justesse ou la fausseté d'une théorie.
comparer — examiner les personnes et les choses pour savoir si elles se ressemblent ou s'il y a une différence entre elles
   On compare p. ex. deux passages de deux textes pour constater la différence (ou l'égalité) des points de vue des auteurs.
   La comparaison est l'action de comparer ou le résultat de cette action.
la contradiction — relation entre deux thèses opposées
   Ex.: Michelet affirme que la France a des frontières naturelles, Madaule met cela en doute: il y a contradiction entre ces deux thèses.
complémentaire (adj.) — Ce qu'on ajoute à une chose pour qu'elle soit parfaite ou complète est complémentaire
dialectique (subst. fém. et adj.) — d'après Hegel, marche de la pensée reconnaissant l'inséparabilité des contradictoires (thèse et antithèse), que l'on peut unir dans une catégorie supérieure (synthèse)
   Dans une discussion, on peut ainsi prendre l'argument opposé pour démontrer la vérité de sa propre thèse.
le mot clé — Le mot clé permet de saisir le sens ou l'idée significative d'un passage entier.
   Exercice: Relevez dans les textes de Michelet et de Madaule les mots clés.
expliquer — rendre clair qc en le développant
   Ex.: On explique le rôle des plaines du Nord en donnant quelques exemples historiques ou économiques.
la marche de la pensée — le cours que l'auteur donne à ses idées en les développant
la plan — la façon dont les parties d'un texte sont organisées, leur disposition
   Ex.: Le plan du texte de Madaule est logique parce qu'il expose dans l'introduction deux thèses et leurs antithèses qu'il reprend ensuite l'une après l'autre pour les prouver ou les réfuter à l'aide d'exemples.
la perspective — manière particulière de voir les choses
   Ex.: Dans la perspective de Michelet, l'histoire et la politique de la France sont déterminées par le cadre naturel.
le procédé de style — la manière dont l'auteur se sert pour exprimer ses idées
   Ex.: Le procédé de style caractéristique pour Madaule est l'antithèse, introduite par la conjonction de coordination ‹mais›. L'intention de l'auteur s'exprime donc dans la façon d'arranger les phrases.
   Exercice: Cherchez les procédés de style dont se sert Michelet. Est-ce que ces procédés sont en accord avec l'intention de l'auteur et la nature du texte?

Travail personnel
— Apprenez le vocabulaire de l'analyse de texte.
— Faites attention à la signification exacte des termes.
— Servez-vous de ce vocabulaire quand vous préparez l'analyse d'un autre texte.
— Complétez ce vocabulaire quand l'occasion s'en présente.

Texte 3   La France, carrefour de l'Europe

La chance française, c'est que la France se trouve au carrefour de l'Europe. Que la prépondérance passe de la Méditerranée à la mer du Nord, nous sommes à portée de l'une autant que de l'autre. Que la découverte du monde occidental et de la route maritime des Indes déplace l'axe du commerce, nos ports de l'Océan sont prêts à en profiter, autant que les ports espagnols, portugais, britanniques ou hollandais. Que le percement du canal de Suez et la colonisation de l'Afrique du Nord rendent à la Méditerranée une partie de son ancienne importance, Marseille et Toulon reprennent leurs avantages. Et si le Midi de la France est moins favorisé, à bien des égards, que le Nord, il a pour lui d'être le point le plus mince de l'isthme européen et de ne comporter, entre l'une et l'autre mer, aucun obstacle infranchissable.

Il y a plus. Si l'on excepte le monde slave, avec lequel la France n'a pas de contact

5. Quels sont donc les avantages de la situation géographique de la France ?

6. Et les inconvénients ?

    vouloir trop

Il y a eu des époques où la France a voulu ~~pouvoir~~ trop, où elle a voulu être le grand pouvoir sur le continent européen et en ~~outre-mer~~ le ~~pouvoir dominant sur~~ dominer le continent et les ~~océans~~ ?

Quelles sont les grandes époques de l'expansion politique, militaire, de la France

    l'ambition démesurée

    épuiser les forces   1692

    la défaite navale de Trafalgar

    1763 traité de Paris

    perte du Canada et de l'Inde

1700-1714 Guerre de la Succession d'Espagne

7. Que dit-il sur les rapports entre la France et l'A.

Brzezinka

Fragen :

M.

1. Quelle est la thèse de Madame ?
   Quelle est la phrase qui résume ce qu'il
   veut dire   l'essentiel   p. 32 /.

2. Est-ce qu'il prouve cette thèse
   Comment ?   (premier paragraphe)

3. Quels événements historiques ont
   déplacé l'axe du commerce de la
   Méditerranée à l'Atlantique ?

4. Et quel événement a rendu à la M.
   une partie de son ancienne importance ?

5. Dans les paragraphes suivants, l'auteur
   démontre comment l'auteur prouve-t-il
   sa thèse ?   De quoi parle-t-il ?

   A quelles époques la France a-t-elle
   subi l'influence de l'Italie ?
                                Renaissance
                        l'Espagne
                        p.

immédiat, notre pays touche à tous ceux qui ont donné à la civilisation européenne ses traits essentiels. Chacune des faces que nous leur présentons, tout en demeurant française, mêle à ce caractère commun quelques aspects de l'étranger. Les «Pays-Bas» commencent chez nous, et c'est là, dans les quatre derniers siècles, de Dunkerque presque jusqu'à Stockholm, une des parties les plus actives et les plus fécondes de l'Europe. Le parallélisme entre les deux côtes de la Manche, la française et l'anglaise, est trop frappant pour qu'on y insiste. La France et l'Angleterre ne se tournent pas le dos, mais se font face, par-dessus ce mince bras de mer.

Les Pyrénées n'empêchent pas que la France et l'Espagne n'aient maintes fois débordé l'une sur l'autre, en paix ou en guerre. Or, le monde ibérique est un monde isolé du reste de l'Europe, presque autant que le monde slave. Son unique lien continental est avec la France et les contacts maritimes qu'il peut avoir avec les Iles Britanniques et avec l'Italie sont beaucoup moins essentiels.

Avec l'Italie, les rapports ne sont pas moins étroits, malgré les Alpes, qu'avec l'Espagne. C'est qu'il y a la mer qui nous est commune, et qui fut longtemps le chemin entre nous le plus fréquenté. On n'en finirait pas si l'on voulait dire la place que tient la Méditerranée dans notre histoire.

Quant au Rhin, frontière perpétuellement contestée, il sépare beaucoup moins la France de l'Allemagne qu'il ne les réunit et ne les rapproche. Par là les effluves continentaux nous parviennent, aussi puissants que les souffles atlantiques.

Ce n'est donc pas le sol, ni le climat de notre pays qui sont incomparables, encore qu'ils aient l'un et l'autre leurs avantages; mais c'est sa situation entre les deux systèmes maritimes qui baignent les côtes européennes, entre le continent et l'Océan. Situation qui présente, du reste, des dangers de toute espèce, dont le moins grave n'est pas d'ordre intérieur. La France est, en effet, par sa géographie même, divisée entre des appels souvent contradictoires: la terre ou la mer; l'Océan ou la Méditerranée. Ne pouvant être forte partout à la fois, elle ne se décidera que malaisément à faire un choix, toujours, d'ailleurs, médiocre et discutable. Voilà l'un des drames les plus profonds et les plus permanents de notre histoire. C'est la donnée fondamentale inscrite dans la géographie de la France.

Jacques MADAULE «Histoire de France» (1943)

A. Analyse du texte

LE VOCABULAIRE ET LES EXPRESSIONS

¹**le carrefour** lieu où se croisent plusieurs chemins. Un carrefour est un endroit où se rencontrent les hommes; le mot a aussi une valeur symbolique: la France est le pays d'Europe où se rencontrent les idées les plus variées qu'elle accepte, s'assimile et transmet de nouveau à ses voisins. — ²**la prépondérance** supériorité politique, économique ou spirituelle — **être à portée de qn ou de qc** être accessible à qn ou à qc. La France est accessible aussi bien aux pays de la Méditerranée qu'à ceux du Nord de l'Europe. — ⁴**l'axe** (m) ligne idéale autour de laquelle gravitent la politique, le commerce etc. de deux ou de plusieurs pays — ⁶ **le canal de Suez** construit par le diplomate français Ferdinand de Lesseps (1805–1894) et inauguré en 1869 — **la colonisation de l'Afrique du Nord** conquête de l'Algérie à partir de 1830, protectorat français sur la Tunisie en 1881, protectorat sur le Maroc en 1912 — ¹⁷**le parallélisme entre les deux côtes de la Manche** A l'origine, les Iles Britanniques et le continent de l'Europe formaient une unité, les falaises de craie de Douvres et celles de Calais étaient une chaîne ininterrompue. — ¹⁸**se tourner le dos** sens figuré, en parlant de deux pays. Du point de vue géographique, la France et l'Angleterre forment une unité, du point de vue historique, ils ont beaucoup d'intérêts communs: Ils se font face (amicalement). — ³²**encore que** bien que, quoique — ³⁶**l'appel** (m) action d'appeler; l'appel se fait le plus souvent sur un ton impératif, il correspond alors à un ordre. — ³⁸**malaisément** difficilement, péniblement — ⁴⁰**la donnée** fait incontestable, qui est ‹donné› et qui ne peut être changé.

Travail personnel. Expliquez à l'aide du dictionnaire: le percement, l'isthme, infranchissable, contester, les effluves.

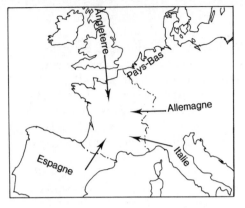

6 – Influence des autres civilisations européennes sur la France.

A quelles époques la France a-t-elle subi l'influence
— de l'Italie,
— de l'Espagne,
— de l'Angleterre,
— de l'Allemagne?
Quels grands courants de l'histoire de la civilisation correspondent à ces influences?

QUESTIONS ET SUJETS DE CONVERSATION

1. Quels sont les avantages et les inconvénients de la situation géographique de la France? (cf. carte).
2. Quels événements historiques ont déplacé l'axe du commerce de la Méditerranée à l'océan Atlantique?
3. Quelle est l'importance de la Méditerranée pour la France de nos jours?
4. Quels pays ou quelles nations ont donné à la civilisation européenne ses traits essentiels?
5. Citez les régions françaises où se mêle un «aspect de l'étranger» au caractère français.
6. Pourquoi l'auteur dit-il que les pays qui s'étendent de Dunkerque jusqu'à Stockholm sont une des parties les plus actives et les plus fécondes de l'Europe? Démontrez la vérité de ce jugement en ayant recours à votre atlas.
7. Comment appelle-t-on le bras de mer qui sépare la France de l'Angleterre? Pourquoi l'appelle-t-on ainsi?
8. Que dit l'auteur sur les rapports entre la France et l'Allemagne?
9. Voyez-vous le danger d'ordre intérieur qui résulte de la situation de la France entre la Méditerranée et l'Océan et la mer du Nord?
10. Comparez la situation géographique de la France et celle de l'Allemagne. Que constatez-vous?

B. Exercices pratiques

VOCABULAIRE

1. Les synonymes de **chance** sont: le bonheur – la fortune – la félicité – la béatitude – la veine. Employez chacun de ces mots dans une phrase qui en montre la signification exacte.
2. La famille du mot **prendre**: Le verbe **reprendre** est composé du préfixe *re-* et du radical *prendre*. Les mots qui ont le même radical appartiennent à la même famille. Souvent plusieurs membres d'une famille sont dérivés du participe passé d'un verbe (prendre – pris). Cherchez six mots (verbes, substantifs, adjectifs) de la famille *prendre* et employez chacun d'eux dans une phrase.

GRAMMAIRE

1. *Le mode subjonctif*. Quand la proposition subordonnée introduite par *que* est placée en tête de la phrase, le plus souvent son verbe se met au subjonctif:
   Que la prépondérance *passe* de la Méditerranée à la mer du Nord ...
   Que la découverte du monde occidental ... *déplace* l'axe du commerce ...
   Que le percement ... et la colonisation ... *rendent* à la Méditerranée ...
(Gr. § 82 ‖ § 127)
2. *Les formes du présent du subjonctif* des verbes du premier groupe (infinitif -er) ne se distinguent de celles de l'indicatif qu'à la 1ère et à la 2e personne du pluriel. — Comment se forme le présent du subjonctif des autres groupes de conjugaison (infinitif -ir, -re)?
(Gr. §§ 19; 20 ‖ § 302a)
Exercice: Formez cinq phrases où la subordonnée introduite par la conjonction *que* précède la principale.
3. Le subjonctif après certaines *conjonctions introduisant des propositions finales et concessives*. Cherchez des exemples dans le texte.

SUJETS DE COMPOSITION

1. En imitant l'analyse de Madaule, faites un aperçu géographique et historique de la situation de l'Allemagne entre les pays de l'ouest et de l'est de l'Europe. — Relevez surtout l'importance du contact avec le monde slave pour la formation du caractère allemand.
2. Comparez la situation des pays du continent européen avec celle de l'Angleterre.

Exercices de compréhension et de contrôle

I. Connaissance de la matière

1. Quelles sont les frontières naturelles de la France?
2. Quelles montagnes traversent la France du nord au sud et marquent ainsi la séparation des eaux?
3. Quels grands fleuves s'écoulent
— vers l'Océan,
— vers la Méditerranée,
— vers la mer du Nord?
4. Donnez des arguments qui justifient la thèse de Madaule: La France est un pays de contrastes.
5. Indiquez les langues et les dialectes que l'on parle en France et décrivez leurs limites approximatives.
6. Indiquez les phénomènes les plus importants qui caractérisent
— le Nord,
— le Midi de la France.
7. Quels sont
— les avantages,
— les inconvénients
de la situation de la France en Europe?
8. A quelles époques la France a-t-elle subi l'influence
— de l'Italie,
— de l'Espagne,
— de l'Angleterre,
— de l'Allemagne?
Quels grands courants de l'histoire de la civilisation correspondent à ces influences?

II. Connaissance des méthodes

1. En quoi consiste la méthode de *l'analyse*? Décrivez ses procédés et donnez des exemples.
2. Décrivez les procédés de *la dialectique* et donnez des exemples.
3. Donnez des exemples pour caractériser un *procédé de style*.
4. Donnez *le plan* du premier texte de Madaule.

III. Connaissance du vocabulaire

Expliquez le sens des mots suivants:

le ballon	onduleux	la langue d'oc
le coteau	boisé	la bise
l'écueil	le bassin	la lande
les invasions des Barbares	le faîte	

IV. Connaissance de la grammaire

1. Les *verbes pronominaux*
Donnez des exemples
a) pour l'emploi (présent),
b) pour l'accord du participe passé (passé composé).
2. Le *subjonctif*
a) dans les propositions introduites par *que*
Donnez des exemples.
b) après certaines conjonctions introduisant des propositions finales et concessives
Donnez des exemples.

LA POPULATION

Introduction: Le peuple français, résultat d'un processus historique

La population de la France actuelle est le résultat d'un long processus historique. Celtes, Romains, Germains et d'autres races ont contribué à former les qualités ethniques et morales de la nation française d'aujourd'hui.

La France a été un carrefour où se sont rencontrées les influences nordiques et méditerranéennes. Le contact avec ces deux influences a donné au peuple français un caractère spécial: l'esprit critique et individualiste des Français a été le ferment de la civilisation française, de ses plus étonnantes réussites aussi bien que de ses plus cruels échecs.

Mais la population d'un pays ne peut être envisagée au seul point de vue qualitatif et ethnique. Dans le monde moderne, la population est un phénomène de masse: il faut l'envisager aussi au point de vue quantitatif, car c'est par le nombre, par la densité, par la répartition et par le dynamisme de sa population que se révèle la puissance démographique et économique d'un pays.

Aujourd'hui encore, l'immigration d'étrangers dans la France reste très importante. Il s'agit surtout de personnes qui viennent temporairement en France parce qu'ils y trouvent de meilleures conditions de travail que dans leur patrie, phénomène que nous connaissons aussi en Allemagne. Mais en France le problème est parfois plus difficile parce qu'il s'agit de personnes qui viennent des anciennes colonies françaises, surtout d'Afrique du Nord. Difficile dans la première génération, l'intégration de ces éléments ethniques dans la population française est très rapide dans la génération des enfants qui se sentent tout à fait Français.

Documentation

7 – Evolution de la population française.

Année	Population en millions d'habitants
1800	28
1851	36
1901	39
1911	42
1920	39
1930	41
1946	40
1954	42
1968	50

(Sources: Georges DUPEUX «La société française 1789–1960». Paris 1964; Recensement de 1968)

8 – Evolution de la population allemande.

Année		Population en millions d'habitants
1815		24
1850		36
1871		41
1900		56
1914		68
1920		62
1938		69
1964	R.F.A.: 59 / R.D.A.: 17	76
1968	R.F.A.: 60 / R.D.A.: 17	77

(Sources: «Encyclopédie Brockhaus»; «Annuaire statistique de la France»)

Comparez l'évolution des populations des deux pays. Est-ce que l'infériorité numérique des Français depuis 1850 a eu des conséquences politiques?

9 – Densité de la population.

Pays	Habitants au km²
Canada	2
Suède	18
U.R.S.S. (Europe)	20
U.S.A.	22
Espagne	65
France	91
Pologne	100
République Démocratique allemande	150
Italie	180
Royaume Uni de Grande-Bretagne	228
République Fédérale d'Allemagne	245
Belgique	316

(Source: Statistisches Amt der Europäischen Gemeinschaften: «Statistische Grundzahlen der Gemeinschaft», 10. Aufl., 1970)

Quelles conclusions peut-on tirer de cette statistique en ce qui concerne la France?

10 – Les dix premières villes de France (1968).
(Résultats du dernier recensement)

Ville	Habitants
1. Paris	2 590 771
2. Marseille	889 029
3. Lyon	527 800
4. Toulouse	370 796
5. Nice	322 442
6. Bordeaux	266 662
7. Nantes	259 208
8. Strasbourg	249 396
9. Saint-Etienne	213 458
10. Le Havre	199 509

Le nombre des villes dépassant 100 000 habitants s'élève à 37; celui des villes de plus de 50 000 habitants est de 97. Dans les villes de plus de 100 000 habitants vivent 19 % de la population française.

Le nombre des communes ayant moins de 2000 habitants est de 35 837 (91,4 % du nombre total des communes) représentant une population totale de 15 030 702 habitants (29,6 % de la population).

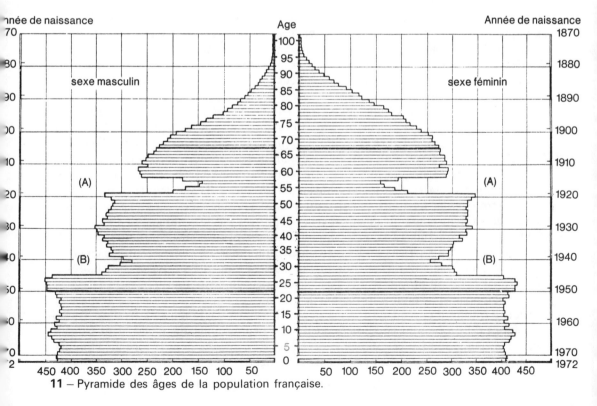

11 – Pyramide des âges de la population française.

Texte 4 Peuplement et population de la France

Sur cette terre vit un peuple dont l'histoire consiste principalement dans le travail incessant de sa propre formation. Qu'il s'agisse de sa constitution ethnique, qu'il s'agisse de sa constitution psychologique, ce peuple est plus que tout autre une création de son domaine et l'œuvre séculaire d'une certaine donnée géographique. Il n'est point de peuple qui ait des relations plus étroites avec le lieu du monde qu'il habite. On ne peut l'imaginer se déplaçant en masse, émigrant en bloc sous d'autres cieux, se détachant de la figure de la France. On ne peut concevoir ce peuple français en faisant abstraction de son lieu, auquel il doit non seulement les caractères ordinaires d'adaptation que tous les peuples reçoivent à la longue des sites qu'ils habitent, mais encore ce que l'on pourrait nommer sa formule de constitution, et sa loi propre de conservation comme entité nationale.

Les Iles Britanniques, la France, l'Espagne terminent vers l'Ouest l'immense Europasie; mais tandis que les premières par la mer, la dernière par la masse des Pyrénées, sont bien séparées du reste de l'énorme continent, la France est largement ouverte et accessible par le Nord-Est. Elle offre, d'autre part, de nombreux points d'accostage sur ses vastes frontières maritimes.

Ces circonstances naturelles, jointes à la qualité générale du sol, à la modération du climat, ont eu la plus grande influence sur le peuplement du territoire. Quelle qu'ait été la population primitive du pays, — je veux dire la population qui a vécu sur cette terre à partir de l'époque où sa physionomie physique actuelle s'est fixée dans ses grands traits, — cette population a été à bien des reprises modifiée, enrichie, appauvrie, reconstituée, refondue à toute époque par des apports et des accidents étonnamment variés; elle a subi des invasions, des occupations, des infiltrations, des extinctions, des pertes et des gains incessants.

Le vent vivant des peuples soufflant du Nord et de l'Est à intervalles intermittents, et avec des intensités variables, a porté vers l'Ouest, à travers les âges, des éléments ethniques très divers, qui, poussés successivement à la découverte des régions de l'Extrême Occident de l'Europe, se sont enfin heurtés à des populations autochtones, ou déjà arrêtées par l'Océan et par les monts, et fixées. Ils ont trouvé devant eux des obstacles humains ou des barrières naturelles, autour d'eux, un pays fertile et tempéré. Ces arrivants se sont établis, juxtaposés, ou superposés aux groupes déjà installés, se faisant équilibre, se combinant peu à peu les uns aux autres, composant lentement leurs langues, leurs caractéristiques, leurs arts et leurs mœurs. Les immigrants ne vinrent pas seulement du Nord et de l'Est; le Sud-Est et le Sud fournirent leurs contingents. Quelques Grecs par les rivages du Midi, des effectifs romains assez faibles, sans doute, mais renouvelés pendant des siècles; plus tard, des essaims de Maures et de Sarrasins. Grecs et Phéniciens, Latins et Sarrasins par le Sud, comme les Northmans par les côtes de la Manche et de l'Atlantique, ont pénétré dans le territoire par quantités assez considérables. Les masses les plus nombreuses furent vraisemblablement celles apportées par les courants de l'Est.

Quoi qu'il en soit, une carte où les mouvements des peuples seraient figurés comme le sont les déplacements aériens sur les cartes météorologiques, ferait apparaître le territoire français comme une aire où les courants humains se sont portés, mêlés, neutralisés et apaisés, par la fusion progressive et l'enchevêtrement de leurs tourbillons.

Le fait fondamental pour la formation de la France a donc été la présence et le mélange sur son territoire d'une quantité remarquable d'éléments ethniques différents. Toutes les nations d'Europe sont composées, et il n'y a peut-être aucune d'elles dans laquelle une seule langue soit parlée. Mais il n'en est, je crois, aucune dont la formule ethnique et linguistique soit aussi riche que celle de la France.

Paul VALÉRY «Regards sur le monde acuel — Images de la France» (1927)

12 – «Des effectifs romains...»
Bataille entre Romains et Gaulois. Bas-relief, détail de l'Arc de Triomphe d'Orange (Vaucluse).

A. Analyse du texte

LE VOCABULAIRE ET LES EXPRESSIONS

¹**le peuplement** action par laquelle un territoire reçoit sa population — ²**ethnique** (adj.) relatif à la race — ⁴**le domaine** ici: la terre — ¹⁰**l'entité** (f) ce qui constitue l'essence d'un genre ou d'un individu (Wesenheit) — ¹²**Europasie** L'Europe et l'Asie sont regardées comme un ensemble, l'Europe ne formant qu'une prolongation du continent asiatique. — ¹⁵**le lieu d'accostage** lieu où l'on peut accoster, c'est-à-dire où les navires peuvent se placer le long de la côte ou, dans un port, le long d'un quai ou d'un autre navire — ²⁵**le vent vivant des peuples** c'est-à-dire l'invasion des Barbares à la fin de l'Antiquité — ²⁷**l'Extrême Occident de l'Europe** c'est-à-dire la France; la locution est formée sur le modèle du terme ‹l'Extrême Orient›, par lequel on désigne la Chine, le Japon et les autres pays situés à l'extrémité orientale de l'Asie. — ²⁸**autochtone** [ɔtɔktɔn(ə)] celui qui n'est pas immigré dans un pays, mais y habite depuis toujours — ⁴²**l'aire** (f) ici: surface plane.
Travail personnel. Expliquez à l'aide du dictionnaire: adaptation, site, refondre, extinction, essaim, enchevêtrement.

QUESTIONS ET SUJETS DE CONVERSATION

1. Qu'est-ce que l'auteur dit sur le rapport entre les données géographiques et la population de la France?
2. Quelle différence y a-t-il entre la France d'une part et l'Angleterre et l'Espagne d'autre part?
3. Comment la population primitive du pays a-t-elle été modifiée au cours de l'histoire?
4. Pourquoi les groupes ethniques immigrés en France y sont-ils restés?
5. De quelles manières l'intégration de ces groupes immigrés s'est-elle faite dans la population autochtone?
6. Quels groupes ethniques ont influencé la formation de la population française? Enumérez ces groupes ethniques et montrez les voies par lesquelles ils ont pénétré dans la France.
7. A quoi l'auteur compare-t-il les mouvements des peuples?
8. Comment l'auteur justifie-t-il sa thèse qu'il n'y a aucune nation d'Europe dont la formule ethnique soit aussi riche que celle de la France? Comparez le dernier et le premier paragraphe!

LE STYLE ET LA COMPOSITION

1. Dégagez la marche de la pensée de l'auteur en résumant chaque paragraphe en une phrase.
2. Comparez le texte de Valéry et le texte de Madaule (texte 3).
Est-ce que vous constatez des différences
— dans l'attitude des auteurs en abordant leur sujet?
— dans la manière dont ils expriment leurs idées?
3. Analysez le premier et le quatrième paragraphe et relevez l'importance
— des substantifs,
— des adjectifs qualificatifs
pour le ‹message› du texte.
Est-ce qu'il s'agit d'un texte rigoureusement objectif ou partiellement subjectif? Donnez des preuves pour l'une ou l'autre thèse!
4. Lequel des deux textes ressemble plus à un *traité scientifique*, lequel à un *essai*? — Prouvez votre thèse
— par la composition,
— par le style
de chaque texte.
5. Un *essai* a quelque rapport avec un traité scientifique, mais s'en distingue
— par une plus grande *liberté de composition*,
— par une plus grande *liberté de langue et de style*.
Un essai examine en général un *problème moral ou humain* de façon *subjective*. Alors que dans un traité l'auteur cherche à démontrer une vérité objective tout en supprimant le plus qu'il lui est possible son opinion personnelle, dans un essai, cette opinion peut être manifestée et confrontée à d'autres opinions. L'essayiste porte la critique des problèmes actuels sur un plan plus général.
— Quel est le problème actuel que Valéry porte sur un plan plus général?
— Est-ce que l'ordre d'idées chez Valéry est rigoureusement logique?
6. Lucien GOLDMANN (1913–1970) écrit à propos de l'essai:
«Si l'essai se contentait de mettre en question sur le plan théorique un certain nombre de vérités reçues il ne constituerait pas un genre littéraire propre mais un traité plus ou moins philosophique...
L'essai, bien qu'il soit la plupart du temps d'inspiration sceptique, a pour point de départ une position très éloignée du scepticisme. Ce qui compte en premier lieu pour l'essayiste, ce n'est pas la mise en question conceptuelle de certaines vérités ou de certaines valeurs, mais la possibilité et la nécessité de cette mise en question, ainsi que l'obligation, et en même temps l'impossibilité, de donner une réponse aux problèmes qu'il soulève. Il cherche une réponse théorique à un certain nombre de questions fondamentales pour l'existence des hommes, mais de son point de vue, n'a aucune chance de la trouver.
D'où l'originalité de l'essai. Car si les œuvres littéraires sont des univers complexes, et structurés, créés par l'imagination de l'artiste, de personnages individuels, d'objets particuliers, de situations concrètes, si les œuvres philosophiques sont les expressions *conceptuelles* de visions du monde déterminées, l'essai est à la fois abstrait et concret. Avec la philosophie il a en commun le fait de poser surtout des questions conceptuelles fondamentales pour l'existence des hommes, même si, contrairement au philosophe, il ne peut ou ne veut y répondre. Avec la littérature, il a en commun le fait d'éviter de poser ces questions sous une forme purement abstraite et conceptuelle et de les soulever *à l'occasion* d'un personnage individuel ou d'une situation concrète, ou, ce qui est le cas chez les grands essayistes, à la vie réelle. L'essai véritable est donc nécessairement ambigu et ironique; il semble évoquer des personnages individuels et des situations concrètes, qui ne sont pourtant pour l'essayiste que les ‹occasions› de poser les questions conceptuelles qui seules l'intéressent vraiment.»
(«La pensée des ‹Lumières››», dans *Annales* — Economies — Sociétés — Civilisations, 22ᵉ année, 1967, p. 776–777)
7. Exemples pour l'essai:
Michel de MONTAIGNE «Essais»; Denis DIDEROT «Le neveu de Rameau»; «Jacques le fataliste»; Jean-Paul SARTRE «Réflexions sur la questions juive»; Albert CAMUS «Réflexions sur la guillotine».

B. Exercices pratiques

VOCABULAIRE

1. La famille du mot **peuple** (< lat. populus)
Il y a plusieurs racines: peupl-
pop-
publ-

Exercice: Cherchez dans votre dictionnaire des exemples pour chaque racine. Vous devriez au moins trouver six mots. Avec ces mots trouvés, formez des phrases dans lesquelles la signification du mot apparaît clairement.

2. La formation de *substantifs abstraits* à l'aide du suffixe **-ion (-ition)**.
En général, le suffixe *-ion (-ition)* exprime le résultat de l'action du verbe.
Exercice: Cherchez des exemples dans le texte. — Formez d'autres substantifs à l'aide du suffixe -ion (-ition) et vérifiez dans votre dictionnaire
— si le mot existe en français,
— quelle est sa signification exacte.
A quel niveau de style est-ce qu'on se sert en général de ces substantifs?

SUJETS DE COMPOSITION

1. En vous servant des arguments de Valéry, démontrez la vérité de cette phrase: «Ce peuple est plus que tout autre une création de son domaine et l'œuvre séculaire d'une certaine donnée géographique».
2. En vous servant du texte de Valéry comme modèle, écrivez une rédaction sur le sujet ‹Peuplement et population de l'Allemagne› (de l'Angleterre, au choix).

13 – Densité de la population française en 1789.

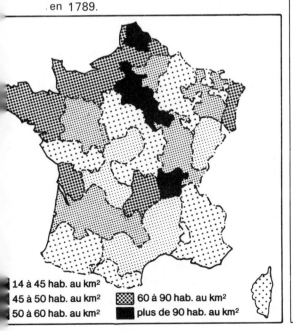

14 – Densité de la population des pays de la C.E.E.

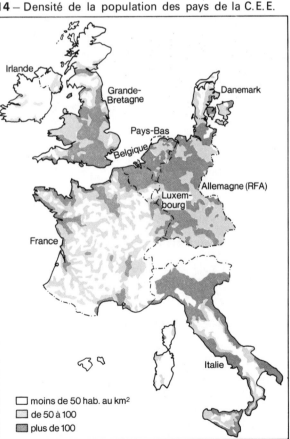

Quelques règles pour l'analyse de style

Le mot

I. Son sens

Les mots importants d'un texte ou les mots qui comportent des nuances délicats ont parfois besoin d'être définis.

Règles pour la définition
1. Un substantif se définit par un substantif, un verbe par un verbe, un adjectif par un adjectif etc.
Ex.: le *vent* = déplacement d'air, de direction et intensité variables
   se déplacer = quitter sa place
2. Un mot *technique* se définit avec précision.
Ex.: le *ballon* = nom donné aux sommets arrondis de certaines montagnes (p.ex. le Ballon d'Alsace)
3. Sens *propre* et sens *figuré*.
Ex.: des *essaims* de Maures
Sens propre: Un essaim est le vol d'abeilles qui quittent leur ruche pour s'établir ailleurs ou tout simplement un groupe d'abeilles ou d'autres insectes.
Sens figuré: (ici) le mot désigne un grand nombre (sans ordre).
Autre exemple: le *vent* vivant des peuples...

II. La fréquence des mots

La prédominance d'une espèce de mots nous révèle souvent la nature du texte.
Comparez la fréquence des mots dans le premier paragraphe du texte de Madaule (n° 2):

substantifs		*termes géographiques*		*verbes*
chance	patrie	français	Afrique du Nord	se trouver
carrefour	importance	Europe	Marseille	se passer
prépondérance	avantages	Méditerranée	Toulon	se déplacer
découverte	point	mer du Nord	Midi	profiter
monde	obstacle	occidental	France	reprendre
route		les Indes	Nord	comporter
axe		Océan	isthme	
commerce		espagnol	européen	
ports		portugais		*adjectifs*
percement		britannique		ancien
canal		hollandais		mince
colonisation		Suez		infranchissable

Résultat:
– *Prédominance* des substantifs abstraits et des termes géographiques (qui forment les *éléments constitutifs* du texte)
– rareté des verbes,
– absence presque complète des adjectifs.
Cela prouve
– qu'il s'agit d'un texte plutôt abstrait,
– qu'il s'agit d'un texte à caractère plutôt objectif et scientifique,
– que l'auteur cherche à présenter plutôt des faits que son opinion personnelle.

III. La répétition

La répétition d'un mot ou d'un groupe de mots au début de plusieurs phrases, membres de phrase ou vers *(anaphore)* est un procédé rhétorique, didactique ou polémique.
Ex.: *Que la prépondérance passe...,* nous sommes à portée de l'une autant que de l'autre.
   Que la découverte... déplace..., nos ports de l'Océan sont prêts à en profiter...
   Que le percement du canal de Suez... rendent..., Marseille et Toulon reprennent leurs avantages.
La répétition du groupe *que + substantif + verbe* donne au texte un caractère d'*insistance:* à voir ou à entendre répéter une idée, le lecteur ou l'interlocuteur finit par l'admettre.

Texte 5   Les jeunes sont-ils trop nombreux?

Dans quelle mesure le rajeunissement de la population a-t-il contribué à l'explosion des jeunes? Et par quels cheminements?

Il y a une douzaine d'années, un député socialiste m'exprimait ses craintes vis-à-vis de la montée des classes pleines, dont l'avant-garde avait alors onze ans. Ces classes «pléthoriques» allaient, selon lui, provoquer à leur maturité, une vague de fascisme. Lorsque l'erreur commise dans une direction atteint juste 180°, on peut penser qu'il y avait quelque chose de juste dans le raisonnement.

De façon générale, notre population vieille a peur des jeunes, tel cet auteur qui, récemment encore, affirmait que Hitler et le nazisme ont été le fruit de la poussée démographique des jeunes. Il est difficile, cette fois encore, d'être davantage à l'opposé de la réalité.

Les deux précédents exemples sont éloquents: la peur de la jeunesse incite, dans le premier, à tirer des conclusions politiques à l'opposé de la réalité; et dans le second, à ne pas vérifier les données de fait, tant l'aversion vis-à-vis de la jeunesse inspire le jugement.

15 – «Les jeunes sont-ils trop nombreux?» La sortie du Lycée Buffon à Paris.

La peur des jeunes est particulièrement vive en France, non seulement depuis les troubles de mai 1968, mais en raison de l'esprit malthusien en vertu duquel nous croyons toujours être à la limite. En particulier, dans cette conception, le nombre des emplois serait limité, dans l'Hexagone, comme la longueur des côtes ou les kilomètres carrés, et, pour comble de disgrâce, ce nombre diminuerait même sous l'influence de la machine.

Quand un préjugé tient bon depuis dix-sept siècles, après dix-sept siècles de démentis par les faits il faut nourrir un solide optimisme pour espérer le voir céder à une observation juste des événements. La peur et la raison n'ont jamais fait bon ménage.

Bornons-nous à deux observations de vérification facile.

Au début de l'automatisme, il y a une vingtaine d'années, les prédictions les plus sinistres ont été émises, par les gens les plus sérieux, sur l'étendue du chômage qui allait en résulter. Posez la devinette autour de vous: *De combien le nombre d'emplois civils a-t-il diminué aux Etats-Unis depuis vingt ans?* La réponse est: — *dix-sept millions;* car le nombre des emplois a augmenté de 26 %, plus que la population en âge de travailler. Les taux d'activité ont monté dans tous les groupes d'âge, sauf au-dessus de soixante-cinq ans. Deuxième devinette: *Dans quelle catégorie le taux d'activité a-t-il le plus augmenté?* Réponse: chez les femmes de plus de quarante-cinq ans. Détruisant des dogmes de béton, ces nouvelles appartiennent à la catégorie de celles qui restent sans écho.

La seconde observation est en France. Nouvelle colle: De combien a augmenté (ou diminué) de 1962 à 1968 le nombre d'emplois tenus par des jeunes de dix-huit à vingt-cinq ans? Réponse: augmentation d'environ un million (sans doute un peu plus,

compte tenu des lacunes du recensement de 1968). Et ce résultat a été obtenu en dépit
50 des erreurs d'orientation et de l'insuffisance de la formation professionnelle.

Ce million de jeunes en plus apportent des ressources à la sécurité sociale. Or ils ont encore peu d'enfants, sont, dans l'ensemble, bien portants et ne touchent évidemment aucune retraite. Il serait intéressant de savoir de combien les retraites auraient été amputées si, privée de ce renfort, la sécurité sociale n'avait distribué ce qu'elle a reçu.

55 Qu'il s'agisse de politique ou d'économie, la France n'a aucune raison d'avoir peur de la jeunesse. Les excès de celle-ci résultent de la carence de l'accueil, imputable aux seuls adultes. Comprimé, confiné, aliéné, le jeune explose. Notre société a tout appris, tout étudié, excepté l'art de rajeunir.

Alfred SAUVY «Les jeunes sont-ils trop nombreux?»
Dans: *Le Monde*, 11—17 septembre 1969

A. Analyse du texte

LE VOCABULAIRE ET LES EXPRESSIONS

³**le cheminement** action de faire du chemin, et particulièrement, un chemin long et pénible, que l'on parcourt lentement, comme p. ex. les eaux souterraines qui restent invisibles — ⁶**la montée des classes pleines** ‹classe› a ici le sens de ‹contingent (militaire) d'une année›. A partir des années cinquante, les enfants nés après la guerre étaient très nombreux et formaient des classes ‹pléthoriques› par rapport à celles d'avant-guerre. — ⁸**pléthorique** ici: excessivement nombreux — ¹⁷**poussée démographique** croissance (rapide) de la population — ¹⁹**être davantage à l'opposé de la réalité** (cf. plus bas: ne pas vérifier les données de fait) L'auteur veut dire que Hitler n'a pas été porté au pouvoir par la génération des jeunes de 14 à 18 ans (générations ‹creuses› à cause de la guerre de 1914–1918), mais par les plus de quarante ans d'alors qui avaient fait la Grande Guerre et partageaient les idées de Hitler. — ²⁹**les troubles de mai 1968** allusion à la révolte des étudiants en mai 1968; cf. texte 50 — **l'esprit malthusien** Thomas Robert MALTHUS (1766–1834), économiste anglais, est l'auteur de l'«Essai sur le principe de la population», où, présentant l'augmentation constante de la population comme un danger pour la subsistance du monde, il propose d'éviter toute mesure favorisant la natalité. L'esprit malthusien, c'est-à-dire la peur de perdre le niveau de vie une fois atteint, a amené beaucoup de ménages français, entre 1890 et 1946, à n'avoir qu'un seul enfant ou n'avoir pas d'enfant du tout. — ³¹**l'Hexagone** (m) cf. carte 1 — ³⁷**l'automatisme** (m) c'est-à-dire l'ère de l'automation: les machines fonctionnent automatiquement, sans intervention humaine. Le travail humain est fait par des automates: d'où la peur du chômage (technologique). — ⁴⁶**la colle** terme de l'argot des écoliers: exercices d'interrogation auxquels on soumet les cancidats à un examen, à un concours, en vue de les y préparer. — ⁵¹**la sécurité sociale** ensemble des législations et des organismes chargés de leur application qui ont pour objet de garantir les individus et les familles contre certains risques sociaux (maladies, accidents du travail, vieillesse) — ⁵⁷**confiné** c'est-à-dire enfermé dans son propre univers — **aliéné** Le mot est ici employé au sens marxiste: l'homme se sent étranger au monde dans lequel il vit et travaille, asservi par l'organisation à laquelle il appartient. Un ouvrier, travaillant dans une usine, est aliéné de sa propre personnalité par la monotonie du travail à la chaîne (Fließband). Cf. l'explication que donne Raymond ARON de ce terme: «Marx dispose de trois termes différents qui sont souvent traduits par le même mot d'aliénation, alors que les termes allemands n'ont pas exactement la même signification. Ce sont *Entäusserung, Veräusserung* et *Entfremdung*. Celui qui correspond à peu près au français aliénation est le dernier qui veut dire: devenir étranger à soi-même. L'idée est que dans certaines circonstances, ou dans certaines sociétés, les conditions faites à l'homme sont telles que celui-ci devient étranger à lui-même, en ce se sens qu'il ne se reconnaît plus dans son activité et dans ses œuvres.» (Raymond ARON «Les étapes de la pensée sociologique» Paris, Gallimard, 1967, p. 176)

Travail personnel. Expliquez à l'aide du dictionnaire: maturité, éloquent, devinette, recensement, renfort, carence.

QUESTIONS ET SUJETS DE CONVERSATION

1. Quelle est, selon l'auteur, l'attitude de la vieille génération vis-à-vis des jeunes?
2. Quelles sont les causes de cette attitude?
3. Comment l'auteur essaie-t-il de démontrer la fausseté de l'attitude de la vieille génération et l'utilité des jeunes pour la société entière?
4. Croyez-vous que, par ses arguments et démonstrations, l'auteur puisse changer l'attitude et la conscience des adultes?
5. Quel effet psychologique fait le dernier paragraphe sur un adulte?
6. Pour comprendre les arguments de l'auteur il faut tenir compte de l'évolution de la population active dans les trois secteurs de la vie économique:

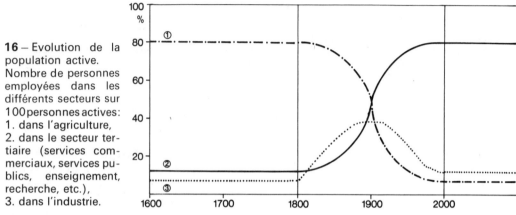

16 – Evolution de la population active. Nombre de personnes employées dans les différents secteurs sur 100 personnes actives:
1. dans l'agriculture,
2. dans le secteur tertiaire (services commerciaux, services publics, enseignement, recherche, etc.),
3. dans l'industrie.

Est-ce que la peur du chômage de la vieille génération est justifiée? Pourquoi les adultes croient-ils que le nombre d'emplois diminue?

LE STYLE ET LA COMPOSITION

1. Ce texte est un *article de journal*. Comparez-le avec les textes précédents (Michelet, Madaule, Valéry) en ce qui concerne la composition (p. ex. la division en paragraphes) et le style.
2. Analysez l'emploi des mots. Est-ce que les mots sont employés pour démontrer un fait de façon objective ou est-ce que leur emploi invite le lecteur non seulement au raisonnement mais provoque chez lui aussi des émotions?
3. Est-ce que l'auteur présente
– des expériences d'ordre scientifique?
– son opinion personnelle?
– un mélange habile d'objectivité et de subjectivité?

B. Exercices pratiques

VOCABULAIRE

Exercices de mémorisation:
1. **contribuer à**
Ex.: Le rajeunissement de la population française *a contribué à* l'explosion des jeunes.
Modèle:
l'argent   L'argent contribue à faire le bonheur.
les impôts   ...
sa négligence
leur travail
les voisins
les jeunes
Faites des phrases avec *contribuer à* et les substantifs indiqués.
2. Faites une phrase à propos de l'évolution économique et sociale de la population avec les mots suivants:
les jeunes — les adultes — le chômage — les emplois — l'esprit malthusien.

GRAMMAIRE

Le *conditionnel* est à la fois un *mode* et un *temps*.
Comme *mode*, il peut servir à présenter un renseignement qu'on ne prend pas à son compte.
Ex.: ... dans cette conception, le nombre des emplois *serait* limité...
   ... ce nombre *diminuerait* même sous l'influence de la machine...
   ... ces classes *allaient provoquer*... une vague de fascisme...
   (paraphrase du conditionnel par *aller* à l'imparfait + infinitif)
Exercice: Choisissez un paragraphe du texte de Sauvy et présentez l'opinion de cet auteur dans la perspective de quelqu'un qui ne veut pas s'identifier avec les idées de Sauvy.
(Gr. § 51 ‖ § 85)

SUJETS DE COMPOSITION

1. Les adultes sont-ils trop nombreux?
2. En vous servant du texte de Sauvy et des textes complémentaires, montrez les causes et les effets d'une croissance rapide de la population.

▷ Texte 6   L'explosion démographique au XVIIIe siècle

Depuis le XIIIe siècle, la population européenne n'avait que peu varié. Naissances et décès s'équilibraient. Les guerres et les épidémies creusaient parfois de grands vides mais une vigoureuse natalité ne tardait pas à les combler. Si le nombre des hommes augmentait, une famine survenait qui rétablissait le niveau normal de la population.
5 L'espérance de vie était courte: plus de la moitié des enfants ne pouvaient atteindre l'âge d'homme; les survivants étaient usés par une existence trop difficile; à quarante-cinq ans, un homme était vieux.

Or, tout cela change au XVIIIe siècle. Les hommes naissent toujours aussi nombreux, mais la mortalité diminue: la vie humaine allonge et la population s'accroît. La France
10 de 1714 devait avoir dix-huit millions d'habitants, mais celle de 1789 en aura vingt-six; dans le même temps, la population de l'Angleterre passe de cinq à neuf millions d'âmes; l'Espagne de cinq millions et demi à dix millions et demi; la population russe a presque triplé; les Hongrois ont quadruplé; en Italie, en Prusse on relève des chiffres comparables. Il s'agit bien d'une révolution démographique.

André AUBERT, François DURIF, Paul LABAL, Robert LOHRER «Histoire»,
classe de troisième (1961)

▷ Texte 7

Enfin, l'une des caractéristiques de la France à cette époque [à la fin du XVIIIe siècle], c'est qu'elle est un peuple jeune. En trente ans, de 1760 à 1789, la population s'est accrue dans des proportions considérables, passant de 17 à 25 millions d'habitants. Il y avait donc en France cet afflux d'énergie et ce besoin d'expansion qui se manifeste chez tous
5 les peuples à forte natalité. La France est alors, en valeur absolue, le pays de beaucoup le plus peuplé d'Europe. Cet essor démographique, joint à l'effervescence des idées nouvelles, à la nécessité de modifier un système social vétuste et croûlant, à la résistance des privilégiés, va lancer la France dans une aventure intérieure et extérieure et lui permettre d'imposer par la force sa volonté à l'Europe, parce qu'elle est la nation la plus puissante et qu'elle va être conduite par des chefs jeunes.

Jacques BOUSSARD «Atlas historique et culturel de la France» (1957)

QUESTIONS

1. Les deux textes prouvent que la France du XVIIIe siècle avait également connu une explosion démographique.
Quelles en étaient les conséquences
— dans le domaine de la politique intérieure?
— dans le domaine de la politique extérieure?
— dans le domaine de la politique économique et sociale?
— dans le domaine de la vie culturelle et intellectuelle?
2. Cherchez les causes pour lesquelles la population ne pouvait s'accroître qu'à un rythme très lent avant la seconde moitié du XVIIIe siècle (cf. texte 38, surtout question n° 3).

Exercices de compréhension et de contrôle

I. Connaissance de la matière

1. *Le problème de la quantité*
— Combien d'habitants a la France?
— Quelle est la densité de la population? Comparez la densité de la population de la France avec celle d'autres pays (p. ex. l'Allemagne, la Grande-Bretagne).
— Quel rapport y a-t-il entre la densité de la population d'une part et l'économie d'un pays d'autre part?
2. *L'évolution de la population française*
— Marquez les étapes de l'évolution de la population française et donnez des raisons
a) pour la croissance continuelle entre 1800 et 1911,
b) pour la stagnation et le recul entre 1911 et 1946,
c) pour «l'explosion démographique» après 1946.
— Comparez l'évolution de la population française à celle de la population allemande. Quelles conséquences l'évolution différente des deux populations a-t-elle eues sur l'histoire des deux peuples?
3. *Le problème de la qualité*
— Quels groupes ethniques ont formé, au cours des siècles, la nation française?
— Pourquoi les éléments ethniques immigrés sont-ils restés en France?
— Qu'est-ce qui distingue la nation française des autres nations d'Europe?
4. *Le conflit des générations*
— Pourquoi la vieille génération a-t-elle peur des jeunes?
— Quels arguments Sauvy donne-t-il pour démontrer que la peur de la vieille génération n'est pas justifiée?
— Quelle est, au contraire, l'utilité de la jeunesse pour la société entière?

II. Connaissance des méthodes

1. Quelles sont les règles principales pour la définition d'un mot?
2. Quelle importance a la fréquence des mots pour l'explication de texte?
3. A quoi sert la répétition d'un mot ou d'un groupe de mots?
4. Comment appelle-t-on la répétition d'un mot ou d'un groupe de mots au début de plusieurs phrases, membres de phrase ou vers?
5. Quelles différences y a-t-il entre un traité scientifique et un essai?
6. Quels sont les éléments caractéristiques d'un essai?

III. Le vocabulaire

1. Donnez six exemples de mots appartenant à la famille du mot *peuple*. Formez des phrases où la signification de ces mots apparaît clairement.
2. Expliquez en français:

ethnique	essaim	sécurité sociale
peuplement	pléthorique	aliéné
population	poussée démographique	maturité
adaption	esprit malthusien	devinette
site		

LE CARACTÈRE DES FRANÇAIS

Introduction: Difficultés de définir le caractère national

Les Français ont eu, depuis toujours, une disposition spéciale pour réfléchir sur leur nature propre, pour analyser les caractères de leur nation et pour faire ressortir ses particularités distinctives. Certes, il est bien difficile d'étudier la psychologie du Français, car la France, terre de passage et d'invasions, a subi, surtout à notre époque, des changements de tous ordres qui ont ébranlé son équilibre et modifié les rapports des différentes classes de la société. Cependant tout au long de l'histoire de France, et dans la vie française elle-même, des Flandres aux Pyrénées, on distingue un courant ininterrompu, qui montre que le caractère français conserve inchangées certaines dispositions fondamentales. Gardons-nous pourtant de ramener le caractère national de nos voisins à quelques éléments fondamentaux et de le définir en formules absolues. «Quels traits attribuer aux Français sans reconnaître que les exemples de traits opposés abondent?» dit André MAUROIS dans son étude «Portrait de la France et des Français». D'autre part, en lisant les articles suivants on sera tout naturellement amené à comparer les traits du caractère français notés par les auteurs, avec les particularités qu'on connaît chez d'autres peuples, notamment chez le peuple allemand. Et ces réflexions nous aideront à mieux comprendre certaines actions et réactions des Français au passé et au présent.

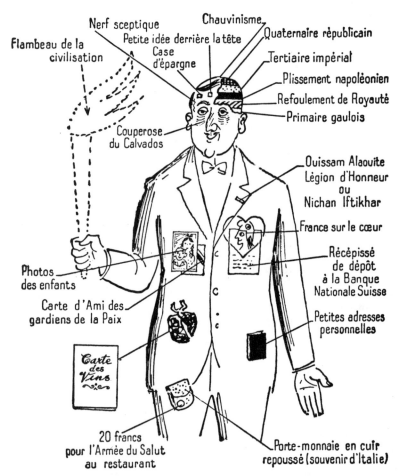

17 – Coupe radioscopique de M. A.. D.., citoyen français.

Texte 8 Définition des Français

Dans son livre «Les Carnets du Major Thompson», Pierre DANINOS prend le masque d'un Anglais marié avec une Française et vivant à Paris pour faire le portrait satirique de ses compatriotes. La satire joue ici le rôle de loupe: les objets n'ont plus leur grandeur naturelle, mais nous montrent des particularités qu'on ne verrait pas à l'œil nu. A travers les exagérations de style et de langage, on peut saisir la vérité: le caractère paradoxal des Français.

18 – «Ils se croiraient ridicules s'ils déclaraient au fisc le montant exact de leurs revenus.»

Comment définir ces gens qui passent leurs dimanches à se proclamer républicains et leur semaine à adorer la Reine d'Angleterre, qui se disent modestes, mais parlent toujours de détenir le flambeau de la civilisation, qui font du bon sens un de leurs principaux articles d'exportation, mais en conservent si peu chez eux qu'ils renversent leurs gouvernements à peine debout, qui placent la France dans leur cœur, mais leurs fortunes à l'étranger, qui adorent entendre leurs chansonniers tourner en dérision les culottes de peau, mais auxquels le moindre coup de clairon donne une jambe martiale, qui détestent que l'on critique leurs travers, mais ne cessent de les dénigrer eux-mêmes, qui se disent amoureux des lignes, mais nourrissent une affectueuse inclination pour la tour Eiffel, qui admirent chez les Anglais l'ignorance du «système D», mais se croiraient ridicules s'ils déclaraient au fisc le montant exact de leurs revenus, qui se gaussent des histoires écossaises, mais essaient volontiers d'obtenir un prix inférieur au chiffre marqué, qui s'en réfèrent complaisamment à leur Histoire, mais ne veulent surtout plus d'histoires, qui détestent franchir une frontière sans passer en fraude un petit quelque chose, mais répugnent à *n'être pas en règle*, qui tiennent avant tout à s'affirmer comme des gens «auxquels on ne la fait pas», mais s'empressent d'élire un député pourvu qu'il leur promette la lune, qui disent: «En avril, ne te découvre pas d'un fil», mais arrêtent tout chauffage le 31 mars, qui chantent la grâce de leur campagne, mais lui font les pires injures meulières, qui ont un respect marqué pour les tribunaux, mais ne s'adressent aux avocats que pour mieux savoir comment tourner la loi, enfin, qui sont sous le charme lorsqu'un de leurs grands hommes leur parle de leur *grandeur*, de leur *grande* mission civilisatrice, de leur *grand* pays, de leurs *grandes* traditions, mais dont le rêve est de se retirer après une bonne *petite* vie, dans un *petit* coin tranquille, sur un *petit* bout de terre à eux, avec une *petite* femme qui, se contentant de *petites* robes pas chères, leur mitonnera de bons *petits* plats et saura à l'occasion recevoir gentiment les amis pour faire une *petite* belote?

Pierre DANINOS «Les Carnets du Major Thompson» (1954)

A. Analyse du texte

LE VOCABULAIRE ET LES EXPRESSIONS

³**le flambeau** appareil d'éclairage portatif de grande dimension (Fackel) — **le bon sens** [sã:s] la droite raison — ⁴**ils renversent leurs gouvernements à peine debout** allusion à la vie politique de la IVᵉ République (1946–1958) où la plupart des gouvernements dépendaient d'une infime majorité parlementaire et furent renversés du moment qu'ils voulaient prendre des mesures énergiques — ⁶**les chansonniers** auteurs et interprètes de chansons en général satiriques — **tourner en dérision** rendre ridicule, se moquer de qc, de qn — ⁷**les culottes de peau** Les militaires portaient autrefois des culottes de peau; cette expression sert aujourd'hui à désigner de façon ironique les vieux généraux bornés. — ⁸**martial** de Mars, dieu de la guerre: belliqueux, guerrier — **le travers** bizarrerie, caprice — ¹⁰**le ‹système D›** expression argotique signifiant: l'art de se débrouiller (sich zu helfen wissen) — ¹²**se gausser** se moquer — ¹³**ne veulent plus d'histoires** Les Français ne veulent plus de difficultés, de tracas. — ¹⁴ **passer en fraude** passer sans la permission de la douane — ¹⁶‹**auxquels on ne la fait pas**› expression argotique qui signifie ‹auxquels on n'en impose pas›. Le Français, individualiste, est convaincu de son bon droit et il le fait valoir à chaque occasion en protestant vivement contre celui qui, comme p. ex. l'Etat, a l'air de vouloir le lui contester. — ¹⁹**les pires injures meulières** Avec leurs maisons de campagne construites en pierre meulière (de ‹meule› = pierre qui sert à moudre le blé; silex à gros trous) les Français détruisent la grâce de leur campagne. — ²⁵**mitonner** faire cuire longtemps à petit feu — ²⁶**la belote** jeu de cartes qu'aiment les petits bourgeois et les ouvriers.

Travail personnel. Expliquez à l'aide du dictionnaire: détenir, le coup de clairon, dénigrer, le fisc, s'en référer à, n'être pas en règle, être sous le charme.

LE STYLE ET LA COMPOSITION

1. Analysez le vocabulaire du texte. A quel niveau de langage appartiennent beaucoup de mots et de locutions? Comparez ce niveau avec l'intention profonde de l'auteur; que constatez-vous?
2. Analysez la structure des phrases. Comment se manifestent les contradictions du caractère français dans le procédé de style de l'auteur?
3. Montrez par des exemples choisis dans le texte qu'il ne s'agit pas d'une satire agressive, mais d'un texte ironique: une forme de comique de mots fondée sur une transposition entre le réel et l'idéal.
4. La *satire* est un texte (une œuvre) qui, sous une forme quelconque, en général dans un style mordant, critique les mœurs, s'attaque aux vices, aux défauts moraux et politiques ou simplement aux individus, dans le but de dévoiler leurs faiblesses et de les améliorer par la critique.

QUESTIONS ET SUJETS DE CONVERSATION

1. Quelle est l'attitude des Français à l'égard de leur gouvernement républicain?
2. Quelle est l'attitude des Français à l'égard des militaires?
3. Pourquoi les Français se moquent-ils des Anglais?
4. Quel trait de caractère révèle le fait que, selon l'auteur, les Français arrêtent tout chauffage le 31 mars?
5. Est-ce que vous voyez un contraste entre le fait que les Français ont un respect marqué pour les tribunaux d'une part, et qu'ils s'adressent aux avocats pour savoir comment tourner la loi, d'autre part?
6. Que pensez-vous du contraste entre la grandeur rêvée des Français comme nation et leur modestie comme individus?
7. Le portrait tracé par Daninos est-il valable pour toutes les couches sociales ou ne représente-t-il pas plutôt un certain type de Français? (cf. texte 60)
8. Relevez une à une chacune des allusions paradoxales du texte et commentez-les. Avez-vous pu constater la vérité des points de vue de Daninos au contact personnel avec des Français?

B. Exercices pratiques

VOCABULAIRE

1. *Les différentes acceptions du mot* **fortune**:
– chez les anciens, une divinité qui préside aux hasards de la vie (lat. Fortuna);
– puissance supérieure à l'homme qui distribue le bonheur et le malheur sans règle apparente (syn.: hasard);
– situation dans laquelle se trouve quelqu'un;
– ensemble des biens, des richesses qui appartiennent à un individu ou à une collectivité;
– locution: inviter qn à la fortune du pot (l'hôte n'est pas attendu, on l'accueille sans façon, il doit manger ce qu'on lui sert).
Quel sens le mot a-t-il dans notre texte?
Exercice: Formez cinq phrases dans lesquelles vous employez le mot *fortune* dans chacune des acceptions indiquées.

2. *Ne confondez pas* **élire** *et* **choisir.**
Elire — se dit du peuple ou d'un certain nombre d'individus qui portent, par leurs suffrages, un citoyen à une fonction quelconque.
Choisir — c'est se déterminer en faveur d'une chose plutôt que d'une autre; il marque particulièrement la comparaison qu'on fait de tout ce qui se présente pour connaître ce qui vaut le mieux et le prendre.

GRAMMAIRE

1. *L'attribut* (Prädikatsnomen) est le mot ou le groupe de mots qui indiquent la manière d'être qu'on rapporte, qu'on ‹attribue› au sujet ou au complément d'objet à l'aide d'un verbe. L'attribut peut être relié au sujet par le verbe *être* ou par un autre *verbe d'état*.
Il y a deux espèces d'attributs:
– l'attribut *du sujet:*
  Les Français sont *républicains*.
– l'attribut *du complément d'objet:*
  Les Français *se* proclament *républicains*.
  Les Français *se* disent *modestes*.
  Les Français élurent *le général* de Gaulle *président de la République*.
Le plus souvent l'attribut du sujet ou du complément d'objet se joint au verbe sans préposition. Avec certains verbes il se joint par l'intermédiaire d'une des prépositions suivantes: comme, de, pour, en.
(Gr. §§ 35; 36 ‖ §§ 66; 67)
Exercice: Formez cinq phrases où, contrairement à l'usage allemand, *l'attribut* du complément d'objet n'est pas joint au verbe à l'aide d'une préposition quelconque.

2. **Pourvu que** + *subjonctif* introduit une proposition conditionnelle; il sert à présenter une condition comme étant à la fois nécessaire et suffisante pour l'action de la principale.
  ... (ils) s'empressent d'élire un député *pourvu qu*'il leur *promette* la lune.
(Gr. § 80,2 ‖ § 123)

3. Il y a d'autres conjonctions ou locutions conjonctives pour introduire les propositions de condition et de supposition; voici les plus importantes:
au cas où, à (la) condition que, à moins que, supposé que, à supposer que, si.
Exercice: Formez une phrase convenable avec chacune de ces conjonctions ou locutions conjonctives. — Révisez dans votre grammaire l'emploi des temps et des modes dans la phrase conditionnelle.

SUJETS DE COMPOSITION

1. Montrez un Français ‹à qui on ne la fait pas› dans une situation de la vie de chaque jour.
2. En partant de l'article de Daninos, faites un portrait plus abstrait et plus sérieux du Français moyen.

Texte 9 Le dialogue français

Dans une conférence prononcée à Beyrouth en 1946, André GIDE essaie d'analyser le caractère unique de l'esprit français.

Ce qui fait la grandeur, la valeur, le bienfait de notre culture française, c'est qu'elle n'est pas, si je puis dire, d'intérêt local. Les méthodes de pensée, les vérités qu'elle nous enseigne, ne sont pas particulièrement lorraines et ne risquent point, par conséquent, de se retourner contre nous lorsque adoptées par un peuple voisin. Elles sont générales, humaines, susceptibles de toucher les peuples les plus divers ; et comme, en elles, tout humain peut apprendre à se connaître, peut se reconnaître et communier, elles travaillent non à la division et à l'opposition, mais à la conciliation et à l'entente.

Je me hâte d'ajouter ceci, qui me paraît d'une primordiale importance : la littérature française, prise dans son ensemble, n'abonde point dans un seul sens... La pensée française, en tout temps de son développement, de son histoire, présente à notre attention un dialogue, un dialogue pathétique et sans cesse repris, un dialogue digne entre tous d'occuper (car en l'écoutant, l'on y participe) et notre esprit et notre cœur — et j'estime que le jeune esprit soucieux de notre culture et désireux de se laisser instruire par elle, j'estime que cet esprit serait faussé, s'il n'écoutait, ou qu'on ne lui laissât entendre, que l'une des deux voix du dialogue — un dialogue non point entre une droite et une gauche politique, mais bien plus profond et vital, entre la tradition séculaire, la soumission aux autorités reconnues, et la libre pensée, l'esprit de doute, d'examen, qui travaille à la lente et progressive émancipation de l'individu. Nous le voyons se dessiner déjà dans la lutte entre Abélard et l'Eglise — laquelle il va sans dire, triomphe toujours, mais en reculant et réédifiant chaque fois ses positions fort en deçà de ses lignes premières. Le dialogue reprend avec Pascal contre Montaigne. Il n'y a pas échange de propos entre eux, puisque Montaigne est mort lorsque Pascal commence à parler, mais c'est pourtant à lui qu'il s'adresse... Et de même ce que nous admirons en Bossuet, ce n'est pas le théologien désuet, c'est l'art parfait de la langue admirable, qui en fait un des plus magnifiques écrivains de notre littérature : l'art sans lequel on ne le lirait plus guère aujourd'hui. Cette forme, que lui-même estimait profane, c'est cette forme grâce à laquelle il survit.

Dialogue sans cesse repris à travers les âges et plus ou moins dissimulé du côté de la libre pensée, par prudence, cette «prudence des serpents», comme dit l'Ecriture, car le démon tentateur et émancipateur de l'Esprit parle de préférence à demi-voix ; il insinue, tandis que le croyant proclame — et Descartes prend pour devise «larvatus prodeo», «je m'avance masqué» —, ou mieux, c'est sous un masque que j'avance.

Et parfois l'une des deux voix l'emporte : au XVIIIe siècle, c'est celle de la libre pensée, plus masquée du tout. Elle l'emporte au point d'entraîner, comme nécessairement, un désolant tarissement du lyrisme. Mais l'équilibre du dialogue, en France, n'est jamais bien longtemps rompu. Avec Chateaubriand et Lamartine, le sentiment religieux, source du lyrisme, ressurgit magnifiquement. C'est le grand flot du romantisme. Et, si Michelet et Hugo s'élèvent contre l'Eglise et les églises, c'est encore avec un profond sentiment religieux.

Roulant de l'un à l'autre bord, le vaisseau de la culture française s'avance et poursuit sa route hardie. «Fluctuat nec mergitur» — il vogue et ne sera pas submergé. Il risquerait de l'être, il le serait, du jour où l'un des deux interlocuteurs du dialogue l'emporterait définitivement sur l'autre et le réduirait au silence, du jour où le navire verserait ou s'inclinerait d'un côté.

André GIDE «Souvenirs littéraires et problèmes actuels» (1946)

A. Analyse du texte

LE VOCABULAIRE ET LES EXPRESSIONS

³**particulièrement lorraines** L'auteur fait la critique de l'œuvre de Maurice BARRÈS, écrivain français né en Lorraine (1862–1923), et qui a fait dans ses œuvres un culte de la terre natale. — ⁵**tout humain** tout être humain, tous les hommes — ⁹**n'abonde point dans un seul sens** ne représente pas une seule opinion — ¹⁹**Abélard** Pierre, théologien et philosophe scolastique français (1079–1142); ses doctrines théologiques furent condamnées par l'Eglise. — ²¹**Pascal** Blaise (1623–1662), mathématicien et philosophe français — **Montaigne** Michel Eyquem de M. (1533–1592). Dans ses «Essais», il s'est peint lui-même, mais à travers les contradictions de sa propre nature, il découvre l'impuissance de l'homme à trouver la vérité et la justice. — ²³**Bossuet** Jacques Bénigne (1627–1704), prélat français, écrivain et orateur célèbre — ²⁸**dissimulé** caché — ²⁹**l'Ecriture** la sainte Ecriture, la Bible — ³¹**insinuer** donner à entendre qc sans le dire expressément — **Descartes** René (1596–1650), philosophe français — ³⁶**Chateaubriand** François René de Ch., voir Annexe, notices biographiques — **Lamartine** Alphonse (1790–1869), poète et homme politique français — ³⁸**Michelet** Jules, voir Annexe, notices biographiques — **Hugo** Victor (1802–1885), poète français — ⁴¹‹**Fluctuat nec mergitur**› devise de la ville de Paris, qui a pour emblème un vaisseau; cf. texte 18, notes, l. 38. — ⁴²**l'interlocuteur, -trice** personne qui converse avec un autre; le partenaire du dialogue.

Travail personnel. Expliquez à l'aide du dictionnaire: primordial, l'émancipation, en deçà de, désuet, le tarissement, verser.

QUESTIONS ET SUJETS DE CONVERSATION

1. Qu'est-ce qui fait la grandeur et la valeur de la culture française?
2. Quelles facultés développe-t-elle chez ceux qui sont formés par la pensée française?
3. Entre quelles forces se fait le dialogue français?
4. Quelle valeur ce dialogue a-t-il pour la pensée française?
5. L'auteur nous cite quelques exemples historiques de ce dialogue. Est-ce que vous connaissez des écrivains modernes qui ont continué ce dialogue des deux côtés?
6. Pourquoi l'auteur juge-t-il nécessaire que l'équilibre des forces ne soit jamais rompu?
7. Qu'est-ce qui arriverait le jour où l'un des deux partenaires du dialogue l'emporterait?
8. Comparez à travers les siècles la pensée française telle que la conçoit André Gide avec la culture allemande. Que constatez-vous?

B. Exercices pratiques

VOCABULAIRE

1. Le mot **ensemble** peut être adverbe (< lat. in simul) ou substantif masculin. Dans notre texte, il est employé dans cette dernière acception:
   La littérature française prise dans son *ensemble* ...
ce qui signifie: dans sa totalité.
2. La locution **se hâter** est usitée à un niveau de langage plutôt élevé. Les synonymes qui expriment également l'action de ‹faire vite› sont:
— se dépêcher: précipitation, empressement souvent inquiet;
— se presser: implique une vivacité continue, animée par une forte impression.
3. **Ecouter** et **entendre**
Ecouter — c'est prêter l'oreille pour entendre les sons, prêter attention à ce qu'on nous dit.
Entendre — c'est recevoir l'impression des sons, même quand on ne le veut pas.
Exercice: Formez quatre phrases dans lesquelles vous employez alternativement *écouter* et *entendre*.
4. Relevez dans le texte tous les noms abstraits et analysez leur formation.

GRAMMAIRE

1. *Un emploi de la conjonction* **que**
La conjonction **si** est parfois remplacée par la conjonction *que* suivie du subjonctif pour éviter une répétition:
   ... cet esprit serait faussé, s'il n'écoutait, ou *qu*'on ne lui laissât entendre, que l'une des deux voix du dialogue ...

La conjonction *que* s'emploie également pour éviter la répétition soit d'une locution conjonctive composée avec *que*, soit d'une des conjonctions *comme, quand, lorsque, puisque*. Dans ce cas le mode du verbe n'est pas modifié.
(Gr. § 183 ‖ § 244)
Exercices:
– Formez trois phrases dans lesquelles la conjonction *si* se trouve en répétition, que vous éviterez par l'emploi de *que* + subjonctif.
– Formez des phrases avec les conjonctions suivantes: lorsque, parce que, alors que, quoique, et employez *que* dans la reprise.
2. *Les pronoms relatifs sujets* **lequel** *et* **laquelle** appartiennent surtout à la langue écrite; on les emploie le plus souvent pour éviter un malentendu:
　… la lutte entre Abélard et l'Eglise — *laquelle*, il va sans dire, triomphe toujours …
En employant *laquelle* au lieu de *qui*, l'auteur montre clairement que la proposition relative se rapporte à l'antécédent ‹Eglise› et non à ‹Abélard›.
(Gr. §§ 140; 142 ‖ § 183)

SUJETS DE COMPOSITION

1. Analysez de plus près le phénomène du dialogue français chez un écrivain ou un groupe littéraire que vous avez déjà étudié.
2. Suivez la libre pensée d'une part et les forces de la tradition d'autre part à travers une époque.

▷ Texte 10　Psychologie de la France

　　Ce qui frappe le plus tous les observateurs étrangers, c'est la forme d'esprit des Français: ils passent pour intellectuels, rationalistes, juristes, à la différence des Anglais, pratiques, empiriques, casuistes; des Allemands qu'emporte l'élan vital; de l'Espagnol, passionné, mystique, théologien. Les Français ne repoussent point ce jugement dont
5　ils évaluent rarement la part critique, parce qu'il est plus facile d'accepter les formules que d'emprunter l'esprit des autres pour se juger soi-même. Ils se tiennent sans modestie pour un peuple très intelligent, orateur et malin. Nous dirions plutôt qu'ils sont raisonneurs avec un penchant oratoire et procédurier, usant de leur intelligence pour comprendre, pour construire et pour détruire. Un Français veut comprendre, ou pour le
10　moins avoir l'air de comprendre chacune de ses opérations. D'autres peuples professent la soumission absolue à la nécessité quotidienne ou à ceux qui ont mission de les guider. Rien au contraire de plus désolant pour un Français que d'avoir à se soumettre aveuglément. On connaît sa maxime de désespoir: «Il ne faut pas chercher à comprendre.» D'où les définitions, les explications, les justifications qui occupent toujours sa cervelle,
15　dès qu'ils s'est évadé de l'analphabétisme. Ces exercices, il les fait au profit de la construction des idées et des formes; il aime les idées générales, les synthèses, les systèmes. Le but de ses analyses est toujours d'aboutir à des formules et il a une certaine propension à limer des formules, quitte à les justifier. De ces formules, s'il a un embryon de culture, il compose des synthèses, où son goût de l'universel se complaît, et des systèmes qui
20　exercent sa passion logique, parfois au détriment de la réalité. En tous les jeux intellectuels le Français montre beaucoup de vivacité, de brillant, et surtout d'ordre, de clarté.
　　Son goût de la clarté procède à la fois d'une certaine paresse, qui le détourne des approfondissements, des complications; d'un souci de n'être pas dupe, et de l'exemple donné par une société dirigeante, depuis deux millénaires entraînée à la composition
25　et à la dialectique. Le goût de l'ordre est dans la tradition classique: Les Romains l'ont inculqué à la Gaule, l'influence durable des rhéteurs, la renaissance justinienne et aristotélicienne, l'humanisme, le programme des Jésuites, puis de l'Université entretinrent les habitudes antiques.

Les qualités de l'esprit français sont un bien très précieux au monde entier. Savants,
30 écrivains, conférenciers répandent en tous pays le culte des divisions harmonieuses,
des formules limpides et parfois d'une réserve souriante dans les conclusions. Le risque,
c'est dans la masse une certaine légèreté qui néglige les zones d'ombre de la pensée,
simplifie à l'excès les décisions ou les complique par un excès de logique abstraite, résout
quelquefois une difficulté par une élégante boutade.

Gabriel Le Bras, dans: *Revue de psychologie des peuples*, 1er trim. 1952

NOTES

³**empirique** qui se guide seulement par l'expérience, par la pratique — **casuiste** celui qui cherche à résoudre un ‹cas› de conscience par les règles de la raison, par l'expérience de la vie pratique; ici: qui transige avec sa conscience — **l'élan vital** formule philosophique qui exprime l'une des idées fondamentales de Henri BERGSON (1859–1941): C'est le jaillissement continu de la vie, qui serait générateur de l'évolution des êtres. — ⁷**raisonneur** celui qui discute, raisonne, réplique au lieu d'obéir — ⁸**procédurier** qui aime les formalités, les procédures juridiques, la chicane — ¹⁸**limer** feilen — ²⁶**inculquer qc à qn** faire entrer dans l'esprit d'une façon durable et profonde — **le rhéteur** dans l'antiquité, maître d'éloquence; au sens péjoratif: orateur à l'éloquence toute formelle, dont l'art déguise mal une grande pauvreté de pensée — **la renaissance justinienne** A l'époque de Philippe IV le Bel (1268 à 1314, roi de France 1285–1314) le droit romain et l'idée de l'Etat tout-puissant furent adoptés en France. L'empereur Justinien (482–565) avait fait rassembler et résumer toutes les lois promulguées pendant un certain temps dans le ‹Corpus iuris civilis›, base des études juridiques jusqu'à l'époque moderne. — ²⁷**la renaissance aristotélicienne** La connaissance de l'œuvre du philosophe grec Aristote (∼ 384 − ∼ 322 av. J.-Chr.) s'était perdue en Occident au commencement du Moyen Age. C'est seulement lors des croisades, par l'intermédiaire des Arabes, qu'elle fut de nouveau connue et étudiée en Europe. — **le programme des Jésuites** Les Jésuites christianisaient dans leurs collèges l'héritage antique des humanistes et stimulaient leurs élèves à imiter les modèles des anciens. — ³⁷**la boutade** trait d'esprit, mot spirituel.

QUESTIONS

1. Quelle différence y a-t-il entre les textes de DANINOS et de GIDE d'une part et le texte de LE BRAS d'autre part,
— en ce qui concerne la forme et la nature du texte,
— en ce qui concerne l'intention de l'auteur,
— en ce qui concerne l'enchaînement logique des idées?
2. En analysant le texte de LE BRAS, dressez une liste
— des qualités positives,
— des qualités négatives des Français.
Comparez cette liste un peu abstraite avec l'énumération plutôt concrète et imagée que donne DANINOS. Que constatez-vous?
3. L'auteur essaie d'analyser la psychologie d'un peuple, de son propre peuple. De quelle méthode se sert-il pour éviter les préjugés, les clichés et les idées reçues?

SUJET D'ÉTUDE

Essayez de faire une ‹Psychologie de l'Allemagne› en vous servant du texte de LE BRAS comme modèle et en documentant votre essai par des jugements qu'on porte sur les Allemands aussi bien à l'étranger qu'en Allemagne même.

LES FRANÇAIS ET LEUR LANGUE

Introduction: Le français, langue de communication universelle

Les Français ont de tout temps accordé la plus grande attention et le plus grand soin à leur langue. Depuis le XVIIe siècle, depuis la fondation de l'Académie française et depuis que MALHERBE (1555–1628) et VAUGELAS (1585–1650) ont donné des règles au français, linguistes et écrivains ont porté leur effort sur la clarté, la pureté et le bon usage de la langue; aujourd'hui encore, chaque grand quotidien possède son expert qui s'occupe régulièrement de problèmes linguistiques (cf. texte 14).

Le français est devenu vers la fin du XVIIe siècle la langue universelle de l'Europe en remplacement du latin. Mais c'est le XVIIIe siècle qui voit la plus haute période du français: en 1772, le livre d'un écrivain italien, CARACCIOLI («Voyage de la raison en Europe»), parle de l'*Europe française*, et l'expression n'est pas exagérée. RIVAROL explique à la même époque les causes de la prépondérance du français: «*Ce qui n'est pas clair n'est pas français; ce qui n'est pas clair est encore anglais, italien, grec ou latin.*» Depuis 1714, c'est le plus souvent en français que les diplomates discutaient et rédigeaient leurs traités, même quand la France n'y était pas partie.

La situation a profondément changé depuis cette époque. La langue française a perdu ses prérogatives diplomatiques (en 1919, à l'occasion du traité de Versailles, le français dut accepter le partage avec l'anglais), pratiques et littéraires; elle a cessé d'être la plus parlée dans le monde.

Cependant le français reste une langue de première importance tant dans le domaine scientifique que politique. Le français est actuellement langue maternelle, langue officielle ou langue d'enseignement de 31 pays, c'est-à-dire un sur quatre membres des Nations Unies

19 – La langue française dans le monde en 1964.
1. Etat (ou province) où le français est langue maternelle ou officielle (anciennes possessions françaises et Etats étrangers).
2. Région francophone de survivance.
3. Etat où le français est utilisé comme langue véhiculaire, à côté des langues locales officielles (anciennes possessions).
4. Etat où le français est langue obligatoire dans l'enseignement (écoles secondaires).

(France, Belgique, Suisse, Luxembourg, Canada, Haïti, Burundi, Cameroun, République centrafricaine, Congo-Brazzaville, Congo-Kinshasa, Côte-d'Ivoire, Dahomey, Gabon, Guinée, Haute-Volta, Madagascar, Mali, Mauritanie, Niger, Rwanda, Sénégal, Tchad, Togo, Maroc, Algérie, Tunisie, Liban, île Maurice, Laos, Cambodge).

Dans la plupart des autres pays du monde, sa place comme langue étrangère dans les programmes scolaires et universitaires est en constant progrès: plusieurs régions du monde jusque-là presque sans contacts culturels avec la France (Afrique de langue anglaise, certains pays du Moyen-Orient ou asiatiques) développent rapidement l'enseignement du français.

Texte 11   La clarté de la langue française

On appelle la France le pays de l'harmonie et de la mesure. En effet, la régularité s'impose à notre attention un peu partout: voyez les allées, les haies et les plates-bandes d'un jardin construit par Le Nôtre ou le réseau centralisé des routes nationales. Douée d'un climat tempéré et d'un sol généralement fertile au relief modéré, la France n'est point le pays des contrastes. Le penchant naturel du Français pour les solutions de juste milieu s'explique peut-être par le paysage où il vit. Où trouver une meilleure expression de la régularité et de la clarté que dans l'ordre d'une phrase française? En 1784, quand la prépondérance et l'universalité du français étaient une évidence — les élites cultivées de l'Europe et de l'Amérique le parlaient et le lisaient — RIVAROL, dans sa célèbre réponse au concours de l'Académie de Berlin: «Qu'est-ce qui a rendu la langue française universelle?» explique les conquêtes de la langue française par des considérations purement linguistiques: elle est claire, sa syntaxe obéit à un ordre naturel de l'esprit, qui est l'ordre direct, et la précision de son vocabulaire la rend incorruptible.

Ce qui distingue notre langue des langues anciennes et modernes, c'est l'ordre et la construction de la phrase. Cet ordre doit toujours être direct, et nécessairement clair. Le français nomme d'abord le *sujet* du discours, ensuite le *verbe*, qui est l'action, et enfin *l'objet* de cette action: voilà la logique naturelle à tous les hommes, voilà ce
5   qui constitue le sens commun. Or cet ordre si favorable, si nécessaire du raisonnement, est presque toujours contraire aux sensations, qui nomment le premier l'objet qui frappe le premier. C'est pourquoi tous les peuples, abandonnant l'ordre direct, ont eu recours aux tournures plus ou moins hardies; selon que leurs sensations ou l'harmonie des mots l'exigeaient; et l'inversion a prévalu sur la terre, parce que l'homme est plus impérieuse-
10   ment gouverné par les passions que par la raison.

Le français, par un privilège unique, est seul resté fidèle à l'ordre direct, comme s'il était tout raison, et on a beau, par les mouvements les plus variés et toutes les ressources du style, déguiser cet ordre, il faut toujours qu'il existe, et c'est en vain que les passions nous bousculent et nous sollicitent de suivre l'ordre des sensations: la syntaxe
15   française est incorruptible. C'est de là que résulte cette admirable clarté, base éternelle de notre langue. *Ce qui n'est pas clair n'est pas français;* ce qui n'est pas clair, est encore anglais, italien, grec ou latin. Pour apprendre les langues à inversion, il suffit de connaître les mots et leurs régimes; pour apprendre la langue française, il faut encore retenir l'arrangement des mots. On dirait que c'est d'une géométrie tout élémentaire, de la
20   simple ligne droite, que s'est formée la langue française, et ce sont les courbes et leurs variétés infinies qui ont présidé aux langues grecque et latine. La nôtre règle et conduit la pensée; celles-là se précipitent et s'égarent avec elle dans le labyrinthe des sensations et suivent tous les caprices de l'harmonie.

La langue française ayant la clarté par excellence, a dû chercher toute son élégance
25   et sa force dans l'ordre direct: l'ordre et la clarté ont dû surtout dominer dans la prose, et la prose a dû lui donner l'empire. Cette marche est dans la nature; rien n'est, en effet, comparable à la prose française.

Antoine de RIVAROL «Discours sur l'universalité de la langue française» (1784)

A. Analyse du texte

LE VOCABULAIRE ET LES EXPRESSIONS

⁵**le sens commun** la faculté par laquelle la plupart des hommes jugent raisonnablement des choses (Dict. de l'Académie, 1772) — ⁷**avoir recours à** faire appel à, avoir besoin de, utiliser — ¹¹**Le français est seul resté fidèle à l'ordre direct** Rivarol, vrai fils du XVIIIᵉ siècle peu versé en histoire, s'imagine à tort que l'ordre naturel des mots existe depuis toujours dans la langue française et que cela correspond à une loi éternelle de l'esprit français. Cet ordre n'a été introduit qu'au XVIᵉ et au XVIIᵉ siècle. — ¹²**on a beau déguiser cet ordre** bien qu'on cache cet ordre, bien qu'on masque cet ordre — ¹⁷**les langues à inversion** les langues qui placent le sujet après le verbe, comme l'allemand — ²⁴**par excellence** au plus haut point.
Travail personnel. Expliquez à l'aide du dictionnaire: les ressources du style, bousculer, incorruptible.

LE STYLE ET LA COMPOSITION

1. Analysez les phrases une à une et observez si Rivarol confirme sa propre thèse par le style de son article.
2. Analysez la composition de l'article. Par quels procédés l'auteur prouve-t-il sa thèse?
3. Que vous dit l'emploi des mots (fréquence des substantifs abstraits ou concrets, des adjectifs, des verbes, etc.) sur la nature du texte?

QUESTIONS ET SUJETS DE CONVERSATION

1. Qu'est-ce qui distingue le français des autres langues anciennes et modernes?
2. Pourquoi, selon Rivarol, les peuples ont-ils abandonné l'ordre direct?
3. Etes-vous d'accord avec Rivarol sur le fait que l'ordre direct correspond à la logique naturelle des hommes?
4. N'y a-t-il pas une certaine contradiction entre la logique naturelle des hommes qui exige l'ordre direct et le fait que l'homme est plus impérieusement gouverné par les passions que par la raison?
5. Est-ce qu'un homme qui s'exprime en français peut suivre ses passions?
6. Quel sentiment s'exprime dans la phrase célèbre: «Ce qui n'est pas clair n'est pas français»? Est-ce un sentiment politique? Sinon cherchez à le définir.
7. Rivarol parle bien de l'anglais et de l'italien, du grec et du latin, mais il ne parle pas de l'allemand bien qu'il s'agisse d'une réponse au concours de l'Académie de Berlin. Cherchez les causes de cette omission. Comparez là-dessus l'opinion de Frédéric le Grand qui disait: «Je parle allemand à mes chevaux.»
8. Etes-vous du même avis que Rivarol en ce qui concerne la façon d'apprendre les langues à inversion?
9. D'après Rivarol, c'est surtout dans la prose que se manifestent l'ordre et la clarté de la langue française. Est-ce vrai seulement pour le français? Montrez que ce point de vue est typique pour le XVIIIᵉ siècle, mais qu'il ne se justifierait plus de nos jours.
10. Quels sont les écrivains du XVIIIᵉ siècle qui ont rendu la prose française célèbre?
11. Comparez ce texte avec le chapitre sur les auteurs du XVIIIᵉ siècle (tome II).

B. Exercices pratiques

VOCABULAIRE

1. Un gallicisme avec ‹beau›: **avoir beau faire:** ...on *a beau...déguiser* cet ordre...
Cette locution marque une opposition, parfois ironique; on pourrait la remplacer par d'autres constructions exprimant l'opposition, p.ex.: Quoiqu'on cherche à déguiser cet ordre par les mouvements les plus variés..., il faut toujours qu'il existe.
Dans notre texte, ‹avoir beau faire› signifie: faire en vain une chose. (Gr. § 178 ‖ § 236)
Exercice: Formez quatre phrases dans lesquelles vous employez ce gallicisme avec un autre verbe que ‹faire›.

2. Le mot **régime** est dans notre texte un terme de grammaire signifiant: l'action d'un mot sur un autre et la manière régulière de les joindre ensemble. P. ex.: Le régime du verbe transitif ou actif est l'accusatif.
Ce mot peut avoir encore d'autres significations:
— le régime politique, c'est l'ordre auquel on est soumis dans l'Etat;
— suivre un régime: on doit observer certaines règles dans la manière de vivre, par rapport à la santé, surtout pour ce qui regarde les aliments et les boissons (Diät);
— l'Ancien Régime, c'est le gouvernement qui existait en France avant 1789.

GRAMMAIRE

1. La conjonction **selon que** (plus rarement **suivant que**) exprime un *rapport de proportionnalité:*
   ... tous les peuples ... ont eu recours aux tournures plus ou moins hardies, *selon que* leurs sensations ou l'harmonie des mots l'exigeaient.
2. **tout** devant un substantif *en fonction adverbiale:*
   ... comme s'il était *tout* raison ...
Le français du XVIIIe employait cette formule dans les locutions ‹tout cœur›, ‹tout esprit› pour dire ‹plein de cœur›, ‹plein d'esprit› et, comme dans notre cas, ‹plein de raison›. — En français moderne, il existe quelques expressions de ce genre qui sont stéréotypées, p. ex.: je suis tout oreilles, cette chemise est tout coton, tout laine; dans ces cas, *tout* reste invariable. Mais lorsque l'on emploie ce tour avec un autre substantif (en général un substantif abstrait, pour indiquer que la personne ou la chose en question possède à un haut degré une certaine qualité) on accorde *tout* (cf. texte 18, Grammaire).
(Gr. § 180 ‖ § 195)

SUJETS DE COMPOSITION

1. Comparez la situation du français au XVIIIe siècle et celle de l'anglais dans le monde d'aujourd'hui.
2. Qu'exigez-vous aujourd'hui d'une langue qui veut être, comme le latin et le français par le passé, une langue universelle?
3. Décrivez le rôle de l'allemand comme langue de culture et comme moyen de communication dans les pays de l'Europe centrale.

DOCUMENTATION

Dressez une liste qui comprend toutes les régions et toutes les classes sociales qui parlaient le français comme langue maternelle ou comme langue de culture au XVIIIe siècle.

Texte 12   Le français dans le monde moderne

Alors que pour Rivarol l'universalité de la langue française était un fait généralement reconnu, la question se pose de nos jours de savoir si le français est une langue vraiment vivante et accessible à tout le monde ou une langue de culture réservée à une petite élite d'intellectuels. Dans le monde actuel, façonné par la technique, ce ne sont plus les élites cultivées qui donnent le ton, mais les masses. Pour elles, surtout pour les peuples du continent noir autrefois sous la domination française, mais aussi pour le grand nombre de techniciens, de commerçants, de touristes qui entrent chaque année en contact avec la France ou ses habitants, le français représente moins une langue de culture qu'un moyen de communication. C'est seulement par l'intermédiaire du français que les peuples africains des anciennes colonies françaises participent au monde moderne, à ses efforts et succès techniques. C'est donc dans un intérêt éminemment pratique que beaucoup de gens veulent apprendre aujourd'hui le français et c'est par cette voie que la langue française pourrait regagner une partie de son ancienne universalité.

A une heure où le monde se transforme avec une vitesse prodigieuse, trop de Français vivent sur des concepts périmés en ce qui concerne la diffusion de leur langue. Ils s'imaginent qu'elle jouit d'une primauté unanimement reconnue, que l'univers cultivé lui aurait conférée pour prix de ses qualités de clarté et de finesse. Ils se croient donc en
5 droit d'exiger de l'étranger qui veut l'apprendre un effort particulier: il doit s'assimiler toutes les subtilités de la grammaire, toutes les finesses de son vocabulaire. S'il ne le fait pas, tant pis pour lui! il n'était pas digne de l'apprendre.

De plus, il est bien entendu que cet effort doit être gratuit, s'accomplir non pour de misérables fins pratiques, mais pour l'acquisition de la clé qui ouvre l'accès de toute culture digne de ce nom. Pouvoir lire les grands écrivains français dans le texte, comprendre une pièce française ou une conférence donnée en français par un écrivain éminent, voilà le récompense suprême à laquelle on peut aspirer. Mais est-il besoin de parler d'une récompense quand le monde entier aspire à apprendre notre langue, à faire joyeusement l'effort ardu qui lui est demandé?

On pourra croire que nous caricaturons à plaisir. Point du tout. Ces idées, nous les avons entendues dans les propos publics, nous les avons lues dans des articles signés de noms illustres. Nous sommes prêts d'ailleurs à reconnaître la grandeur de cette conception orgueilleuse.

Le malheur est qu'elle est périmée. Le monde où nous vivons n'est plus l'Europe du XVIIIe siècle, où une petite élite mondaine régissait la vie intellectuelle (la seule qui comptât). Il n'est même plus l'Europe du XIXe siècle où l'aristocratie de quelques pays préférait le français à sa langue maternelle. Partout la langue nationale a triomphé. En même temps le monde s'est élargi dans toutes les dimensions: l'Europe a perdu son hégémonie; la culture a cessé d'être le privilège d'une classe sociale peu nombreuse, elle se répand dans des masses innombrables; la vie économique, les techniques se sont taillé une place à côté de la culture traditionnelle.

Dans ce monde nouveau la langue française a gardé d'immenses possibilités, mais sa diffusion doit être adaptée à l'état de choses actuel. Le monde ne redeviendra plus ce qu'il était jadis. Au lieu de s'attarder à poursuivre des rêves, il faut regarder le présent et, dans la mesure du possible, l'avenir.

La diffusion du français à l'étranger doit viser une clientèle singulièrement plus large, plus avide de résultats pratiques. Dans cette clientèle les techniciens de tout ordre occupent une place éminente: bon nombre d'entre eux sont appelés à faire des stages dans nos installations industrielles. Ne serait-ce pas une politique absurde que de chercher à répandre à l'échelle mondiale les créations de l'industrie française et de ne rien faire pour faciliter les relations humaines qui conditionnent les rapports techniques et économiques? Allons-nous rebuter ces hommes, leur refuser le *dignus es intrare* parce que les subtilités de l'accord des participes ne les intéressent pas, parce qu'ils veulent apprendre vite, sans s'attarder aux finesses grammaticales? Il va sans dire que nous n'excluons nullement de nos objectifs la culture littéraire et artistique. Mais cette forme de culture ne sera pas la seule.

On se trouve ainsi amené à mettre au premier plan la notion d'*efficacité*.

Georges GOUGENHEIM «Principes nouveaux pour l'enseignement du français»
Dans: *Esprit*, novembre 1962

A. Analyse du texte

LE VOCABULAIRE ET LES EXPRESSIONS

²**le concept** syn.: l'idée — **périmé** qui a perdu sa valeur — ⁸**gratuit** qui n'est pas déterminé par des motifs extérieurs ou des considérations rationnelles — ¹⁴**ardu** difficile, pénible, rude — ²⁸**adapter à** approprier à, mettre en accord avec — ³¹**la clientèle** ici: le public — ³³**faire un stage** Beaucoup de gens appelés à des postes importants dans leur patrie font un stage à l'étranger, c'est-à-dire y passent quelque temps pour se familiariser avec les procédés techniques ou scientifiques propres à ce pays. — ³⁵**à l'échelle mondiale** ‹échelle› signifie ici: ordre de grandeur; dans le monde entier (in weltweitem Maßstab) — ³⁷**dignus es intrare** expression lat. signifiant: tu es digne d'entrer — ³⁸**l'accord des participes** Pour les Français, l'accord des participes est un problème grammatical particulièrement délicat. — ⁴²**la notion d'efficacité** l'efficacité en ce qui concerne l'apprentissage du français; l'auteur a travaillé lui-même à l'élaboration du ‹français élémentaire› qui comprend environ 1400 mots choisis dans la langue parlée usuelle. C'est par cette méthode que beaucoup d'étrangers apprennent chaque année le français dans les cours de l'Alliance française.

Travail personnel. Expliquez à l'aide du dictionnaire: la diffusion, la primauté, conditionner, rebuter.

QUESTIONS ET SUJETS DE CONVERSATION

1. Quelle idée se font beaucoup de Français en ce qui concerne la diffusion de leur langue?
2. Pourquoi ces Français croient-ils que les étrangers doivent faire un effort particulier pour apprendre le français?
3. Pour quelles fins ces Français s'imaginent-ils que les étrangers apprennent la langue française?
4. Quand cette conception était-elle adaptée aux réalités?
5. Pourquoi cette conception du français comme langue de culture est-elle périmée aujourd'hui?
6. Est-ce que c'est un problème politique, posé par la diminution de l'influence française, de la puissance militaire de la France dans le monde, ou y a-t-il d'autres causes?
7. Quelles possibilités s'offrent à la diffusion du français dans le monde actuel? Quelle clientèle doit être touchée?
8. Qu'est-ce que l'auteur entend par ‹éfficacité›?

B. Exercices pratiques

VOCABULAIRE

1. Les mots composés avec *les préfixes* **prim-, primo-** (comme ‹primauté›) sont d'origine latine et expriment en général la notion de *premier*.
Exercice: Cherchez cinq mots composés avec les préfixes *prim-* ou *primo-*; formez ensuite cinq phrases où la signification exacte de ces mots se montre clairement.
2. **Tant pis** (avec le 2e degré de signification de ‹mauvais›) est une locution qui marque qu'on est fâché d'une chose. Son correspondant **tant mieux** marque plutôt la satisfaction.
3. Le mot **culture** a beaucoup d'acceptions.
— Son sens primitif (< lat. cultura, verbe: colere) est celui de l'action de cultiver la terre; plus spécialement l'agriculture. Synonymes: exploitation, plantation.
— Au sens figuré, *culture* signifie le développement de certaines facultés de l'esprit par des exercices intellectuels, l'ensemble des connaissances qui permettent à l'esprit de développer son jugement critique.
— *Culture* est parfois synonyme de *civilisation*, p. ex. la culture occidentale.
Dans quelle acception le mot est-il employé dans le texte?

GRAMMAIRE

1. *Répétition du complément d'objet direct précédant le verbe*
Pour mettre un mot en relief, la langue littéraire a recours à un ordre de mots différent à celui de la phrase normale (ordre direct, cf. le texte de Rivarol). Dans ce cas, le complément d'objet direct précédant le verbe est repris par le pronom personnel atone:
  Ces idées, nous   les   avons entendues..., nous   les   avons lues...
  (obj. dir.)   (obj. dir.) (verbe)   (obj. dir.) (verbe)
Sans la mise en relief:
  Nous avons entendu, nous avons lu ces idées.
2. *Un cas de subjonctif dans la proposition relative*
Quand l'antécédent de la relative est accompagné d'un superlatif relatif ou d'un adjectif exprimant la notion du superlatif, tels que *le seul, l'unique, le premier, le dernier,* le verbe de la relative se met au subjonctif:
... où une petite élite mondaine régissait la vie intellectuelle (la *seule* qui *comptât*).
(Gr. § 79 ‖ 124,2)
Exercice: Formez six phrases dans lesquelles l'antécédent de la relative est accompagné d'un superlatif relatif ou d'un adjectif équivalent.
3. Analysez l'emploi de l'adverbe relatif ‹où›; quels rapports marque-t-il?

SUJETS DE COMPOSITION

1. Faites un bilan des possibilités du français dans le monde actuel.
2. Analysez les chances du français comme langue de culture dans notre société moderne.
3. En vous servant de vos propres expériences scolaires, proposez un programme pour rendre l'apprentissage du français plus rapide et plus efficace.

Texte 13 Les origines et les travaux de l'Académie française

Les humanistes et les poètes de la Renaissance comme Ronsard et Du Bellay avaient enrichi le vocabulaire français d'une multitude de néologismes dérivés du grec et du latin. Rabelais et Montaigne y joignirent les mots savoureux de la Touraine et d'autres régions françaises. Cet accroissement subit rendit la langue plus touffue et lui enleva son rythme naturel et sa clarté.

Au début du XVIIe siècle, trois grandes langues de civilisation peuvent avoir l'ambition de se substituer au latin, langue universelle du Moyen Age, et de devenir une ‹langue internationale›: l'italien, l'espagnol et le français. En France, une aristocratie cultivée, qui a conscience de la dignité et de la valeur de la langue française, éprouve le besoin de la ‹purifier› et de la fixer; elle hésite encore sur le choix des modèles; elle attend un ‹maître›.

Ce maître, ce fut François de Malherbe (1555–1628) qui, en 1605, s'installa à Paris:

«Enfin Malherbe vint...» (Boileau «L'Art poétique», Chant I)

Il s'efforça de remédier aux désordres linguistiques que le XVIe siècle avait laissés en prenant pour base le langage populaire sanctionné par le bon usage et en soumettant le français à une réglementation rigoureuse. Il préparait ainsi le terrain pour les grandes périodes classique et rationaliste. La langue française, purifiée par Malherbe, fut l'arme d'attaque des philosophes du XVIIIe siècle.

Les efforts de Malherbe ont largement préparé la fondation de l'Académie française en 1635. Cette institution existe toujours, et c'est un grand honneur pour un écrivain d'appartenir aux ‹40 Immortels›, c'est-à-dire aux quarante membres de l'Académie qui, à la mort d'un de leurs membres, élisent un nouveau candidat, de façon que le nombre des académiciens ne dépasse jamais quarante. La réception d'un nouvel académicien est un grand événement mondain dont parle toute la presse française.

20 – François Mauriac en habit d'académicien.

À partir de 1629 quelques hommes de lettres prirent l'habitude de se réunir chaque semaine chez Valentin Conrart. L'abbé de Boisrobert, admis à ces réunions, en parla à Richelieu, dont il était secrétaire, et lui suggéra l'idée de leur donner un caractère officiel, en les plaçant sous le patronage du roi. Ce projet, bien que répondant au désir d'universelle
5 réglementation, qu'éprouvait le cardinal ministre, et au besoin d'ordre, qui alors se manifestait partout en France, fit hésiter Richelieu, qui n'aimait pas encourager la naissance d'associations capables de lui tenir tête un jour. Cependant il se décide à saisir cette occasion d'imposer son autorité dans le monde des lettres comme il l'avait imposée en politique. Conrart et ses amis furent pressentis: très flattés de l'honneur
10 qu'on leur faisait, ils ne renoncèrent pas sans quelque regret à la libre intimité de leurs réunions; mais ils savaient qu'on ne peut résister à une demande de Richelieu. L'Académie fut donc créée: la première séance eut lieu le 13 mars 1634. Toutefois les lettres patentes du roi Louis XIII, acte de naissance officiel de la nouvelle compagnie, portent la date du 29 janvier 1635.

15 Richelieu, en la fondant, lui assignait une triple mission: 1° fixer la langue à l'aide d'un dictionnaire et d'une grammaire; 2° guider les écrivains en rédigeant pour eux une rhétorique et une poétique; 3° apprécier les œuvres soumises à son jugement.

Ce vaste programme n'a pas été réalisé en entier. Le dictionnaire existe: après bien des lenteurs il fut achevé en 1694. L'Académie, du moins jusqu'à nos jours, n'avait pas
20 fait de grammaire; mais un académicien, Vaugelas, avait publié en 1647 ses «Remarques sur la langue française». La rhétorique et la poétique n'ont pas été composées. Comme tribunal littéraire, l'Académie n'a siégé qu'une fois, presque au lendemain de sa création,

21 — Séance de l'Académie française au Louvre dans l'ancienne salle de sculpture française au XVIIe siècle.

pour juger «le Cid» à la demande de Richelieu, mais depuis qu'elle distribue des prix, elle s'érige en juge de la littérature contemporaine.

                    Marcel BRAUNSCHVIG «Notre littérature étudiée dans les textes» (1961)

NOTES

[1]**hommes de lettres** écrivains — [2]**Conrart** Valentin, écrivain français, né à Paris (1603 à 1675; il devint le premier secrétaire perpétuel de l'Académie. — **Boisrobert** abbé François de B., poète français, né à Caen (1592–1662) — [3]**Richelieu** Armand-Jean Du Plessis de R., cardinal, ministre de Louis XIII, un des plus grands hommes d'Etat de la France, né à Paris (1585 à 1642) — [7]**tenir tête** résister — [12]**lettres patentes** (f pl) écrit émanant du roi qui établissait un droit ou un privilège — [13]**Louis XIII** roi de France, fils de Henri IV, père de Louis XIV (1601–1643) — [20]**Vaugelas** Claude Favre de V., grammairien français (1585–1650); dans ses «Remarques sur la langue française» il s'attache à fixer le bon usage; **Vaugelas avait publié...** «Par la suite d'autres publications grammaticales ont été inspiré par l'Académie française. Enfin à l'instigation d'Abel Hermant fut rédigé puis publié en 1931 ‹La Grammaire de l'Académie française› qui a provoque des critiques très violentes de la part de certains érudits. Une nouvelle édition de la ‹Grammaire›, revue et corrigée a paru en 1933.» (d'après le «Supplément de Notre littérature étudiée dans les textes») — [23]**le Cid** tragicomédie de Corneille (cf. t. II).
Travail personnel. Expliquez à l'aide du dictionnaire: le patronage, pressentir.

QUESTIONS

1. Quels furent les débuts de l'Académie française?
2. Pourquoi Richelieu hésita-t-il à donner un caractère officiel aux réunions chez Valentin Conrart?
3. Quel intérêt Richelieu avait-il à s'occuper des lettres?
4. Pourquoi Conrart et ses amis furent-ils à la fois flattés et un peu contrariés?
5. Quelle mission Richelieu a-t-il donnée à l'Académie?
6. Est-ce que l'Académie française a réalisé son programme?
7. De quoi l'Académie française s'occupe-t-elle de nos jours?

▷ Texte 14   Langage littéraire et langage parlé

Il pourrait sembler qu'en France il y ait des questions plus urgentes ou plus vitales que celle de la Défense de la Langue Française. Pourtant un certain nombre de journaux ou hébdomadaires consacrent une ou plusieurs colonnes d'une façon régulière à ladite défense. Je ne trouve pas le propos futile, mais il me semble que l'entreprise est en général marquée par l'esprit de défaite, car c'est toujours du point de vue de la défensive qu'une pareille défense est faite et cette défense se réduit toujours à des ‹défenses› et des interdictions. On ne pense qu'à entretenir, conserver, momifier. C'est du point de vue de l'offensive qu'il faut défendre la langue française, si l'on peut encore employer ce mot — mais depuis le *Serment de Strasbourg* ne l'applique-t-on pas à des langages qui sont devenus pour nous à peu près incompréhensibles?

Les philologues et les linguistes n'ignorent pas que la langue française écrite (celle que l'on ‹défend› en général) n'a plus que des rapports assez lointains avec la langue française véritable, la langue parlée. Toutes sortes de raisons font que cet abîme n'apparaît pas clairement: le maintien de l'orthographe, l'enseignement obligatoire, l'automatisme qui fait passer d'une langue à l'autre dans les circonstances officielles, administratives et solennelles. Mais le changement est profond. Le vocabulaire se modifie insensiblement, enrichi surtout par les actualités et les événements, mais c'est surtout la syntaxe du français parlé qui s'éloigne de plus en plus de la syntaxe du français écrit.

On comprend que les pouvoirs aient toujours cherché à cacher cet état de choses. Ce n'est certes pas aux professeurs à faire cette révolution du langage. Ce qui est étrange, c'est que cette transformation ait échappé à la plupart des écrivains, disons à presque tous jusqu'à ces dernières années. Ils ont cherché l'originalité dans des domaines certes infiniment respectables, et souvent métaphysiques. Mais ils n'ont pas vu que c'est dans l'emploi d'un nouveau ‹matériau› que surgirait une nouvelle littérature, vivante, jeune et vraie. L'usage même d'une langue encore intacte des souillures grammairiennes et de l'emprise des pédagogues devrait créer les idées elles-mêmes. Dans un article récent, un jeune poète que j'estime déclarait qu'il était persuadé que la langue dont se sont servis Racine, Voltaire, Chateaubriand, Anatole France et Paul Valéry contenait dans sa substance toutes les possibilités. Voilà très précisément ce que je mets en doute. C'est l'usage de l'allemand qui a créé l'existentialisme de Luther, c'est l'usage du néo-français de la Renaissance qui a fondé le sentiment de liberté chez Rabelais et Montaigne. Un langage nouveau suscite des idées nouvelles et des penseurs nouveaux veulent une langue fraîche. Il ne s'agit pas de ‹forger de toutes pièces un nouveau langage›, comme m'en accuse le poète dont je parlais plus haut, mais bien de donner forme à ce qui ne saurait se couler dans le moule cabossé d'une grammaire défraîchie.

Le français contemporain ne deviendra une langue véritable et féconde que lorsque les philosophes eux-mêmes l'utiliseront, et naturellement les savants. Je salue donc ici le premier mathématicien qui écrira une algèbre dans cette langue nouvelle qui est un des rares biens qui restent à ce pays.

Raymond QUENEAU «Langage littéraire et langage parlé» (1950)

NOTES

²**la Défense de la Langue Française** titre que quelques journaux (p. ex. Le Monde) pendant les années cinquante et soixante donnaient aux articles qu'ils consacraient (et consacrent toujours) aux problèmes linguistiques et de bon usage. Le titre est emprunté à la littérature française, à la «Défense et Illustration de la langue française» (1549) de Joachim DU BELLAY (1522–1560), manifeste dans lequel il exposait la doctrine poétique des poètes de la Pléiade. — ⁴**le propos** ce qu'on se propose, ce qu'on se fixe pour but — **futile** qui n'est d'aucun intérêt, d'aucune importance — ⁶**des ‹défenses› et des interdictions** L'auteur joue ici sur la double

signification du mot défense: 1° défense ≠ attaque; 2° défense syn. d'interdiction. — [7]**momifier** transformer en momie (= cadavre desséché et embaumé par les procédés des anciens Egyptiens) — [9]**le Serment de Strasbourg** (on dit plus souvent *les* Serments de S.) Après avoir vaincu Lothaire à Fontenay-en-Puisaye (841), Charles le Chauve et Louis le Germanique se rencontrèrent à Strasbourg, où, devant leurs troupes, ils confirmèrent leur alliance par un serment prononcé par Charles et les soldats de Louis en langue tudesque, et par Louis et les soldats de Charles en langue romane (14 février 842). Les formules de ce serment, conservées par l'historien Nithard, constituent les plus anciens monuments des langues française et allemande. — **le langage** Le mot ‹langue› est souvent employé comme synonyme de ‹langage›. Quand on l'en distingue (comme c'est le cas dans notre texte) c'est souvent pour l'appliquer à une forme de langage particulière, limitée à un groupe. — [17]**les actualités** (f pl) les actualités cinématographiques (Wochenschau) — [23]**métaphysique** (adj.) qui appartient à la métaphysique, à la recherche rationnelle de l'être absolu, des causes de l'univers et des principes premiers du savoir. — [28]**Racine** Jean (1639–1699), poète tragique de l'époque classique (cf. t. II) — **Voltaire** voir Annexe, notices biographiques — **Chateaubriand** voir Annexe, notices biographiques — **Anatole France** (1844–1924) écrivain français dont le style clair est souvent donné comme modèle de la langue française. — **Paul Valéry** voir Annexe, notices biographiques — [31]**Rabelais** François (vers 1494–1553), écrivain français d'une extraordinaire richesse d'imagination et d'une grande invention verbale — **Montaigne** Michel Eyquem de M. (1533–1592), penseur et écrivain français, auteur des «Essais» (1580–1588) — [32]**forger de toutes pièces**... se dit de ce qui est fait, inventé entièrement par son auteur — [34]**le moule** «corps solide creusé et façonné, dans lequel on verse une substance liquide ou pâteuse qui conserve, une fois solidifiée, la forme qu'elle a prise dans la cavité» (ROBERT «Dict. de la langue française») (Form) — **cabossé** ayant des bosses, déformé — [36]**les savants** Bien que le mot ‹savant› soit très général et désigne toute personne qui par ses connaissances et ses recherches contribue à l'élaboration, au progrès d'une science, il se dit surtout dans la langage courant à propos des sciences exactes et expérimentales.

QUESTIONS ET DEVOIRS

1. L'auteur constate qu'il existe une différence entre le français écrit et le français parlé. Faites deux colonnes dans lesquelles vous arrangerez tout ce que l'auteur dit à propos du français écrit ou du français parlé. Quel est le résultat?
2. En analysant le caractère des mots et locutions dont se sert l'auteur pour caractériser le français écrit, cherchez à expliquer la nature du texte et l'intention de l'auteur.
3. Il y a des raisons pour la vitalité du français écrit que l'auteur passe sous silence. Quelles sont à votre avis ces raisons? Est-ce seulement l'esprit conservateur de quelques philologues ou la mauvaise volonté des pouvoirs (mot vague que l'auteur évite de définir) qui aient pu empêcher la victoire du français parlé (du ‹veritable› français) ou est-ce que le français écrit remplit une *fonction* différente de celle du français parlé? Cf. aussi texte 58.
4. L'auteur défend une bonne cause par une mauvaise logique. Montrez que l'auteur cherche à cacher ces défauts par des caprices rhétoriques qui doivent détourner l'attention du lecteur au moment décisif.
5. L'auteur en appelle aux savants de se servir de la langue véritable du français contemporain. Comparez là-dessus l'opinion d'un célèbre savant français, du physicien Louis DE BROGLIE (né en 1892, prix Nobel de physique 1929): «L'enrichissement du français, s'il est à la fois souhaitable et inévitable, doit se faire d'une façon rationnelle préservant l'autonomie de la langue et restant conforme à ses origines et à son génie. Le français doit, certes, se transformer et s'accroître, mais il doit le faire sans perdre les qualités essentielles de précision et de cohérence qui ont assuré dans le passé le succès de son emploi dans le monde et la diffusion des idées dont il était l'interprète.» («Sur les sentiers de la science», 1960).
6. Après l'analyse critique du texte, essayez d'exprimer de façon positive ce qui se cache derrière la polémique négative contre le français écrit.
7. Essayez de rédiger le texte de QUENEAU en français parlé. — Résultat?

Exercices de compréhension et de contrôle

I. Connaissance de la matière

1. Quels sont les traits de caractère les plus marqués des Français, d'après Pierre DANINOS? — d'après Gabriel LE BRAS?
2. Quelles sont les différentes forces de la pensée entre lesquelles se fait le dialogue français?
3. Dans quels pays du monde le français est-il aujourd'hui
— langue maternelle,
— langue officielle?
4. Quelles étaient les raisons qui, pendant une époque de l'histoire, faisaient du français la langue universelle de l'élite intellectuelle et mondaine de l'Europe?
5. Quelle est la situation du français dans le monde d'aujourd'hui?
6. L'importance des travaux de l'Académie française.
7. Est-ce que la différence entre langage littéraire et langage parlé que constate Raymond QUENEAU est valable seulement pour le français? Justifiez votre thèse!

II. Connaissance du vocabulaire

1. Voici cinq phrases avec des verbes exprimant la notion de *faire vite*:
— En *se dépêchant* trop, on ne fait rien qui vaille.
— Il ne faut point *se hâter* de juger le caractère des hommes.
— Tandis que les uns *s'empressaient* à étouffer le feu, les autres regardaient avec curiosité la maison en flammes.
— Je vous prie de *vous presser* un peu et de ne pas vous faire attendre.
— *Vous vous êtes* bien *précipité* de lui en parler, il valait mieux attendre.
Exercice: Lequel de ces verbes exprime avec le plus de force l'idée de *faire vite*, lequel est le plus faible ou le plus neutre? Lequel de ces verbes exprime aussi la notion de *faire preuve de zèle*?
2. Complétez les phrases suivantes par le mot convenable (*entendre* ou *écouter*):
— Nous ... avec intérêt le récit du cosmonaute sur l'exploration géologique de la lune.
— Même à l'intérieur de la maison, on ... les loups qui hurlaient dans la forêt.
— Bien que la bataille se passât fort loin, les habitants de la ville ... le sourd grondement du canon.
— En s'approchant du château, les invités ... une douce musique.
— Il se cacha dans la broussaille et ... en retenant le souffle.
3. Expliquez:
— les Quarante Immortels
— être reçu sous la coupole
— le français élémentaire
— le dictionnaire de l'Académie

III. Connaissance de la grammaire

La phrase conditionnelle
Mettez les phrases entre parenthèses au temps et au mode convenables:
1. Si M. Dupont veut garder son emploi, il (devoir) travailler plus sérieusement.
2. Si je n'avais pas de voiture, je (acheter) la vôtre.
3. Si nous prenions un taxi, nous (arriver) plus vite.
4. Si vous (lire) ce livre, vous auriez trouvé la solution de votre problème.
5. Si le pilote de l'avion (ralentir) la vitesse, le parachutiste peut sauter.

II. PARIS ET LA PROVINCE

ADMINISTRATION CENTRALISÉE — RÉGIONALISATION

Introduction: Centralisation, concentration et disparités régionales

La centralisation administrative de la France, réalisée définitivement par Napoléon Ier, était si commode pour les gouvernements que tous les régimes qui se sont succédé depuis l'ont conservée. La concentration, commencée déjà par les rois de France, fit la fortune de Paris: élevée au rang de capitale quand Hugues Capet arriva à la tête du royaume, la ville grandit à mesure que progressait la monarchie. Alors que la province devient de plus en plus ce «désert français» dont parle Jean-François GRAVIER (1947), Paris rassemble tous les organes de la vie politique, culturelle et économique. Depuis longtemps, la France pauvre envoie ses hommes vers la France riche; en gros, il y a une disparité entre le Nord et le Sud (cf. Documentation, fig. 22).

Cependant, cette centralisation répond à un besoin très fort des Français de créer et de maintenir l'unité de leur pays, et «dans les dissensions intérieures aiguës, c'est toujours, et à tout prix, l'unité menacée, qui a toutes les chances de triompher» (Paul VALÉRY).

Aujourd'hui «l'effort multiséculaire de centralisation ne s'impose plus» (DE GAULLE) et l'on cherche à réparer les méfaits d'une centralisation poussée à l'extrême — déséquilibre régional sur le plan humain et économique — par l'aménagement du territoire et par la création de régions ayant une plus grande autonomie administrative, économique et financière autour de grandes villes qui en constituent les capitales économiques.

Documentation

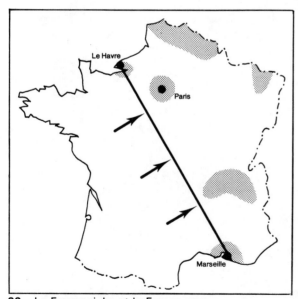

22 – La France riche et la France pauvre.
La France riche vers 1955.
66% de la population.
55% du produit agricole.
78% du produit industriel.
72% du revenu national.

➤ La France pauvre lui envoie ses hommes (beaucoup vers l'industrie ▒)

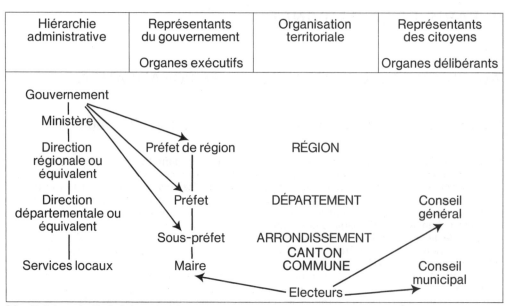

23 – Schéma de l'administration française.

24 – Densité de la population en 1876.

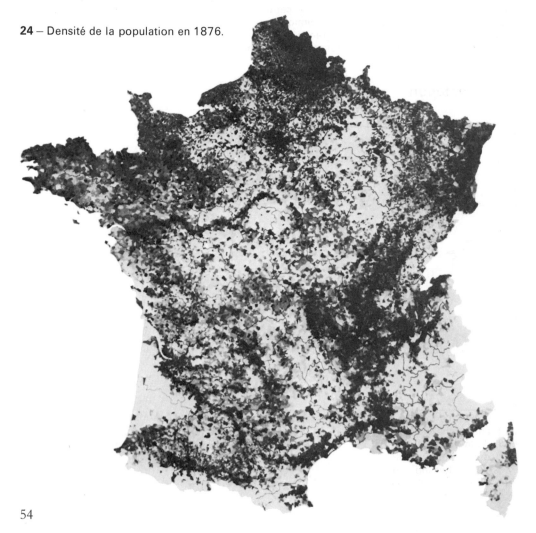

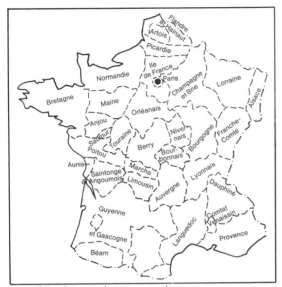

25 – Les anciennes provinces.
La France à la veille de la Révolution de 1789.

26 – Les régions.
«Les régions qui sont nos anciennes provinces plus ou moins remaniées» (de Gaulle, p. 61, l. 13).

27 – Densité de la population en 1954.

28 – Les départements.

Texte 15 Une administration centralisée

On entend par centralisation un régime dans lequel les administrations locales sont placées sous l'entière direction du gouvernement central ou de ses représentants locaux : les agents de ces administrations sont nommés par le gouvernement et soumis de sa part à un étroit pouvoir hiérarchique.

5   Ce régime centralisé peut être lui-même plus ou moins *déconcentré*, selon que l'on accorde plus ou moins de pouvoirs aux agents locaux de l'Etat.

A l'inverse, la décentralisation se caractérise essentiellement par le fait que la collectivité locale est dotée de la personnalité civile, qu'elle désigne elle-même ses représentants par la voie de l'élection, enfin que ces représentants élus sont dotés de pouvoirs effectifs.

La décentralisation implique toujours une ‹tutelle administrative› exercée par le gouvernement ou par ses agents locaux, en vue de maintenir les autorités élues dans le respect de la loi, de protéger les collectivités locales elles-mêmes contre les erreurs, les négligences ou les abus de leurs représentants, enfin de veiller à la marche régulière et continue des services publics.

Le plus souvent, la décentralisation correspond à un régime libéral ayant à sa base l'élection. Elle suppose chez les administrés une certaine maturité civique. Elle a pour conséquence de les faire participer aux affaires publiques, de développer chez eux le goût des responsabilités, de leur rendre l'administration moins impersonnelle et moins lointaine. La démocratie est traditionnellement décentralisatrice, la décentralisation n'étant autre chose que la démocratie transposée du plan national sur le plan local. Les inconvénients de la décentralisation, que vient heureusement pallier la tutelle administrative, sont faciles à imaginer: les chicanes locales se doublent de passions politiques; l'incompétence ou la maladresse des ‹tyranneaux de village› n'ont d'égal que leur désir de manifester une autorité dont ils ne sont pas toujours dignes.

La centralisation, dont le danger principal est de paralyser la vie administrative du pays, peut parfois présenter de réels avantages. Dans son histoire la France y est revenue à maintes reprises quand il a fallu assurer la cohésion du territoire national ou édifier un ordre nouveau sur les ruines d'un ordre disparu. Nous trouvons la centralisation à la fin du Moyen Age, quand fut consommée la victoire de la royauté sur les féodaux. Nous la retrouvons avec Bonaparte, après le chaos de la période révolutionnaire. Nous l'avons plus récemment connue au cours des années d'occupation ennemie, entre 1940 et 1944.

Ainsi la centralisation n'est pas à rejeter systématiquement. Il est des moments de la vie d'une nation où elle est une nécessité. C'est surtout si la centralisation s'accompagne de déconcentration qu'elle se révèle heureuse. Donner de plus larges pouvoirs aux agents locaux de l'Etat, qui sont plus près de la vie locale, permet d'assurer toute la cohésion nécessaire en assouplissant cependant ce qu'un régime centralisé peut avoir de trop rigide. Napoléon III l'avait bien compris, qui disait «on peut gouverner de loin, mais on n'administre bien que de près». Et la fameuse centralisation de l'Ancien Régime était, au fond, des plus douces du fait des très larges pouvoirs attribués aux intendants, représentants locaux du Roi.

La France est un pays à tendances centralisatrices. Les conditions de formation du territoire national ne sont pas étrangères à ces tendances. D'autre part, l'esprit de système qu'on rencontre dans presque tout cerveau français se satisfait aisément d'un édifice dont les éléments, bien articulés, obéissent à une impulsion unique.

Hervé DETTON et Jean HOURTICQ «L'administration régionale et locale de la France» (5ᵉ éd. 1968)

A. Analyse du texte

LE VOCABULAIRE ET LES EXPRESSIONS

³**les agents de ces administrations** = les fonctionnaires — ⁴**hiérarchique** relatif à la hiérarchie. La hiérarchie est une organisation sociale dans laquelle les personnes sont réparties de telle façon que chaque personne est supérieure à la précédente par l'étendue de son pouvoir ou par l'élévation de son rang social. — ⁸**la personnalité civile** La commune p. ex. est une personnalité juridique apte à être *sujet* dans un procès de droit civil. — ¹⁰**la tutelle administrative** ensemble des moyens de contrôle dont dispose le gouvernement (ou ses représentants) sur les collectivités publiques — ²¹**pallier** atténuer — ²⁵**paralyser** immobiliser — ²⁷**la cohésion du territoire national** l'unité du territoire national — ²⁹**quand fut con-**

sommée la victoire quand fut achevée la victoire — [38]**Napoléon III** Charles-Louis-Napoléon Bonaparte (1808–1873), fils de Louis Bonaparte, roi de Hollande, et d'Hortense de Beauharnais; empereur des Français de 1852 jusqu'en 1870 — [40]**l'intendant** (m) haut fonctionnaire, agent du pouvoir royal dans une ou plusieurs provinces.
Travail personnel. Expliquez à l'aide du dictionnaire: par la voie de l'élection, la maturité civique, les tyranneaux du village, assouplir.

QUESTIONS ET SUJETS DE CONVERSATION

1. Qu'est-ce qu'on entend par ‹centralisation›?
2. Comment se caractérise la décentralisation?
3. Quel est le but de la tutelle administrative?
4. La décentralisation correspond à un régime libéral et à la tendance des Français vers l'individualisme. A quelle autre tendance des Français correspond la centralisation? Comparez aussi les textes 8 et 10 sur le caractère des Français.
5. Montrez les avantages et les inconvénients de la centralisation.

B. Exercices pratiques

VOCABULAIRE

1. Dans notre texte, **régime** a le sens de ‹façon d'administrer, de gouverner une communauté› et est, dans cette application, synonyme de *gouvernement* (cf. p. 48—49).
Voici quelques adjectifs qu'on peut employer en combinaison avec *régime:*

autocratique	représentatif	libéral
démocratique	parlementaire	autoritaire
dictatorial	présidentiel	totalitaire
monarchique		policier
oligarchique		
républicain		

féodal	bienveillant
capitaliste	sévère
socialiste	prévoyant
	prudent

Exercice: Vérifiez la signification exacte de ces adjectifs. Faites six phrases avec *régime* en combinaison avec un de ces adjectifs.
Ex.: Dans le *régime républicain*, contrairement à la monarchie, la dignité du chef d'Etat n'est pas héréditaire.

2. Voici quelques *verbes* qui sont en rapport avec le domaine de l'*administration:*
administrer, contrôler, coordonner, diriger, gouverner, mener, organiser, prévoir.
Exercice: Complétez les phrases suivantes par le verbe convenable choisi dans la liste précédente:
Le gouverneur... le pays au nom de la République.
Pendant la guerre, de Gaulle ... la résistance des Français contre l'occupation allemande.
Le ministre des Affaires étrangères ... les négociations de la délégation française dans la capitale américaine.
Le général ... ses troupes à la bataille.
Le préfet de région doit ... les efforts économiques de plusieurs départements.
La Sécurité sociale ... le remboursement des frais en cas de maladie.
La République française est ... par le Président de la République, un conseil des ministres et deux assemblées.

GRAMMAIRE

Les *pronominaux passifs*
On emploie fréquemment la *forme pronominale* dans le *sens passif.* En principe, tout verbe transitif direct peut, à la forme pronominale, prendre le sens d'un passif.
Ex.: La décentralisation *se caractérise* essentiellement par le fait que la collectivité est dotée de la personnalité civile. = La décentralisation *est caractérisée* par le fait ...
(Gr. § 24,4 ∥ § 48,4 b)

Exercices:
1. Transformez les phrases suivantes en vous servant de la forme pronominale:
La tutelle administrative *est exercée* par le gouvernement ou par ses agents locaux.
Cette tutelle *n'est pas bornée* à un simple contrôle de la légalité.
Une série de mesures *est offerte* au législateur.
2. Modèle:
   On voit la tour de l'église au-dessus des maisons.
   La tour de l'église *se voit* au-dessus des maisons.
— On ne doit pas poser cette question.
— On lit ce roman avec plaisir.
— On voyait l'usine à travers les arbres.
— On a construit cette maison en six mois.

SUJETS DE COMPOSITION

1. Comparez la formule fédérale de la République Fédérale d'Allemagne avec l'administration centralisée de la France. Montrez les avantages et les inconvénients de chaque système et les dangers qui résultent d'une application exagérée de l'un ou de l'autre principe organisateur.
2. La centralisation a fait l'unité de la France. Montrez qu'elle a aussi contribué à faire disparaître la vie culturelle originale et autonome en Provence, en Bretagne, dans le Pays basque et en Alsace. Cf. aussi carte 5.

Documentation: Le vocabulaire de l'administration française

1. Les fonctionnaires

le préfet de la région — Par le décret du 2 juin 1960, 21 régions ont été créées dont le nom est généralement emprunté à une des anciennes provinces de la France (Bourgogne, Bretagne, Normandie, etc.; cf. cartes 25 et 26). Par le décret du 14 mars 1964, ces régions ont été dotées d'une organisation administrative particulière dont l'élément essentiel est le préfet de la région. La région groupe un certain nombre de départements; le préfet de la région, tout en restant à la tête d'un des départements, doit coordonner l'activité des départements de la région et mettre en œuvre la politique du gouvernement concernant le développement économique et l'aménagement du territoire de la région.

le préfet est nommé par le Conseil des Ministres et révocable par lui; il est le représentant du pouvoir exécutif dans le département. Il veille à l'exécution des lois et règlements, représente toutes les administrations publiques et contrôle leurs services, dirige la police et renseigne

29 – Le Préfet en voyage d'inspection.

le gouvernement, contrôle les sous-préfets et les maires. Comme agent du département, il prépare et exécute les décisions du Conseil général, ordonne les dépenses, nomme aux emplois départementaux.

le sous-préfet — «le fonctionnaire le plus proche du néant» (J.-F. Gravier), est subordonné au préfet et nommé comme lui. Il exerce notamment son ‹pouvoir de tutelle› (contrôle) sur les communes. Il est organe de transmission plus que de gouvernement.

le maire est le chef du pouvoir exécutif municipal ; il est assisté de 1 à 12 adjoints. Comme ceux-ci, il peut être suspendu ou révoqué par le pouvoir central. Comme agent de l'Etat, il exécute les lois et règlements, exerce la police administrative, est officier de l'état civil (mariages, etc.), applique les lois sociales, scolaires, électorales. Comme représentant de la commune, il préside le Conseil municipal et exécute ses décisions, prépare le budget de la commune, nomme et révoque les agents municipaux. Le maire et les adjoints sont élus par le Conseil municipal parmi ses membres (loi du 5 avril 1884).

2. Les organisations territoriales

le département — La principale circonscription administrative de la France en même temps qu'une collectivité relativement autonome. Il appartient à la loi de déterminer le nombre des départements. Celui-ci a varié au cours de l'histoire : quatre-vingt-trois départements étaient créés en 1790. On voulut créer une circonscription commune à tous les services et dont l'étendue permît, de n'importe quel point, d'aller au chef-lieu et d'en retourner dans les quarante-huit heures. Le département avait donc été établi en fonction de l'état des communications de la fin du XVIIIe siècle, et Raymond Poincaré (1860—1934) n'avait pas tort quand il déclarait à la Chambre des députés en 1917 : «Si Mirabeau et Thouret s'étaient rendus en chemin de fer ou en automobile à l'Assemblée Constituante, ils auraient créé des départements moins nombreux et plus étendus.» Les conquêtes de Napoléons Ier portèrent le nombre primitif jusqu'à cent-trente. Ramené à quatre-vingt-six en 1815, il s'est élevé en 1860 à quatre-vingt-neuf après l'annexion à la France de la Savoie et du Comté de Nice, puis fut réduit à nouveau en 1871 à quatre-vingt-six, plus le territoire de Belfort. Une loi du 19 mars 1946 a érigé en départements les vieilles colonies françaises de la Guadeloupe, de la Martinique, de la Réunion et de la Guyane française ; enfin la loi du 10 juillet 1964 portant réorganisation de la Région parisienne a créé pour remplacer les départements de la Seine et de Seine-et-Oise les départements Hauts-de-Seine, de la Seine-Saint-Denis, du Val-de-Marne, de l'Essonne, des Yvelines et du Val-d'Oise, la ville de Paris devenant une collectivité territoriale à statut particulier (dissociation du pouvoir administratif et du pouvoir politique) ne faisant plus partie d'un département (cf. cartes 28 et 30). Il y a donc actuellement quatre-vingt-quatorze départements.

l'arrondissement — Subdivision administrative du département de faible importance. A Paris, un maire (au lieu d'un sous-préfet) est à la tête des vingt arrondissements.

le canton — Division de l'arrondissement, échelon de certains services et agents de l'Etat (Juge de paix, Gendarmerie, Ponts et Chaussées, perception des impôts). Le chef-lieu de canton est le foyer par excellence de la vie rurale.

la commune — Dernière subdivision administrative du territoire. La France se caractérise par une multitude de petites communes : sur 37 708 communes (recensement de 1968), plus de vingt-quatre mille ($=10,7\%$ de la population) ont moins de 500 habitants, trente-sept ($=19,0\%$ de la population) seulement groupent plus de 100 000 habitants.

3. Les organes délibérants élus par les citoyens

le Conseil général est élu pour 6 ans au suffrage universel à raison d'un membre par canton ; il est renouvelable par moitié tous les 3 ans. Il adresse au gouvernement des vœux et réclamations en matière d'administration générale ; il contrôle les communes (chemins, foires et marchés, etc.) ; il délibère et statue sur toutes les affaires d'intérêt départemental : budget, organisation des services, travaux publics, gestion des domaines.

le Conseil municipal est composé de 11 à 37 membres élus pour 6 ans au suffrage universel direct ; quatre sessions par an (séances publiques). Il participe aux élections sénatoriales, règle par délibération les affaires locales : services municipaux, voirie, budget, approvisionnement, gestion des domaines. Il est sous le contrôle de tutelle du préfet qui peut le suspendre ou même faire prononcer par le Conseil des Ministres sa dissolution.

(D'après Guy Michaud «Guide France», Paris, Hachette, 1964, et Detton-Hourticq «L'administration régionale et locale de la France», Paris, P.U.F., 1968)

Texte 16 Principes et pratique de la régionalisation

> La question de la régionalisation a paru si importante au général de Gaulle qu'il en a fait, en combinaison avec un projet de réforme du Sénat, l'objet d'un référendum, le 27 avril 1969.¹)
> Un sondage de la SOFRES, en mars 1969, révèle que 54% des Français sont ‹plutôt favorables› à la réforme des régions. Les réformes des organismes régionaux, entreprises de 1963 à 1964, devraient être complétées par un certain nombre de mesures assurant une plus grande autonomie aux régions (création de conseils de région, élection de représentants des catégories socio-professionnelles devant faire partie du conseil de région). «La région ne peut prendre vie que dans la mesure où elle dispose des services supérieurs et notamment des moyens d'étude et de réflexion qui n'existent que dans une métropole. A défaut, il n'y a pas de région ni de décentralisation ni même de déconcentration. Il n'y a que de nouveaux départements: plus gros, mais aussi assujettis et aussi dociles que les anciens.» (René MAYER, dans: «Féodalité et Démocratie?»)
> Comme la majorité des Français n'était pas d'accord avec la réforme du Sénat prévu par le même référendum que le projet de régionalisation, de Gaulle se retira du pouvoir et les projets de régionalisation plus avancée ne furent plus poursuivis.

La Révolution avait enlevé à nos provinces, telles qu'elles résultent de la géographie, de l'histoire, du caractère des populations, toute place dans l'organisation administrative de la France et découpé d'office le territoire en éléments quatre fois plus nombreux: les départements. Depuis lors, les départements sont entrés dans nos mœurs comme ils
5 se trouvent dans nos lois. Mais bien que les provinces fussent officiellement ignorées en tant que telles depuis cent soixante-dix-neuf ans, elles n'ont pas cessé d'exister dans l'esprit et le cœur des Français. En dépit de tous les déplacements, déracinements et brassages, il y a toujours l'Auvergne et les Auvergnats, la Bretagne et les Bretons, la Lorraine et les Lorrains, la région de Paris et les Parisiens, la Provence et les Provençaux,
10 l'ensemble Flandre-Artois et les ‹gars de ch'Nord›, etc.

Or, voici qu'est apparue une condition nouvelle et majeure de la vie moderne, je veux dire le développement économique et social. Du coup s'impose localement la réalité des régions, qui sont nos anciennes provinces plus ou moins remaniées, suivant les exigences de l'époque. En effet, quand il s'agit d'aménagement et d'équipement
15 collectifs — et Dieu sait combien souvent c'est de cela qu'il s'agit! — la région est le cadre approprié, soit pour prendre les initiatives voulues, soit pour adapter les projets aux conditions d'existence de la contrée, soit pour exécuter les plans.

Faire tout régler à Paris est devenu insupportable. S'en remettre aux départements, ce serait leur fixer des tâches généralement exorbitantes de leurs moyens et de leurs
20 dimensions. Au contraire, la région a assez d'étendue, de ressources, de population, pour jouer son rôle à elle dans l'effort de transformation de notre ensemble national. Cela n'ajoute naturellement rien aux charges dont nous nous acquittons déjà et cela n'implique pas du tout que le pouvoir central substitue, par personne préfectorale interposée, sa responsabilité à la responsabilité de la région. Mais cela exige qu'elle soit
25 dotée des compétences et des finances nécessaires par délégation de celles de l'Etat.

Dès lors, on pourra voir les affaires locales traitées non plus de loin par les fonctionnaires de l'administration centrale, mais sur place par des personnes du pays, mandatées pour le faire et connaissant les gens et les choses.

D'autre part, il est évident que, depuis la Constituante de 1789, l'évolution a façonné
30 dans la société française une certaine organisation des tendances et des intérêts économiques et sociaux. Syndicats, fédérations, associations, unions, etc., représentent main-

---

¹) Le texte intégral du «Projet de loi constitutionnelle» rejeté par le référendum du 27 avril 1969 se trouve dans Maurice DUVERGER «Constitutions et documents politiques», Paris, P.U.F., 4ᵉ éd., 1971, p. 207–232.

tenant, au moins dans quelque mesure, les besoins et les désirs. Si donc, pour administrer localement ce qui se rapporte au progrès, il est créé dans chaque région un conseil délibérant, il faut y mettre des représentants des organisations économiques et sociaux
35 aux côtés des membres élus. C'est ce que l'on a commencé à pratiquer avec les CODER et on s'en est bien trouvé. Cette participation-là est à la base de la réforme.

Charles DE GAULLE «Déclaration au cours d'un entretien radiotélévisé
avec M. Michel Droit», le 10 avril 1969

A. Analyse du texte

LE VOCABULAIRE ET LES EXPRESSIONS

[1]**La Révolution avait enlevé à nos provinces... toute place dans l'organisation administrative de la France** La division administrative de la France en départements fut arrêtée le 15 janvier 1790. On avait le choix entre un découpage de la nation selon une méthode rigoureusement géométrique ou en fonction de considérations géographiques et économiques. Lors de la création des départements, on consultait aussi largement que possible les représentants des régions intéressées. On tint compte non seulement des considérations économiques et des amours-propres régionaux, mais aussi de l'existence antérieure des provinces. Les vieilles provinces ne furent donc pas complètement anéanties, mais formèrent le cadre des nouveaux départements. — [5]**en tant que telles** se dit surtout dans la langue philosophique au sens de ‹dans son identité foncière› (‹als solche›) — [8]**le brassage** syn. de mélange — [13]**les régions qui sont nos anciennes provinces plus ou moins remaniées** cf. les deux cartes 25 et 26 — [14]**l'aménagement** (m) (c'est-à-dire l'aménagement du territoire) cf. texte 17, notes, l. 10, cartes 22 et 26 et introduction p. 53 — [17]**exécuter les plans** c'est-à-dire les plans de la Planification française élaborés et exécutés depuis 1946 (cf. p. 191) — [23]**par personne préfectorale interposée** Une personne interposée figure dans un acte juridique en son propre nom, à la place du véritable intéressé. De Gaulle veut dissiper les craintes que le préfet de région, placé à la tête d'une région autonome, ne serve qu'à mieux garantir les intérêts de l'administration centrale dirigée par Paris; cf. aussi introduction p. 53 — [31]**les syndicats** cf. p. 222 et texte 64 — **la fédération** ensemble de plusieurs syndicats ou groupements corporatifs, p. ex. la F.N.S.E.A. (Fédération nationale des syndicats d'exploitants agricoles) — **l'association** (f) (professionnelle) d'ouvriers ou de patrons — **l'union** (f) (ouvrière) imitation de l'angl. Trade union, employé vers 1870 aux sens de syndicat; union des syndicats: en général groupement de plusieurs syndicats d'une même ville ou d'une même région — [33]**délibérer** Quand on discute sur une question dans une assemblée ou dans un conseil, on délibère. — **il faut y mettre des représentants des organisations économiques et sociaux aux côtés des membres élus** Les représentants des catégories socio-professionnelles n'auraient pas dû être élus, mais désignés par leurs pairs au sein de leurs organisations. Six catégories auraient dû être représentées: les chefs d'entreprises, les salariés, les agriculteurs, les professions libérales, l'Université (= les professeurs, les chercheurs et les étudiants), les familles. Ce projet avait suscité de vives critiques parce qu'il paraissait remplacer les institutions démocratiques par un système corporatif de type fasciste (italien). — [35]**les CODER** (**C**ommissions de **d**éveloppement **é**conomique **r**égional) sont des assemblées délibérantes formées pour moitié par des représentants élus des catégories socio-professionnelles, pour un quart par des représentants élus des collectivités locales, pour un quart par des personnalités nommées par le Premier ministre. — [36]**la participation** pour l'emploi de ce mot par le générale de Gaulle cf. texte 50, notes, l. 3.
Travail personnel. Expliquez à l'aide du dictionnaire: déracinement, contrée, exorbitant, s'acquitter, mandater.

QUESTIONS ET SUJETS DE CONVERSATION

1. Quel caractère avaient les anciennes provinces du royaume de France?
2. Quel rôle jouent-elles aujourd'hui encore, malgré l'existence officielle des départements?
3. Pourquoi les régions sont-elles nécessaires?
4. Sur quelles bases l'autonomie des régions doit-elle reposer?
5. Quel type de fonctionnaire doit administrer la région?
6. Quelles raisons de Gaulle donne-t-il pour sa décision de faire siéger dans les conseils de région, à côté des députés élus au suffrage universel, des représentants des catégories socio-professionnelles désignés par leurs pairs?

LE STYLE ET LA COMPOSITION

1. Cette déclaration présidentielle du général de Gaulle représente une forme d'*éloquence*. Celui qui se sert de l'éloquence veut
— *convaincre*, c'est-à-dire donner des preuves à l'esprit,
et
— *persuader*, c'est-à-dire entraîner la volonté de ses auditeurs.
Moyens de l'éloquence
— Introduire une vérité assez banale pour être saisie par les auditeurs;
— adapter cette vérité au public;
— simplicité des phrases et de la composition;
— clarté et simplicité du plan;
— art d'en appeler à la sensibilité du public;
— répétitions.
Exercices:
1. En vous servant de ce schéma, analysez le style et la composition de la déclaration du général de Gaulle et montrez que le président est un orateur très habile qui connaît le public à qui il parle.
(Lectures complémentaires: ALAIN «*Propos*» L'éloquence. Paris, Gallimard, Bibliothèque de la Pléiade, p. 861)
2. Comparez le résultat de votre analyse avec l'opinion de Raymond ARON sur les conférences de presse et les allocutions télévisées du général de Gaulle:

«L'exercice de haute voltige politico-historique que l'on baptise conférence de presse sous la V⁰ République ne ressemble guère à ce que les journalistes appellent ainsi aux États-Unis. La Conférence de presse du général de Gaulle est une œuvre d'art. L'orateur survole la planète, rappelle le passé et jette des rayons de lumière sur l'avenir. Il distribue blâmes et éloges aux uns et aux autres. Il couvre de mépris ses adversaires et il ne dissimule pas la satisfaction que lui inspire la France qu'il façonne. Mais cette œuvre d'art est aussi un acte politique...
Cet acte politique est enfin l'élément d'une stratégie et d'une biographie, la portée exacte des propos demeure incertaine, l'objectif visé dans l'immédiat n'est pas toujours visible, les intentions à long terme sont soigneusement maintenues dans une équivoque, enveloppées de mystères et transformées en énigmes.» (Dans: *Le Figaro*, 25 janvier 1963)

B. Exercices pratiques

LE VOCABULAIRE

1. *Les adjectifs marquant la provenance d'une province*
Dans notre texte, vous trouvez quelques adjectifs marquant la provenance d'une province, p. ex.

auvergnat, auvergnate	Auvergne
breton, bretonne	Bretagne
lorrain, lorraine	Lorraine
provençal, provençale, provençaux	Provence

La formation de ces adjectifs est fort irrégulière. Voici d'autres exemples:

flamand, flamande	Flandre
artésien, artésienne	Artois
alsacien, alsacienne	Alsace
franc-comtois, franche-comtoise	Franche-Comté
bourguignon, bourguignonne	Bourgogne
berrichon, berrichonne	Berry
tourangeau, tourangelle	Touraine
angevin, angevine	Anjou

Exercice: Employez ces adjectifs en combinaison avec un substantif, p. ex. un terme géographique, un métier typique de la région, un produit artistique original de la région, etc.
Ex.: un calvaire breton, un tisserand flamand, un puits artésien.
2. Les synonymes de **région** sont:
la contrée — le territoire — le pays — le canton — la province — le district — le parage.
Exercice: Cherchez dans votre dictionnaire le sens exact de chacun de ces substantifs et employez-les dans une phrase.

SUJETS DE COMPOSITION

1. A la manière de la déclaration du général de Gaulle, essayez de faire une déclaration semblable d'un homme politique allemand
— défendant l'existence des Länder allemands,
— demandant une centralisation administrative pareille à celle de la France (au choix).
2. Faites un compte rendu (rapport) du projet de régionalisation du général de Gaulle (cf. p. 66).

▷ Texte 17   Vers une régionalisation économique de la France

Les cadres régionaux ont été fixés, non selon des faits de relations géographiques, mais selon des normes administratives; les départements ont été groupés en 21 régions économiques pour lesquelles sont étudiés les équipements sociaux et économiques ou la restructuration agricole. Les enquêtes et missions de travail ont révélé combien les grandes villes exerçaient un rayonnement sur les autres régions environnantes (trafics voyageurs, succursales commerciales, échanges téléphoniques, équipements hospitaliers et universitaires) par l'intermédiaire de tout un réseau urbain placé dans leur mouvance.

Ainsi l'enjeu majeur est celui d'une régionalisation économique de la France. Il convient d'en reprendre les données.

Le premier essai, le découpage en 20 régions, répond à une politique d'aménagement du territoire, avec rattachement plus ou moins lâche, à des antécédents historiques et provinciaux. Ce ne sont que des ‹régions de programme›; dans certaines d'entre elles — Bas-Rhône, Languedoc, Landes — des Sociétés de développement régional ont entrepris des reconversions avec plus ou moins de succès. Mais ces régions sont trop petites pour qu'une rénovation des activités efface les déséquilibres existants. C'est un découpage plus administratif que géographique; il se prête mal à l'implantation compétitive de grands investissements agricoles et industriels.

Aussi cherche-t-on, pour la régionalisation économique, une base territoriale plus ample, tout en tenant compte des facteurs de production, de cohésion et de centralité. Le principe admis semble désormais le suivant:

Les régions n'existent que par des villes organisatrices, et non seulement par une ville métropolitaine prise isolément, mais par un réseau urbain hiérarchisé et largement diffusé sur une étendue spatiale à l'échelle des motivations économiques de notre temps...

Il existe déjà des régions qui répondent aux normes envisagées, telle la région du Nord et la région du Nord-Est. Ces régions, qui rassemblent respectivement 3 700 000 et 1 900 000 habitants, ont des complexes métropolitains — Lille-Roubaix-Tourcoing et Nancy-Metz — suffisamment équipés, une infrastructure de communications développée; elles sont densément peuplées, riches en ressources naturelles (charbon, fer, sel) et en industries techniquement avancées; elles ont été privilégiées par l'ouverture de la C.E.C.A., puis du Marché commun; par leur position géographique, elles sont aptes à rayonner sur tout l'espace communautaire au moindre coût de distribution. Mais, déjà elles subissent une certaine détérioration: crise minière (charbon, fer), crise textile. Aussi songe-t-on à coupler Nancy-Metz et Strasbourg ce qui porterait la région du Nord-Est à 3 400 000 habitants.

Cet exemple prouve combien l'évolution économique peut faire varier les bases démographiques, spatiales et sectorielles des normes régionales.

René CLOZIER «Géographie de la France» (2ᵉ éd. 1970)

NOTES

¹**non selon des faits de relations géographiques** On ne trace pas les limites d'une région en dépendance des données géographiques, comme p. ex. montagnes, rivières, etc. — ³**l'équipement social et économique** p. ex. hôpitaux, écoles, bibliothèques, théâtres, etc. (équipement social), usines, réseau d'électricité, magasins, gares de marchandises, etc. (équipement économique) — ⁴**la restructuration agricole** Au lieu de la polyculture traditionnelle (cf. texte 55) qui ‹produit de tout, mais à condition de se contenter de tout un peu›, les paysans, aidés en cela par l'Etat, doivent mécaniser l'agriculture et favoriser les cultures les plus productives. Cf. texte 56. — ⁷**la mouvance** la dépendance — ¹⁰**l'aménagement** (m) **du territoire** recherche, dans le cadre géographique national, d'une meilleure répartition des hommes et des activités, en fonction des ressources naturelles. L'aménagement du territoire et la régionalisation doivent faire disparaître les disparités régionales et aider à résoudre les difficultés de l'économie française. Cf. cartes 22 et 26 et introduction, p. 53. — ¹¹**(le) rattachement...à des antécédents historiques** cf. cartes 25 et 26 — ¹⁴**la reconversion** c'est-à-dire le rétablissement de l'état primitif. L'exemple le plus frappant est le Sud-Ouest de la France, région peuplée dès la préhistoire, longtemps riche de culture et de commerce, que la partie active de la population abandonnait parce que le stimulant de l'industrie moderne et les activités commerciales y manquaient. Cette situation a commencé a changer vers 1950 pour plusieurs raisons: 1° La révolution énergétique du XXᵉ siècle (électricité, pétrole, gaz naturel) favorise le Sud-Ouest (pétrole à Parentis, gaz naturel à Lacq, proximité de l'électricité hydraulique des Pyrénées). 2° La décentralisation industrielle favorisée par l'Etat peut profiter au Sud-Ouest (industries chimiques, électrochimie, électrométallurgie de l'aluminium). 3° Les rapatriés de l'Afrique du Nord rendent possible une rénovation agricole. — ²²**un réseau urbain hiérarchisé**... Autour d'une ville métropolitaine doivent se grouper d'autres villes d'importance moyenne capables d'assurer la pénétration économique et industrielle de la région par la diversité des secteurs (cf. note infra s.v. *les bases sectorielles*): ‹L'industrie appelle l'industrie›. — ²⁷**une infrastructure de communications développée**... L'infrastructure absolument nécessaire à l'établissement et au développement de l'industrie comprend p.ex. le système de routes, de voies ferrées, de canaux, le réseau des télécommunications, l'approvisionnement en eau, gaz, électricité. — ²⁹**la C.E.C.A.** La Communauté Européenne du Charbon et de l'Acier, créée, sur l'initiative du ministre français des Affaires étrangères Robert Schuman (1886–1963), par le traité du 18 avril 1951 entre les six pays: République fédérale d'Allemagne, Belgique, France, Italie, Luxembourg et Pays-Bas. La C.E.C.A. était la première étape du Marché commun; elle a son siège à Luxembourg. Cf. texte 75 — ³⁶**les bases sectorielles** c'est-à-dire la prépondérance de certains secteurs industriels, p.ex. énergie, métallurgie, chimie, textile, etc. Dans la plupart des grands secteurs, on distingue deux catégories: les industries de base et les industries de transformation. La Lorraine (semblable en cela à la Ruhr) est l'exemple typique d'une région où la crise de l'industrie de base (charbon, fer) a rendu nécessaire l'installation d'établissements de l'industrie de transformation pour éviter un chômage massif. Cf. texte 23.

QUESTIONS ET DEVOIRS

1. Quel est le but de la régionalisation économique de la France?
2. Quel rapport y a-t-il entre la régionalisation et l'aménagement du territoire?
3. Par quels moyens l'Etat cherche-t-il à développer l'économie dans les régions jusqu'ici délaissées?
4. Selon quels critères les limites d'une région doivent-elles être tracées? Quelles sont les normes pour une région?
5. Quel rôle jouent les villes dans les plans d'une régionalisation économique?
6. Pourquoi les régions du Nord et du Nord-Est répondent-elles déjà aux normes envisagées pour une région?
7. De quels facteurs dépend l'évolution économique et, par conséquent, l'établissement d'une région répondant aux normes?

Le compte rendu (le rapport)

Dans la déclaration radiotélévisée, de Gaulle parle aux Français de son projet de régionalisation. Imaginez-vous que vous devez rendre compte de ce problème à un groupe d'élèves allemands ou français.

Dans la vie pratique, on se trouve souvent dans une situation où l'on doit rendre compte de ce qu'un autre dit à quelqu'un qui veut ou doit en être informé, p. ex. un chef. Dans ce cas, on fait le compte rendu (ou le rapport) d'une question, d'un problème. Un compte rendu peut aussi se faire comme relation d'un événement ou comme exposé d'une situation.

Un compte rendu a un objet déterminé, dans notre cas le projet de régionalisation du général de Gaulle. Il est clair que celui pour qui le compte rendu est destiné doit le comprendre du premier coup. C'est la raison pour laquelle le compte rendu doit être
— *clair,*
— *exact,*
— *complet.*

Pour arriver à la *clarté* nécessaire, il faut choisir ses mots et écrire avec simplicité. Les phrases sont courtes de façon que leur structure apparaisse nettement à la première lecture. S'il est nécessaire, il faut définir le sens d'une idée ou l'éclaircir par des exemples.

Pour arriver à l'*exactitude* nécessaire, le compte rendu doit être rédigé avec soin et précision. Il faut éviter de paraître partial. On y arrive p. ex. en citant le texte original quand il s'agit d'une idée très importante ou en donnant des détails caractéristiques.

Pour faire un compte rendu *complet*, il faut composer son texte avec méthode (c'est-à-dire d'après un *plan*) qui a aussi pour but de présenter les idées au lecteur dans un ordre logique. Le plan doit tenir compte du destinataire: quand votre club vous demande un compte rendu sur un problème ou sur une question particulière, il attend de vous la réponse à certaines questions précises.

Voici le *plan* de la déclaration du général de Gaulle:
Introduction: L'origine de la division administrative actuelle. Survivance spirituelle des anciennes provinces.
Première partie: Nécessité économique et sociale de la région.
    Avantages économiques: étendue, ressources, population.
    Avantages humains: administration autonome exercée par des gens du pays.
Deuxième partie: La composition des conseils de région.
Conclusion: Le projet de régionalisation fait partie de la participation.

Exercice: En vous servant de ce plan, rédigez un compte rendu de la déclaration du général de Gaulle (texte 16).
Autres exercices (au choix):
Rédigez un compte rendu
— de lecture (p. ex. d'un article de journal, d'un document),
— d'événement (p. ex. d'un accident, d'une mission accomplie),
— d'opération technique (p. ex. de la construction d'une maison ou d'une partie de maison).

Exercices de compréhension et de contrôle

I. Connaissance de la matière

1. Quelles sont les causes de la disparité entre le Nord et le Sud de la France?
2. La France a-t-elle une administration
— centralisée ou
— décentralisée?
Justifiez votre réponse!
3. Qu'est-ce qu'on entend par centralisation?
4. A quel régime correspond en général la décentralisation?
Justifiez votre réponse!
5. Pourquoi y avait-il et y a-t-il toujours de fortes tendances centralisatrices en France?
6. Depuis quand existe la division de la France en départements?
7. Pourquoi les départements ne sont-ils plus appropriés à la vie économique et sociale d'aujourd'hui?
8. Expliquez la fonction de l'autonomie par rapport à la concentration.
9. Nommez les catégories socio-professionnelles qui auraient dû envoyer des représentants dans les conseils de région et montrez leur importance pour la vie économique, politique, sociale et culturelle du pays.

II. Connaissance des méthodes

1. Quel est le *but de l'éloquence?*
2. Quels sont les *moyens de l'éloquence?* Donnez des exemples.
3. Qu'est-ce qu'un *compte rendu?* A quoi sert-il?

III. Connaissance du vocabulaire

A. *Trouvez* le mot *qui correspond à la définition:*
1. Une organisation sociale dans laquelle les personnes sont réparties de telle façon que chaque personne est supérieure à la précédente par l'étendue de son pouvoir ou par l'élévation de son rang social.
2. Le chef du pouvoir exécutif municipal.
3. Dernière subdivision administrative du territoire.
4. Est composé de 11 à 37 membres élus pour 6 ans au suffrage universel.
5. Meilleure répartition dans le cadre géographique national des hommes et des actions en fonction des ressources naturelles.
6. Des assemblées délibérantes formées pour moitié par des représentants élus des catégories socio-professionnelles, pour un quart par des représentants élus des collectivités locales, pour un quart par des personnalités nommées par le Premier ministre.

B. *Complétez* par le mot *convenable:*
1. Les Auvergnats habitent ...
2. Les ... habitent la Provence.
3. Les Bourguignons habitent ...
4. Les ... habitent la Franche-Comté.
5. Les Alsaciens habitent l'...

IV. Connaissance de la grammaire

Transformez les phrases suivantes en vous servant de la forme pronominale:
1. La mini-jupe était portée en 1970.
2. Le dîner est pris le soir.
3. Cette pièce est jouée partout.
4. La moisson du blé est faite au mois d'août.
5. Cette nourriture n'est pas facilement digérée.

PARIS

Introduction: Le rôle de Paris

Paris a été associé, par le choix des rois de France, à toute l'histoire nationale. La convergence des principales artères du réseau hydrographique de la Seine, la facilité des communications avec la vallée de la Loire ont fait de Paris le meilleur lieu de contrôle des diverses régions françaises, le carrefour national par excellence. Grâce à la centralisation des temps modernes, il est devenu le cœur et le cerveau du pays. Sa puissance économique s'est développée parallèlement à sa puissance politique; la concentration de près de neuf millions d'hommes dans la région parisienne lui donne une grande influence dans tous les domaines de la vie commerciale et industrielle du pays. Quoique situé un peu trop vers le Nord, Paris est le centre des réseaux routier et ferroviaire français.

Paris est le symbole de ce qu'il y a de plus précieux et de plus vivant dans la civilisation française. La ville unit en elle les caractères les plus divers de la nation: c'est le visage même de la France. Toutes les époques de l'histoire française y ont laissé leurs témoins glorieux dans des monuments religieux et laïques. Les richesses de ses musées et de ses galeries attirent les admirateurs des quatre coins du monde; au Quartier Latin comme à Montmartre toutes les races se donnent rendez-vous.

Comme toutes les grandes villes du monde, Paris se trouve aujourd'hui devant des problèmes que les responsables doivent résoudre s'ils veulent sauver le rang de Paris comme métropole politique, culturelle et intellectuelle et sa fonction économique dans le cadre européen. Jamais la croissance de Paris n'a posé autant de problèmes à résoudre dans un délai très bref. La ville doit sauver aussi la personnalité de ses habitants qui est menacée par l'industrie, la circulation, la pénurie de logements, la pollution de l'air. Paris doit trouver sa place dans une vaste région parisienne organisée.

Un grand effort a été fait ces dernières années pour créer le Paris sain et moderne: une population nouvelle cherche une ville nouvelle. Les tentatives de réaménagement se heurtent à une accumulation unique de richesses historiques et architecturales. Toutefois le Paris de l'an 2000 doit surgir du Paris d'aujourd'hui et assurer la continuité de l'histoire et de l'esthétique parisiennes.

Documentation: Quelques éléments pour comprendre le rôle de Paris

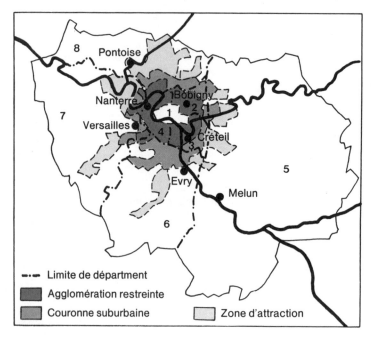

30 – Le district de la région de Paris.
1 Paris
2 Seine-St-Denis
3 Val-de-Marne
4 Hauts-de-Seine
5 Seine-et-Marne
6 Essonne } ancienne
7 Yvelines } Seine-et-
8 Val-d'Oise } Oise

Le district de la région de Paris, créé par l'ordonnance du 4 février 1959, a été établi dans ses limites actuelles par la loi du 2 août 1961. Le district de Paris est un organe administratif qui a pour mission de planifier et d'organiser le développement organique de la région parisienne.

La population

31 – Population Paris et région parisienne.

Paris municipal,
évolution de la population

	XIVe siècle:	300 000 habitants
	XVIIe siècle:	500 000 habitants
	1801:	547 900 habitants
	1817:	714 000 habitants
	1851:	1 277 000 habitants
	1876:	2 411 000 habitants
	1901:	2 714 000 habitants
	1911:	2 888 000 habitants
	1921:	2 909 000 habitants
	1936:	2 829 000 habitants
	1946:	2 724 000 habitants
	1954:	2 850 000 habitants
	1962:	2 790 000 habitants
	1968:	2 590 000 habitants

Région parisienne
- 1954: 6 863 625 habitants
- 1962: 8 344 377 habitants
- 1968: 8 646 625 habitants

Densité moyenne de la population: 35 000 habitants au km^2

(Sources: GEORGE-RANDET-BASTIÉ «La région parisienne», Paris, P.U.F., 2e éd. 1964 — «Recensement de 1968. Population de la France. Départements, arrondissements, cantons et communes». Paris, 1969, I.N.S.E.E.)

Exercice: Expliquez
— l'essor de la population de Paris (municipal) entre 1801 et 1817 et entre 1851 et 1876 et
— le recul entre 1921 et 1936 et depuis 1954 (cf. aussi texte 5)

«S'il fallait caractériser d'une phrase l'évolution de la région parisienne depuis un siècle, on pourrait dire qu'autour d'une ville d'un million d'habitants, qui était surtout une capitale politique, administrative, culturelle, s'est formée une agglomération de six millions d'habitants, qui constitue le principal centre industriel et commercial du pays, et qu'à l'intérieur de cette agglomération, l'habitation des nouveaux arrivants a sans cesse été rejetée vers la périphérie pour laisser la place aux activités de toutes sortes.» («Paris et sa région». Plan d'aménagement. 1956)

Taux de natalité: (Paris municipal)	16,7‰	(France: 18,8‰)
Taux de mortalité:	10,2‰	(France: 12,0‰)
Espace vert par habitant:	1,4 m^2	(Londres: 8,2 m^2 Vienne: 25,2 m^2)

Exercice: En comparant les taux de mortalité et de natalité et l'évolution de la population de Paris municipal d'une part et de l'agglomération parisienne d'autre part, cherchez à expliquer le mouvement et les migrations de la population parisienne. Quelle est à peu près la composition de la population parisienne par classes d'âge?

Les activités

— *La capitale d'un Etat très centralisé* —
La concentration politique et administrative et le prestige intellectuel
Paris est le siège
— du Président de la République et du gouvernement
— des ministères
— de l'Assemblée nationale et du Sénat
— des grandes administrations (P.T.T., S.N.C.F., Charbonnages de France, Eléctricité de France, Gaz de France, Crédit national)
(— Paris concentre 25% des fonctionnaires d'Etat —)
— des Académies (Académie française, Académie des Inscriptions et Belles-Lettres, Académie des Sciences, Académie, des Beaux-Arts, Académie des Sciences Morales et Politiques)
— des grandes bibliothèques (Bibliothèque nationale, Bibliothèque Sainte-Geneviève)
— de la Sorbonne, qui rassemble près de la moitié des étudiants français
— des Grandes Ecoles (Ecole Normale Supérieure, Ecole Polytechnique, Ecole des Mines, Ecole des Sciences politiques, Ecole Nationale d'Administration, etc.)

- des grandes maison d'édition (livres, journaux)
- des théâtres qui donnent le ton
- des grands musées

(— 60% des artistes et hommes de lettres français vivent à Paris —)

La concentration commerciale et industrielle

L'activité commerciale, très ancienne, a été stimulée par la convergence extraordinaire des voies de communication, effet de la centralisation politique et, à son tour, par l'industrie qu'elle a beaucoup contribué à faire naître.

La Bourse, les grandes banques, les compagnies d'assurances sont toutes établies à Paris. La ville rassemble les sièges sociaux des deux tiers des sociétés privées de toute la France.

L'industrie fait vivre près de la moitié de la population et occupe le quart des ouvriers français.

Dans l'agglomération parisienne, on ne rencontre pas de grosse industrie; celle-ci s'étale au nord et à l'ouest de l'agglomération. Dans la construction mécanique, Paris occupe le premier rang national pour le matériel de précision (compteurs à gaz, électricité, machines électroniques et pour l'automobile grâce aux grandes usines de la Régie Renault à Boulogne-Billancourt et Citroën au quai de Javel, de Simca à Nanterre (150 000 ouvriers, 65% des ouvriers français de l'automobile). Il en est de même pour l'aviation, aussi bien pour les moteurs (SNEMCA et Hispana) que pour les cellules (Sud-Aviation à Suresnes, Courbevoie et la Courneuve, Dassault à Saint-Cloud et Argenteuil, Bréguet à Villacoublay). La construction aéronautique occupe 55% des ouvriers français de cette branche et fournit 90% des moteurs d'avions, 60% des cellules et équipements aéronautiques.

L'industrie chimique, installée près de la Seine et des canaux de la banlieue Nord, fabrique des produits pharmaceutiques, des engrais, des colorants, des pneumatiques et des matières plastiques. La seule industrie pharmaceutique occupe 75% des techniciens français de cette spécialité.

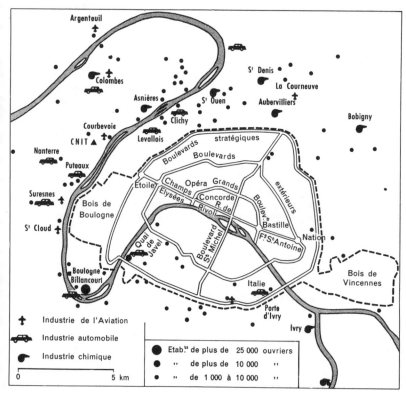

32 – L'agglomération parisienne et ses principales industries.

Dans le Paris municipal, une activité artisanale s'oppose à la grosse industrie établie dans la périphérie et la banlieue. L'artisanat est caractérisé par la confection à domicile dans les vieux quartiers du Centre et, surtout par la fabrication d'articles de qualité et de luxe qui font le renom mondial de Paris: Haute Couture, joaillerie de la rue de la Paix, ‹articles de Paris›, pelleterie, tapisserie ou meubles (faubourg Saint-Antoine).

Les transports

Paris est le centre du réseau routier et ferroviaire (cf. cartes 34 et 35).
De plus en plus, il y a dissociation entre le lieu de résidence et le lieu de travail. Plus de 2 millions de Parisiens ont leur activité professionnelle hors de la commune ou de l'arrondissement de leur domicile et perdent en moyenne 80 minutes pour leurs déplacements quotidiens.

33 – Déplacements quotidiens dans l'agglomération parisienne (1962).

Métro	3 800 000 voyageurs
Autobus urbains	1 500 000 voyageurs
Autobus suburbains	1 800 000 voyageurs
Trains	900 000 voyageurs
Transports privés	
– dans Paris, y compris transports en taxi	2 000 000 voyageurs
– en banlieue	1 950 000 voyageurs

(Source: GEORGE-RANDET-BASTIÉ
«La région parisienne», p. 89)

34 – Le réseau routier.
Les transports routiers empruntent les routes nationales qui partent de Paris.

35 – Le réseau ferroviaire.
Ses grandes gares font de Paris le plus important nœud de voies ferrées d'Europe occidentale.

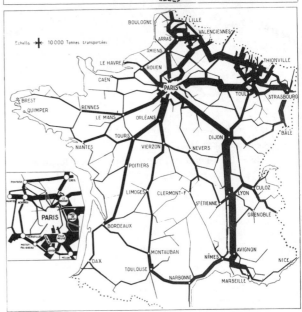

La banlieue est desservie par l'autobus et le chemin de fer qui transporte autant de voyageurs que toutes les grandes lignes de la France entière: chaque soir, entre 18 h et 20 h, la gare Saint-Lazare assure le départ de 80 000 personnes.
Le réseau des rues est progressivement paralysé par les embouteillages d'une masse croissante de plus d'un million de véhicules, les remèdes proposés (sens uniques, passages souterrains, ‹zone bleue›) se révélant impuissants (cf. texte 19 et photo 37).

36 – Le réseau de métro parisien est le plus dense du monde.

Texte 18   Paris, centre intellectuel de la France

Paris n'est pas seulement le centre géographique, historique, administratif et politique de la France : il en est le centre intellectuel. C'est vers Paris que convergent toutes les ambitions. Dès qu'en province un homme se place au premier rang de sa spécialité ou que simplement il nourrit le désir d'y parvenir, il ne souhaite rien tant que de venir dans la capitale, ce qui explique que s'y rencontrent tous ceux qui sont arrivés ou qui souhaitent d'arriver au faîte de leur profession. Là seulement ils trouvent, comme on dit aujourd'hui, le climat propice à leur activité, les institutions — bibliothèques, musées, laboratoires, écoles, expositions, spectacles, — nécessaires à leur œuvre...

Paris, ce Paris, qui depuis les Capétiens est resté la capitale de la France, ce Paris, où Philippe-Auguste entreprit, en 1204, la construction du *Louvre* et fonda *l'Université*, où François Ier créa le *Collège de France*, Richelieu *l'Académie française*, dont Napoléon Ier voulut faire la plus belle ville du monde et dont le nombre des habitants représente plus d'un sixième de la population de la France est un foyer intellectuel incomparable. Toutes les idées, tous les systèmes, toutes les œuvres, toutes les doctrines viennent y chercher une consécration de même que toutes les idées et toutes les renommées en partent pour, marquées du sceau français, rayonner sur le monde.

C'est le seul endroit où des hommes de valeur, venus de tous les points de l'horizon, peuvent se rencontrer et discuter en paix. Aussi bien les réunions y sont nombreuses. Non seulement les salons, mais des comités de toutes sortes, des déjeuners ou des dîners périodiques permettent à toutes les opinions de se confronter. Paris leur est si propice que les représentants des différents partis peuvent s'y réunir et discuter en toute cordialité, ce qui leur est proprement impossible partout ailleurs.

Paris est la tête du pays, dont la province est le corps. Il n'y a pas de centre plus nerveux, ni plus impressionnable. On y comprend vite et tout. En correspondance journalière avec le monde entier, Paris concentre et répartit à tous moments les nouvelles de partout, dont il compose son opinion personnelle. Aussi le Parisien est-il de tous les Français, le plus éveillé, le plus ouvert, le plus spontané. C'est de Paris que partent les idées et les modes, que la province puis les campagnes, plus lentes encore à s'accommoder, adoptent assez longtemps après. Aussi, tant pour la politique que pour la couture, tant en littérature qu'en philosophie, la province retarde-t-elle toujours sur Paris. De là, l'air un peu suranné qu'elle prend aux yeux de tous ceux qui viennent de la capitale.

Il ne faut pas perdre de vue, cependant, que Paris n'existerait pas sans la province, non seulement politiquement, mais intellectuellement et moralement. Elle lui fournit sa substance, s'il est vrai que beaucoup d'hommes supérieurs qui enrichissent la capitale n'y sont pas nés, — bien qu'elle puisse s'enorgueillir d'un grand nombre d'entre eux, — mais sont originaires des diverses régions de la France. Cela n'a rien de surprenant puisque Paris attire les meilleurs d'entre eux.

Si Paris, sous ses fluctuations, que symbolise la nef inscrite dans ses armes, représente la France éternelle, la principale raison en est que Paris est composé, non seulement d'authentiques Parisiens, mais d'une foule de provinciaux accourus dans la capitale pour y chercher la fortune, la renommée ou la gloire.

Paris, par le fait, résume toute la France : il est aussi divers et aussi un. Les provinciaux y conservent avec soin leurs traditions et leurs coutumes. Prompts à se grouper en sociétés locales, il n'est pas jusqu'à leur profession qui ne les distingue. La plupart des charbonniers viennent d'Auvergne, des marchands de vin de l'Aveyron, des maçons du Limousin, des ramoneurs de Savoie, des domestiques de Bretagne. Ils habitent, parfois, dans un même quartier, de façon à former une petite ville dans la grande.

Expression magnifique de l'âme française, Paris est la ville où se concentrent toutes les diversités du sol et du caractère français, où se rencontre tout ce que notre pays produit de plus remarquable dans tous les domaines, où les moindres pierres évoquent un passé qui a fait non seulement Paris, mais la France, où, finalement, les meilleurs cerveaux sont réunis et s'instruisent, et s'exaltent réciproquement, ainsi que Goethe le confiait à Eckermann, grâce à une fréquentation, à une lutte et à une émulation quotidiennes. La province ne peut pas plus se passer de Paris que Paris de la province. Elles sont indispensables l'une à l'autre et indissolublement liées.

Paul GAULTIER «L'âme française» (1936)

A. Analyse du texte

LE VOCABULAIRE ET LES EXPRESSIONS

intellectuel Un centre intellectuel est un lieu où se rencontrent beaucoup de gens qui s'occupent, par goût ou par profession, des choses de l'esprit. — [2]**converger** tendre vers le même point, vers le même but. Le désir de tout Français ambitieux est de faire carrière à Paris. — [6]**le faîte** sens primitif: partie la plus élevée d'une maison; ici le mot est employé dans son sens fig.: le plus haut degré, l'apogée d'une carrière professionnelle. — [9]**les Capétiens** dynastie de rois qui régnèrent sur la France de 987 à 1328; elle est issue d'Hugues Capet. — [10]**Philippe-Auguste** roi de France (1165–1223), monarque énergique qui triompha des Anglais et de l'empereur Otton IV à Bouvines, en 1214 — [11]**François I**er roi de France (1494–1547); son règne est caractérisé par la lutte contre l'empereur Charles V (Charles Quint) et la maison d'Habsbourg. — **le Collège de France** fondé vers 1530 en dehors de l'Université, d'abord pour l'enseignement du grec et de l'hébreu; actuellement ses cours portent sur toutes les connaissances humaines et ne préparent à aucun examen spécial. — **Richelieu** Armand-Jean du Plessis de R., cardinal, ministre de Louis XIII, un des plus grands hommes d'Etat qu'ait eus la France (1585–1642) — **l'Académie française** fondée en 1635 par Richelieu (40 membres) chargée de la rédaction du Dictionnaire (cf. texte 13) — **Napoléon I**er empereur des Français (1804), né en 1769 en Corse, mort en 1821 à Sainte-Hélène (cf. textes 41 et 42) — [13]**le foyer** sens primitif: lieu où l'on fait le feu. Comme toute la famille se rassemblait autrefois autour du foyer, celui-ci était le centre de la maison; de là, le mot a pris son sens figuré: centre, siège principal. — [14]**le système** p.ex. système philosophique, scientifique, politique — [15]**la consécration** action de confirmer; quand une doctrine a reçu sa consécration à Paris, elle est connue partout et a des chances d'être acceptée par une grande partie du peuple. — [16]**marquer du sceau français** imprimer à une marchandise ou (au sens figuré) à une idée la marque *Fabriqué en France* pour qu'on puisse la reconnaître comme venant de France. Comparez *Made in Germany*. — [17]**...des hommes de valeur...peuvent se rencontrer et discuter en paix** «Un honnête homme qui de Paris rentre dans sa province y rencontre des hommes dont quelques-uns, sur certains points, lui sont supérieurs, mais il y a peu de chance qu'il rencontre jamais un homme supérieur. Cette joie de Paris: le commerce d'êtres dont la seule approche nous enrichit, est à peu près inconnue en Province.» (François MAURIAC «La province. Notes et maximes», Paris, Hachette, 1964, p. 13–14) — [19]**le salon** salon littéraire privé ou salon d'exposition officiel, p.ex. le Salon de l'automobile — [20]**le dîner périodique** société de personnes qui se réunissent de temps à autre pour prendre un repas en commun, p.ex. le dîner celtique, le déjeuner des Goncourt (= le jury qui distribue chaque année le prix littéraire Goncourt) — [32]**perdre de vue** sens primitif: cesser de voir; ici la locution est à la négative et signifie: avoir toujours à l'œil, ne pas oublier — **Paris n'existerait pas sans la province** Dès 1883, la moitié de la population de Paris municipal était née hors du département de la Seine; cette part atteint 60% en 1962. Le nombre des habitants nés en province est encore plus élevé en banlieue qu'à Paris; dans certaines communes de la banlieue il atteint 70%. — [38]**la nef** [nɛf] Les armes de Paris représentent un grand navire à voile comme il était d'usage au Moyen Age; ce vaisseau est accompagné de la devise *Fluctuat nec mergitur* = «Il flotte mais ne sombre pas» (sombrer = untergehen). — [42]**par le fait** en réalité, en fait — [44]**il n'est pas jusqu'à leur profession qui ne les distingue** ils se distinguent même par leur profession; ils vont jusqu'à choisir, selon la région, des professions traditionnelles — [45]**l'Aveyron** (m) département au midi de la France — [46]**le Limousin** ancienne province française à l'ouest du Massif central.

Travail personnel. Expliquez à l'aide du dictionnaire: l'ambition, le sceau, rayonner, s'accommoder, suranné, la fluctuation.

QUESTIONS ET SUJETS DE CONVERSATION

1. Quelle est la situation géographique de Paris?
2. En vous servant de votre atlas historique ou de votre livre d'histoire, recherchez les raisons qui ont fait assez tôt de Paris la capitale de la France.
3. Quelles institutions font de Paris une sorte de centre culturel de la France?
4. Dans quelle mesure ces institutions contribuent-elles à faire de Paris le centre intellectuel du pays?
5. Pourquoi Paris est-il un centre intellectuel non seulement pour les Français mais aussi pour beaucoup d'étrangers?
6. Pourquoi un Français, né en province, qui cherche la renommée politique, littéraire, artistique, etc. est-il obligé, un jour ou l'autre, de vivre à Paris?
7. Quels rapports existent entre Paris et la province? Comment dépendent-ils l'un de l'autre?
8. Quelle est la situation des étrangers à Paris?
9. Comparez Paris avec d'autres capitales de la terre. Quel rôle joue Paris à l'intérieur de la France quand on le compare avec Berlin ou Bonn, Rome, Londres, New York?
10. Pourquoi Paris est-il l'expression de l'âme française?

LE STYLE ET LA COMPOSITION

En cherchant dans le texte tous les mots et toutes les expressions qui indiquent le plus haut degré de qc, montrez que, par le style même, l'auteur place Paris au-dessus de la province française et, peut-être, des autres villes du monde.

B. Exercices pratiques

VOCABULAIRE

1. Cherchez dans ce texte tous les noms qui désignent un *métier* ou une *profession*.
Exercice: Formez des phrases dans lesquelles vous montrerez ces professions et métiers en action.
2. Elargissez votre vocabulaire en cherchant le nom français de cinq *artisans*. Formez ensuite des phrases qui font accomplir à chacun de ces artisans une action typique pour son métier.

GRAMMAIRE

1. *L'adjectif indéfini* **tout**
tous les, toutes les (≠ aucun, aucune)
   Tous les systèmes, *toutes les* idées cherchent leur consécration à Paris.
tout le, toute la = entier, entière
   Tout le peuple, *toute la* nation regarde vers Paris.
tout, toute (sans article) = chaque
   Tout homme de valeur cherche à se faire connaître à Paris.
2. *Le pronom indéfini* **tout**
tout, tout cela, tout ce qui (neutre sing.) (≠ rien)
   Tout est possible à un homme de valeur.
tous [tus], *toutes* (plur.), *tout le monde* (sing.)
   Tous aimeraient habiter Paris.
   Tout le monde aimerait habiter Paris. (≠ personne...)
Attention: Ne confondez pas *tout le monde* (= chacun) et *le monde entier* (= toute la terre).
3. **Tout** *employé comme adverbe*
   tout (toute), placé juste devant un *adjectif*, un *participe*, un *gérondif*, est adverbe et reste invariable en général. Mais il varie s'il est placé devant un adjectif féminin commençant par une *consonne:*
   Tout en devenant Parisiens, les provinciaux gardent leurs traditions et leurs coutumes.
   Les monuments de Paris sont *tout chargés* de souvenirs.
   L'Académie française est *toute pénétrée* de son importance.
(Gr. §§ 154; 180 ‖ §§ 103; 195; 239)
Exercice: Expliquez l'emploi des formes de *tout* qui se trouvent dans le texte.

SUJETS DE COMPOSITION

1. Décrivez la carrière d'un artisan provincial qui vient à Paris pour y faire fortune.
2. Montrez, en vous servant des arguments du texte, que l'UNESCO (ou l'O.C.D.E. = Organisation de Coopération et de Développement Economique) a bien fait de choisir Paris comme siège.

37 – «Les conditions de circulation constituent un défi au bon sens.»
Vue de l'Etoile vers les Champs-Elysées (à gauche) et l'avenue Marceau.

Texte 19   L'avenir de Paris et de sa région

Au contraire d'une légende qui trouve son expression dans une littérature un peu béate, Paris n'est plus une ville moderne. Cette évidence, que l'accoutumance quotidienne masque à la conscience des Parisiens, est de plus en plus sensible aux visiteurs étrangers, voire aux provinciaux auxquels la complication croissante de l'administration centralisée impose des séjours de plus en plus fréquents dans la capitale.

Paris est une cité incommode, bruyante et malpropre et la ‹ville lumière› est, dans la plupart de ses quartiers, une des capitales du monde le plus mal éclairées. Les conditions de la circulation constituent un défi au bon sens et entraînent, outre ses inconvénients physiologiques, une perte de temps et de productivité qui atteint plusieurs dizaines de milliards par an. Les transports publics sont encombrés et mal tenus. C'est la seule grande ville où on ne puisse trouver un taxi aux heures utiles, en fin de matinée et de soirée ou à la sortie des gares de chemin de fer et des gares aériennes. La rue est négligée, les trottoirs des quartiers résidentiels parsemés de débris, papiers sales et excréments d'animaux...

Si l'effort exceptionnel d'aménagement qui s'impose est décidé et accompli en temps voulu, il est possible d'envisager avec optimisme l'avenir de la région parisienne. Dans le cas contraire, on se heurtera à une telle saturation de l'encombrement, à une telle impossibilité de circuler, de travailler et de vivre, qu'il sera inévitable, à la faveur de l'accélération croissante des déplacements, de voir les activités de l'avenir s'orienter vers d'autres cités européennes plus rationnellement aménagées.

Dans l'hypothèse du maintien de l'actuelle inertie, le développement de l'activité de Paris et de sa proche banlieue ne peut que passer par deux phases complémentaires.

La première phase se caractérisera par une aggravation rapide de l'insuffisance de la productivité eu égard à des cités mieux organisées pour le travail. La perte de temps due aux nombreuses incommodités d'une ville anarchique et notamment aux difficultés de la circulation retentira de plus en plus sur le système nerveux et l'équilibre physique et mental, ajoutant, par effet cumulatif, l'improductivité des hommes à celle des moyens de travail.

Le défaut d'efficacité accroissant constamment le coût de revient du travail, Paris sera une ville ‹chère›, de moins en moins compétitive sur le marché international et les entreprises qui devront affronter une concurrence de plus en plus sévère auront tendance à chercher, en Europe, un milieu d'activité plus efficace et plus rentable.

Au lieu de s'orienter vers un développement économique constamment et spontanément adapté aux exigences techniques du monde contemporain, Paris s'enkystera dans le rôle à quoi le ravale d'ailleurs certaine littérature, c'est-à-dire d'une ville-musée et ville de plaisirs, avec des activités dominantes de service et de trafic au niveau de cette vocation limitée.

Si, au contraire, un effort lucide et volontaire est accompli pour adapter Paris à son nouveau destin, la région parisienne sera amenée à jouer un triple rôle international, national et régional.

Philippe LAMOUR «L'avenir de Paris et de sa région»
Dans: *Revue Politique et Parlementaire*, N° 730–731, janvier–février 1963

A. Analyse du texte

LE VOCABULAIRE ET LES EXPRESSIONS

¹**Au contraire d'une légende ... Paris n'est plus une ville moderne** Après les travaux entrepris par le baron Haussmann (1809–1891), préfet de Paris pendant dix-sept ans sous le second Empire, Paris était jusqu'à la première Guerre mondiale la ville la plus moderne d'Europe. Mais comme on a peu fait après 1920 pour adapter la ville à la technique moderne, Paris est resté pendant longtemps en retard sur l'évolution de l'urbanisme du XXe siècle. Pour l'essentiel, les maisons d'habitation parisiennes datent d'avant 1914. De 1920 à 1945, on ne bâtit que fort peu, même pas assez pour remplacer les logements transformés en bureaux. Bien que la construction ait repris après 1945, la crise ne s'est guère atténuée en raison de l'accroissement de la population. Au cours des vingt années à venir la moitié des logements de Paris auront atteint un tel degré de vétusté que leur reconstruction s'imposera. — ²**béat** qui exprime le contentement de soi (selbstzufrieden) — ⁸**le défi** syn. de provocation — ¹⁰**encombré** surchargé — ¹³**les quartiers résidentiels** les quartiers où habite la population d'une ville par opposition aux quartiers industriels — ¹⁵**l'aménagement** cf. texte 17, notes, l. 10 — **eu égard à** = en ayant égard à (in Anbetracht) — ²⁹**le coût de revient** prix auquel un objet fabriqué revient au fabricant, tous frais compris — ³⁰**compétitif, -ve** qui peut supporter la concurrence avec d'autres — ³⁴**s'enkyster** s'envelopper d'un kyste (sich abkapseln) — ³⁵**ravaler** ici sens fig.: déprécier, rabaisser — **certaine littérature** cf. texte 20. *Travail personnel*. Expliquez à l'aide du dictionnaire: accoutumance, saturation de l'encombrement, inertie, retentir, mental.

QUESTIONS ET SUJETS DE CONVERSATION

1. Quels dangers l'auteur voit-il dans la tendance de beaucoup de Parisiens à se faire une idée légendaire de leur ville?
2. Donnez des exemples qui justifient l'opinion de l'auteur que Paris est une ville
   — incommode,
   — bruyante,
   — malpropre.
3. Cherchez d'autres exemples qui, contrairement à la critique sévère de l'auteur, justifient aujourd'hui encore qu'on appelle Paris *la ville lumière*.

4. Qu'est-ce qu'il faut faire pour sauver Paris comme capitale et comme centre économique?
5. Quelles sont les conséquences économiques de l'inertie officielle?
6. Quel rôle joue Paris surtout selon une certaine littérature? Quel rôle pourrait-il jouer sur le plan
— international, — national, — régional?
Quels sont les avantages de la capitale française sur ces trois plans?
7. Connaissez-vous des mesures que les autorités responsables ont entreprises ces dernières années à Paris et qui enlèvent à la critique sévère formulée par l'auteur en 1963 un peu de leur poids?

B. Exercices pratiques

LE VOCABULAIRE

1. Voici quelques mots faisant partie du centre d'intérêt *la ville:*
cité, métropole, capitale, chef-lieu, hôtel de ville, mairie, centre de la ville, cœur de la ville, arrondissement, quartier, banlieue, environs, place, rue, boulevard, avenue, square, pâté de maisons, circulation, commerce, population, feux, habitant, municipalité, citadin, faubourien, urbain, municipal, métropolitain.
Exercice: Trouvez des éléments de sens différents dans

— *ville* et *cité*, — *banlieue* et *environs*,
— *capitale* et *métropole*, — *boulevard* et *avenue*,
— *hôtel de ville* et *mairie*, — *rue* et *chaussée*,
— *arrondissement* et *quartier*, — *urbain* et *municipal*.

2. Le verbe **encombrer**
Exercice: Formez des phrases avec le verbe *encombrer* en vous servant des mots suivants et en mettant le verbe au temps indiqué entre parenthèses:
— voitures (passé simple) chaussée
— bagages (passé composé) couloir
— meubles (conditionnel simple) salon
— marchandises (futur simple) magasin
— voyageurs (présent) gare
— foule (imparfait) place
— piétons (présent) trottoir.

GRAMMAIRE

1. Révision: La conjugaison du verbe **atteindre**
3ᵉ pers. sg. prés.:
La perte de temps et de productivité *atteint* plusieurs dizaines de milliards par an.
Comme *atteindre* se conjuguent les verbes: *éteindre, étreindre, feindre, peindre, restreindre (craindre, contraindre).*
(Gr. § 203,6 ‖ § 303,10)
Exercice: Mettez les verbes en italiques au temps et à la forme indiqués:
— Le vainqueur (*atteindre*, passé composé) le but cinq minutes avant ses concurrents.
— Ses mains (*étreindre*, passé simple) ses bras.
— Quand il y aura un incendie on l'(*éteindre*, futur simple) à l'aide d'un extincteur.
— Souvent nous (*feindre*, présent) d'être malades quand nous n'avons pas envie de travailler.
— Nous (*peindre*, présent) notre chambre avec un reste de couleur que les peintres ont laissé.
— La liberté des habitants de Paris (*restreindre*, présent, voix passive) par la circulation.

2. Ex.: La perte de temps (est) *due* aux nombreuses incommodités d'une ville anarchique.
Exercice: Transformez les phrases suivantes en utilisant l'expression *être dû à* pour refaire des phrases semblables à celle de l'exemple donné. Attention à l'orthographe: *dû, due, dus, dues.*
— C'est le grand nombre de véhicules qui explique l'encombrement des rues de Paris.
— C'est le coût de revient du travail qui explique la cherté des marchandises.
— C'est le déplacement des centres industriels qui provoque les migrations d'une région à l'autre.
— C'est la négligence des citoyens qui explique la saleté des rues.

SUJETS DE COMPOSITION

1. Un Paris modernisé pourrait jouer un rôle à l'échelle internationale. En analysant les facteurs géographiques, économiques et culturels, montrez que Paris a toutes les chances d'être la métropole d'une Europe unie.
2. En comparant ce texte avec celui de Francis CARCO (n° 20), montrez que chaque auteur défend un point de vue légitime.

▷ Texte 20   Paname

A Paris, où je vins en 1910 et dont mon père disait: «On n'attend plus que toi à Paris!» ma méthode d'incursion dans la vie de mes contemporains est demeurée la même. C'est une excellente méthode dans toutes les villes du monde où chaque être a besoin de se faire aimer des autres par le trucheman d'un artiste. Mais il n'existait pas à Paris de chambre
5 meublée à louer. Par contre, il y avait des bars et c'est dans ces bars que je rencontrai les futurs protagonistes de mes romans. A force de fréquenter les mêmes lieux, nous avions lié connaissance... Nous nous faisions des politesses...
    Ma tournée... Ta tournée... A ta santé, Toto!
    Voilà. Ce n'était pas plus difficile. Quant au décor, il suffisait d'ouvrir les yeux.
10 Le décor de ce Paris, que je devais décrire souvent et avec le même plaisir, ne déçoit jamais ceux qui en ont subi — ne fût-ce qu'une fois — l'étrange séduction. Je dis Paris... Mais ce n'est est pas Paris; c'est Paname. Des murs lépreux, d'étroites ruelles.... Quelquefois, passé le bistro d'angle, un oiseau dans une cage, d'autres murs sombres, flétris, crevassés, gondolés..., d'autre part toujours les mêmes, qu'un petit arbre s'efforce
15 de réconforter par sa présence... Vous connaissez ce beau pays... Ou encore des cours humides au pavé gras, une ligne falote de réverbères, le mot Hôtel inscrit en transparence sur un globe de verre dépoli, des façades de guingois, la couverture de zinc d'un pavillon et, sur le ciel brouillé d'un jour d'hiver, une longue découpure de cheminée...
    On passe, sans transition, d'un quartier au suivant et, pour peu qu'on y songe,
20 on saisit mieux quels liens unissent tant de citadins à leur ville quand ils n'en franchissent pas les bornes au-delà desquelles commence le Paris opulent des banquiers, des stars, des femmes de luxe, des gens très bien, des étrangers. La différence entre ces deux Paris s'accentue de jour en jour. L'un comprend l'Etoile, la place de la Concorde, le Louvre, les Tuileries, la Tour Eiffel, et l'autre Notre-Dame, la Bastille, les noires prisons de la
25 Roquette et de Saint-Lazare, le mur des Fédérés. C'est l'endroit et l'envers d'une grande capitale dont une partie travaille et peine pour embellir et décorer son élégante voisine. De l'une à l'autre, on change de monde, de milieu. On respire un autre air. On parle presque une autre langue.

Francis CARCO «Paname» Dans: *Conferencia*, mai 1933

NOTES

²**l'incursion** (f) Le mot est ici employé au sens fig.: le fait de pénétrer momentanément dans un domaine qui n'est pas le sien, qui n'est pas habituel — ⁴**le trucheman** (plus souvent: **truchement**) l'intermédiaire; **par le trucheman d'un artiste** par l'interprétation d'un artiste — ⁵**le bar** débit de boissons où l'on consomme debout ou assis sur de hauts tabourets devant un long comptoir, le *zinc* [zɛ̃:g]; les bars en France sont ouverts toute la journée. Ne confondez pas avec ce qu'on a coutume d'appeler ‹Bar› en allemand: en français, c'est plutôt une ‹boîte de nuit›. — ⁶**le protagoniste** personnage principal — ⁸**la tournée** (fam.) ensemble des boissons offertes et payées par un consommateur ou par le débitant — ¹²**Paname** nom populaire de Paris — **lépreux** dont l'aspect rappelle celui d'un lépreux; sale — ¹³**le bistro** (ou: **bistrot**) (pop.) marchand de vin tenant café; p. ext. café; **passé le bistro d'angle** une fois le bistro passé — **flétri** décoloré, terne — ¹⁴**crevassé** percé, parsemé de crevasses (crevasse = fente plus ou moins profonde qui se fait à la surface des corps) — **gondolé** être relevé de l'avant et de l'arrière comme une gondole; recourbé dans certaines parties — ¹⁷**de guingois** (loc. adv.) de travers, obliquement — **le pavillon** petite maison située dans un jardin. Dans la banlieue parisienne il y a beaucoup de pavillons habités par des particuliers. — ¹⁹**le quartier** partie d'une ville ayant sa physionomie propre et une certaine unité; à Paris p.ex. le Quartier Latin, le quartier des gares, le quartier de Saint-Germain, etc. — **pour peu que** (loc. conj. avec le subj.) pourvu que (Gr. § 80, 2 ‖ § 123, 1) — ²²**les gens très bien** (légèrement pop.) les gens dignes d'admiration, d'estime — ²⁴**la Bastille** nom d'une grande place de Paris où s'élevait jusqu'en 1789 la forteresse de la Bastille — ²⁷**la Roquette** quartier de l'est de Paris; la Roquette était une prison de 1830–1900; la Petite Roquette, construite

38 – Le vieux Paname...

en 1832, subsiste comme maison d'arrêt des femmes. — [25]**Saint-Lazare** nom d'une ancienne prison — **le mur des Fédérés** Après la levée du siège de Paris par les Allemands, en 1871, une insurrection éclata dans la capitale contre le gouvernement qui avait négocié avec les Allemands et qui paraissait trop conservateur au peuple de Paris. Cette insurrection, qu'on appelle la Commune, fut réprimée le 28 mai 1871 par l'armée régulière après un nouveau siège de la ville. Les derniers défenseurs de la Commune furent fusillés le 27 mai au mur des Fédérés, au cimetière du Père Lachaise. Avec la Commune la France a connu la première révolution sociale du monde et la plus effroyable répression militaire des temps modernes.
Travail personnel. Expliquez à l'aide du dictionnaire: réconforter, une ligne falote de réverbères, un globe de verre dépoli, la découpure, le citadin.

LE STYLE ET LA COMPOSITION

1. Cherchez l'idée centrale de chaque partie, puis donnez à chaque partie un titre convenable.
2. Relevez les adjectifs du second paragraphe; écrivez-les les uns au-dessous des autres. Quelle impression se dégage de l'ensemble de ces mots?
3. Est-ce que l'auteur nous donne une description exacte de Paris? Relevez les procédés de style qui prouvent le contraire (style nominal, énumérations, métaphores, emploi de la première personne du singulier, etc.).

39 – ... et le Paris des étrangers: Place de la Concorde, la nuit.

QUESTIONS ET DEVOIRS

1. Quelle était l'attitude du père de l'auteur lors du départ de celui-ci pour la capitale?
2. Comment l'auteur a-t-il pris contact avec son nouvel entourage? Comment peut-on faire des connaissances dans une ville inconnue?
3. Quelle sorte de gens l'auteur rencontrait-il dans les bars?
4. Est-ce qu'il aime Paris? Cherchez des preuves dans le texte.
5. Quelle description donne-t-il de Paris, de ‹Paname›?
6. Quels peuvent être les liens par lesquels beaucoup de Parisiens sont unis à leur ville, surtout dans les quartiers populeux?
7. Ce contraste entre luxe et pauvreté a-t-il toujours et partout existé?
8. Que savez-vous de Montmartre? du Quartier Latin? d'autres quartiers de Paris?
9. Quelles sont les deux parties de Paris? Quelles différences y a-t-il entre ces deux parties de la capitale?
10. Dans ses romans, Francis Carco aime décrire des personnages des bas-fonds. Quel intérêt particulier présentent-ils? Connaissez-vous des romanciers allemands, anglais, américains qui décrivent des milieux semblables?

La synthèse

«La première intuition que nous avons des choses est une *intuition d'ensemble*, donc une *synthèse*, mais une synthèse forcément vague et confuse et qui ne saurait satisfaire l'esprit. Le recours à *l'analyse* (cf. p. 28) s'impose donc pour en préciser les données et nous renseigner plus exactement et sur les détails et sur l'ensemble... À cette analyse, dont il importe de contrôler les résultats, succède d'ordinaire une synthèse nouvelle, *synthèse réfléchie* cette fois et précise, qui ne rapproche les uns des autres que des éléments dont elle a vérifié les rapports.» (P. F. THOMAS «Cours de Philosophie», 8ᵉ éd., p. 363)

La *synthèse* est donc la fonction par laquelle *la pensée reconstruit le tout à partir de ses éléments* et conçoit des combinaisons nouvelles. Dans la vie pratique, elle fournit les moyens d'une exposition ordonnée et achevée.

Exercices (modèles):

Question: Quel est le paragraphe du texte 19 qui vous paraît exprimer l'idée la plus importante?
Réponse: «Si l'effort exceptionnel ... vers d'autres cités européennes plus rationnellement aménagées» (troisième paragraphe).

Devoir: Soulignez les passages du texte 19 qu'il serait judicieux, selon vous, de retenir pour la rédaction d'un résumé.
Solution proposée:
«Paris n'est plus une ville moderne.»
«Paris est une cité incommode, bruyante et malpropre.»
«... un grand effort d'aménagement s'impose...»
«Il sera inévitable de voir les activités de l'avenir s'orienter vers d'autres cités européennes.»
«... aggravation rapide de l'insuffisance de productivité...»
«Paris sera une ville chère.»
«Paris s'enkystera dans le rôle d'une ville-musée.»
«Si un effort lucide et volontaire est accompli ... la région parisienne sera amenée à jouer un triple rôle international, national et régional.»

Devoir: Rendez compte du texte 19 sous la forme d'un ‹plan rédigé›.
Conseils:
– Pour le plan: mettez en évidence les grandes parties du texte.
– Pour la rédaction: évitez le style télégraphique.

Modèle: Plan rédigé du texte de Philippe LAMOUR «L'avenir de Paris et de sa région»
Introduction: L'accoutumance quotidienne masque à la conscience des Parisiens le fait que Paris n'est plus une ville moderne.
I. Les faits
Paris est une cité incommode, bruyante et malpropre. Ni la circulation, ni les transports publics, ni les conditions hygiéniques ne sont à la hauteur de notre époque.
II. Un choix décisif
A l'heure qu'il est, il faut choisir entre un effort exceptionnel d'aménagement et qui garantira l'avenir de Paris, ou l'inertie habituelle qui ne peut qu'aggraver la situation actuelle.
III. Les dangers de l'inertie
Le maintien de l'état anarchique actuel a pour conséquence un recul de la productivité. Paris sera une ville ‹chère›, de moins en moins compétitive sur le marché international et condamnée à être une ville-musée.
IV. Modernisation nécessaire et perspectives d'avenir (conclusion)
Un Paris aménagé avec intelligence peut jouer un rôle international, national et régional.
Exercice: En vous servant de ce modèle, rendez compte du texte de Paul GAULTIER «Paris, centre intellectuel de la France» (texte 18), sous la forme d'un plan rédigé.

"Plaisir de France" a choisi cette résidence

pourquoi pas vous ?

LA RESIDENCE DAUPHINE à LOUVECIENNES PETIT VILLAGE CLASSÉ

7 petits immeubles de 3 étages autour de 4 ha de verdure, avec plan d'eau et piscine chauffée.
Des appartements de 4, 5 ou 6 pièces d'une conception originale.
Un séjour et des chambres de belles dimensions éclairés par
de grandes baies donnant sur le parc. Pour l'été,
une loggia/terrasse, pour l'hiver un coin/cheminée.
Cuisines et salles de bains aménagées
garages en sous-sol avec ascenseur direct.
A proximité : un centre commercial,
écoles et lycées, courts de tennis,
club hippique, golfs,
club nautique

ITINERAIRE CONSEILLE
EN VOITURE : Autoroute de l'Ouest - 2ème sortie à droite - suivre la N. 184 sur 300 m. et tourner à droite (fléchage)
PAR LE TRAIN : la gare à 200 mètres de la Résidence, relie Paris-St-Lazare en 29 minutes (40 trains par jour)

VISITE SUR PLACE de l'appartement modèle décoré par "PLAISIR DE FRANCE"
RUE DU Gal LECLERC
tous les jours (sauf mercredi) de 11 H 30 à 12 H 30 et de 14 H à 18 H. Samedi et dimanche de 10 H 30 à 12 H 30 et de 14 H à 19 H

OCEFI
Omnium de Construction et de Financement
Société Anonyme au capital de 30 millions de F

PROMOTEUR ET FINANCIER
- A DIRIGÉ & FINANCÉ LA CONSTRUCTION
- LIVRE SES APPARTEMENTS DE 4 A 6 PIÈCES CLEFS EN MAINS ET A PRIX FERMES.
- CONSENT DIRECTEMENT DES PRÊTS INDEXÉS SUR 20 ANS AU TAUX EXCEPTIONNEL DE 5%.

168, RUE DE GRENELLE, PARIS VIIe - TÉL. SOL. 37-10

40 – «Loin des cités serviles...»

41 – Tristesse des grands ensembles: Sarcelles.

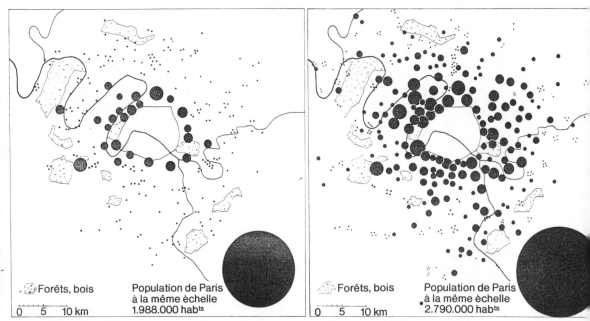
42 – Répartition de la population de la banlieue parisienne en 1876 et en 1962.

Texte 21 Vivre dans les cités nouvelles

Pour faire face à la crise du logement après 1945, on a construit six fois plus de logements en banlieue qu'à Paris et de plus en plus dans la forme de «grands ensembles», immenses «cités dortoirs», confortables mais monotones. C'étaient souvent des H.L.M. (Habitations à Loyer Modéré) ou des H.B.M. (Habitations à Bon Marché), construites avec l'argent de l'Etat et réservées aux catégories des Français dont les revenus sont les moins élevés. Depuis quelque temps, beaucoup de Parisiens quittent donc leur logement à l'intérieur de la ville (qui souvent n'était qu'un taudis) pour s'installer dans un nouvel appartement ou une nouvelle maison dans la banlieue ou dans une commune à quelque distance de Paris. Ainsi, entre 1962 et 1968, Paris a perdu 7% de ses habitants, mais la population du département de l'Essonne a progressé de 40%. Ces Parisiens espèrent échapper au bruit, aux mauvaises odeurs et aux incommodités des vieux quartiers malsains et cherchent le confort de la civilisation du XXe siècle, le grand air, le ciel ouvert et la verdure de la campagne ou de la forêt, bref l'humanisation de la vie parisienne par la conservation des liens concrets entre le citadin et la terre. Mais ce changement de milieu ne va pas toujours sans heurts. Il modifie considérablement le rythme de vie des habitants. Pour ne donner qu'un exemple: Les déplacements journaliers à l'intérieur de l'agglomération s'en trouvent brusquement allongés et multipliés. Sans doute faudra-t-il encore quelques ans pour rendre aux habitants des nouvelles villes l'équilibre perdu et pour les intégrer complètement dans leur nouveau milieu.

L'auteur de l'article suivant est un journaliste qui s'entretient avec deux femmes habitant des appartements dans un nouvel immeuble à Vincennes, dans la banlieue limitrophe de Paris.

Mes deux interlocutrices sont d'anciennes Parisiennes ‹exilées›. L'une, brune et boulotte, trois ‹grands enfants›, habitait à Grenelle un rez-de-chaussée ‹trop petit et malsain, sur une cour sombre›. Son mari est comptable dans une banque. L'autre, une petite rousse très vive, femme d'un fonctionnaire, un garçon de dix ans et une fille de
5 huit, vivait avec les siens ‹entassée dans un studio meublé sans confort›, porte de Vanves.

— Il ne s'agit pas de regretter l'ancien logement, bien sûr, me dit la brune. Mais ce qui nous pèse le plus ici, voyez-vous, c'est la solitude. La solitude accrue. Nos maris partent beaucoup plus tôt le matin et rentrent beaucoup plus tard le soir. Leur travail, fatalement, est trois fois plus loin. A Paris, quand vous avez fait votre ménage, quand
10 vous en avez fini avec la couture ou la lessive des gosses, vous pouvez toujours, de temps en temps, vous changer les idées: un petit tour dans les grands magasins, un peu de shopping aux Champs-Elysées ou sur les Boulevards, un saut chez une amie, une visite d'exposition quelconque... Je ne sais pas, moi... Mais ici, qu'est-ce qu'il y a pour se détendre? On ne peut pas passer son temps à lire ou à regarder la télé! Les magasins des
15 ‹Centres commerciaux›? Ils sont bien mieux qu'au début. Mais encore trop rares à mon goût, pas assez variés... et trop chers.

La petite rousse approuve sa voisine et enchaîne:

— Et puis, les vieilles amies nous laissent tomber. Elles disent que c'est trop loin... Paris ce n'est pas le bout du monde, évidemment. Mais y aller, pour faire des courses
20 ou se changer d'ambiance, cela nous pose tout de même des problèmes: la fatigue, les frais, le temps qui manque, surtout. La gare est assez loin, les bus espacés en dehors des heures de pointe. Et ils vous laissent à la porte... Moi, je finis ma vaisselle vers deux heures. Les petits rentrent de l'école avant cinq heures. Comment voulez-vous que dans ce délai je puisse faire l'aller-retour?... Alors, sauf les privilégiées qui ont une voiture,
25 on est toutes condamnées au ‹train collectif des grands magasins›, un samedi sur deux, quand le mari est là pour garder les enfants... Mais on se voit déjà si peu...

Gérard MARIN, dans: *Le Figaro*, 15 février 1963

A. Analyse du texte

LE VOCABULAIRE ET LES EXPRESSIONS

²**boulot, -te** (de ‹boule›) (fam.) gros et court — **Grenelle** quartier populaire au sud-ouest de Paris — ³**le comptable** celui dont la profession est de tenir les comptes (p.ex. dans un grand magasin, dans une entreprise, dans une banque, etc.) — ⁵**entassé** ici: quand on réunit beaucoup de personnes dans un espace trop étroit, elles sont entassées — **le studio** ici: pièce principale servant de salon, de salle à manger et de chambre à coucher dans un petit appartement moderne — **porte de Vanves** banlieue limitrophe au sud-ouest de Paris — ⁶**ce qui nous pèse** ce qui nous est pénible, difficile à supporter — ¹⁰**le/la gosse** (très fam.) jeune garçon, jeune fille — ¹²**un saut chez une amie** c'est-à-dire aller très vite chez une amie sans y rester longtemps — ¹⁴**la télé** abréviation pop. de télévision — ¹⁵**le Centre commercial** grand ensemble qui réunit toutes sortes de magasins — ¹⁷**enchaîner** reprendre rapidement la suite d'un dialogue — ²²**les heures de pointe** les moments de la journée où le nombre des voyageurs utilisant les moyens de transport en commun est le plus élevé — **ils vous laissent à la porte ...** c'est-à-dire à la porte de Vincennes, station de métro et terminus de l'autobus à la limite de Paris municipical.

Travail personnel. Expliquez à l'aide du dictionnaire: interlocutrice, couture, lessive, se détendre, ambiance.

LE STYLE ET LA COMPOSITION

En analysant ce texte, nous découvrons qu'il contient un certain nombre de *mots* et d'*expressions* appartenant à la *langue familière*, p. ex.: boulot, entassé, gosse, télé, ce n'est pas le bout du monde, les vieilles amies nous laissent tomber;
ou des *expressions adverbiales intercalées*, p. ex.: bien sûr, fatalement, évidemment;
ou des *structures grammaticales relâchées*, p. ex.: *on est toutes* condamnées...
Contrairement aux textes précédents, où il s'agissait d'un *français écrit* essentiellement littéraire, il s'agit ici d'un *français parlé familier*.
«Il suppose des rapports plus étroits avec l'interlocuteur. C'est à ce niveau que vous vous placez par exemple, quand vous causez avec le mécanicien qui répare votre voiture, ou avec un ami d'enfance.» (Gaston MAUGER «Grammaire pratique du français d'aujourd'hui». Paris, Hachette, 1968, p. VII.)

QUESTIONS ET SUJETS DE CONVERSATION

1. Quel mode de vie les nouveaux habitants ont-ils quitté pour s'établir dans un grand ensemble de la banlieue parisienne?
2. A quelles couches sociales appartiennent les deux interlocutrices du journaliste? Sont-elles typiques pour les autres habitants des grands ensembles?
3. Pourquoi est-il surtout question de femmes dans cet article?
4. Quelles sont les principales critiques adressées aux nouveaux quartiers par leurs habitantes?
5. Quels sont les côtés positifs de cette vie, pour ceux qui s'y adaptent?
6. Quelles institutions devraient être réalisées pour créer une vie communautaire plus active et pour rendre la vie dans les cités dortoirs plus attrayante pour leurs habitants (habitantes)?

B. Exercices pratiques

LE VOCABULAIRE

1. Suffixes exprimant le nom de l'auteur de l'action: **-teur, -trice.**
Un grand nombre de substantifs français en *-teur* font leur féminin en *-trice* (< lat. -trix ou < ital. -trice). Ces substantifs sont de formation savante. En beaucoup de cas le substantif ainsi formé sert aussi comme adjectif.
Ex.: Le français parlé familier suppose des rapports plus étroits avec l'interlocu*teur*.
    Mes deux interlocu*trices* sont d'anciennes Parisiennes ‹exilées›.
De même:

accusateur	– accusatrice	créateur	– créatrice
admirateur	– admiratrice	directeur	– directrice
bienfaiteur	– bienfaitrice	éducateur	– éducatrice
collaborateur	– collaboratrice	etc.	

Exercice: Cherchez dans votre dictionnaire dix exemples de substantifs avec le suffixe *-teur* et formez-en la forme féminine. Formez également la forme féminine de: empereur, débiteur, chanteur (2 formes à signification différente!).

2. Au XIXe siècle et surtout à l'époque actuelle, un grand nombre de *mots anglais et américains* a été adopté par le français et plus ou moins *francisé*. Ces termes ont rapport principalement aux choses de la mode, des sports, de la politique, de la finance et du commerce, de la marine, de la technique. Leur *prononciation* correcte en français fait souvent des *difficultés*.
Ex.: L'autre vivait avec les siens ‹entassée dans un *studio* meublé sans confort›.
...un peu de *shopping* aux Champs-Elysées...
On ne peut pas passer son temps à lire ou à regarder la *télévision*.
...les *bus* espacés en dehors des heures de pointe...

Autres exemples:

bar [bar]
bifteck [biftɛk]
(pour beef-steak)
black-out [blakawt]
bluff [œ]
boxe [bɔks(ə)]
bungalow [bœgalo]
business [biznɛs]
camping [kãping]
catch [katʃ]
clan [klã]
club [klœb]
(= cercle sportif ou mondain)
club [klyb]
(= assemblée politique,
   association littéraire)

clown [klun]
dandy [dãdi]
détective [detɛktiv(ə)]
dumping [dœmpiŋ]
express [ɛksprɛs]
flirt [œ]
flirter [œ]
flirteur [œ]
football [futbo:l]
footballeur [futbolœ:r]
handicap [ãdikap]
hold-up ['ɔldœp]
humour [ymu:r]
jersey [ʒɛrzɛ]
interview [ɛ̃tɛrvju]
interviewer [ɛ̃tɛrvjuve]
intervieweur [ɛ̃tɛrvjuvœ:r]

jury [jyri]
leader [lidœ:r]
partenaire [partənɛ:r(ə)]
pipe-line [pajplajn]
rugby [rygbi]
scooter [skutœ:r] et [-tɛ:r]
speaker [spikœ:r] et [-kɛ:r]
speakerine [spikrin(ə)]
steamer [stimœ:r]
suspense [sœspɛns] et [sys-]
(= moment d'arrêt créant une
   attente angoissée)
weekend [wikɛnd]

Exercices:
1. Vérifiez dans votre dictionnaire la signification exacte (en français) de ces mots.
2. Choisissez six mots et employez-les convenablement dans une phrase française.
Lecture complémentaire: René ÉTIEMBLE «Parlez-vous franglais?». Gallimard, Coll. «Idées», 1964.
3. Faites une phrase à propos de ‹pénurie de logement› avec
— maison
— cité-jardin
— commune-dortoir
— banlieue
— espace vert
— grand ensemble
— vieux quartiers
— voies de communication en commun
— building.

GRAMMAIRE

Les *pronoms personnels toniques* en *position détachée*
Les pronoms personnels toniques *moi, toi, lui, elle, nous, vous, eux, elles* possèdent, à la différence des formes faibles (*je, tu, il,* etc.), une existence grammaticale propre, indépendante du verbe. Ils expriment nettement une notion: celle de la personnalité, de l'identité, du sujet ou de l'objet considéré en lui-même. Leur emploi est indispensable dès que l'on veut désigner avec force l'un de ces termes.
Moi, toi, nous, vous, elle(s) toniques, employés devant le verbe, sont repris par les pronoms *je, tu, me, te, nous, vous, elle(s).*
Ex.: *Moi*, je finis ma vaisselle vers deux heures.
Au contraire, *lui, eux,* sujets, peuvent se passer de la répétition des pronoms *il, ils*:
   Eux partent plus tôt le matin.
   Lui reste à la maison.

Les pronoms personnels toniques qui portent un accent peuvent être construits en position détachée, séparés par une légère pause du reste de la proposition.
Ex.: *Je* ne sais pas, *moi*.
(Gr. §§ 128–129 ‖ §§ 173–174)
Exercice: Donnez des réponses en vous servant des pronoms personnels toniques en position détachée:
— La petite rousse et sa voisine habitent à Vincennes. Et vous?
— Elle fait du shopping aux Champs-Elysées. Et moi?
— Les privilégiées ont une voiture. Et nous?
— Hier après-midi, j'ai visité une exposition boulevard Saint-Germain. Et toi?

SUJETS DE COMPOSITION

1. Racontez la vie d'une de ces deux femmes en insistant surtout
— sur les incommodités de son logement parisien,
— sur l'attente joyeuse dans laquelle elle vivait depuis le jour où elle savait qu'elle déménagerait,
— sur sa déception après quelques semaines de vie monotone à Vincennes.
2. Racontez en détail la scène quand l'agent d'une firme immobilière propose à la famille d'une des deux femmes de déménager dans un ‹grand ensemble› dans la banlieue.

▷ Texte 22   Un second Paris?

Une solution est née dans l'imagination des architectes, consistant en une reproduction de Paris: le Paris-parallèle, reconstruit sur un nouvel emplacement à quelques quarante kilomètres du Paris actuel, a de quoi séduire les constructeurs, que cette formule affranchirait des contraintes de tous ordres qu'imposent, dans l'agglomération actuelle,
5 l'enchevêtrement des parcelles et la ténacité des intérêts commerciaux, à quoi s'ajoute, dans les quartiers centraux, la survivance de nobles et vieilles pierres. Mais, outre ce que l'urbanisation d'un nouvel emplacement, prélevé sur le sol précieux de l'Ile-de-France, alors que l'ancienne emprise ne serait évidemment pas rendue à la nature, comporterait de gaspillage, on voit mal comment s'organiserait la vie de la capitale en soi-même
10 jumelée: on ne ferait pas deux Opéras et deux Bourses; le partage inévitable entre les deux villes des pôles nationaux de la culture et de l'économie entraînerait de constantes navettes; l'élite parisienne se trouverait assise entre deux chaises; et, circonstance plus grave, la querelle des anciens et des modernes, éternelle tentation de l'esprit, tournerait à l'opposition entre deux demi-villes rivales ...
15 En banlieue les grands ensembles édifiés ces dernières années ont heureusement créé des noyaux forts dans l'ectoplasme pavillionnaire. Mais ils n'ont fait que remplir des vides de grande étendue, sans modifier la trame relâchée des anciens lotissements. La mobilisation des parcelles insuffisamment occupées, bâties ou non, exige un mécanisme foncier plus efficace que les moyens actuels. Sans doute faudra-t-il bousculer la
20 notion du propriétaire seul maître après Dieu sur son carré. Mais le citoyen qui aspire à cette sorte d'indépendance doit la rechercher, comme le suggérait Vigny, ‹loin des cités serviles›. Ce sont les difficultés éprouvées pour imposer une utilisation correcte du sol qui empêchent de pallier la pénurie de terrain à bâtir dont les constructeurs se plaignent à bon droit dans la région parisienne. Le remède réside dans une réforme
25 foncière agencée pour faire pression sur les terrains insuffisamment occupés et répartir équitablement entre les propriétaires le poids des servitudes d'urbanisme.

Pierre GEORGE, Pierre RANDET et Jean BASTIE «La région parisienne» (2ᵉ éd. 1964)

43 – Le Paris du XXIe siècle: vue sur le quartier de la Défense.

NOTES

⁵**enchevêtrement** (m) désordre provoqué par un mélange confus — **parcelle** (f) portion de terrain — ⁷**urbanisation** (f) action d'urbaniser, de donner à une région le caractère d'une ville — ¹²**navettes** (f pl) (sens fig.) trajets réguliers d'un lieu à un autre — ¹³**la querelle des anciens et des modernes** Querelle littéraire qui, à la fin du XVIIe siècle oppose les auteurs qui croient que l'art des anciens ne peut être égalé, à ceux qui croient que l'esprit humain est capable de progrès, qu'on peut donc faire mieux que les anciens. — ¹⁶**ectoplasme** (m) couche superficielle de la cellule; *l'ectoplasme pavillonnaire* est une métaphore pour désigner la zone autour du Paris municipal où l'on a construit, surtout entre 1880 et 1940, des pavillons individuels avec un petit jardin autour. — ¹⁷**trame** (f) ici: le tissu, la texture — **lotissement** (m) le terrain loti, c'est-à-dire divisé en parcelles pour la construction d'habitations — ²¹**Vigny** Alfred de V., poète romantique français (1797–1863). La citation est une légère transformation des vers 24–25 du poème «La maison du berger» dont voici le texte exact: «Du haut de nos pensers vois les cités serviles/Comme les rocs fatales de l'esclavage humain.» — ²³**pallier** atténuer.

Travail personnel. Expliquez à l'aide du dictionnaire: ténacité, prélevé, jumelé, bousculer, pénurie.

QUESTIONS ET DEVOIRS

1. Pourquoi des architectes ont-ils eu l'idée de construire un second Paris?
2. Quels arguments parlent contre la fondation d'un Paris-parallèle?
3. Quels remèdes les auteurs proposent-ils pour faire face à la situation catastrophique actuelle de Paris et de la région parisienne?
4. Expliquez ce que les auteurs comprennent par le passage: «Répartir équitablement entre les propriétaires le poids des servitudes d'urbanisme.»
5. Il n'y a pas actuellement de capitale en Allemagne comparable à Paris et à sa position politique, économique et culturelle dans la France. Par contre, il y a chez nous un grand nombre de centres régionaux où se posent, peut-être à une plus petite échelle, les mêmes problèmes démographiques et d'urbanisme qu'à Paris. Choisissez un exemple allemand (p. ex. le bassin de la Ruhr, la région de Cologne-Bonn, de Francfort, de Ludwigshafen-Mannheim-Heidelberg, de Munich, de Stuttgart, de Nuremberg, etc.) et étudiez les problèmes posés par une grande agglomération moderne (industrie, infrastructure, logement, travailleurs étrangers, moyens de transport et de communication, centres commerciaux, etc.) et les solutions par lesquels on cherche à résoudre ces problèmes.

Exercices de compréhension et de contrôle

I. Connaissance de la matière

1. Quelle fonction a le district de Paris?
2. Donnez quelques exemples pour la concentration de la vie politique française à Paris.
3. Donnez quelques exemples pour le prestige intellectuel de Paris.
4. Donnez quelques exemples pour l'attraction que Paris exerce sur les provinciaux.
5. Donnez quelques exemples pour la concentration du commerce et de l'industrie à Paris.
6. Qu'est-ce qu'il faut faire pour maintenir le rang de Paris comme centre économique?
7. Pourquoi cette position de Paris est-elle en danger?
8. Est-il possible de faire de Paris une ville complètement moderne?
9. Quels arguments parlent en faveur de la conservation du Paris historique?
10. Qu'est-ce qu'on a fait pour faire face à la crise du logement?
11. Pourquoi beaucoup de Parisiens quittent-ils la ville pour habiter en banlieue ou dans les départements du district de Paris?
12. Pourquoi les femmes habitant les nouveaux quartiers (grands ensembles) ne sont-elles pas contentes de leur sort?

II. Connaissance des méthodes

1. Quelle fonction a la synthèse?
2. Quel rôle joue la synthèse dans la vie pratique?
3. A quoi faut-il faire attention quand on fait un ‹plan rédigé›?

III. Connaissance du vocabulaire

1. Faites une *phrase* avec
— autobus
— métro
— train de banlieue
— taxi
— autocar
— bus
— express.

2. Remplacez *les mots qui ne conviennent pas:*
— Un centre *politique* est un lieu où se rencontrent beaucoup de gens qui s'occupent des choses de l'esprit.
— Les quartiers *industriels* sont les quartiers où habite la population aisée d'une ville.
— Un *grand ensemble* est une petite maison située dans un jardin.
— *Les heures creuses* sont les moments de la journée où le nombre des voyageurs utilisant les moyens de transport en commun est le plus élevé.

3. Complétez par *le mot convenable choisi dans la liste suivante:* peser, le coût de revient du travail, faîte, originaire, évoquer.
— Paris sera une ville ‹chère› parce que ... augmente constamment.
— Beaucoup d'hommes supérieurs ne sont pas nés à Paris, mais sont ... des diverses régions de la France.
— La solitude ... aux habitants des grands ensembles.
— Les monuments de Paris ... le passé glorieux de la France.
— A Paris, il y a beaucoup de personnes qui sont arrivées au ... de leur profession.

IV. Connaissance de la grammaire

Complétez les phrases suivantes par la forme convenable de *tout* (avec ou sans article):
— ... hommes sont mortels.
— Ces cadeaux sont ... pour vous.
— ... femme se croit belle.
— L'épouse du banquier était ... chargée de bijoux précieux.
— Vous pouvez lui offrir ce que vous voulez, il refuse ...

LA LORRAINE

Introduction: Une région industrielle du Nord-Est: la Lorraine

La Lorraine est une des trois grandes régions industrielles de la France, les deux autres étant la région parisienne et le Nord. L'industrie lorraine s'appuie sur les ressources du sous-sol: le minerai de fer, le charbon et le sel gemme. Comme les gisements de ces matières sont répartis en Lorraine du Nord, il n'y a pas de centre industriel à proprement parler; l'industrie est également répartie en quelques gros noyaux que séparent de vastes zones rurales peu ou pas industrialisées.

La Lorraine du Nord possède le plus puissant gisement européen de minerai de fer. La sidérurgie lorraine s'est établie sur ce minerai de fer, car la ‹minette› n'est pas assez riche pour être transportée: en 1963, l'industrie lorraine a consommé à elle seule 62,3% de la minette. Après la Ruhr, c'est la région sidérurgique la plus importante de l'Europe continentale. — La Lorraine possède le second bassin charbonnier de France. Dans le gisement qui prolonge le bassin sarrois, le charbon peut être exploité à une profondeur relativement faible. Grâce à l'épaisseur des veines de charbon on a pu mécaniser au maximum l'extraction, avec le résultat que les mines de Lorraine ont le rendement par mineur le plus élevé d'Europe. Malgré ces beaux résultats, l'avenir du charbon lorrain est menacé à cause du rôle décroissant du charbon dans notre économie. Cette menace est accrue par l'arrivée du pétrole du Sahara grâce au pipe-line sud-européen et la construction d'une raffinerie au nord de Metz.

La Lorraine, pays natal de Jeanne d'Arc, était souvent un champ de bataille. Depuis le traité de Verdun (843), Français et Allemands se sont disputé la province entre la Meuse et la Sarre, dont la population est aujourd'hui fortement liée à la France, mais où l'élément germanique garde toujours une certaine influence. Aujourd'hui, la Lorraine (ainsi que l'Alsace) n'est plus un objet de querelle entre les deux peuples français et allemand; c'est dans cette région frontalière qu'on observe l'échange culturel le plus actif entre les deux nations.

Documentation

44 – Minerai de fer
Réserves: ~ 6 milliards de tonnes
(= 2 millions de tonnes de fer contenu)
Extraction annuelle moyenne: 45–50 millions de tonnes

Evolution de la production de fonte et d'acier
(en 1000 tonnes métriques)

	Fonte	Acier
1929	3 806	8 843
1959	9 609	10 062
1960	10 529	11 198
1961	10 808	11 402
1962	10 642	11 186
1963	10 566	11 222
1965	11 210	11 411
1966	11 086	11 330
1967	10 075	11 107
1968	11 764	11 869
1969	12 340	12 054
(France entière:		
1969	18 212	22 510)

45 – Charbon
Réserves: plus de 5 milliards de tonnes (plus de la moitié des réserves françaises)
Production annuelle moyenne: 15 millions de tonnes (1/3 de la production française)

Evolution des houillères lorraines

	Personnes employées	Production de charbon (en 100 tonnes métriques)	
		Lorraine	France entière
1938	24 666	6 739	
1947	45 643	7 432	
1952	41 760	12 210	
1956	44 502	13 286	
1960	43 323	14 703	
1965	37 934	15 628	
1967	36 180	15 032	
1969	23 300[1]	13 906	43 533

[1])Non compris l'effectif des usines de synthèse (création de la Société chimique des charbonnages le 1er janvier 1968).

46 – Sel.
Production annuelle de sel raffiné: ~ 260 000 tonnes.
Production annuelle de soude caustique: ~ 200 000 tonnes.

47 – Population des groupes urbains[1])

	1836	1954	1962
Nancy et banlieue	40 000	187 000	214 000
Metz et banlieue	51 000	128 000	154 000
Mines de fer et sidérurgie			
Fentsch	8 494	58 000	70 000
Longwy	7 082	51 000	62 000
Orne-Inférieur	9 214	62 000	79 000
Orne-Moyen	5 428	39 700	47 000
Pont-à-Mousson	8 604	15 800	17 500
Thionville	12 132	60 000	85 000
Houillères			
Forbach	8 800	57 000	70 000
Saint-Avold	17 028	67 000	91 000
Salines et soudières			
Dombasle — Saint-Nicolas	7 399	20 600	21 500

[1]) Ces ‹groupes urbains› ne sont pas les unités administratives officielles. Ils comprennent en général les communes situées dans une certaine zone d'attraction.

(Sources: Roland NISTRI et Claude PRÊCHEUR «La région du Nord et du Nord-Est», Paris, P.U.F., 2ᵉ éd. 1965. — Peter MOLL «Das lothringische Kohlerevier», Saarbrücken 1969 (d'après les informations données par les Houillères du Bassin de Lorraine [H.B.L.], Merlebach). — «Population de la France, Départements, arrondissements, cantons et communes. Recensements de 1962 et de 1968.» (I.N.S.E.E.) Paris 1963 et 1969. — Statistisches Amt der Europäischen Gemeinschaften «Statistische Grundzahlen der Gemeinschaft», 10. Aufl. 1970. — «Annuaire statistique de la France» 1971/72. — «Grand Larousse encyclopédique»).

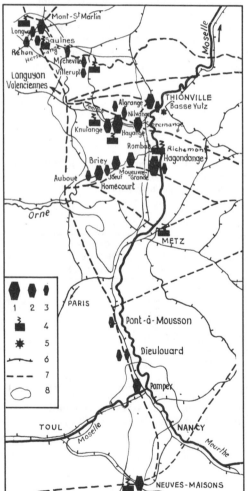

◀ **48** – La sidérurgie lorraine. Le complexe industriel de Lorraine, usines sidérurgiques employant plus de 5 000 ouvriers (1); de 3 000 à 5 000 (2); moins de 3 000 (3); 4. centrale électrique; 5. industrie mécanique; 6. voie ferrée; 7. ligne d'interconnexion électrique; 8. gisement de minerai de fer.

▼ **49** – Le minerai de fer lorrain. 1. Côtes de Moselle et de Meuse, 2. limite ouest du bassin ferrifère, 3. bassin ferrifère, 4. fosse ou carrière d'extraction.

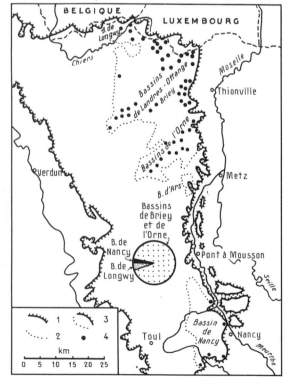

50 – L'ensemble sidérurgique de Rombas en Lorraine.

Texte 23 Paysage industriel lorrain

    L'isolement des mines et des usines est de règle. Ce sont de très grosses unités, séparées les unes des autres, mises à part les vallées industrielles, étroites, encaissées, de la Chiers, de la Fentsch et de l'Orne. Le voyageur qui, par la route, traverse du sud au nord le pays minier, à l'ouest de la Moselle, voit de temps à autre se dresser quelques chevale-
5 ments de mine, à peine perceptibles sur l'horizon des Plateaux lorrains. La route aborde la cité, passe rarement au pied des superstructures, retrouve très vite le vieux village à peine touché par la démographie nouvelle, et se perd au milieu des labours et des parcelles forestières. A quelques kilomètres des sièges les plus importants, la nature reprend ses droits, ignorant le gigantesque travail de taupe qui anime le sous-sol. Les mines à flanc
10 de coteau ... intéressent tellement peu le paysage qu'il faut les connaître pour les distinguer.
    Le paysage minier des sondages salifères est encore plus discret. Des baraques de bois éparpillées dans la campagne, une plaque discrète «Salines de ...» à l'entrée d'une propriété un peu plus importante que ses voisines, traduisent seules l'activité du sous-sol.
15 En abordant La Madeleine ou Dombasle, la route côtoie les soudières. Vision essentiellement fugitive, qui trouble à peine la quiétude des horizons lorrains. Et que dire de Faulquemont et de Folschwiller? La création récente des cités ouvrières, la fumée des

centrales, sont les seules marques de l'activité industrielle, dans ces régions restées
profondément rurales.
20   Seules les industries chimiques, les complexes de Carling et de Marienau, les rues
sidérurgiques des vallées lorraines présentent l'aspect fiévreux et presque inhumain des
zones industrielles. Les constructions, les crassiers, les cités ouvrières rongent la verdure
de la forêt. Cet envahissement est plus sensible depuis quelques années, la tendance
étant à quitter la vallée pour gagner les plateaux environnants. Mais du fait de l'encaisse-
25 ment des rivières, ce paysage disparaît rapidement aux yeux du touriste ... Rien n'est
si difficile à saisir que la Lorraine industrielle, sans cesse disparue, sans cesse renouvelée.
A cet isolement des usines correspondent des concentrations humaines, souvent linéaires,
plus constantes dans leur densité.

Roland Nistri et Claude Prêcheur «La région du Nord et du Nord-Est» (2ᵉ éd. 1965)

A. Analyse du texte

LE VOCABULAIRE ET LES EXPRESSIONS

²**la Chiers** rivière du Nord de la Lorraine, affluent de la Meuse (rive droite); 112 km, née
dans le grand-duché de Luxembourg, elle entre peu après en France, passe à Longwy, Mont-
morency, Carignon, et finit en amont de Sedan. — ³**la Fentsch** rivière de la Lorraine, affluent
de la Moselle (rive gauche, au sud de Thionville). La vallée de cette courte rivière abrite
d'importantes agglomérations industrielles (Florange, Hayange, Knutange, etc.). — **l'Orne**
rivière du Nord de la Lorraine, affluent de la Moselle (rive gauche); 86 km. Le cours inférieur
de la vallée de l'Orne est un des grands secteurs industriels de la Lorraine (Auboué, Homé-
court, Jœuf, Moyeuvre, Rombas, etc.). — ⁴**le chevalement de mine** charpente métallique,
plus rarement de béton, installé au-dessus d'un puits (Förderturm) — ⁶**la cité (ouvrière)**
la cité ouvrière, c'est-à-dire les logements construits par les grandes firmes et loués aux ouvriers
et employés; la cité ouvrière s'est en général développée en proximité du ‹vieux village› dont
la population a gardé son caractère rural. — **la superstructure** ici: ensemble de constructions
élevées au-dessus d'autres constructions — ⁹**les mines à flanc de coteau** sont exploitées
par galeries souterraines à partir du front de la côte ou des versants des vallées transversales. —
¹²**le sondage** ici: trou de faible diamètre et de grande profondeur pratiqué dans le sol pour
extraire ou pour reconnaître un minerai. Normalement un sondage est fait verticalement
depuis la surface du sol. Dans les mines, on fait aussi des sondages souterrains, exécutés à
partir de galeries. — ¹⁵**La Madeleine** commune près de Dombasle; importante mine de sel —
Dombasle-sur-Meurthe commune dans le département de Meurthe-et-Moselle (arrondissement de Nancy) entre la Meurthe et le canal de la Marne au Rhin; mines de sel; importante
fabrique de soude; industrie textile; 9616 habitants (1968) — **côtoyer** = longer — **la soudière**
usine où l'on fabrique la soude. La soude (Na_2CO_3) est employée pour la fabrication des savons
durs. — ¹⁷**Faulquemont** commune dans le département de la Moselle, au sud de Saint-Avold;
mines de houille; 5499 habitants (1968) — **Folschwiller** commune dans le département de
la Moselle, près de Faulquemont; mines de houille; 4825 habitants (1968). En passant près
de Faulquemont et de Folschwiller on n'aperçoit presque pas les activités industrielles. — ¹⁸**la
centrale (thermique)** usine de production d'énergie électrique à l'aide de moteurs thermiques.
Les houillères lorraines fournissent le combustible pour les centrales thermiques. — ²⁰**Carling**
commune du département de la Moselle (arrondissement de Forbach), près de la frontière
allemande; 2783 habitants (1968). A Carling, il y a deux grandes centrales thermiques
(Centrale Paul Weiss, Centrale Emile Huchet) et une cokerie. — **Marienau** nom d'un lieu
près de Forbach; on y a installé une cokerie (en 1955). — ²²**le crassier** amoncellement
des déchets d'une usine métallurgique. Dans les régions accidentées, les crassiers sont
généralement disposés dans les points bas du terrain, qu'ils contribuent à niveler. En pays
de plaine, au contraire, ils constituent des monticules coniques visibles de fort loin.
Travail personnel. Expliquez à l'aide du dictionnaire: encaissé, taupe, salifère, quiétude.

QUESTIONS ET SUJETS DE CONVERSATION

1. Quels sont les centres industriels de la Lorraine? En vous servant de notre texte et des cartes 48 et 49 décrivez la situation
— des houillères,
— des mines de fer et de la sidérurgie,
— des salines et soudières.
2. Quel est le caractère particulier du paysage industriel lorrain? Comparez la description donnée par l'auteur de notre texte avec ce que vous savez du paysage industriel de la Ruhr.
3. Expliquez pourquoi les grandes firmes ont construit des «cités ouvrières». En vous rappelant la hiérarchie des usines (directeurs, ingénieurs, contremaîtres, employés, ouvriers) essayez de décrire
— la stratification sociale des habitants des ‹cités›,
— le type d'habitation (villa, bungalow, pavillon avec jardin, petite maison pour deux familles, grand ensemble, etc.) réservé à chaque catégorie socio-professionnelle.
4. On peut expliquer l'isolement des mines et des usines par la répartition des gisements de matières premières. Est-ce que cela explique aussi l'opposition cachée entre le «vieux village» d'une part, dont la population est restée attachée au sol et à ses habitudes rurales, et la «nouvelle démographie», d'autre part?
5. Les usines isolées ont besoin d'ouvriers. Comparez les chiffres du tableau 47 et le nombre d'habitants de quelques communes indiqué dans les notes du texte 23 avec le nombre d'habitants de quelques grandes villes industrielles allemandes. Remarquez que les chiffres du tableau 47 n'indiquent pas le nombre d'habitants d'une ville, mais d'un ‹groupe urbain›, c'est-à-dire qu'ils englobent la population habitant dans l'agglomération de chaque ville. Croyez-vous que cette population (dont seulement une partie constitue la population *active*) suffise pour mettre sur pied et pour entretenir un des grandes secteurs industriels européens? D'où viennent les ouvriers? Voici quelques chiffres pour vous aider: *Pourcentage du nombre des ouvriers domiciliés dans un rayon de 5 km autour de l'usine ou de la mine:*

Folschwiller	60%	Hagondange	65%
Pompey	61%	Thionville	70%
Merlebach	65%	Longwy	73%

Cherchez à interpréter ces chiffres. Conclusions à tirer en ce qui concerne le caractère des habitants de la Lorraine?

B. Exercices pratiques

LE VOCABULAIRE

1. *Les états de la matière*
La minette est transformée dans les hauts fourneaux en fonte.
Modèle:
A 1 530°C, le fer *passe de l'état solide à l'état liquide.*
Sous l'action de la chaleur, le fer passe de l'état solide à l'état liquide.
Sous l'action de la chaleur, le fer fond.
La fusion du fer se fait sous l'action de la chaleur.

Changement d'état	substantif	verbe
Etat solide → état liquide	→ la fusion	→ fondre
Etat liquide → état solide	→ la solidification	→ se solidifier
Etat gazeux → état liquide	→ la liquéfaction	→ se liquéfier
Etat liquide → état gazeux	→ la vaporisation	→ se vaporiser

Exercice: Transformez de la même façon:
— A 0°C l'eau passe de l'état liquide à l'état solide.
— En se refroidissant, le fer passe de l'état liquide à l'état solide.
— A —1 830°C, l'oxygène passe de l'état gazeux à l'état liquide.
— Quand l'essence arrive dans le carburateur du moteur, elle passe de l'état liquide à l'état gazeux.

2. *Le vocabulaire technique du charbon, du fer et de l'acier*

Mines en général

la concession	extraire		
l'exploitation	percer		
l'extraction	exploiter		
l'exploitation à ciel ouvert	boiser		
le minerai	épuiser		
la couche			
le gisement			
la veine			
le puits			
la galerie			
le grisou			
la lampe de sûreté			
le chevalement			
le mineur			
le sondage			

Charbon

le combustible	houiller, -ère
le coke	houilleux, -se
la houille	
le charbonnage	

Fer, acier

le haut fourneau	fondre
la tôle	forger
la fonte	laminer
le plaqué	plaquer
la métallurgie	
la fonderie	
la forge	
la fonte	
le laminage	
le placage	
le fondeur	

Exercice: Cherchez ces mots dans votre dictionnaire et vérifiez leur signification exacte. Employez-en une dizaine dans une composition.

SUJETS DE COMPOSITION

1. Racontez la journée d'un mineur qui travaille dans une mine à Faulquemont et qui habite une petite maison avec un grand jardin dans un village situé à une vingtaine de kilomètres de son lieu de travail.

2. Racontez la journée de la femme d'un ouvrier nord-africain immigré en France depuis un an et habitant, avec d'autres familles étrangères, dans un grand ensemble de la banlieue de Metz.

Texte 24   Paysage lorrain

Ce qui frappe d'abord sur notre plateau de Lorraine, ce sont les plissement du terrain; ils se développent sans heurts et s'étendent largement. De grands espaces agricoles, presque toujours des herbages, ondulent sans un arbre, puis, çà et là, sur le renflement d'une douce courbe, surgit un petit bois carré de chênes, ou quelque mince bouquet
5 de bouleaux. Dans les dépressions, l'herbe partout scintille, à cause de l'eau secrète, et l'on voit des groupes de saules argentés. Nulle abondance, mais quel goût!

La vertu de ce paysage, c'est qu'on n'en peut imaginer qui soit plus désencombré. Les mouvements du terrain, qui ne se brisent jamais, mènent nos sentiments là-bas, au loin, par delà l'horizon; ces étendues uniformes d'herbages apaisent, endorment nos
10 irritations; les arbres clairsemés sur le bas ciel bleu semblent des mots de sympathie qui coupent un demi-sommeil, et les routes absolument droites, dont les grands peupliers courent à travers le plateau, y mettent une légère solennité. Nul pays ne se prête davantage à une certaine méditation, triste et douce, au repliement sur soi-même. C'est grêle, peut-être, c'est en tout cas d'une élégance morale et d'une précision sensibles à celui
15 qui se choque des gros effets et de l'à peu près. ...

Dans cette région, les étangs sont nombreux; on les vide, les pêche et les met en culture toutes les trois années. Il y en a cinq grands et beaucoup de petits. Leur atmosphère humide ajoute encore une sensation à cette harmonie générale de silence et d'humilité. Leur cuvette n'est pas profonde; çà et là, jusque dans le centre de leur miroir, des roseaux
20 et des joncs émergent, qui forment des bas rideaux ou des îlots de verdure ...

51 – Village lorrain: Lorraine d'hier, d'aujourd'hui, ... de demain?

Quand le soleil s'abaisse sur ces déserts d'eaux et de bois, d'où monte une légère odeur de décomposition, je pense avec pitié qu'aucun pays ne peut offrir de telles réserves de richesses sentimentales non exprimées.

Il y a dans ce paysage une sorte de beauté morale, une vertu sans expansion. C'est
25 triste et fort comme le héros malheureux qu'a célébré Vauvenargues. Et les grandes fumées industrielles de Dieuze, qui glissent, au-dessus des arbres d'automne, sur un ciel bas d'un bleu pâle, ne gâtent rien, car on dirait d'une traînée de désespoir sur une conception romanesque de la vie.

Maurice BARRÈS «Les Bastions de l'Est — Au service de l'Allemagne» (1905)

A. Analyse du texte

LE VOCABULAIRE ET LES EXPRESSIONS

[1] **le plateau de Lorraine** (ou Plateau lorrain) s'étend de la vallée de la Seille à l'Ouest jusqu'aux Vosges à l'Est et de la frontière allemande au Nord jusque dans la région d'Epinal au Sud. Il formait la partie essentielle de cette région de la Lorraine qui, après 1871, avait été annexée par l'Allemagne. Le Plateau lorrain, formé de roches diverses, constitue une table ondulée, semée d'étangs dans sa partie centrale (cf. l. 16). — [3] **sur le renflement** = sur le soulèvement — [5] **scintiller** étinceler, briller — [8] **mènent nos sentiments là-bas...** Les sentiments des Lorrains vivant sous le régime allemand vont vers la France. — [9] **apaisent... nos irritations** L'irritation causée par le fait qu'une partie de la Lorraine est administrée par l'Allemagne est momentanément apaisée par l'impression reposante du paysage. — [13] **le repliement** le fait de se replier sur soi-même, de se refuser aux impressions extérieures, de rentrer en soi-même — [18] **l'humilité** (f) absence complète d'orgueil (Demut) — [25] **C'est triste et fort comme le héros malheureux qu'a célébré Vauvenargues** probablement allusion à l'essai «Clazomène, ou la Vertu malheureuse» (Œuvres de Vauvenargues, édition Gilbert, Paris, 1857, p. 288–289),

où l'auteur, (Luc de Chapier, marquis de V., 1715–1747) dans la forme d'un *caractère*, donne en quelques lignes l'histoire de sa propre vie — [26]**Dieuze** commune dans le département de la Moselle; 3 800 habitants; salines, engrais — [27]**la traînée** longue trace laissée sur le sol ou toute autre surface par une substance répandue — **on dirait d'une traînée...** = on aurait dit une traînée...

Travail personnel. Expliquez à l'aide du dictionnaire: plissement, dépression, désencombré, grêle, cuvette.

LE STYLE ET LA COMPOSITION

1. Contrairement au texte précédent, il s'agit ici d'un texte *littéraire*. Montrez que, bien que le sujet soit presque identique, la *perspective* de chaque auteur est différente.
2. En analysant la composition du texte, dégagez
— les parties purement descriptives,
— les parties où, par l'intermédiaire du paysage, l'auteur cherche à exprimer ses impressions personnelles.
3. Analysez le vocabulaire. Relevez les mots qui expriment une notion géographique exacte, d'une part, et ceux qui sont porteurs des idées ou de l'impression subjective de l'auteur, d'autre part. Relevez surtout les termes (substantifs, adjectifs, verbes) qui font appel à la vue et à l'odorat.

QUESTIONS ET SUJETS DE CONVERSATION

1. En vous appuyant sur le premier paragraphe, montrez
— que la Lorraine est une région sans grandes plaines ni hautes montagnes;
— qu'il n'y a pas de vastes forêts sur le Plateau lorrain, mais seulement des ‹tâches forestières›;
— que la région se prête à l'élevage de bovins et à la production laitière.
2. Pour l'auteur, la région du Plateau lorrain est transformée et idéalisée par le fait que, terre française, elle est (en 1905) sous la domination allemande. Quels traits caractéristiques du paysage se dégagent quand on fait abstraction de tout ce que le sentiment nationaliste a ajouté à la description?
3. Comparez le texte de Barrès avec le texte précédent. Est-ce que vous constatez
— contradiction fondamentale,
— divergences dues au décalage historique,
— différence des points de vue
en ce qui concerne les traits essentiels du paysage lorrain?

B. Exercices pratiques

VOCABULAIRE

1. *Les arbres*
... un petit bois de *chênes*...
... quelque mince bouquet de *bouleaux*...
... dont les grands *peupliers* courent à travers le plateau...
Exercice: Voici les noms de quelques autres arbres:
abricotier, amandier, cèdre, cerisier, charme, châtaignier, hêtre, if, noyer, olivier, orme, pêcher, pin, platane, pommier, sapin, saule, tilleul.
Vérifiez dans votre dictionnaire la signification exacte et marquez s'il s'agit
— d'un arbre *feuillu,*
— d'un arbre résineux à aiguilles *(conifère),*
— d'un arbre *fruitier.*

2. *Les mouvements du terrain*
... ce qui frappe..., ce sont les *plissements du terrain*...
... de grands espaces agricoles... *ondulent*...
... sur le renflement d'une douce *colline* surgit un petit bois carré...
... dans les *dépressions,* l'herbe partout scintille...
Exercice: Voici une liste de noms exprimant les différents mouvements du terrain:
hauteur, élévation, point culminant, sommet, cime, crête, arête, faîte, pointe, pic, aiguille, monceau, butte, tertre, mamelon, monticule, côte, coteau, colline, montagne, croupe, ballon — val, vallée, vallon, dépression, descente, affaissement.
Dans cette liste, choisissez les noms dont on pourrait se servir pour la description du paysage lorrain.
Choisissez-en d'autres qui serviraient à la description d'un paysage alpestre.

GRAMMAIRE

Un cas de *subjonctif* dans la *proposition relative:*
   La vertu de ce paysage, c'est qu'*on n'en* peut imaginer qui *soit* plus désencombré.
Dans la proposition relative, le mode est normalement le subjonctif, si l'antécédent de la relative, ayant une valeur indéfinie (ici: ‹on›) est affecté d'une négation. Mais, avec un antécédent de valeur définie, on met l'indicatif:
   Je n'ai pas trouvé *le livre* que vous *cherchez.*
(Gr. § 79, 4 ‖ §§ 118, 124)
Exercice: Mettez les verbes entre parenthèses à la forme convenable (indicatif ou subjonctif):
Il n'y a personne que cet argument ne (pouvoir) ébranler.
Il n'y a guère de gens qui (être) contents de leur sort.
J'ai choisi un cadeau qui (plaire) à mon ami.
Le général envoya un courrier qui (devoir) annoncer la victoire.

La description

A. La description comme information

— se fonde sur la *réalité* des faits;
— est soucieuse d'*exactitude*;
— relève des *méthodes de connaissances* et d'investigation, particulières à chaque science et à chaque sujet;
— se sert d'un *langage* qui s'adresse à la *raison* plutôt qu'aux sentiments, cela veut dire
   —— refus des termes vagues,
   —— emploi du vocabulaire technique,
   —— choix du mot juste;
— indique, si c'est possible et nécessaire, avec soin la *source de l'information* (témoignage direct ou indirect, référence à un document).

B. La description littéraire

— rend présents à l'*imagination d'un lecteur* des paysages, des objets, des personnages, des scènes qu'il n'a pas réellement devant lui;
— essaie de les recréer par des *mots*;
— présente une *vision personnelle* de la réalité;
— se sert de la *langue concrète des sensations* et évite les mots abstraits;
— fait, parmi les aspects des choses, un *choix* et un *arrangement personnels*;
— traduit discrètement l'*émotion personnelle de l'auteur*;
— se sert d'*images familières au lecteur* pour rendre une impression plus vivante et émotive.
Exercices:
1. Relevez dans le texte de NISTRI et PRÊCHEUR (texte 23) les éléments qui font de cette description une *information.*
2. Relevez dans le texte de BARRÈS (texte 24) les éléments qui en font une description *littéraire.*
3. Faites un tableau de la région où vous habitez
   — dans la forme d'une description comme *information* (p. ex. information pour un industriel étranger qui a l'intention d'y construire une usine);
   — dans la forme d'une description *littéraire* (p. ex. pour attirer les touristes et les intéresser aux beautés visibles et cachées de la région, etc.).

LE BAS-LANGUEDOC

Introduction: Une région agricole du Midi: le Bas-Languedoc

Le Bas-Languedoc est un couloir de bas pays qui s'étend, entre le Massif Central et la Méditerranée, de Narbonne à l'Ardèche et au Rhône. On y distingue deux groupes de paysage: la plaine littorale où domine la monoculture de la vigne, et le plateau le plus souvent vêtu de garrigues.

Descendue des coteaux, la culture de la vigne a envahi la plus grande partie du Bas-Languedoc. Dans la plaine littorale s'est ainsi créée une ‹mer de ceps› avec tous les avantages et dangers de la monoculture. Exploité à la fois par de petits et moyens propriétaires et sur de très grands domaines, ce vignoble produit la moitié de la récolte française (surtout des vins de consommation courante), 10% de la récolte mondiale. La vigne est ainsi à la base de toute activité régionale du Bas-Languedoc. C'est autour d'elle que se sont établies presque toutes les structures humaines et économiques. Mais comme cette monoculture presque absolue est sans cesse menacée par la surproduction et met ainsi en péril tout le fonctionnement de la vie languedocienne, on a construit un vaste système d'irrigation et on cherche à remplacer les vignobles par des cultures maraîchères et fruitières.

Favorisé par le climat et par une longue côte, tout le Midi de la France est un pays de tourisme par excellence. Terre de civilisation ancienne où les monuments de l'époque gréco-romaine se sont conservés en grand nombre, le Midi, avec sa lumière éblouissante, sa mer toujours bleue, ses cyprès, ses orangers et même ses palmiers est depuis longtemps un refuge pour les gens du Nord. Ce pays aux couleurs vives et aux paysages sauvages et pittoresques a fasciné un grand nombre de peintres modernes. Renoir, Cézanne, van Gogh, Matisse, pour n'énumérer que les plus grands, ont étudié et peint avec passion les paysages du Midi de la France.

Documentation

52 – La population des départements et des villes.

	1936	1954	1962	1968
Gard (30)				
Aigues-Mortes	3 839	3 746	4 203	4 197
Alès	41 385	36 893	41 360	42 818
Nîmes	93 758	89 130	99 775	123 292
Uzès	4 033	5 222	5 649	6 851
Total du département	395 299	396 742	435 107	478 544
Hérault (34)				
Agde	9 242	7 897	8 751	10 184
Béziers	73 305	64 929	73 538	80 492
Lodève	6 135	6 426	6 869	7 556
Montpellier	90 787	97 501	118 864	161 910
Sète	37 324	33 454	36 301	40 476
Total du département	502 043	471 429	516 658	591 397
Aude (11)				
Carcassonne	33 441	37 035	40 897	43 616
Limoux	8 193	8 334	9 646	10 824
Narbonne	30 047	32 060	33 891	38 891
Total du département	285 115	268 254	269 782	278 323

53 – Production vin = *Quantité de vin récolté (1969)* (en milliers d'hectolitres).

Languedoc	27 019,9
France entière	66 460,3

(Source: «Annuaire statistique»)

54 – Tableau de la propriété viticole (% des surfaces possédées).

	En biens de moins de 5 ha	En biens de 5 à 20 ha	En domaines de plus de 20 ha
Total du Midi méditerranéen	40	38	22
Camargue	10	20	70
Bas-Narbonnais	28	37	35
Plaine gardoise	27	40	33
Minervois	27	56	17
Garrigues montpelliéraines	41	42	17
Maures	40	44	16
Montagnes de Haute-Provence	65	32	3

(Source: Paul CARRÈRE et Raymond DUGRAND «La région méditerranéenne», Paris, P.U.F., 1960, p. 66)
Etant bien entendu qu'une personne possédant divers domaines dans le Midi méditerranéen a compté comme autant de propriétaires différents, ce qui minimise de façon notable la part de la grande propriété.

Texte 25 La structure économique du vignoble languedocien: dangers de la monoculture

La production viticole moyenne des départements méridionaux des quinze dernières années est de presque 28 millions d'hectolitres, dont un peu plus de 5 pour la Provence et la Corse, et le reste pour le Languedoc-Roussillon, soit 55% au total de la récolte métropolitaine. Cette dernière proportion, bien que relativement assez élevée, ne rend pourtant
5 pas fidèlement compte de la place prise par la région sur le marché français. Le Sud-Est méditerranéen produit en effet fort peu d'appellations d'origine (seulement 17% des fournitures nationales) mais assure en revanche 70% de la récolte des vins de consommation courante.

Or ce dernier marché a été sans cesse caractérisé, depuis l'aube du XXe siècle, par
10 une surproduction chronique. Aux 55 millions d'hectolitres produits par la Métropole, se sont en effet ajoutés, jusqu'à ce que l'Algérie acquière son indépendance, les 16 autres millions en Afrique du Nord. L'offre atteignait donc en année moyenne 71 millions d'hectolitres alors que la demande ne dépassait pas 60 millions.

Naturellement cet excédent structural ne se répète pas de façon identique chaque
15 année car les récoltes méridionales subissent, du fait des conditions météorologiques changeantes, des oscillations très marquées de l'ordre de un à deux. Celles-ci sont à la base de variations considérables des prix, déterminant des crises économiques accompagnées de troubles sociaux particulièrement graves. Emeutes de 1907 et barrages sur les routes de 1953 se répondent par-delà une chaîne ininterrompue de conflits.

20 La vente des vins obéit à quelques lois fort bien connues. A leur base, l'inélasticité du marché. La demande de ce produit, comme celle de toutes les denrées d'usage courant, est fort stable. Toute variation des prix, même importante, ne se traduit que par une modification dérisoire de la consommation. Cette rigidité se trouve renforcée par le fait que le vin ne trouve aucune utilisation dérivée et n'a de débouché qu'en sa qualité
25 de boisson. Le second élément du binôme «offre-demande» est donc d'une stabilité remarquable. Aucune possibilité, par sa modification rapide, d'enrayer une surproduction.

L'offre, au contraire, est très variable et réagit, quant à elle, d'une manière au prime abord paradoxale, mais en réalité entièrement conforme à la sociologie paysanne. Elle s'avère parfaitement capable, en cas de hausse même momentanée, de déterminer une
30 vague généralisée de plantation... Par contre, toute baisse des prix s'avère incapable,

55 – Le vignoble languedocien près de Montpellier. Le grand bâtiment au premier plan est la cave coopérative.

au moins dans l'immédiat, de provoquer une ponction, le jeu du coût marginal étant moins sensible et moins agissant que dans le cas d'une production plus industrielle encore. L'élasticité de l'offre, qui est réelle, opère donc toujours dans le sens d'une augmentation des surfaces cultivées et des rendements ...

35 Aucune atténuation à ces règles strictes n'est apportée par le mécanisme des échanges. La loi de la concurrence la plus absolue y règne en maîtresse ...

Pendant longtemps la solution idéale acceptée par presque tous les spécialistes a été l'arrachage et le remplacement de la vigne, grâce à l'irrigation, par des cultures légumières et fruitières. C'était d'ailleurs une motivation avouée de la mise en chantier du Canal du
40 bas Rhône-Languedoc ... Or à l'heure actuelle, cette solution de la contraction des surfaces plantées est totalement abandonnée. Cela tient essentiellement à la diminution de l'apport des vins nord-africains ... Il s'ensuit une situation très nouvelle: le marché français des vins devrait être équilibré à brève échéance. Inutile donc d'arracher la vigne. Bien plus, malgré la légère diminution du taux moyen de consommation que les statis-
45 tiques semblent révéler, il est même probable, en fonction de l'ampleur de la croissance démographique à venir, qu'il faille autoriser quelques plantations nouvelles ...

Paul Carrère et Raymond Dugrand «La région méditerranéenne», 2ᵉ éd. (1967)

A. Analyse du texte

LE VOCABULAIRE ET LES EXPRESSIONS

[1]**viticole** (adj.) relatif à la culture de la vigne et de la production du vin — [3]**métropolitain, e** adj. de Métropole: La France sans ses anciennes colonies — [6]**l'appellation** (f) **d'origine** C'est seulement pour les vins de qualité que les producteurs sont autorisés à indiquer la région ou le lieu de culture, les vins de consommation courante (ou ordinaires) ne portent pas d'appellation d'origine. L'appellation d'origine est protégée par la loi et soumise à un contrôle assez sévère. — [11]**jusqu'à ce que l'Algérie acquière son indépendance** L'Algérie a acquis son indépendance en 1962. — [16]**l'oscillation** (f) [ɔsilasjɔ̃] ici: variation alternative et irrégulière (des productions) — [18]**émeutes de 1907** En 1907, les prix très élevés jusqu'en 1899, s'effondrent totalement. Contre les vignerons émeutés, l'Etat a recours à la force. Depuis ces événements, on a cherché par un certain nombre de mesures (crédits à court et à long terme, prêts spéciaux avec remise des annuités, etc.) à protéger les vignerons contre les

effets de la surproduction et contre un brusque effondrement des prix. — **barrages sur les routes de 1953** Le 28 juin 1953, quand les prix furent tombés de 30 %, les vignerons languedociens ont obtenu un gros effet de surprise en barrant les routes en pleine saison touristique. — [23]**la rigidité** manque de flexibilité — [24]**le vin ne trouve aucune utilisation dérivée** c'est-à-dire il ne peut être transformé en d'autres produits utiles, comme c'est la cas p.ex. du charbon. — **le débouché** moyen d'écouler un produit (Absatz) — [26]**enrayer** arrêter dans son cours une chose qui progresse rapidement et de façon menaçante — [31]**une ponction** (sur les surfaces cultivées) c'est-à-dire une réduction des surfaces cultivées et, par conséquent, de la production — **le coût marginal** un coût qui est à la limite du bénéfice et du déficit, en équilibre précaire — [38]**l'arrachage** (m) action d'arracher — **l'irrigation** (f) arrosement artificiel des terres (künstliche Bewässerung) — [39]**la mise en chantier** la construction — [46]**qu'il faille**... subj. de «il faut».

Travail personnel. Expliquez à l'aide du dictionnaire: aube, excédent, denrée d'usage, dérisoire, binôme, s'avérer.

QUESTIONS ET SUJETS DE CONVERSATION

1. Quelle est la part approximative de la production viticole du Languedoc à la production viticole totale de la France?
2. Quelles conséquences a ce fait pour la structure économique et sociale de la région?
3. Quels sont les effets d'une ou de plusieurs bonnes récoltes? Est-ce que les vignerons ont à s'en féliciter?
4. Expliquez l'inélasticité du marché viticole.
5. Il y a plusieurs catégories de la propriété viticole (cf. tableau 54). Cherchez à expliquer les différences du prix de revient des petites, moyennes et grandes propriétés et, comme conséquence de ces différences, la tendance à la concentration foncière.
6. Pourquoi la monoculture de la vigne devait-elle céder du terrain aux cultures légumières et fruitières?
7. Cherchez à situer le problème de l'économie languedocienne dans le cadre plus vaste de la C.E.E. (Communauté Economique Européene). Pourquoi les débouchés du vin de consommation courante sont-ils limités? Est-ce que la multiplication des cultures d'arbres fruitiers et de légumes représente une solution définitive?

B. Exercices pratiques

VOCABULAIRE

1. Relevez dans le texte tous les termes qui se rapportent au *mécanisme du marché*.
2. La famille du mot **vin**: vigne, vigneron, vignoble, viticulture, viticole (ou viniculture, vinicole), vendange.

Exercice: Avec chacun de ces mots formez une phrase qui se rapporte à la vie des vignerons du Bas-Languedoc.

GRAMMAIRE

Un emploi de **dont**.
Lorsqu'il correspond au *de, d'entre* partitif pluriel, *dont* s'emploie en général sans verbe:
> La production viticole des départements méridionaux des quinze dernières années est de presque 28 millions d'hectolitres, *dont* un peu plus de 5 pour la Provence et la Corse...

Dans cette formule, très vivante, *dont* est devenu une sorte d'adverbe partitif.
Autres emplois de *dont*: Il absorbe toutes les valeurs de la préposition *de*, comme complément d'un nom, d'un verbe, d'un adjectif, d'une expression de quantité placés *dans la proposition relative*.
(Gr. § 143 ‖ § 183,1)
Exercice: Formez cinq phrases dans lesquelles vous employez *dont* dans les fonctions ci-dessus indiquées.
Modèle:
1. Voici la dame *dont* vous connaissez déjà le mari.
   (dont complément de nom)
2. C'est un élève *dont* tous les professeurs sont contents.
   (dont complément d'adjectif)
etc.

DOCUMENTATION

1. A. l'aide de la carte 98, situez les principales régions viticoles de la France. Quel rôle le vin joue-t-il dans la vie économique du pays?
2. Faites une documentation sur la culture de la vigne et le travail du vigneron.

Texte 26   Bas-Languedoc

Dans le texte suivant, André GIDE, né à Paris d'une mère normande et d'un père méridional, évoque un pays où il a passé une partie de sa jeunesse et dont il rêve quand il est en Normandie. Il ne veut pas simplement décrire les aspects extérieurs du Languedoc, mais en saisir l'âme même.

Il est d'autres terres plus belles et que je crois que j'eusse préférées. Mais de celles-ci je suis né ... Entre la Normandie et le Midi je ne voudrais ni ne pourrais choisir, et me sens d'autant plus Français que je ne suis pas d'un seul morceau de France, que je ne peux penser et sentir spécialement en Normand ou en Méridional, en catholique ou en
5 protestant, mais en Français, et que, né à Paris, je comprends à la fois l'Oc et l'Oïl, l'épais jargon normand, le parler chantant du Midi, que je garde à la fois le goût du vin, le goût du cidre, l'amour des bois profonds, celui de la garrigue, du pommier blanc et du blanc amandier ...

Du bord des bois normands, j'évoque une roche brûlante — un air tout embaumé,
10 tournoyant de soleil et roulant à la fois confondus les parfums des thyms, des lavandes et le chant strident des cigales. J'évoque à mes pieds, car la roche est abrupte, dans l'étroite vallée qui fuit, un moulin, des laveuses, une eau plus fraîche encore d'avoir été plus désirée. J'évoque un peu plus loin la roche de nouveau, mais moins abrupte, plus clémente, des enclos, des jardins, puis des toits, une petite ville riante: Uzès. C'est là qu'est né mon
15 père et que je suis venu tout enfant.

On y venait de Nîmes en voiture; on traversait au pont Saint-Nicolas le Gardon. Ses bords au mois de mai se couvrent d'asphodèles comme les bords de l'Anapo. Là vivent les dieux de la Grèce. Le Pont du Gard est tout auprès.

Plus tard je connus Arles, Avignon, Vaucluse ... Terre presque latine, de rire grave,
20 de poésie lucide et de belle sévérité. Nulle mollesse ici. La ville naît du roc et garde ses tons chauds. Dans la dureté de ce roc l'âme antique reste fixée; inscrite dans la chair vive et dure de la race, elle fait la beauté des femmes, l'éclat de leur rire, la gravité de leur démarche, la sévérité de leurs yeux; elle fait la fierté des hommes, cette assurance un peu facile de ceux qui, s'étant déjà dits dans le passé, n'ont plus rien de bien neuf à cher-
25 cher; — j'entends cette âme encore dans le cri micacé des cigales, je la respire avec les aromates, je la vois dans le feuillage aigu des chênes verts, dans les rameaux grêles des oliviers ...

Disons encore: il y a des landes plus âpres que celles de Bretagne; des pacages plus verts que ceux de Normandie; des rocs plus chauds que ceux de la campagne d'Arles;
30 des plages plus glauques que nos plages de la Manche, plus azurées que celle de notre Midi — mais la France a cela tout à la fois. Et le génie français n'est pour cela même, ni tout landes, ni tout cultures, ni tout forêts, ni tout ombre, ni tout lumière — mais organisé et tient en harmonieux équilibre ces divers éléments proposés. C'est ce qui fait de la terre française la plus classique des terres; de même que les éléments si divers: ionien, dorien,
35 béotien, attique, firent la classique terre grecque.

André GIDE «Prétextes» (1903)

A. Analyse du texte

LE VOCABULAIRE ET LES EXPRESSIONS

¹**de celles-ci je suis né** c'est-à-dire de la Normandie et du Languedoc; cf. Introduction — ⁴**en catholique ou en protestant** La mère de Gide était catholique, son père protestant. — ⁵**l'Oc et l'Oïl** Au midi de la France, le bas latin s'est développé et a formé la ‹langue d'oc›, d'où le nom du pays ‹Languedoc›; dans le nord, le bas latin a pris la forme de la ‹langue d'oïl›. On distingue les deux langues d'après la façon de dire ‹oui› (oc — oïl). La ‹langue d'oc› n'a jamais cessé d'être parlée et a deux fois produit une littérature originale. Les XIe et XIIe siècles ont vu fleurir la poésie lyrique des troubadours; et la seconde moitié du XIXe siècle a vu un poète: Frédéric MISTRAL (1830–1914) qui fit du dialecte provençal une langue littéraire, le ‹félibrige›. — ⁷**la garrigue** terme méridional qui désigne les plantes (petits chênes verts, herbes odoriférantes) qui apparaissent probablement après la destruction de la forêt. La garrigue est ici mise en contraste avec les ‹bois profonds› de la Normandie. — ¹⁰**tournoyant de soleil** La lumière du soleil est tellement brillante que l'air semble tournoyer (comparez les tableaux de Van Gogh). — **confondus** Le mot se rapporte à la fois à ‹les parfums› et à ‹le chant›. L'impression résulte de la fusion de plusieurs sensations (odorat–vue–ouïe). — ¹⁴**Uzès** [-s] ville près de Nîmes, ville natale du père de Gide — ¹⁶**le Gardon** petite rivière en Provence qui se jette dans le Gard — ¹⁷**l'asphodèle** (m) plante à fleurs blanches qui se trouve autour de la Méditerranée (Asphodelus) — **l'Anapo** rivière en Sicile; le poète grec Théocrite de Syracus (IIIe s. av. J.-Chr.) fait souvent allusion à l'Anapo dans ses Idylles. — ¹⁸**Le Pont du Gard** magnifique aqueduc romain près de Nîmes — ¹⁹**Vaucluse** département au midi de la France; chef-lieu: Avignon — ²⁴**s'étant déjà dits dans le passé** ils se sont déjà dit ce qu'ils avaient à se dire; ‹se dire› signifie ici ‹se raconter› au sens de ‹se livrer›; se = complément d'objet direct. — ²⁵**micacé** adj. formé de ‹mica› (m) = minéral brillant (Glimmer). L'auteur se sert de ce mot pour traduire en termes visuels le cri strident des cigales. Il compare les ailes de ces insectes aux lamelles de mica.

Travail personnel. Expliquez à l'aide du dictionnaire: embaumé, le thym, strident, les pacages, glauque.

LE STYLE ET LA COMPOSITION

1. A quels *sens* (vue, odorat, ouïe) l'auteur fait-il appel pour évoquer le paysage méridional? Donnez des exemples précis.
2. L'auteur répète plusieurs fois les mots *roche* et *roc*. Quelle importance a ce mot pour la caractéristique du texte et du paysage?
3. Relevez les *antithèses*; quelle signification ont-elles?
4. Analysez la *composition* du texte. Combien de parties comprend-il? Est-ce qu'il ne parle que du Languedoc? Introduction? Conclusion?
5. Cherchez toutes les *conjonctions* introduisant une *subordonnée*. Que constatez-vous? Quel est l'enchaînement logique du texte?

QUESTIONS ET SUJETS DE CONVERSATION

1. Quels contrastes l'auteur établit-il entre la Normandie et le Languedoc?
2. Relevez dans le texte les correspondances entre le monde antique, d'une part, et le Midi en particulier et la France en général, d'autre part.
3. Quelles constructions romaines sont les mieux conservées et les plus connues du Midi de la France?
4. Comment l'auteur caractérise-t-il
— les femmes,
— les hommes de cette région?
5. Relevez dans le texte tous les passages qui se rapportent à la nature et analysez-les quant à leur valeur sentimentale.
6. Qu'est-ce qui caractérise le génie français, selon l'auteur?

B. Exercices pratiques

VOCABULAIRE

1. Le mot **antique,** qui a, dans notre texte, le sens particulier de ‹qui a rapport à l'antiquité gréco-romaine›, signifie en général une très grande ancienneté. Les *synonymes* de ce mot sont: vieux, séculaire, vétuste, archaïque.

Exercice: Formez cinq phrases dans lesquelles vous employez chacun de ces mots dans un contexte qui met en évidence la signification exacte de chacun de ces adjectifs.

2. *Le suffixe français* **-age** provient du latin *-aticum*. Les mots français se terminant sur ce suffixe sont TOUS du genre masculin. Faites attention au fait que l'allemand a tendance à employer au féminin ce groupe de noms empruntés au français (p. ex. *courage*).

Exercice: Dans notre texte vous trouvez le mot ‹pacage›. Cherchez dix autres mots avec le suffixe *-age* et employez-les dans des phrases à votre choix.

GRAMMAIRE

1. *Le sujet grammatical et le sujet réel*
Les verbes impersonnels ou employés impersonnellement sont accompagnés du pronom *il*, parfois *ce*; on appelle ce pronom *sujet apparent*, par opposition au *sujet réel* (ou *logique*), qui répondrait à la question *qu'est-ce qui...?*
    Il est d'autres terres plus belles...
signifie:
    D'autres terres plus belles existent (sont).
De même: *Il* y a des landes plus âpres...
(Gr. § 27 ‖ § 52)

2. *L'infinitif comme nom*
Un infinitif peut devenir nom quand on y ajoute l'*article*:
    le parler chantant du midi.
Le nombre des infinitifs substantivés est *limité* dans le français moderne; il y en a beaucoup moins qu'en allemand où tout infinitif peut devenir nom quand on y ajoute l'article. Souvent on ne s'aperçoit même plus qu'il s'agit d'un infinitif substantivé, p. ex. le déjeuner, le dîner, le rire, le pouvoir, etc.
(Gr. § 56 ‖ § 87)

Exercice: Formez cinq phrases dans lesquelles vous employez un infinitif substantivé.

SUJETS DE COMPOSITION

1. Décrivez sur le modèle du texte d'André Gide un paysage ou une ville situés en France, en Italie, en Espagne ou dans un autre pays méridional où vous avez passé les vacances.
2. Définissez le ‹génie allemand› (= ‹l'esprit allemand›) en le mettant en contraste avec le ‹génie français›. Partez également de la formation géographique du pays.

DOCUMENTATION

Cherchez à vous procurer des reproductions de tableaux de paysages méridionaux de Cézanne et de van Gogh et comparez-les au texte d'André Gide.

LA BRETAGNE

Introduction: Une région maritime de l'Ouest: la Bretagne

La Bretagne (ou l'Armorique) est une région de réputation ingrate. La position péninsulaire entre l'Océan au Sud et à l'Ouest et la Manche au Nord (Armorique est un mot celtique et signifie ‹pays entre la mer›) l'éloigne des grands centres, de Paris surtout, elle se trouve à l'écart des grands courants de circulation du territoire français. Ceci explique que cette province a longtemps vécu repliée sur elle-même, loin des grands courants d'idées techniques, sociales et politiques. Mais la Bretagne n'est une région isolée que du point de vue continental. Par la langue de ses habitants, par le trafic maritime jamais interrompu depuis le Néolithique, par sa position à l'extrémité occidentale de la France, la Bretagne fait partie de cette communauté de pays européens situés au bord de l'Atlantique, du Portugal à la Norvège; avec l'Angleterre et l'Irlande, elle a des rapports particulièrement étroits dus à la langue et à l'élément celtique des deux côtés de la mer.

Les Bretons, depuis le rattachement de leur province à la France, en 1491, n'ont pas seulement défendu avec ténacité leur langue originale contre les tendances centralisatrices du français, ils sont aussi restés catholiques pratiquants au milieu de régions déchristianisées.

La densité démographique de la Bretagne compte parmi les plus élevées des régions de France qui n'ont guère de vie industrielle: 87 habitants au kilomètre carré. Cela provient d'une part des fortes densités du littoral où, surtout depuis la dernière guerre, le tourisme joue souvent un rôle plus grand que la pêche traditionnelle. D'autre part, la Bretagne a toujours été une région avec un taux de natalité élevé; une révolution des structures agricoles, améliorant le rendement du sol et permettant la culture de primeurs, retient aujourd'hui un grand nombre de Bretons dans leur province natale — dans leur «matrie» (Chateaubriand) — qui, autrefois, bien malgré eux, étaient obligés d'émigrer et de chercher fortune ailleurs.

Une curiosité de la Bretagne sont les menhirs et les dolmens; à côté des cavernes paléolithiques, ils sont les témoins les plus anciens de la race humaine en France. Ces monuments érigés il y a environ 4000 ans, remontent à la civilisation qui s'étendait alors de l'Est de la Méditerranée, le long des côtes atlantiques, jusqu'au Sud de la Grande-Bretagne. Jusqu'aujourd'hui, on n'a pu encore prouver le sens exact de ces énormes pierres qui frappent l'imagination des hommes par leur simplicité grandiose.

Documentation

56 – La population des départements et des villes.

	1936	1954	1962	1968
Côtes du Nord (22)				
Dinan	11 822	13 844	12 847	13 137
Guingamp	8 680	8 134	8 956	9 232
Lannion	10 172	9 691	9 479	12 535
Saint-Brieuc	21 350	25 943	43 142	50 281
Total du département	531 840	503 178	501 923	506 102
Finistère (29)				
Brest	118 700	110 713	136 104	154 023
Concarneau	12 704	13 420	15 907	17 801
Morlaix	17 014	18 191	18 866	19 919
Quimper	35 873	41 243	45 989	52 496
Total du département	756 793	727 847	749 558	768 929
Ille-et-Vilaine (35)				
Fougères	20 432	23 151	24 279	26 045
Redon	6 565	7 869	8 876	9 363
Rennes	98 538	124 122	151 948	180 943
Saint-Malo	13 836	14 339	17 800	
Saint-Servan-sur-Mer	12 323	13 763	14 963	42 297[1])
Vitré	8 506	9 611	10 380	11 343
Total du département	565 766	586 812	614 268	652 722
Loire-Atlantique (44)				
Ancenis	4 149	5 050	5 095	5 639
Chateaubriant	8 271	9 284	10 852	11 986
Nantes	195 185	222 790	240 048	259 208
Saint-Nazaire	43 281	39 350	58 286	63 289
Total du département	659 428	733 575	803 372	861 452
Morbihan (56)				
Lorient	33 792	43 105	60 566	66 444
Pontivy	9 300	10 516	10 410	11 412
Vannes	24 068	28 403	30 411	36 576
Total du département	542 248	520 966	530 833	540 474

[1]) Depuis octobre 1967, les communes de Saint-Malo, Saint-Servan et de Paramé sont réunies.

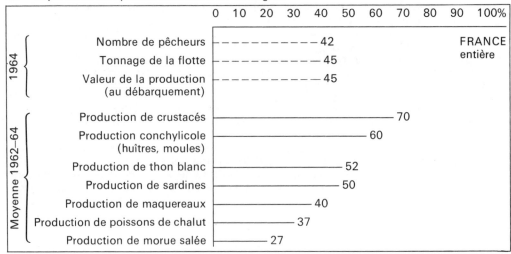

57 – Importance des pêches maritimes en Bretagne.

(Source: Inscription Maritime)

58 – La flotte bretonne de pêche en 1963.

	Nombre	Tonnage
Chalutiers		
– grande pêche	9	13.123 tx
– pêche fraîche	585	49.570
– congélateurs	11	331
– à viviers	28	3.231
Thoniers		
– clippers	46	4.748
– congélateurs	19	3.627
Langoustiers		
– simples	106	5.298
– congélateurs	41	10.813
Total:	4.871	120.083

(Source: Inscription Maritime)

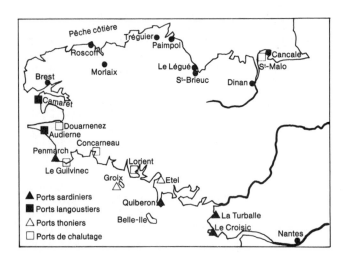

59 – Les ports de pêche en Bretagne.

60 – «Cette longue presqu'île, d'un aspect sauvage».

Texte 27   Portrait de la Bretagne et des Bretons

Il y a sur la Bretagne des idées toutes faites. On l'a vouée à la tristesse. «C'est le pays sans soleil», dit MÉRIMÉE. Il est vrai que la pente à la mélancolie, le goût de l'amertume existent chez beaucoup d'écrivains bretons. Le texte suivant montre à quel point CHATEAUBRIAND est fier d'appartenir à cette région, à la fois sauvage et riche de grands caractères, qu'il a glorifiée dans les parties les plus lues de son œuvre.

Cette longue presqu'île, d'un aspect sauvage, a quelque chose de singulier : dans ses étroites vallées, des rivières non navigables baignent des donjons en ruines, de vieilles abbayes, des huttes couvertes de chaume, où les troupeaux vivent pêle-mêle avec les pâtres. Ces vallées sont séparées entre elles, ou par des forêts remplies de houx grands
5 comme des chênes, ou par des bruyères semées de pierres druidiques autour desquelles plane l'oiseau marin, et paissent des vaches maigres, avec des petites brebis. Un voyageur à pied peut cheminer plusieurs jours, sans apercevoir autre chose que des landes, des grèves, et une mer qui blanchit contre une multitude d'écueils : région solitaire, triste, orageuse, enveloppée de brouillards, couverte de nuages, où le bruit des vents et des
10 flots est éternel.

Il faut que ce pays et ses habitants aient frappé, de tous temps, l'imagination des hommes. Les Grecs et les Romains y placèrent les restes du culte des Druides, l'île de Sayne et ses vierges, la barque qui passait, en Albion, les âmes des morts, au milieu des tempêtes et des tourbillons de feu ; les Franks y trouvèrent Murman, et mirent Roland
15 à la garde de ses marches ; enfin, les romanciers du Moyen Age en firent le pays des aventures, la patrie d'Artus, d'Yseult aux mains blanches, et de Tristan le Léonois. Sur les bruyères et dans les vallées de la Bretagne, vous rencontrez quelques laboureurs couverts de peaux de chèvre, les cheveux longs, épars et hérissés ; ou vous voyez danser au pied d'une croix, au son d'une cornemuse, d'autres paysans portant l'habit gaulois, le sayon,
20 la casaque bigarrée, les larges braies, et parlant la langue celtique.

61 – La pointe du Raz — Beauté et périls de la mer.

    D'une imagination vive, et néanmoins mélancolique, d'une humeur aussi mobile que leur caractère est obstiné, les Bretons se distinguent par leur bravoure, leur franchise, leur fidélité, leur esprit d'indépendance, leur attachement pour la religion, leur amour pour leur pays. Fiers et susceptibles, sans ambition, et peu faits pour les cours, ils ne sont
25 avides ni d'honneurs, ni de places. Ils aiment la gloire, pourvu qu'elle ne gêne en rien la simplicité de leurs habitudes; ils ne la recherchent qu'autant qu'elle consent à vivre à leur foyer, comme un hôte obscur et complaisant qui partage les goûts de la famille. Dans les lettres, les Bretons ont montré de l'instruction, de l'esprit et de l'originalité, de la grâce, de la finesse, témoin Hardouin, Sévigné, Saint-Foix, Duclos. Ils ont donné à la France le
30 plus grand peintre de mœurs, après Molière, Le Sage; ils ont aujourd'hui l'abbé de Lamennais; dans les armes, leurs guerriers ont quelque chose d'à part, qui les distingue, au premier coup d'œil, des autres guerriers; sous Charles V, Du Guesclin et ses compagnons, Clisson, Beaumanoir, Tinteniac; sous Charles VII, Tanneguy-Duchastel; sous Henri III, Lanoue, également respecté des ligueurs et des huguenots; sous Louis XIV,
35 Duguay-Trouin; sous Louis XVI, La Motte-Picquet et Du Couëdic; pendant la Révolution, Charette, d'Elbée, La Rochejaquelein et Moreau. Tous ces soldats eurent des traits de ressemblance; et par un genre d'illustration peu commun, ils furent, peut-être, encore plus estimés de l'ennemi qu'admirés de leur patrie.

                     François René de CHATEAUBRIAND «Etudes historiques» (1828)

A. Analyse du texte

LE VOCABULAIRE ET LES EXPRESSIONS

²**le donjon** grosse tour isolée ou attenante à un château fort dont elle constituait le réduit défensif — ⁴**le houx** arbuste des sous-bois, à feuilles luisantes, épineuses et persistantes, dont l'écorce sert à fabriquer la glu (Stechpalme, Ilex) — ⁵**la bruyère** plante à fleurs violettes ou roses, de la famille des éricacées (Heidekraut). La bruyère donne aux landes de Bretagne leur aspect caractéristique. — **pierres druidiques** Les autels druidiques étaient formés d'énormes pierres; un grand nombre de ces autels s'est conservé en Bretagne. — ¹²**les Druides** prêtres celtes. Les Druides ont formé, tant en Gaule qu'en Bretagne (= Angleterre) ou en Irlande, une classe sacerdotale, héritière et gardienne des traditions religieuses des Celtes. — ¹³**l'île de Sayne** = l'île de Sein; île de l'Atlantique (Finistère), au large de la pointe du Raz — **Albion** le plus ancien nom historiquement attesté de la Grande-Bretagne — ¹⁴**Murman** = Norman(d) (la côte de Murmansk = la côte des Normands) — **Roland** comte d'Anjou, préfet des Marches (Marken) de Bretagne, l'un des chefs de l'armée de Charlemagne; selon le chroniqueur Eginhard, il fut tué en 778 dans un combat contre les montagnards basques, alors qu'il commandait l'arrière-garde de l'armée. La légende s'empara du personnage, en fit le neveu de l'empereur et le héros d'une grande bataille livrée à Roncevaux contre les Maures et dans laquelle il périt après avoir défait l'ennemi (sujet de la « Chanson de Roland»). — ¹⁶**Artus** (ou Arthur) roi légendaire du pays de Galles (Wales) (VIᵉ siècle après Jésus-Christ), dont les aventures ont donné naissance aux romans courtois du *Cycle d'Arthur*, appelé aussi *Cycle breton* ou *Cycle de la Table ronde* — **Tristan et Yseult** (ou Iseut) légende du Moyen Age. Tristan et Iseut, pour avoir bu un philtre magique, s'aiment d'un amour éternel et fatal. Rien ne peut les séparer, ni les persécutions de Marc, roi de Cornouailles et époux d'Iseut, ni les intrigues d'Iseut aux blanches mains que Tristan va épouser en Bretagne. Les deux amants restent unis, même par la mort. — **le Léonois** originaire du pays de Léon, situé à l'extrémité nord-ouest de la Bretagne (département Finistère) — ¹⁹**le sayon** [sɛjɔ̃] sorte de casaque de guerre des Romains, des Gaulois et des soldats du Moyen Age (offener Waffenrock) — ²⁰**la casaque** blouse à manches très larges, serrée à la taille — **les braies** (f) sorte de pantalon des Gaulois, des Germains et de divers peuples de l'Europe septentrionale — ²⁹**Hardouin** Jean, jésuite érudit du XVIIᵉ siècle, né à Quimper (Finistère). Le père Hardouin a stupéfait les latinistes de son temps par la témérité de ses conjectures. — **Sévigné** Marie de Rabutin-Chantal, Marquise de S. (1626–1696), célèbre par les admirables «Lettres» qu'elle écrivit à sa fille et à quelques autres correspondants — **Saint-Foix** Germain François Poullain de S.-F., né à Rennes en 1698, mort à Paris en 1776, homme de lettres, auteur de comédies auxquelles Marivaux ne dédaignait pas de comparer les siennes — **Duclos** Charles Pineau (né à Dinan en 1704, mort en 1772) eut à son époque une situation assez considérable, membre de l'Académie des Inscriptions, secrétaire perpétuel de l'Académie française, historiographe de France, personnage parisien très influent, mais fidèle à son pays: il fut maire de Dinan pendant six ans. Auteur de romans et de «Considérations sur les mœurs». — ³⁰**Le Sage** Alain René (1668–1747), né à Sarzeau, près de Vannes (Morbihan); romancier, auteur de «Gil Blas de Santillane» (publié de 1715 à 1735) — ³¹**Lamennais** abbé Félicité-Robert de L. (1782–1854), cf. texte 43 et Notice biographique — ³²**Charles V** le Sage (1338–1380), roi de France (1364–1380) — **Du Guesclin** Bertrand (1320–1380), connétable de France; était parent des ancêtres de Chateaubriand. — ³³**Clisson** Olivier IV, sire de Cl., gentilhomme breton, connétable de France (1336–1407) — **Beaumanoir** Jean, sire de B., homme de guerre et diplomate breton, mort en 1366 ou 1367. Il gagna, près de Ploërmel, le combat des Trente (1351), où, à la suite d'un défi, trente Bretons se mesurèrent contre trente Anglais. — **Tinteniac** Johan de T., vainqueur au combat des Trente, en 1351, était le fils d'Olivier de Tinteniac et d'Eustaice de Chateaubriand. — **Charles VII** (1403–1461), roi de France (1422 à 1461) — **Tanneguy-Duchastel**, officier breton (1368–1458). Il se rendit célèbre par ses exploits en France, en Angleterre, en Aragon, au Portugal et en Italie. Il devint grand maître d'hôtel de Charles VII en 1423. Le roi lui confia la sénéchaussée de Beaucaire et, en 1440, il devint lieutenant du gouverneur du Languedoc et général des finances. — ³⁴**Henri III** (1551 à 1589), roi de France (1574–1589) — **La Noue** (1531–1591) surnommé ‹Bras de Fer›. Un des meilleurs généraux du parti protestant et écrivain remarquable. Il perdit le bras gauche au siège de Fontenay et le remplaça par un bras de fer. — **ligueur, huguenots** noms des partisans catholiques et protestants pendant les guerres de religion au XVIᵉ siècle (cf. texte 32) — ³⁵**Duguay-Trouin** René, marin français, né à Saint-Malo (1673–1736). Il s'illustra pendant les guerres de Louis XIV. — **La Motte-Picquet, Du Couëdic** commandants célèbres de la marine française sous Louis XVI — ³⁶**Charette** François-Athanase Ch. de la Contrie (1763–1796), le plus habile des chefs du soulèvement vendéen. Chateaubriand a écrit son histoire («Mélanges

historiques», tome III, p. 315–335, édition Ladvocat des Œuvres complètes de Chateaubriand). — **d'Elbée** Maurice Gigost d'E. (1752–1794), général vendéen. Grièvement blessé, il fut condamné à mort par un conseil de guerre. On fusilla le blessé dans son fauteuil. Chateaubriand a raconté son histoire («Mélanges historiques», tome III, p. 315–335). — **La Rochejaquelein** Henri du Vergier, comte de La R. (1772–1794), général vendéen. Chateaubriand a conté ses exploits («Mélanges historiques»): «L'antiquité ne nous a point transmis de paroles plus belles que ces paroles connues de La Rochejaquelein: Si j'avance, suivez-moi; si je recule, tuez-moi; si je meurs, vengez-moi.» — **Moreau,** Jean-Victor, général (1763–1813), né à Morlaix (Finistère). Après une brillante carrière, il se brouilla avec Napoléon, fut condamné et, plus tard, exilé aux Etats-Unis, en 1804. Il revint en 1813 en Allemagne pour combattre contre la France dans les rangs des Alliés et fut emporté par un boulet à la bataille de Dresde. — [38]**plus estimés de l'ennemi qu'admirés par leur patrie** allusion à l'indépendance d'esprit de beaucoup de Bretons qui peut aller jusqu'à l'indiscipline. Leur religion de l'honneur est exigeante: ils risquent leur tête plutôt que de la courber.
Travail personnel. Expliquez à l'aide du dictionnaire: écueil, hérissé, cornemuse, bigarré, susceptible.

QUESTIONS ET SUJETS DE CONVERSATION

1. En analysant le premier paragraphe, relevez les particularités géographiques, historiques et humaines de la Bretagne. Est-ce que l'opinion de l'auteur, que la Bretagne est une région sauvage, triste, solitaire, est justifiée?
2. Le texte de Chateaubriand date du premier tiers du XIXe siècle. Est-ce que la description sommaire qu'il donne de la Bretagne au premier paragraphe est encore valable de nos jours? Quels détails, à votre avis, seraient à supprimer, quels autres à ajouter ou à modifier?
3. Montrez que les exemples choisis par Chateaubriand au deuxième paragraphe sont typiques pour un auteur romantique.
4. Comparez avec les exemples que Chateaubriand nous donne au deuxième paragraphe, le portrait que Jules CÉSAR fait des Vénètes (habitants de la Bretagne à l'époque romaine): «La nation des Vénètes est, de beaucoup, la plus importante de celles qui peuplent les bords de la mer. Ils possèdent une très grande quantité de vaisseaux, ce qui leur permet d'entretenir une liaison permanente avec la Bretagne (= l'Angleterre). Il sont supérieurs aux autres peuples par leur science et expérience des choses de la mer. Les ports étant très rares sur cette côte battue par une mer immense et orageuse, les Vénètes ont pour tributaires presque tous ceux qui y naviguent habituellement.» (Jules CÉSAR «La Guerre des Gaules», livre III, chap. 8). Quelles sont les qualités
— du portrait que fait Chateaubriand,
— du portrait que fait Jules César de la Bretagne et de ses habitants?
5. Jusqu'à une époque relativement récente, les Bretons, exceptée une minorité cultivée, parlaient une langue celtique fort différente du français. C'est seulement depuis cinquante ans, et surtout depuis la fin de la dernière guerre, que la langue bretonne tend à disparaître devant l'influence croissante du français. Quelles sont les causes de ce phénomène?
D'autre part, on assiste depuis quelques ans à une renaissance de la langue bretonne, même et surtout parmi les intellectuels. Cette prise de conscience «nationale» n'a rien à voir avec un retour au passé ou un paisible mouvement folklorique, mais est dictée par des considérations presque révolutionnaires de politique intérieure (défense contre l'exploitation économique de la région par les Français, surtout par les Parisiens). (Cf. Henri DELIGNY «Régionalistes ou Français en marge? Le défi armoricain». Dans: *Le Monde,* 3 août 1971).
6. En vous référant à la biographie de Chateaubriand à la fin du livre, expliquez pourquoi l'auteur donne surtout des exemples d'hommes de lettres et d'armes pour illustrer le caractère des Bretons.
Est-il justifié de ne reconnaître de grandeur qu'aux écrivains et qu'aux guerriers? Quelles autres catégories d'hommes et de femmes faudrait-il nommer pour compléter la liste des grandes figures d'un pays?
7. La liste de grands hommes nés en Bretagne que nous donne Chateaubriand paraît imposante. N'en pourrait-on établir une pareille pour chaque grande région de la France? Cherchez à le faire p. ex. pour Paris, la Champagne, la Lorraine, la Normandie ou une autre province de votre choix.

B. Exercices pratiques

VOCABULAIRE

Dans notre texte, **caractère** (l. 31) a le sens de «ensemble des manières habituelles de sentir et de réagir qui distinguent un individu d'un autre» (définition d'André LALANDE, philosophe français, 1867–1963). Dans la psychologie des peuples, on applique la définition ainsi donnée pour l'individu au caractère que montre le plus grand nombre des individus d'un peuple ou d'une nation.

Voici quelques adjectifs qu'on peut employer en combinaison avec le mot *caractère*:

flexible	bourru	accommodant
indécis	chatouilleux	calme
étrange	dissimulé	commode
singulier	distant	conciliant
froid	emporté	confiant
grave	fanfaron	débonnaire
sérieux	insociable	égal
sensible	irritable	franc
affectueux	renfermé	gai
tendre	soupçonneux	jovial
passionné	sournois	ouvert
vif	taciturne	sociable
agressif	vindicatif	

Exercices:
1. Vérifiez la signification exacte de ces adjectifs.
2. Faites le portrait des habitants d'une région allemande ou française (Bavarois, Saxons, Souabes, Rhénans, etc.; Normands, Marseillais, Auvergnats, etc.) en vous servant de plusieurs de ces adjectifs.

SUJET DE COMPOSITION

En vous servant des indications données à la page 99, transformez ce texte en en faisant une *information* pour une famille qui veut se construire, en Bretagne, une maison de vacances comme résidence secondaire.

Texte 28 La vie maritime

Les relations par mer entre l'Armorique et les côtes insulaires ou continentales de l'Europe de l'Ouest n'ont sans doute jamais cessé depuis le début de la Préhistoire. Mais pendant longtemps, la vie maritime armoricaine a eu un caractère menu et instable.

La pêche fut longtemps pratiquée surtout par des milliers de pêcheurs-cultivateurs,
5 qui pêchaient surtout pour compléter leur propre nourriture, vendant seulement le surplus aux campagnes voisines et ne participant que tout à fait exceptionnellement au grand commerce des produits de la mer. Ils n'avaient pas de ports pour leurs modestes canots. Ils profitaient d'une indentation du rivage, parfois même d'un simple chenal dans la plate-forme d'abrasion pour atterrir à l'abri des lames, et hissaient ensuite leurs
10 barques sur les grèves ou les roches. Seuls quelques ports ‹professionnels› avaient une population de purs pêcheurs vivant uniquement de la vente du poisson. Les ports bretons participèrent au grand commerce médiéval du merlu et du congre séchés. Les bateaux et les poissons sculptés au XVe siècle sur l'église de Penmarch rappellent cette activité. A partir du XVIe siècle, les ports de la côte nord, de Bréhat à la Normandie
15 armèrent pour la pêche de la morue, à Terre-Neuve, ou ‹à› Islande. Au XIXe siècle, les vieilles ‹presses à sardines› des ports de la côte sud, furent remplacées par des conserveries qui provoquèrent un essor des pêches saisonnières: sardines, maquereaux, thons. Les anciens ports multiplièrent leurs activités, de nouveaux apparurent, créations

62 – Industrie et tradition: conserverie de poisson dans le pays bigouden.

spontanées, à l'équipement longtemps rudimentaire. La première moitié du XXe siècle
20 a connu à la fois l'apogée de la pêche artisanale, sur la côte sud, et le déclin presque
complet de la grande pêche sur la côte nord. Cette dernière exigeait un financement
puissant, et, au moment où une modernisation devint nécessaire, la plupart des armateurs
ne surent réunir ni les capitaux ni les initiatives suffisants pour survivre. Seul Saint-
Malo sut opérer sa reconversion.
25 En dehors de la pêche, les marins armoricains auraient pu participer au grand commerce océanique. Les Bretons, à certaines périodes, jouèrent un rôle actif dans les
relations ouest-européennes, du Portugal au Sund. Mais, il s'agissait presque toujours
de très petits bateaux, armés dans des criques ou des rias non aménagées, ou dans des
ports minuscules, par des gens entreprenants, mais sans appui financier. Sans parler du
30 port de commerce de Lorient, création de la Compagnie des Indes, Saint-Malo et Morlaix
connurent au XVIIIe siècle une activité étonnante, entretenant des relations lointaines,
mais eux-mêmes ne se développèrent pas assez pour résister aux tourmentes de la fin
du XVIIIe et du début du XIXe siècle. Seule Nantes, la place de commerce la plus
importante, se releva après les guerres de l'Empire, au seuil de la période moderne de
35 grand développement commercial et industriel. Au XIXe siècle, et au début du XXe,
Nantes exceptée, les seuls grands ports armoricains seront les ports de guerre: Cherbourg, Brest, Lorient.

Pièrre FLATRÈS «La région de l'Ouest» (1964)

A. Analyse du texte

LE VOCABULAIRE ET LES EXPRESSIONS

[1] **l'Armorique** cf. Introduction, p. 106. — [3] **menu** (vieilli) relativement petit — [6] **les surplus** (m) les restes, ce qu'ils avaient de trop — [9] **la lame** ici: grande vague soulevée sous l'action du vent — [12] **le merlu** Meerhecht — **le congre** Meeraal — [13] **Penmarc'h** [pɛ̃mark] commune du Finistère — [14] **Bréhat** île de la Manche, au large de la côte de Bretagne (Côtes du Nord) — [15] **la morue** Kabeljau — **Terre-Neuve** grande île située devant la côte orientale du Canada. Les bancs de Terre-Neuve et les côtes d'Islande étaient des fonds de pêche riches en poissons. — [16] **les presses à sardines** comprimaient les sardines salées dans de grands tonneaux — [17] **le maquereau** Makrele — [18] **le thon** Thunfisch — [22] **l'armateur** (m) celui qui épique un navire pour navigation ou pour la pêche — [27] **le Sund** (ou Œre Sund) bras de mer entre l'île de Seeland (Danemark) et la Suède — [28] **la crique** enfoncement du rivage où les petits navires peuvent se mettre à l'abri; petite baie — **la ria** ancienne vallée noyée par la mer. La côte septentrionale de la Bretagne est caractérisée par l'encaissement des fleuves côtiers, qui permet à la marée de remonter loin à l'intérieur des terres. — **non aménagées** c'est-à-dire insuffisamment préparées pour l'armature des bateaux. — [30] **la Compagnie des Indes** fut mise sur pied par Colbert en 1664. Le roi concéda à la compagnie pour cinquante ans le monopole du commerce et de la navigation dans l'Océan Indien et le Pacifique. La compagnie ne trouvait pas le soutien financier prévu et se heurtait aux concurrences hollandaise et anglaise. Après un déclin à la fin du XVIIe siècle, la compagnie retrouva sa prospérité au siècle suivant. — [32] **les tourmentes de la fin du XVIIIe et du début du XIXe siècle** Les guerres de la France révolutionnaire et de l'Empire de Napoléon Ier, le blocus continental, la guerre maritime entre la France et l'Angleterre ruinèrent les ports français de l'Atlantique (cf. texte 42, l. 13).

Travail personnel. Expliquez à l'aide du dictionnaire: indentation, chenal, abrasion, apogée, reconversion.

QUESTIONS ET SUJETS DE CONVERSATION

1. Pourquoi la vie maritime de la Bretagne avait-elle, pendant longtemps, un caractère menu et instable?
2. Pour quelle raison les habitants de la côte bretonne pratiquaient-ils autrefois la pêche?
3. Est-ce que cette sorte de pêche était d'un grand rendement?
4. Il y a plusieurs sortes de pêche:
– la pêche côtière, sur les fonds rocheux (crustacés, homards, langoustes, crabes),
– la pêche saisonnière (sardines et maquereaux, en été),
– la pêche lointaine (maquereaux d'hiver, merlus, thons, langoustes).
Laquelle des trois sortes de pêche exige le plus de capitaux? Quelles sortes de pêche pourrait-on caractériser comme «pêche artisanale»? (cf. texte 29)
5. Pourquoi la Bretagne, malgré quelques grands ports, ne participe-t-elle pas au grand commerce océanique? Donnez les raisons indiquées dans le texte, mais cherchez aussi d'autres raisons économiques qui rendent difficile, pour les ports bretons, la concurrence avec des ports comme Rouen, Le Havre, Anvers, Rotterdam. Pensez à la situation de la Bretagne par rapport aux grands centres industriels de la France et de l'Europe.
6. Qu'est-ce qui a rendu possible, depuis le début du XXe siècle, l'extension de la pêche lointaine, de la ‹grande pêche›? Pensez aux progrès techniques réalisés dans le domaine de la navigation aussi bien que dans celui de la conservation des poissons.

B. Exercices pratiques

VOCABULAIRE

Centre d'intérêt: les noms des *navires*

bâtiment	(création française; se dit à la fois d'une construction élevée sur la terre et de tout navire un peu important)
vaisseau	(< lat. vascellum) (n'est plus guère employé)
embarcation	(< esp. embarcacion, 18e siècle)
bateau	(< vx. angl. bât)
yacht	(mot anglais) [jak, jakt et jɔt]
voilier	(création française, 16e/17e s.)
vapeur	(mot français pour angl. «steamer»)

navire	(< lat. navigium, 12ᵉ s.)
navire de guerre	
navire marchand	
navire de pêche	
paquebot	(< angl. packet-boat, 17ᵉ s.)
steamer	(mot anglais) [stimœ:r]
remorqueur	(< ital. rimorchiare, 17ᵉ s.)
barque	(< ital. barca, 15ᵉ/16ᵉ s.)
péniche	(< angl. pinnace, 19ᵉ s.)
canot	(< esp. canoa, 16ᵉ s., d'un mot de la langue caraïbe, parlée aux Antilles)
canot de sauvetage	
chalutier	(de *chalut*, orig. inconnue; création française, 1878)
chaloupe	(< néerl. shoep, 16ᵉ s.)
galère	(< esp. galera, 15ᵉ/16ᵉ s.)
galion	(< esp. galeon, 13ᵉ/14ᵉ s.)
caravelle	(< port. caravela, 15ᵉ s.)
croiseur	(création française, 1690, de *croiser*)
corvette	(< néerl. korf)
frégate	(< esp. fragata, 16ᵉ s.)
pétrolier } bananier }	(créations françaises, 20ᵉ s.)

Distinguez:
— les désignations plus *générales* et les désignations plus *particulières*,
— les désignations qui indiquent la *force* (vent → voile, vapeur, etc.) par laquelle le navire est mis en mouvement,
— les désignations qui marquent l'*ordre de grandeur* du navire,
— les désignations qui marquent l'*appropriation* des navires *à un usage spécial* (commerce, pêche, guerre, sport, etc.).

Exercices:
1. Formez huit phrases dans lesquelles vous employez huit désignations de navire différentes dans un contexte approprié.
Modèle: Les riches citadins entretiennent des yachts dans les ports de plaisance de la Méditerranée pour s'amuser pendant leurs loisirs.
2. En analysant l'origine et la provenance des noms des navires indiqués dans la liste vous pouvez constater que, pendant des siècles, la mer ne jouait pas un grand rôle dans la vie des Français.
— Quelle était cette époque?
— Pourquoi cette «désaffection des choses de la mer» (Georges Gougenheim)?
— Quelles en étaient les conséquences historiques?

GRAMMAIRE

Le participe présent
Le participe présent est une forme nominale du verbe: il participe à la fois du verbe (participe proprement dit: il peut exprimer l'action) et de l'adjectif (adjectif verbal: il peut qualifier un nom).
1. *Le participe proprement dit* possède une nette valeur verbale et peut être suivi d'un complément accompagné d'un adverbe ou de la négation ne ... pas (ne ... que, etc.).
Ex.: ... des milliers de pêcheurs-cultivateurs, qui pêchaient surtout pour compléter leur propre nourriture, *vendant* seulement les surplus aux campagnes voisines et *ne participant que* tout à fait exceptionnellement au grand commerce des produits de la mer.
Le participe présent peut remplacer une proposition subordonnée circonstancielle marquant
— le temps,
— la cause,
— l'opposition, la concession,
— la condition, la supposition.
L'emploi du participe présent au lieu d'une subordonnée est le plus souvent une question de style.

2. Le participe présent employé comme adjectif verbal
Quand l'action du verbe est présentée comme une caractéristique du nom, l'accord se fait entre le substantif et le participe, à la manière d'un adjectif.
Ex.: ... la plupart des armateurs ne surent réunir ni les capitaux ni les initiatives *suffisants* pour survivre.
(Gr. §§ 63–65 ‖ §§ 97–99)

Exercice: Cherchez dans le texte tous les participes présents et distinguez entre l'adjectif verbal et le participe proprement dit à valeur verbale. Dans le dernier cas, cherchez à remplacer le participe par une subordonnée convenable.
3. Un emploi aujourd'hui fréquent de l'adjectif verbal consiste à donner à celui-ci une signification passive: des cafés dansants (= des cafés où l'on danse), une robe voyante, une soirée dansante. La langue familière en fait un très grand usage.

SUJET DE COMPOSITION

En vous servant du texte complémentaire, décrivez les conditions de vie d'un petit pêcheur breton de nos jours.

▷ Texte 29   Problèmes des pêcheurs bretons

Le long des côtes, les marins pêcheurs forment un petit monde de 25 000 producteurs où l'introduction et la généralisation du moteur permettent la pratique ininterrompue d'un métier réduisant à fort peu de chose la catégorie des marins paysans d'autrefois. Il reste cependant une dualité de travail: la pêche artisanale, lente évolution d'une
5 pratique remontant au Moyen Age, et la grande pêche, de plus en plus industrielle, dont la part de production ne cesse d'augmenter d'année en année.
   La pêche artisanale, encore la plus importante et régissant jusqu'à des ports comme Le Guilvinec, Etel, Quiberon ou le Croisic, font de la peine des hommes le moteur essentiel qui doit se plier aux impératifs d'évolution: abandon du canot pêchant en
10 vue de son clocher pour des chaloupes qui, les fonds se raréfiant, obligent à armer des navires de près de 100 tonneaux qui vont chercher le thon au Portugal et la langouste en Mauritanie, etc. ... Dès lors, bien avant d'autres activités bretonnes, la pêche en mer tend à devenir une sorte d'industrie avec ses commanditaires, ses cadres, son personnel, tout en conservant ce statut de marins associés basé sur le rendement collectif. 80%
15 des bateaux de pêche appartiennent à un patron-propriétaire, soit près de 2500 embarcations de moins de 5 tonneaux, montées par des retraités et abaissant d'autant la productivité, tout comme ces vieux exploitants agricoles finissant leurs jours sur quelques hectares ... Si l'on ajoute le fait que le pêcheur est en mer près de 250 jours par an au lieu de 150 jours comme autrefois, et que l'écart entre le coût d'un bateau et des engins
20 de pêche n'a rien de comparable avec celui de la vente des poissons, l'armement tend à passer de plus en plus aux mains d'actionnaires étrangers à la profession tandis que les Bretons ont moins d'engouement pour une activité aléatoire et qui n'est pas de tout repos.
   Mais la pêche artisanale en fournissant le plus clair des apports de valeur en sardines,
25 thon, maquereaux et crustacés, tend à s'effacer devant les pêches réalisées par les 12% des propriétés de co-armateurs ou de sociétés d'armement.
   Si l'essor de Lorient-Keroman est connu, Concarneau qui recevait ses 7000 tonnes de poisson en 1938 uniquement de la flotte artisanale, voit maintenant 25 000 des 35 000 tonnes déchargées provenir du seul chalutage. Là aussi le coût d'un bâtiment de 28

30 mètres, mû par un moteur de 300 CV, pose des problèmes complexes que l'autofinancement local et le recours au Crédit Maritime ne peuvent toujours résoudre. De plus, comme dans toute activité industrielle il se creuse un fossé entre ces marins pêcheurs dont la situation se rapproche de celle des salariés d'usine, et les propriétaires des moyens de production.

Yves POUPINOT «Les Bretons à l'heure de l'Europe» (1961)

NOTES

[2] **la pratique ininterrompue** L'utilisation de bateaux de moyen tonnage — surtout de chalutiers (voir infra) — a rendu possible la pêche pendant toute l'année; ces bateaux pêchent, selon la saison, le maquereau, le thon ou les poissons de fond. — [3] **la catégorie des marins paysans** «La pêche fut longtemps pratiquée surtout par des milliers de pêcheurs cultivateurs, qui pêchaient surtout pour compléter leur propre nourriture ...». (FLATRÈS, cf. texte 28) — [8] **Le Guilvinec** commune du Finistère, sur la côte de Cornouaille (voir Documentation, carte 59), 5 012 habitants; port de pêche (sardines et langoustes) station balnéaire — **Etel** commune du Morbihan (voir Documentation, carte 59), 3 419 habitants; port de pêche et station balnéaire — **Quiberon** chef-lieu de canton du Morbihan (voir Documentation, carte 59), 4 595 habitants; port de pêche (sardines) et importante station balnéaire — **Le Croisic** chef-lieu de canton de la Loire-Atlantique (voir Documentation, carte 59), 4 256 habitants — [12] **bien avant d'autres activités bretonnes** p.ex. l'agriculture, dont l'activité intense ne date que depuis la fin de la dernière guerre — [13] **le commanditaire** associé d'une société en commandite, qui n'est responsable des dettes de celle-ci qu'avec la valeur de l'argent qu'il a apporté — **les cadres** cf. La vie sociale, Introduction (Les groupes socio-professionnels), p. 208 — [14] **le statut des marins** est surtout caractérisé par l'institution de l'*Inscription maritime* qui date de l'époque de Colbert (XVIIe siècle). Cette institution est destinée à recenser les marins professionnels afin d'assurer l'exercice de leurs droits et l'accomplissement de leurs obligations, notamment celle de servir militairement dans la marine d'Etat. Les inscrits bénéficient de certains avantages, notamment: 1º monopole de la pêche maritime; 2º concession gratuite de parties de plages pour pêcheries et parcs (d'huîtres, de moules); 3º dispense de tout service public autre que celui de l'armée navale; 4º privilège de composer, pour les trois quarts au moins, l'équipage des navires français; 5º pour l'inscrit embarqué, droit au salaire et au rapatriement en cas de maladie; 6º droit aux pensions de retraite, d'invalidité, de demi-solde et de certains secours. — [22] **l'engouement** (m) l'enthousiasme — **aléatoire** soumis à des chances incertaines, hasardeux — [24] **la pêche artisanale** a trouvé son point de perfection à la fin du XIXe siècle, au moment où la rapidité des communications par voie ferrée ouvrait un large marché à ses produits. Des flotilles de petits bateaux drainent le plateau littoral et s'écartent peu des côtes. C'est en premier lieu le progrès de la construction navale — la substitution du moteur à la voile, l'équipement frigorifique des bateaux — qui a forcé l'évolution de la pêche artisanale et lui a donné un caractère industriel. Aujourd'hui un seul pêcheur n'a plus assez de capital pour acheter un bateau rentable, d'où la création de sociétés d'armement. — [27] **Keroman** port de pêche de Lorient (voir Documentation, carte 59) — **Concarneau** chef-lieu de canton du Finistère, sur la côte de Cornouaille (voir Documentation, carte 59), 18 150 habitants. C. est le principal centre français de la pêche au thon et possède de nombreuses conserveries de poisson. — [29] **le chalutage** pêche au chalut; chalut = Schleppnetz.

QUESTIONS ET DEVOIRS

1. Qu'est-ce qui a forcé l'évolution de la pêche artisanale vers la pêche industrielle?
2. Comment se pratiquait la pêche en Bretagne primitivement?
3. Quelle étape de l'évolution technique a rendu possible la pêche artisanale? Expliquez la différence entre la pêche «en vue du clocher» et la pêche artisanale.
4. Quels avantages ont les marins pêcheurs français?
5. En vous référant aussi bien au texte et au tableau 58 de la Documentation, expliquez la productivité (le rendement) différente des bateaux appartenant à des armateurs et à des patrons-propriétaires.
6. Pourquoi le pêcheur était-il autrefois en mer seulement 150 jours par an, au lieu de 250 jours aujourd'hui?
7. Quels problèmes sociaux résultent de l'évolution de la pêche artisanale vers la pêche industrielle?

Exercices de compréhension et de contrôle

I. Connaissance de la matière

1. Quelle est l'importance de la Lorraine dans le cadre de la vie économique de la France et de l'Europe du Marché commun?
2. Quel est le caractère particulier de cette région industrielle?
3. Décrivez une ‹cité ouvrière›.
4. La Lorraine est aussi une région agricole. Quelles sont les principales ressources des agriculteurs?
5. L'évolution historique de la viticulture dans le Bas-Languedoc.
6. Les conséquences de la monoculture de la vigne pour la structure économique et sociale du Bas-Languedoc.
7. Décrivez la situation de la Bretagne par rapport à la vie économique de la France, d'une part, et par rapport aux grandes lignes de navigation de commerce de l'Atlantique, d'autre part.
8. Expliquez le caractère solitaire du paysage breton.
9. Donnez quelques exemples de personnages historiques pour caractériser les Bretons.
10. Montrez l'importance de la pêche pour la vie économique de la Bretagne.

II. Connaissance des méthodes

1. Quels sont les principaux critères de la *description comme information?*
2. Quels sont les principaux critères de la *description littéraire?*

III. Connaissance du vocabulaire

1. Trouvez les éléments de sens identiques dans
— ‹exploitation› et ‹extraction›,
— ‹minerai› et ‹houille›,
— ‹couche› et ‹gisement›,
— ‹puits› et ‹galerie›,
— ‹forge› et ‹haut fourneau›.

2. Complétez les phrases suivantes par le mot ou l'expression choisis dans la liste suivante: *ancien, sommet, arbres fruitiers, colline, vallée, à flanc de coteau, antique.*
— Nous habitons au pied de la ...
— Je grimpe au ... de la montagne.
— Une partie de l'industrie lourde de la Lorraine se trouve dans les ... de la Chiers, de la Fentsch et de l'Orne.
— Nos parents ont des meubles ... et modernes.
— Les ... poussent dans la vallée de la Moselle autour de Metz.
— Les vignobles s'étagent ...
— Cette statuette ... date du IIIe siècle avant Jésus-Christ.

IV. Connaissance de la grammaire

Remplacez dans les phrases suivantes la subordonnée par un participe présent:
— *Quand il vit l'embarras de la dame,* l'employé s'excusa et lui promit de l'aider.
— *Quoiqu'il sache que cet homme est un voleur,* le directeur de la banque l'a invité à dîner.
— Le mendiant *qui mourait de faim* regarda avidement par la vitre du restaurant.
— *Parce que le négociant avait peur d'être trompé* il refusa le marché.

III. UN PASSÉ VIVANT

Introduction: Les Français et leur histoire

L'histoire d'une nation est sa conscience collective du passé. Or, aux yeux des Français, la France n'est pas une réalité de toujours, — bien qu'elle s'incrive dans un cadre idéal que la géographie semble avoir arrangé pour le peuple français —, mais elle représente depuis si longtemps une unité naturelle et heureuse que cette nation n'a presque pas de difficultés morales à intégrer le passé dans la vie présente. L'histoire de France fait partie du patrimoine commun, elle est, par delà les divisions de parti actuelles, un facteur de l'unité nationale.

C'est la raison pour laquelle les grands hommes et les grands événements qui ont contribué, politiquement et moralement, à faire la France contemporaine évoquent chez les Français d'aujourd'hui un sentiment de sort commun. Les hommes politiques, en faisant allusion dans leurs discours à certaines figures ou à certains moments de l'histoire de France, peuvent être sûrs d'être compris par leurs compatriotes, ils peuvent ainsi faire appel à la sensibilité morale de tous les Français.

Les héros historiques et légendaires dont les mérites ont été unanimement reconnus par le peuple français vivent encore dans son cœur. Les actes, les idées et les paroles des grands hommes et des femmes illustres du passé, répétés depuis des siècles et par une série de générations, ne manquent pas d'agir sur la conscience de chaque Français. Ils symbolisent en quelque sorte chacun un trait caractéristique du génie français, et c'est en eux que la nation retrouve toujours l'incarnation et le reflet de ses idées et de ses sentiments. C'est au souvenir de ces héros nationaux que s'enflamme le patriotisme français dans les heures tragiques de la nation et que le peuple trouve son unité et l'énergie de se relever. Dans les crises nationales, l'image de Jeanne d'Arc, qui a sauvé la France quand tout semblait perdu, encourage tous les Français à ne pas désespérer du salut de leur pays.

Un des traits caractéristiques de la civilisation française contemporaine est précisément dans cette attitude des Français cherchant souvent à comprendre le présent par référence à un passé qui, ce faisant, se métamorphose.

LA FRANCE MONARCHIQUE

Texte 30   Charlemagne, rénovateur de la civilisation romaine

Allemands et Français voient en Charles leur ancêtre. En France, son souvenir est resté plus vif qu'en Allemagne: dans la littérature de l'ancienne France, il joue le rôle d'un héros national; l'Eglise l'honore comme un saint, l'Université le considère aujourd'hui encore comme son patron protecteur. En lui la France admire le fondateur de sa gloire et de sa grandeur. En Allemagne, le souvenir de Charlemagne n'a été rappelé qu'à partir de Frédéric Barberousse; cependant sa personnalité n'est jamais devenue populaire. Le fait est pourtant que sa langue maternelle était l'allemand, qu'il donna aux mois des noms allemands et qu'il fit copier les chants héroïques allemands. Ces faits montrent que Charlemagne était fermement enraciné dans la tradition franque et germanique.

La discussion sur le point de savoir si Charles était Allemand ou Français perd tout sens si elle est ramenée à un niveau plus élevé. Car à l'époque il ne pouvait être encore question de l'Allemagne et de la France en tant que nations distinctes. L'Empire de Charlemagne, c'est-à-dire l'unité France-Allemagne, formait la base politique de la chrétienté occidentale.

De nos jours, la ville d'Aix-la-Chapelle a créé un ‹Prix Charlemagne› qui est décerné chaque année à un personnage qui a bien mérité de la formation d'une Europe unie.

63 – Charlemagne.

Dès qu'il fut le seul maître, en 771, Charlemagne se mit à l'œuvre. Son but? Continuer Rome, refaire l'Empire. En Italie, il bat le roi des Lombards et lui prend la couronne de fer. Il passe en Espagne : c'est son seul échec. Mais le désastre de Roncevaux, le cor de Roland, servent sa gloire et sa légende ; son épopée devient nationale. Surtout, sa grande
5 idée était d'en finir avec la Germanie, de dompter et de civiliser ces barbares, de leur imposer la paix romaine. Sur les cinquante-trois campagnes de son règne, dix-huit eurent pour objet de soumettre les Saxons. Charlemagne alla plus loin que les légions, les consuls et les empereurs de Rome n'étaient jamais allés. Il atteignit jusqu'à l'Elbe. «Nous avons, disait-il fièrement, réduit le pays en province selon l'antique coutume
10 romaine». Il fut ainsi pour l'Allemagne ce que César avait été pour la Gaule. Mais la matière était ingrate et rebelle. Witikind fut peut-être le héros de l'indépendance germanique, comme Vercingétorix avait été le héros de l'indépendance gauloise. Le résultat fut bien différent. On ne vit pas chez les Germains cet empressement à adopter les mœurs du vainqueur qui avait fait la Gaule romaine. Leurs idoles furent brisées, mais ils
15 gardèrent leur langue et, avec leur langue, leur esprit. Il fallut imposer aux Saxons la civilisation et le baptême sous peine de mort tandis que les Gaulois s'étaient latinisés par goût et convertis au christianisme par amour. La Germanie a été civilisée et christianisée malgré elle, et le succès de Charlemagne fut plus apparent que profond. Pour la ‹Francie›, les peuples d'Outre-Rhin, réfractaires à la latinité, restaient des voisins dangereux,

toujours poussés aux invasions. L'Allemagne revendique Charlemagne comme le premier de ses grands souverains nationaux. C'est un énorme contresens. Ses faux Césars n'ont jamais suivi l'idée maîtresse, l'idée romaine de Charlemagne: une chrétienté unie ...

D'ailleurs il ne faudrait pas croire que le règne de Charlemagne eût été un âge d'or où les hommes obéissaient avec joie. Le besoin d'ordre, le prestige impérial conféraient à Charles une dictature. Il en usa. Ses expéditions militaires, plus d'une par an, coûtaient cher. Elles n'étaient pas toujours suivies avec enthousiasme. Il fallut que Charlemagne eût la main dure et il eut affaire à plus d'un Ganelon. A sa mort, les prisons étaient pleines de grands personnages dont il avait eu sujet de se plaindre ou de se méfier. Son gouvernement fut bienfaisant parce qu'il fut autoritaire. Un long souvenir est resté de la renaissance intellectuelle qui s'épanouit à l'abri de ce pouvoir vigoureux. Encore une fois, la civilisation, héritage du monde antique, était sauvée. C'était un nouveau relais avant de nouvelles convulsions.

Au fond, l'Empire de Charlemagne était fragile parce qu'il était trop vaste. Il ne tenait que par le génie d'un homme. Dans une Europe où des nations commençaient à se différencier, refaire l'Empire romain était un anachronisme. Charlemagne avait dû fixer sa résidence à Aix-la-Chapelle, c'est-à-dire à mi-chemin entre l'Elbe et la Loire, de manière à n'être éloigné d'aucun des points où des mouvements pouvaient se produire. Ce n'était pas une capitale. C'était un poste de surveillance. Un peu avant sa mort, qui survint en 814, Charlemagne eut des pressentiments funestes pour l'avenir. Ses pressentiments ne le trompaient pas.

Jacques BAINVILLE «Histoire de France» (1924)

A. Analyse du texte

LE VOCABULAIRE ET LES EXPRESSIONS

[3]**le désastre de Roncevaux** C'est dans la vallée de Roncevaux (Basses-Pyrénées) qu'en 778 l'arrière-garde de l'armée de Charlemagne fut battue par les Vascons (Basques), et que périt le comte Roland. — [11]**Witikind** duc saxon, vaincu par Charlemagne (785), qui le fit baptiser — [12]**Vercingétorix** chef des Gaulois contre César (72–46 avant Jésus-Christ); enfermé à Alésia, il dut se livrer aux Romains. — [18]**apparent** ici: visible à la surface, superficiel — [19]**Outre-Rhin** loc. adv. signifiant: au-delà du Rhin; p. ext. la locution a pris le sens d'‹Allemagne›. — [28]**avoir la main dure** avoir une autorité dure et despotique — **Ganelon** personnage de la «Chanson de Roland»; il trahit Roland, qu'il a fait désigner pour commander l'arrière-garde franque. — [29]**avoir sujet** avoir des raisons, des motifs — [32]**le relais** ici: le répit, la relâche (Pause).
Travail personnel. Expliquez à l'aide du dictionnaire: l'échec, l'épopée, réfractaire, revendiquer, à l'abri de, l'anachronisme.

QUESTIONS ET SUJETS DE CONVERSATION

1. Résumez d'après le texte les événements principaux du règne de Charlemagne.
2. En vous servant de votre atlas historique, décrivez l'étendue et les divisions de l'Empire de Charlemagne.
3. Quelles qualités valurent à Charles le qualificatif de ‹grand›?
4. Comment Bainville peint-il
   – les Gaulois,
   – les Saxons et les peuples d'Outre-Rhin?
5. Quelle est l'idée-maîtresse de l'article de Bainville? Comparez sa conception de l'histoire avec la conception de votre manuel d'histoire.
6. Quelle importance l'auteur attribue-t-il aux Romains et à leur mission civilisatrice?
7. Quelle conception politique défend Bainville? Est-il partisan du régime démocratique?
8. Quelle influence l'empire de Charlemagne a-t-il de nos jours sur les idées des promoteurs d'une Europe unie?
9. Charlemagne était-il Allemand ou Français?

B. Exercices pratiques

VOCABULAIRE

1. Un gallicisme: **en finir avec**
   Sa grande idée était d'*en finir avec* la Germanie...
Cette expression signifie: mettre un terme définitif à une affaire qui a déjà trop duré.
2. Expliquez les *autres gallicismes composés avec* **en**:
en être quitte pour la peur, en être réduit à, en faire à sa tête, en savoir long sur, en vouloir à qn.
3. Le mot **campagne** signifie dans notre texte une expédition militaire sur un territoire déterminé. Que signifient: *une campagne électorale, une campagne de presse*?
4. *La famille du mot* **campagne**:
camp — champ — champion — campagne — campagnard.
Exercice: Employez chacun de ces mots dans une phrase.

GRAMMAIRE

1. Une conjonction indiquant l'*antériorité immédiate:* **dès que**
   Dès qu'il fut le seul maître..., Charles se mit à l'œuvre.
Le français possède encore d'autres locutions conjonctives indiquant l'antériorité immédiate, par exemple: aussitôt que, sitôt que.
L'instant à partir duquel une action se produit est indiqué par les locutions conjonctives suivantes: une fois que, depuis que, du jour où.
(Gr. § 182,1 ‖ § 128)
Exercice: En vous servant du contenu de l'article de Bainville, formez trois phrases temporelles dans lesquelles vous employez des locutions conjonctives indiquant la *postériorité immédiate*.
2. En général, le terme corrélatif de *plus* (et de *moins*) dans la formation du comparatif est *que*. Mais dans les expressions de comparaison avec *plus* (et *moins*) devant un nom de nombre, on emploie généralement, comme terme corrélatif, *de*.
   Il est *plus* grand *que* toi.   Mais:
   Ses campagnes militaires, *plus d'une* par an...
(Gr. § 173 ‖ § 227)

SUJET DE COMPOSITION

Résumez dans un petit exposé ce que Charlemagne a fait pour la France et pour l'Allemagne.

La France sous les Mérovingiens et sous les Carolingiens

486–751	La France sous les Mérovingiens.
481–511	Clovis, roi des Francs.
732	Victoire de Charles Martel, Maire du Palais, sur les Arabes à Tours et Poitiers.
751	Déposition du dernier Mérovingien par Pépin le Bref.
751–987	La France sous les Carolingiens.
751–768	Pépin le Bref, roi des Francs, fondateur de la dynastie des Carolingiens.
768–814	Charlemagne.
772–805	Guerre contre les Saxons.
778	Guerre contre les Arabes.
800	Nuit de Noël: Couronnement impérial de Charlemagne à Rome.
814–840	Louis le Débonnaire (le Pieux).
842	Serments de Strasbourg entre Charles le Chauve et Louis le Germanique.
843	Traité de Verdun, partage de l'empire de Charlemagne.
870	Traité de Meersen; la France et l'Allemagne voisines à la suite du partage de la Lotharingie.
880	Traité de Ribemont; toute la Lotharingie allemande.
911	Rollon, chef des Normands, devient duc de Normandie.
921	Séparation définitive de l'Allemagne et de la France.
987	Mort du dernier Carolingien. Fondation de la dynastie des Capétiens par Hugues Capet, duc de France (Ile de France).
987–1328	La France sous les Capétiens directs.

64 – Jeanne d'Arc conduite au roi de France Charles VII.

Texte 31   La merveilleuse aventure de la Pucelle

Lorsqu'en 1328 la dynastie des Capétiens s'éteignit, la couronne revint à la lignée des Valois. Cependant le roi d'Angleterre, Edouard III, qui avait épousé une fille du dernier Capétien, fit valoir ses droits à la couronne de France et ouvrit la guerre de Cent ans. Cette guerre se termina par la défaite des Anglais, à la suite de l'intervention d'une jeune Lorraine, Jeanne d'Arc. A la fin de la guerre, seul Calais restait encore aux mains des Anglais.

La vie de la Pucelle est un sujet inépuisable. Voltaire, Schiller, Shaw, Claudel et Anouilh, pour ne nommer que les plus importants, ont été tentés par la matière. D'abord il y a la vaste et dramatique épopée qui comprend l'existence de la bergère jusqu'à la solennelle cérémonie de la canonisation en 1920, et qui provoque l'admiration, la pitié et le respect. Deuxièmement il y a la question de sa mission divine qui nous invite, comme ce fut le cas pour ses contemporains, à prendre un parti religieux. Troisièmement il y a la signification de la Pucelle pour la France, à son époque et par delà son époque. Jeanne sauve l'existence nationale de la France; mais en même temps par l'esprit de ses paroles et de sa vie, elle est le point de départ du patriotisme français moderne, fortement marqué de motifs religieux.

Le texte suivant, dans lequel MICHELET entreprend de résumer à grands traits la carrière de Jeanne, aborde ces trois aspects de façon dramatique et pathétique sans pourtant nous imposer une conception trop subjective du sujet.

    Une enfant de douze ans, une toute jeune fille, confondant la voix du cœur avec la voix du ciel, conçoit l'idée étrange, improbable, absurde si l'on veut, d'exécuter la chose que les hommes ne peuvent plus faire, de sauver son pays. Elle couve cette idée pendant six ans sans la confier à personne, elle n'en dit rien même à sa mère, rien à nul
5 confesseur. Sans nul appui de prêtres ou de parents, elle marche tout ce temps seule

avec Dieu dans la solitude de ce grand dessein. Elle attend qu'elle ait dix-huit ans, et alors, immuable, elle l'exécute, malgré tous les siens et malgré tout le monde. Elle traverse la France ravagée et déserte, les routes infestées et, dans les camps qu'elle n'a jamais vus, dans les combats, rien ne l'étonne; elle plonge intrépide au milieu des épées; blessée
10 toujours, découragée jamais, elle rassure les vieux soldats, entraîne tout le peuple qui devient soldat avec elle, et personne n'ose plus avoir peur de rien. Tout est sauvé! La pauvre fille, de la chair pure et sainte de ce corps délicat et tendre, a émoussé le fer, brisé l'épée ennemie, couvert de son sein le sein de la France.

Jules MICHELET «Jeanne d'Arc» Introduction

A. Analyse du texte

LE VOCABULAIRE ET LES EXPRESSIONS

³**couver** sens propre: se tenir sur les œufs pour les faire éclore, en parlant des oiseaux; ici: entretenir, préparer avec soin et mystère — ⁶**le dessein** le plan — ⁷**immuable** Une personne dont le caractère, les résolutions ne changent jamais est immuable. — ⁸**ravagé** La France était en grande partie ruinée par les armées qui se combattaient, elle était ravagée. — **infesté** Les brigands rendaient peu sûres les routes de France, ils les infestaient. — ⁹**intrépide** méprisant le danger, supportant les coups les plus rudes sans être ébranlé — ¹²**émousser** rendre moins tranchant (scharf), moins aigu, p.ex. émousser la pointe d'un couteau.
Travail personnel. Expliquez à l'aide du dictionnaire: confondant, improbable, le confesseur.

LE STYLE ET LA COMPOSITION

1. La vie de Jeanne est l'élément constitutif de la composition du texte. Montrez la structure de la composition en divisant le récit d'après les principales étapes de l'aventure de la Pucelle.
2. Donnez un titre à chaque partie ainsi trouvée.
3. Montrez par quels procédés de style l'auteur résume avec art, en si peu de lignes, la vie de Jeanne d'Arc.
4. Montrez par quels procédés de style l'auteur acrive, dans la prémière phrase, à créer une certaine tension, à entretenir l'intérêt du lecteur au récit.
5. Est-ce que l'auteur se sert de conjonctions? Quel lien existe entre les phrases?
6. Quel effet produit l'exclamation «Tout est sauvé!»?
7. Cherchez les antithèses; quel est leur effet?

QUESTIONS ET SUJETS DE CONVERSATION

1. Dans quelle province française la Pucelle est-elle née?
2. Quelle est l'origine de Jeanne? Que faisait-elle dans sa jeunesse?
3. A quel âge Jeanne conçoit-elle l'idée de sauver la France?
4. Pourquoi l'auteur dit-il que la jeune fille a «confondu la voix du cœur avec la voix du ciel»?
5. Pourquoi Jeanne ne dit-elle rien à personne?
6. Est-ce facile pour elle de garder son secret?
7. Quelles sont les qualités qui la rendent capable de traverser la France par les routes infestées, de s'imposer à la cour du roi et de conduire les armées à la guerre?
8. Quelle est l'influence de Jeanne sur les soldats? sur le peuple?
9. Qu'est-ce que la Pucelle a fait pour la France?

B. Exercices pratiques

VOCABULAIRE

1. *Les homonymes.* On appelle ainsi des mots différents qui se prononcent de la même manière. P. ex., le mot **dessein** a pour homonyme le dessin, le mot **sein** a pour homonymes saint, ceint, seing; cf. aussi **foi**, fois, foie.
Exercice: Employez les homonymes de *foi* dans trois phrases qui en illustrent clairement le sens.
2. *Centre d'intérêt: les armes.* L'épée est une arme. Cherchez six autres noms désignant une arme ancienne ou moderne.

GRAMMAIRE

1. *Le verbe* **concevoir**. Mettez ce verbe aux formes suivantes:
— 2ᵉ pers. sing., prés., forme affirmative;
— 3ᵉ pers. plur., imparf., forme négative;
— 1ᵉʳᵉ pers. plur., fut. simple, forme interrogative;
— 3ᵉ pers. sing. (masc.), passé simple, forme affirmative;
— 2ᵉ pers. plur., passé composé, forme interrogative et négative.
2. ‹Une toute jeune fille›. Révisez l'*emploi de* **tout** *comme adverbe* (cf. p. 75).
(Gr. § 180 ‖ § 195)
3. *L'adverbe pronominal* (ou nominal) **en** indique le rapport grammatical marqué devant un substantif par la préposition *de*. En général, *en* n'est employé que pour exprimer des *choses* ou des *idées*:
   Elle n'*en* dit rien à sa mère. (en = *de* cette idée)
Il en est ainsi de l'adverbe pronominal **y**, qui indique le rapport grammatical marqué devant un substantif par la préposition *à*:
   Jeanne *y* pense. (y = *au* couronnement du roi)
(Gr. § 127 ‖ § 176)
Exercice: En vous servant du contenu du texte de Michelet, formez cinq phrases dans lesquelles vous employez les adverbes pronominaux *en* et *y*.

SUJETS DE COMPOSITION

1. Décrivez l'état de la France à l'apparition de Jeanne d'Arc.
2. Racontez la première rencontre entre Jeanne et le roi Charles VII en vous servant des pièces de Schiller ou de Shaw comme modèles.

Historique de la Guerre de Cent ans

1328	Fin des Capétiens directs après la mort des trois fils de Philippe le Bel.
1328–1350	Philippe VI, neveu de Philippe le Bel, le premier Valois.
	Philippe et Edouard III d'Angleterre, petit-fils de Philippe le Bel, se disputent le trône de France.
1337	Début de la Guerre de Cent ans.
1346	Défaite des Français à Crécy.
1347	Prise de Calais par Edouard III.
1360	Traité de Brétigny; le roi d'Angleterre renonce à la couronne française.
1415	Henri V d'Angleterre rallume la guerre.
	Défaite des Français à Azincourt.
1420	Traité de Troyes; la France dépendance anglaise.
	Le roi d'Angleterre proclamé roi de France.
1422–1461	Charles VII (le ‹Dauphin›).
1429–1431	Intervention de Jeanne d'Arc.
1429	8 mai: Délivrance d'Orléans.
	16 juillet: Sacre de Charles VII à Reims.
1430	Capture de Jeanne d'Arc à Compiègne.
1431	30 mai: Mort de la Pucelle à Rouen.
1453	Défaite des Anglais à Castillon; fin de la guerre de Cent ans; l'Angleterre conserve Calais jusqu'en 1558.

Chronologie abrégée de la France médiévale et du XVIᵉ siècle

987–1328	La France sous les Capétiens directs.
Avant 1070	«La Chanson de Roland».
1095	Concile de Clermont, Urbain II prêche la première croisade.
1147–1149	Louis VII prend part à la deuxième croisade.
1163	Début de la construction de Notre-Dame de Paris.
1190	Philippe II et Richard Cœur de Lion à la troisième croisade.
Vers 1200	Organisation de l'Université de Paris.
1202–1206	Philippe II annexe Normandie, Anjou, Maine et partie du Poitou.
1209	Innocent III prêche la croisade contre les Albigeois.
1226–1270	Règne de Louis IX (Saint Louis).
1285–1314	Règne de Philippe IV le Bel.

1302	Bulle *Unam sanctam*.
1307	Arrestation des Templiers en France.
1328	Mort de Charles IV, extinction des Capétiens directs. — Edouard III d'Angleterre, fils d'Isabelle de France, réclame la couronne de France.
1328-1498	La France sous les Valois.
1339-1453	Guerre de Cent ans.
1477	Défaite et mort de Charles le Téméraire au siège de Nancy. — Louis XI soumet la Bourgogne.
1484	Premiers Etats Généraux véritables (Oc et Oïl) à Tours.
1489	François VILLON: «La ballade des pendus».
1491	Mariage d'Anne de Bretagne avec Charles VIII.
1498-1515	La France sous les Valois-Orléans.
Vers 1500	Achèvement de la diffusion de la langue d'oïl dans tout le royaume de France.
1515-1589	La France sous les Valois-Angoulême.
1515-1547	Règne de François Ier.
1515	Bataille de Marignan.
1525	Bataille de Pavie.

Texte 32   Henri IV, un roi juste et paternel

Il y a, dans l'histoire de France, des personnages qu'on ne trouve dans aucune autre, qui sont sans pareil, et sans imitation: c'est le cas de Jeanne d'Arc, par exemple, et de Henri IV. A la vérité, Henri IV est unique. Voltaire en a fait le personnage d'une épopée (la «Henriade») à laquelle ne manquent ni les combats, ni les amours, ni les épisodes gaillards ou burlesques. Il y a dans Henri IV un politicien méridional, abondant en promesses et en malices, un meneur d'hommes sans égal, un diplomate d'une finesse machiavélique, un roi enfin, qui est resté pour les Français le modèle des rois, simple, accueillant, ennemi des bavards, dur aux méchants et aux factieux, sachant commander et sachant écouter, ouvert, facile d'accès, de plein pied avec le peuple, bon compagnon, aimant la justice et l'ordre, dévoué à la nation qui lui pardonne tout (histoires de femmes, promesses non tenues) parce qu'elle a confiance en lui. Sur aucun roi de France il existe autant d'anecdotes que sur le ‹bon roi Henri›: témoins à la fois de sa grandeur, de l'amour de son peuple et de la popularité d'un roi qui, jusque dans ses défauts, représentait dans sa personne le caractère de la nation française.

D'autres peut-être l'ont surpassé sur certains points: Louis XI par la rigueur de sa ligne politique, Louis XIV par le sens de la grandeur de l'Etat, Napoléon par l'inspiration guerrière ou la maîtrise doctrinale. Mais à tous ceux-là, il a manqué le sourire et le sens du gouvernement humain, à la fois juste et paternel. Nul autre, en tout cas, ne s'est mieux identifié qu'Henri IV aux sentiments et aux aspirations français; c'est sans nul doute la meilleure raison de sa popularité persistante dans un pays qui le remercie toujours, à travers les siècles, de lui avoir fait retrouver, du fond de l'abîme où il agonisait dans la haine, ces biens inestimables qu'il ne sépare pas dans sa sagesse: la force et la gaîté.
    La guerre religieuse apaisée, il restait à construire une France nouvelle sur la base de la liberté de conscience, à donner aux huguenots un statut d'Etat, et à faire admettre aux catholiques le démembrement de la souveraineté nationale qui résulterait d'une pareille réforme. C'est sur l'Edit de Nantes que le Roi comptait pour faire vivre en paix catholiques et protestants. La légende s'en est emparée pour en faire la grande pensée du règne: c'est oublier que l'Edit ne fut pas un acte gracieux de la volonté du Roi, mais «un traité dont les articles furent débattus comme avec des belligérants». D'ailleurs l'Edit n'était même pas une innovation; le statut qu'il établissait n'était pas sensiblement différent de ceux que Charles IX et Catherine de Médicis avaient vainement essayé d'imposer. La seule mais importante nouveauté, c'était qu'Henri IV allait pouvoir réussir là où les derniers Valois avaient échoué. Il apportait au jeu des atouts qui faisaient défaut à ses prédécesseurs, à commencer par la confiance qu'il inspirait aux deux partis:

65 – Entrée de Henri IV à Paris, par Gérard (Musée de Versailles). «Le jour le plus enivrant de sa carrière, alors qu'il entrait à Paris sous les acclamations de la foule délirante.» (Philippe Erlanger)

aux huguenots par son passé et ses amitiés, aux catholiques par sa conversion, à tous par son réel esprit de tolérance. Il faut bien dire aussi que cinquante années de guerre civile avaient fini par rendre évidente l'impossibilité où l'on se trouvait de rétablir en France l'unité de foi.

25 Henri IV aime convaincre, il recherche l'adhésion des esprits et des cœurs; pour l'obtenir, il déploie inlassablement ses séductions. Mais, quand il comprend que ses ménagements sont vains et que ses complaisances ne trouvent pas d'écho, alors le fond autoritaire de sa nature se révèle brusquement. Mais en même temps qu'il revendique l'autorité souveraine, il affirme son vœu de n'en user que pour le bien de son peuple.
30 «Tous mes sens et mes soins ne seront plus employés, écrit-il en 1599, qu'à l'avancement et à la conservation du royaume.» De très nombreuses lettres aux gouverneurs et aux ministres reprennent cette idée du dévouement du monarque à ses sujets, qu'il aime comme ses chers enfants. «Ayez soin de mon peuple, ce sont mes enfants. Dieu m'en a commis la garde. J'en suis responsable.»
35 Tout son art consiste à traduire, dans les institutions du royaume et les actes de son gouvernement, les principes d'absolutisme qu'il a définis. Le temps voit s'accroître son autorité et s'affirmer son pouvoir; il gouvernera sans partage et réduira de plus en plus la place des grands seigneurs dans la conduite de l'Etat. Il ne convoqua jamais les états généraux, persuadé que ces sortes d'assemblées ne pouvaient conduire qu'à de
40 dangereuses agitations.

Pour réaliser cet idéal d'absolutisme, Henri IV employa toujours le plus possible la manière souriante et familière qui restait son plus sûr moyen d'action sur les hommes. La mise en œuvre de ces aptitudes débonnaires a pu masquer la véritable nature de son

autorité; mais il ne faut pas s'y tromper: il fut, tout autant que Louis XIV, un tenant
du principe du droit divin et du pouvoir absolu, sans contrôle réel et sans autre contrepoids que le jugement final que Dieu portera sur son œuvre. Seulement, il eut l'absolutisme plus agréable, car il n'entendait pas être obéi aveuglément et son absolutisme se trouva tempéré par son souci d'obtenir l'adhésion. Sur toutes les questions importantes de son gouvernement, on le voit attentif à justifier ses positions, à solliciter des avis, à réclamer la collaboration de tous; avec lui il y avait loin de l'absolutisme à la tyrannie.

Maurice ANDRIEUX «Henri IV dans ses années pacifiques» (1954)

A. Analyse du texte

LE VOCABULAIRE ET LES EXPRESSIONS

[1]**Louis XI** (1423–1483) roi de France (1461–1483) — [2]**Louis XIV** cf. textes 33–35 — **Napoléon** cf. textes 41 et 42 — [7]**du fond de l'abîme où il agonisait dans la haine** Henri IV devint roi de France après plus de trente ans de guerres de religion qui opposaient catholiques et protestants dans une haine farouche (cf. chronologie); il réussit, dans ses années pacifiques, à rétablir définitivement la paix intérieure et à remettre en ordre les finances et l'économie du pays. — [10]**les huguenots** (m pl) ['yg(ə)no] (< eidgnot, altér. de Eidgenossen) surnom donné aux protestants calvinistes, en France, par les catholiques, du XVIe au XVIIIe siècle — **un statut d'Etat**, [11]**le démembrement de la souveraineté nationale** Aux problèmes posés par la Réforme, l'Edit de Nantes (1598) apporte une solution fédéraliste: l'Etat est à la fois catholique et protestant, il n'est pas neutre. Au sein du royaume, il y a un Etat protestant avec ses conseils, ses assemblées politiques parallèles à ses assemblées religieuses, son armée et ses places de sûreté (des villes fortifiées en Anjou, au Poitou, en Gascogne, en Auvergne, au Languedoc) dont le privilège est renouvelé en 1606. — [17]**Charles IX** (1550 à 1574), roi de France (1560–1574). Il régna sous la tutelle de sa mère, Catherine de Médicis, jusqu'en 1563; cf. chronologie. — **Catherine de Médicis** [medisis], née à Florence (1519 à 1589), fille de Laurent II de Médicis, femme de Henri II, mère de François II, de Charles IX et de Henri III. Femme intelligente, habile, étonnamment tenace, mais sans scrupules, elle est prête à tout pour sauver le trône à ses enfants. Elle cherche à trouver une solution politique du problème religieux (colloque de Poissy, en 1561, entre théologiens catholiques et docteurs protestants); édit du 17 janvier 1562 accordant aux protestants une certaine liberté dans l'exercice de leur culte; cf. chronologie. Bien qu'elle ne l'ait pas préméditée, Catherine porte la responsabilité des horreurs de la Saint-Barthélemy qui firent plusieurs milliers de victimes (1572). — [37]**... réduire de plus en plus la place des grands seigneurs dans la conduite de l'Etat** Sous les prédécesseurs de Henri IV et pendant la régence de Catherine de Médicis, l'influence de quelques grands seigneurs catholiques et protestants (p.ex. les Guise, l'amiral Coligny) et de leurs factions était devenue si grande que le roi n'exerçait le pouvoir que de pure forme. Henri IV renvoie vivre dans ses terres la noblesse qui l'a supporté pendant la guerre. Il en exige une obéissance totale: le maréchal de Biron, ancien compagnon de guerre, paie de sa vie d'avoir comploté avec le duc de Savoie et le roi d'Espagne (1602). — [39]**les états généraux** Assemblées générales des trois états ou ordres du royaume de France, qui sont le Clergé, la Noblesse et le Tiers Etat. Ces assemblées se tenaient autrefois pour les affaires importantes de l'Etat. Sous le règne de Henri IV, les états généraux se réunirent à Paris en 1593, mais ils furent cassés par un arrêt de la cour du 30 mai 1594.

Travail personnel. Expliquez à l'aide du dictionnaire: un acte gracieux, un atout, la complaisance, revendiquer, débonnaire.

QUESTIONS ET SUJETS DE CONVERSATION

1. A quels autres héros de l'histoire de France l'auteur compare-t-il Henri IV? Quel est le résultat de cette comparaison?
2. Quel était le but de l'Edit de Nantes? Quelle était la position des deux partis, catholique et protestant, vis-à-vis de ce traité?
3. Pourquoi Henri IV réussit-il alors que l'édit de Catherine de Médicis de 1562 ne changeait presque rien aux difficultés religieuses?
4. Henri IV a une façon particulière de gouverner. Donnez quelques exemples tirés du texte et des notes et caractérisez en deux ou trois phrases le style du gouvernement du roi.

5. Henri IV est resté un roi populaire jusqu'à nos jours. Donnez des exemples pour sa popularité et cherchez-en les causes.
6. Quelles sont, à votre avis, les qualités essentielles de Henri IV
— comme personnalité humaine,
— comme homme d'Etat et roi?
Est-ce qu'il y a un rapport entre les deux façons de porter un jugement sur une personnalité de l'histoire?

B. Exercices pratiques

VOCABULAIRE

La conquête la plus précieuse des guerres de religion et du règne de Henri IV était la liberté de *conscience*, c'est-à-dire la possibilité pour chaque Français non seulement de choisir librement la religion qu'il voulait mais aussi de dire librement que telle chose, en matière de religion et de morale et à son avis ou à sa connaissance, était bien ou mal.
Voici une liste de mots dont on se sert en combinaison avec **conscience**:
a) Adjectifs:
une conscience chargée
              corrompue
              délicate
              intègre
              nette
              pure
              scrupuleuse
              tranquille
              vénale
b) Verbes:
agir contre (selon) sa conscience
parler selon (contre) sa conscience
lire dans les consciences
interroger sa conscience
soulager sa conscience
c) Substantifs:
un cas de conscience
les remords de la conscience
la voix de la conscience
le secret de la conscience
l'examen de conscience
avoir la conscience en paix
Exercice: Vérifiez, si c'est nécessaire, le sens exact de ces mots et locutions et formez avec chaque groupe d'exemples (adjectifs, verbes, substantifs) quatre phrases convenables.

SUJETS DE COMPOSITION

Cf. Le Portrait, *exercices* (p.131).

Chronologie abrégée de la France à l'époque des guerres de religion et de Henri IV

1553	Naissance de Henri de Bourbon (du futur Henri IV) au château de Pau.
1554	Baptême catholique du petit prince au château de Pau.
1559	Traité de Cateau-Cambrésis entre la France et l'Angleterre.
	Mort accidentelle de Henri II. Avènement de François II.
	Le prince de Navarre (le futur Henri IV) commence à être instruit dans la foi protestante.
1560	Conspiration d'Amboise pour soustraire François II à l'influence des Guise.
1560	Mort de François II et avènement de Charles IX. Régence de Catherine de Médicis. Jeanne d'Albret (mère du futur Henri IV) fait publiquement la Cène.
1562	Le futur Henri IV est conduit à la messe par son père.
	Edit de Catherine de Médicis qui permet aux protestants de célébrer le culte public hors de l'enceinte des villes, et le culte privé dans les maisons.

1568	Jeanne d'Albret, reine de Navarre, conduit son fils à la Rochelle et le remet à son beau-frère, Louis de Bourbon, prince de Condé, chef de l'armée protestante.
1569, 1570	Premières campagnes militaires du futur Henri IV sous la direction de Condé, puis de l'amiral Coligny.
1569	Bataille de Jarnac.
1570	Paix de Saint-Germain.
1572	Mort de Jeanne d'Albret. Henri de Bourbon devient Roi de Navarre. Il épouse Marguerite de Valois, fille du roi Henri II. Massacre de la Saint-Barthélemy.
1574	Mort de Charles IX. Avènement de Henri III.
1576	Le roi de Navarre s'enfuit de la cour, reprend la pratique de la religion réformée.
1585	Le pape Sixte-Quint frappe le futur Henri IV d'excommunication et le déclare incapable de porter la couronne de France.
1589	Mort de Catherine de Médicis (femme de Henri II, mère de François II, de Charles IX et de Henri III). Assassinat de Henri III. Henri de Bourbon (Henri IV) devient Roi de France.
1590	Bataille d'Ivry. Siège de Paris.
1593	Henri IV abjure la religion réformée: «Paris vaut bien une messe.»
1594	Sacre du Roi Henri IV. Entrée du Roi à Paris.
1598	Henri IV signe l'Edit de Nantes.
1600	Campagne de Savoie.
1610	Henri IV est assassiné par Ravaillac.

Le portrait

Maurice ANDRIEUX nous donne une sorte de *portrait* du roi Henri IV. Ce n'est pas un portrait méthodique complet parce que l'auteur ne parle pas de l'extérieur, du physique de son personnage. Par contre, il nous donne un *portrait moral* très poussé de son héros.
Voici quelques *procédés* dont on se sert *pour faire un portrait moral:*
– Le portrait moral *direct*.
Il se fait à l'aide du *vocabulaire moral*; p. ex.: Henri IV était un roi *bon* et *juste*.
– Le portrait moral *indirect*.
a) Le moral est peint par le *physique*. (Cf. La Bruyère «L'héritier», t. II.)
b) La peinture se fait *par les propos tenus*.
Dans notre texte, le dévouement de Henri IV pour son peuple est mis en relief par deux citations. (Cf. aussi le portrait indirect que La Fontaine fait du «Chêne et du Roseau», t. II.)
c) La peinture se fait *par le milieu*.
Ex.: La description de l'intérieur d'un logement ou d'une pièce sert à caractériser le personnage: homme de goût, femme du monde, avare, bourgeois, etc.
d) La peinture se fait à l'aide de *comparaisons* (cf. le début de notre texte),
– d'*anecdotes significatives*,
– de *portraits parallèles*.
(Ex.: Plutarque «La vie des hommes illustres». Montesquieu, portraits de Sylla et d'Auguste dans les «Considérations sur les causes de la grandeur et de la décadence des Romains».)
– Le portrait *fragmenté*.
Le héros est décrit *par plusieurs personnages, sous plusieurs perspectives*. (Cf. Balzac «Le père Goriot»: le portrait que fait de lui la duchesse de Langeais, t. II.)
Exercices:
1. Cherchez dans le texte de Maurice ANDRIEUX les procédés à l'aide desquels l'auteur fait un portrait moral indirect du roi Henri IV.
2. En résumant le texte d'ANDRIEUX, faites-en un portrait moral direct.
3. Même exercice pour les textes sur Charlemagne (texte 30) et sur Jeanne d'Arc (texte 31).
4. Montrez que, par la manière et les procédés de faire le portrait d'un autre, l'auteur nous révèle également ses propres idées morales et politiques au point parfois de nous donner un portrait indirect de lui-même (cf. texte 33: Louis XIV⟵⟶Voltaire, texte 41: Napoléon Ier ⟵⟶Chateaubriand, etc.).

Texte 33   Prospérité de la France sous le règne de Louis XIV

Le règne de Louis XIV (1643–1715) est la grande époque de la France monarchique. Plusieurs circonstances ont contribué à l'extraordinaire épanouissement de la France sous ce roi. D'abord le système à la fois religieux et politique que l'on appelle la ‹monarchie absolue›, qui, s'étant formé lentement en Europe au cours des deux siècles écoulés, arrive en France, et spécialement dans la France de la seconde moitié du XVIIe siècle, à sa pleine maturité. La France de cette époque jouit d'une situation privilégiée en Europe: après la guerre de Trente ans, elle exerce une sorte d'hégémonie à l'extérieur, notamment sur les Etats de l'Empire germanique; après la victoire de Mazarin sur la Fronde, elle domine les factions à l'intérieur. C'est dans cette situation que Louis XIV, jeune monarque énergique, obsédé d'une grande passion de la gloire, mais aussi infatigable au travail quotidien de l'administration, accède au trône. L'éclat de son règne — le règne du ‹Roi Soleil› — ne tient pas seulement à son génie politique ou à ses conquêtes militaires qui à la longue ont ruiné le pays, mais aussi au fait que c'est sous son gouvernement que les arts et les lettres en France ont connu une splendeur telle qu'on appelle cette époque ‹le siècle classique›.

VOLTAIRE, hostile de tout son tempérament à l'absolutisme, est le premier à avoir donné le nom qui caractérise le règne de ce grand roi: le siècle de Louis XIV. Malgré sa répugnance pour le côté guerrier du monarque, il ne peut s'empêcher d'admirer la grandeur de son œuvre pacifique: la création d'un Etat et d'une administration modernes, les bâtiments qu'il a fait construire et les œuvres d'art classiques qui portent plus ou moins l'empreinte du Roi Soleil.

Jamais il n'y eut dans une cour plus d'intrigues et d'espérances que durant l'agonie du cardinal Mazarin... Mazarin avait prolongé l'enfance du monarque autant qu'il avait pu: il ne l'instruisait que depuis fort peu de temps, et parce que le roi avait voulu être instruit.

5   On était si loin d'espérer d'être gouverné par son souverain, que, de tous ceux qui avaient travaillé jusqu'alors avec le premier ministre, il n'y en eut aucun qui demandât au roi quand il voudrait les entendre. Ils lui demandèrent tous: «A qui nous adresserons-nous?» et Louis XIV leur répondit: «A moi»... Il fixa à chacun de ses ministres les bornes de son pouvoir, se faisant rendre compte de tout par eux à des heures réglées,
10   leur donnant la confiance qu'il fallait pour accréditer leur ministère, et veillant sur eux pour les empêcher d'en trop abuser...

Il commença par mettre de l'ordre dans les finances, dérangées par un long brigandage. La discipline fut rétablie dans les troupes, comme l'ordre dans les finances. La magnificence et la décence embellirent sa cour. Les plaisirs même eurent de l'éclat et de la
15   grandeur: tous les arts furent encouragés, et tous employés à la gloire du roi et de la France...

Ses peuples, qui, depuis la mort de Henri le Grand, n'avaient point vu de véritable roi, et qui détestaient l'empire d'un premier ministre, furent remplis d'admiration et d'espérance quand ils virent Louis XIV faire à vingt-deux ans ce que Henri IV avait
20   fait à cinquante... Louis XIV pouvait sans péril avoir ou n'avoir pas de premier ministre: il ne restait pas la moindre trace des anciennes factions; il n'y avait plus en France qu'un maître et des sujets. Il montra d'abord qu'il ambitionnait toute sorte de gloire, et qu'il voulait être aussi considéré au dehors qu'absolu au dedans...

Louis XIV, forcé de rester quelque temps en paix, continua, comme il avait com-
25   mencé, à régler, à fortifier et embellir son royaume. Il fit voir qu'un roi absolu qui veut le bien vient à bout de tout sans peine. Il n'avait qu'à commander, et les succès dans l'administration étaient aussi rapides que l'avaient été ses conquêtes. C'était une chose véritablement admirable de voir les ports de mer, auparavant déserts, ruinés, maintenant entourés d'ouvrages qui faisaient leur ornement et leur défense, couverts de
30   navires et de matelots, et contenant déjà près de soixante grands vaisseaux qu'il pouvait armer en guerre. De nouvelles colonies, protégées par son pavillon, partaient de tous côtés pour l'Amérique, pour les Indes orientales, pour les côtes de l'Afrique. Cependant

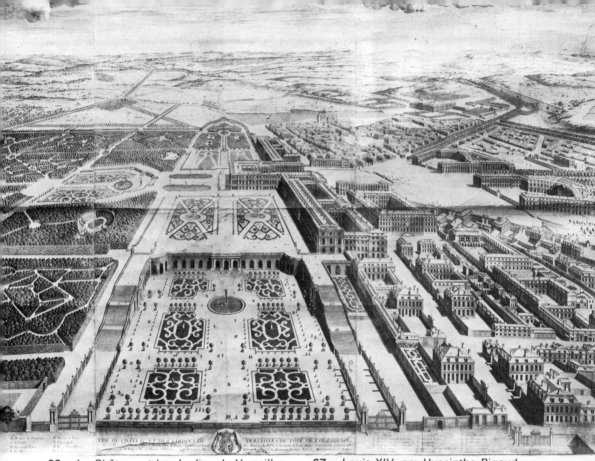

66 – Le Château et les Jardins de Versailles.

67 – Louis XIV, par Hyacinthe Rigaud.

en France, et sous ses yeux, des édifices immenses occupaient des milliers d'hommes avec tous les arts que l'architecture entraîne après elle; et dans l'intérieur de sa cour et de sa capitale, des arts plus nobles et plus ingénieux donnaient à la France des plaisirs et une gloire dont les siècles précédents n'avaient pas même l'idée. Les lettres florissaient; le bon goût et la raison pénétraient dans les écoles de la barbarie...

Il est certain que l'amour de la gloire anima Louis XIV lorsque commençant à gouverner par lui-même, il voulut réformer son royaume, embellir sa cour, et perfectionner les arts.

Non seulement il s'imposa la loi de travailler régulièrement avec chacun de ses ministres, mais tout homme connu pouvait obtenir de lui une audience particulière, et tout citoyen avait la liberté de lui présenter des requêtes et des projets. Les placets étaient reçus d'abord par un maître des requêtes, qui les rendait apostillés; ils furent dans la suite renvoyés aux bureaux des ministres. Les projets étaient examinés dans le conseil quand ils méritaient de l'être, et leurs auteurs furent admis plus d'une fois à discuter leurs propositions avec les ministres en présence du roi. Ainsi on vit entre le trône et la nation une correspondance qui subsista malgré le pouvoir absolu.

VOLTAIRE «Le Siècle de Louis XIV» (1751)

A. Analyse du texte

LE VOCABULAIRE ET LES EXPRESSIONS

[2]**Mazarin** cardinal et homme d'Etat français, d'origine italienne (1602–1661). Il passait du service du pape, qui l'avait envoyé comme nonce à Paris, au service du roi de France, et se faisait naturaliser Français en 1639. Mazarin était un remarquable diplomate, mais n'entendait rien à la politique intérieure. Il songea surtout à s'enrichir aux dépens du royaume. — [8]**les ministres** ceux dont le prince a fait choix pour les charger des principales affaires de son Etat, et pour en délibérer avec eux. Le roi se servait de ses ministres seulement pour exécuter ses volontés, ils n'avaient pas à décider eux-mêmes. Au temps de Mazarin, ce n'était pas le roi, mais le premier ministre, c'est-à-dire le cardinal, qui avait donné les ordres aux ministres. — [12]**le brigandage** Le mot n'est pas employé dans son sens primitif, mais dans une acception plus large: mauvaise administration des finances, concussion. — [14]**la décence** la bienséance, l'honnêteté extérieure — [17]**Henri le Grand** Henri IV; cf. texte 32. — [21]**les anciennes factions** c'est-à-dire les partis nés de la Fronde. La Fronde est le nom d'une guerre civile qui eut lieu pendant la minorité de Louis XIV (1648–1652/1653) C'était une révolte princière et parlementaire, dirigée contre le pouvoir de la régente Anne d'Autriche et son ministre, le cardinal Mazarin. Mais cette crise renforça l'autorité monarchique; cf. chronologie p. 140. — [26]**venir à bout de tout** réussir en tout — [31]**la colonie** un certain nombre de personnes des deux sexes que l'on envoie d'un pays pour en habiter un autre. Faites attention au fait que le mot désigne ici les personnes, non le pays! — **le pavillon** une espèce de drapeau ou de bannière, qui est un carré long, et que l'on met au grand mât d'un vaisseau. Le pavillon de la France monarchique était blanc. — [53]**la requête** demande par écrit — **le placet** demande par écrit pour obtenir justice, grâce, faveur, etc. — [54]**le maître des requêtes** magistrat qui a voix délibérative et qui rapporte les requêtes des parties dans le conseil du roi, où préside le Chancelier de France — [55]**apostiller** mettre des remarques en marge d'un écrit. *Travail personnel*. Expliquez à l'aide du dictionnaire: accréditer, le sujet, ambitionner, le vaisseau, la correspondance.

LE STYLE ET LA COMPOSITION

1. Voltaire a écrit son «Siècle de Louis XIV» en historien. Analysez le texte et cherchez par quels procédés de style l'auteur arrive, contrairement à son habitude, à produire une impression d'objectivité. Analysez surtout
– l'emploi des temps;
– l'enchaînement logique des phrases (principales, subordonnées, participiales).
2. Malgré cette objectivité, le texte n'est pas sec. Quels procédés de style l'auteur emploie-t-il pour rendre plus vivants les récits et les descriptions? Est-ce que vous trouvez une sorte de ‹tableau› dans le texte où l'auteur ‹compose› une scène, comme un peintre?
3. Dégagez les parties les plus importantes et donnez un titre à chacune.
4. Analysez l'emploi du mot ‹gloire›. Quelle importance prend-il dans la caractéristique du règne de Louis XIV?

QUESTIONS ET SUJETS DE CONVERSATION

1. Quelle était la situation en France et à la cour avant la mort du cardinal Mazarin?
2. Pourquoi les ministres demandèrent-ils au roi à qui ils devraient s'adresser?
3. Comment le roi employait-il les ministres? Comparez la situation d'un ministre de Louis XIV avec celle d'un ministre d'Etat de nos jours.
4. Dans quels domaines le roi rétablit-il l'ordre?
5. Pourquoi les Français admiraient-ils le gouvernement personnel du jeune roi? Avaient-ils des raisons de détester l'empire d'un premier ministre?
6. Dans quels domaines le règne de Louis XIV a-t-il fait le plus de bien, où a-t-il laissé le plus de traces?

7. Quel était le motif principal de toutes les actions de Louis XIV?
8. Par quelles mesures le gouvernement absolu était-il adouci et rendu supportable au peuple?
9. Diriez-vous, après la lecture de ce texte, que Louis XIV était un grand roi? Justifiez votre prise de position.

B. Exercices pratiques

VOCABULAIRE

1. Un *préfixe* exprimant la *répétition*, un nouveau début: **re- ré- r-**.
   La discipline fut *r*établi…
   …il voulut *ré*former son royaume…
Exercice: Cherchez six autres mots formés avec les préfixes *re-* ou *ré-* et employez chacun dans une phrase qui en montre bien l'acception.
2. Expliquez les différences entre les synonymes suivants: instruire — apprendre — enseigner — professer.
Est-ce qu'on pourrait remplacer **instruire** dans le texte par l'un de ces synonymes?
3. Le verbe **commencer** a un sens différent *selon la préposition dont il est suivi*.
   Il commença *par* mettre de l'ordre dans les finances…
veut dire:
Il a d'abord mis de l'ordre dans les finances, c'est la première chose qu'il a entreprise.
Le verbe *commencer* peut être aussi suivi des prépositions *à* ou *de*, suivies de l'*infinitif*. Dans ce cas, il est synonyme de *se mettre à faire qc*; c'est le début d'une action qui s'écoule dans le temps.
Enfin le verbe *commencer* peut s'employer comme *verbe transitif*, avec un complément d'objet direct.
Ex.: Je commence mon travail.
Exercice: Formez six phrases dans lesquelles vous employez le verbe *commencer* dans les trois fonctions indiquées.
4. Pour désigner les habitants du royaume de France, l'auteur se sert dans un passage du mot **sujet**, dans un autre du mot **citoyen**. Expliquez la différence entre ces deux termes et montrez pourquoi l'auteur a employé la première fois le mot *sujet*, la seconde fois le mot *citoyen*.

GRAMMAIRE

1. Expliquez l'emploi du *mode subjonctif* dans la relative et du *conditionnel* dans la subordonnée temporelle de la phrase suivante:
   …il n'y en eut aucun qui *demandât* au roi quand il *voudrait* les entendre.
2. **autant que** a ici la valeur de ‹tant que› = aussi longtemps que. Cette conjonction exprime donc un *rapport de temps*.
3. *L'accord du participe passé*
a) Le participe passé employé *sans aucun auxiliaire* s'accorde en genre et en nombre avec le mot auquel il se rapporte:
   …les finances, *dérangées* par un long brigandage…
b) L'accord se fait également avec le sujet quand le participe passé est conjugué avec le verbe *être*, notamment à la voix passive:
   Tous les arts *furent encouragés*…
c) Le participe passé conjugué avec le verbe auxiliaire *avoir* s'accorde en genre et en nombre avec son complément d'objet direct *s'il en est précédé*, p. ex. dans les relatives où le pronom relatif complément d'objet précède le verbe.
(Gr. §§ 67; 68 ‖ §§ 100–102)
Exercices:
1. Analysez tous les participes passés du texte et expliquez leur fonction grammaticale.
2. Formez six phrases dans lesquelles le participe passé s'accorde soit avec le sujet, soit avec le complément d'objet direct.

SUJETS DE COMPOSITION

1. Faites un condensé du texte sous le titre: L'œuvre pacifique de Louis XIV.
2. En vous servant du texte de Voltaire comme source, faites un tableau de la France au début du règne personnel de Louis XIV.

Texte 34   Les misères à la fin du règne de Louis XIV

La lettre suivante de FÉNELON contient des reproches si durs à l'adresse de Louis XIV qu'on en a nié l'authenticité. Fénelon la donna peut-être à Mme de Maintenon, épouse secrète de Louis XIV, avec prière de la transmettre au roi; on ne sait pas exactement si elle avait le courage de le faire.

Les idées politiques de Fénelon tiennent à son éducation et à sa théologie. Sa naissance — il était sorti d'une famille d'ancienne noblesse — et son caractère lui permettaient de considérer sans en être ébloui la majesté du trône, et lui donnaient assez de hardiesse pour remarquer et censurer, parfois sévèrement, les erreurs et les fautes de Louis XIV.

Les écrivains du XVIIe siècle se sont en général montrés respectueux du roi. Car l'amour pour le roi se confondait alors avec l'amour de la France. La lettre de Fénelon est un des plus célèbres témoignages du mécontentement qui se manifestait vers la fin du règne du Roi Soleil. Dans ces lignes apparaissent les ombres du régime autoritaire de Louis XIV, telles que la France et les pays frontaliers allemands les ont connues.

La personne, Sire, qui prend la liberté de vous écrire cette lettre, n'a aucun intérêt en ce monde. Elle ne l'écrit ni par chagrin, ni par ambition, ni par envie de se mêler des grandes affaires. Elle vous aime sans être connue de vous; elle regarde Dieu en votre personne. Avec toute votre puissance, vous ne pouvez lui donner aucun bien qu'elle désire, et il n'y a aucun mal qu'elle ne souffrît de bon cœur pour vous faire connaître les vérités nécessaires à votre salut. Si elle vous parle fortement, n'en soyez pas étonné, c'est que la vérité est libre et forte. Vous n'êtes guère accoutumé à l'entendre. Les gens accoutumés à être flattés prennent aisément pour chagrin, pour âpreté et pour excès, ce qui n'est que la vérité toute pure. C'est la trahir que de ne vous la montrer pas dans toute son étendue. Dieu est témoin que la personne qui vous parle le fait avec un cœur plein de zèle, de respect, de fidélité et d'attendrissement sur tout ce qui regarde votre véritable intérêt ...

... Vos peuples, que vous devriez aimer comme vos enfants, et qui ont été jusqu'ici si passionnés pour vous, meurent de faim. La culture des terres est presque abandonnée, les villes et les campagnes se dépeuplent; tous les métiers languissent et ne nourrissent plus les ouvriers. Tout commerce est anéanti. Par conséquent vous avez détruit la moitié des forces réelles du dedans de votre Etat, pour faire et pour défendre de vaines conquêtes au dehors. Au lieu de tirer de l'argent de ce pauvre peuple, il faudrait lui faire l'aumône et le nourrir. La France entière n'est plus qu'un grand hôpital désolé et sans provision. Les magistrats sont avilis et épuisés. La noblesse, dont tout le bien est en décret, ne vit que de lettres d'Etat. Vous êtes importuné de la foule des gens qui demandent et qui murmurent. C'est vous-même, Sire, qui vous êtes attiré tous ces embarras; car, tout le royaume ayant été ruiné, vous avez tout entre vos mains, et personne ne peut plus vivre que de vos dons. Voilà ce grand royaume si florissant sous un roi qu'on nous dépeint tous les jours comme les délices du peuple, et qui le serait en effet si les conseils flatteurs ne l'avaient point empoisonné.

Le peuple même (il faut tout dire), qui vous a tant aimé, qui a eu tant de confiance en vous, commence à perdre l'amitié, la confiance, et même le respect. Vos victoires et vos conquêtes ne le réjouissent plus; il est plein d'aigreur et de désespoir. La sédition s'allume peu à peu de toutes parts ... Si le Roi, dit-on, avait un cœur de père pour son peuple, ne mettrait-il pas plutôt sa gloire à leur donner du pain, et à les faire respirer après tant de maux, qu'à garder quelques places de la frontière, qui causent la guerre? Quelle réponse à cela, Sire? ... Vous êtes réduit à la honteuse et déplorable extrémité, ou de laisser la sédition impunie et de l'accroître par cette impunité, ou de faire massacrer avec inhumanité des peuples que vous mettez au désespoir en leur arrachant, par vos impôts pour cette guerre, le pain qu'ils tâchent de gagner à la sueur de leurs visages.

68 – Les paysans, par Le Nain.

... Vous craignez d'ouvrir les yeux; vous craignez d'être réduit à rabattre quelque chose de votre gloire. Cette gloire, qui endurcit votre cœur, vous est plus chère que la justice, que votre propre repos, que la conservation de vos peuples, qui périssent tous les jours des maladies causées par la famine, enfin que votre salut éternel incompatible avec cette idole de gloire.

Fénelon «Lettre à Louis XIV» Remontrances à ce prince
sur divers points de son administration (1694)

A. Analyse du texte

LE VOCABULAIRE ET LES LOCUTIONS

[2]**par chagrin** par mauvaise humeur — [14]**passionné** ici: qui a de l'affection — [17]**pour faire et pour défendre de vaines conquêtes au dehors** cf. historique du règne de Louis XIV, p. 140. — [19]**l'hôpital** (m) à l'époque de Fénelon, établissement où l'on accueille toutes sortes de misères — [20]**sans provision** sans réserve — **les magistrats** (m) sens plus large qu'aujourd'hui: les représentants de tous les pouvoirs administratifs ou de police — **le bien en décret** bien menacé d'être saisi par autorité de justice — [21]**lettres d'Etat** lettres d'un tribunal qui suspendait des procédures judiciaires pendant six mois — [22]**murmurer** ici: faire entendre une protestation sourde — [25]**en effet** en réalité — [29]**la sédition s'allume de toutes parts** allusion aux émeutes causées en 1694 par la cherté du blé — [32]**quelques places de la frontière** quelques villes fortes, quelques forteresses situées à la frontière — [33]**l'extrémité** (f) le plus triste état auquel l'on puisse être réduit — [37]**rabattre** abaisser, diminuer.

Travail personnel. Expliquez à l'aide du dictionnaire: faire l'aumône, la sédition, incompatible.

LE STYLE ET LA COMPOSITION

1. Recherchez les passages par lesquels Fénelon cherche
— à émouvoir,
— à exhorter
le roi.
2. Quels mots et quelles expressions vous paraissent destinés à faire une grande impression? Distinguez la part de la rhétorique obligatoire (antithèses, hyperboles, généralisations) de l'indignation réelle sur les malheurs de la France.
3. Distinguez les parties où Fénelon parle
— comme courtisan,
— comme prêtre ou comme prédicateur,
— comme noble qui se fait des soucis sur l'état de sa patrie.

QUESTIONS ET SUJETS DE CONVERSATION

1. Relevez dans cette lettre ce qui témoigne de la ruine de la France:
— les faits matériels: crise dans la culture, l'industrie, le commerce;
— les misères et les humiliations du peuple;
— la dénonciation des responsabilités: l'amour de la gloire chez le roi.
2. Quelle devrait être l'attitude d'un monarque vis-à-vis de son peuple, selon Fénelon?
3. Quelles sont les suites des guerres menées par Louis XIV?
4. Pourquoi le peuple n'est-il pas content?
5. Quel danger y a-t-il pour le royaume?
6. Est-ce que les victoires militaires de Louis XIV sont utiles à la longue?
7. Pourquoi le roi ne veut-il pas voir la misère du peuple?
8. Comment le règne de Louis XIV a-t-il préparé la Révolution de 1789?
9. Comparez ce texte, avec le commentaire d'un économiste moderne (Jean FOURASTIÉ «Le grand espoir du XXe siècle» 1949): «Avant la révolution industrielle commencée vers 1830 on assistait périodiquement à des effondrements de la production dans des proportions telles qu'il en résultait normalement morts d'hommes. Quand on sait la résistance de l'organisme humain au manque de nourriture, on peut apprécier le degré de famine qui devait affecter l'ensemble de la population (à l'exception d'une faible proportion de priviligiés) pour que 10% de ses membres mourussent, comme ce fut encore le cas au cours de la grande crise qu'ait subi la France, celle de 1709.»
10. Comparez ce texte avec la description de l'état des paysans dans la deuxième moitié du XVIIe siècle que nous donne Jean de LA BRUYÈRE (1645–1696) dans les «Caractères»: «L'on voit certains animaux farouches, des mâles et des femelles, répandus par la campagne, noirs, livides et tout brûlés du soleil, attachés à la terre qu'ils fouillent et qu'ils remuent avec une opiniâtreté invincible; ils ont comme une voix articulée, et quand ils se lèvent sur leurs pieds, ils montrent une face humaine, et en effet ils sont des hommes; ils se retirent la nuit dans des tanières où ils vivent de pain noir, d'eau et de racines; ils épargnent aux autres hommes la peine de semer, de labourer et de recueillir pour vivre, et méritent ainsi de ne pas manquer de ce pain qu'ils ont semé.»

B. Exercices pratiques

VOCABULAIRE

1. Distinguez: **faim** — **famine**.
Faim: besoin individuel de manger
Famine: manque général d'aliments qui fait que toute une population souffre plus ou moins de la faim.
2. La famille du mot **roi**.
Exercice: Cherchez les mots de la famille du mot *roi*. Avec les mots trouvés, formez quatre phrases où l'acception du mot employé apparaît clairement.

GRAMMAIRE

Analysez toutes les *propositions relatives* du texte: cherchez l'antécédent; expliquez quelle partie du discours est le pronom relatif. Que remarquez-vous sur l'emploi de ‹où›?

SUJETS DE COMPOSITION

1. Décrivez l'état du pays et l'attitude du peuple, tels qu'ils apparaissent dans la lettre de Fénelon.
2. Les conséquences néfastes du règne de Louis XIV en politique intérieure.

▷ Texte 35   Portrait de Louis XIV

Quoiqu'on lui ait reproché des petitesses, des duretés dans son zèle contre le jansénisme, trop de hauteur avec les étrangers dans ses succès, de la faiblesse pour plusieurs femmes, de trop grandes sévérités dans des choses personnelles, des guerres légèrement entreprises, l'embrasement du Palatinat, les persécutions contre les réformés, cependant ses franches qualités et ses actions mises enfin dans la balance, l'ont emporté sur ses fautes. Le temps, qui mûrit les opinions des hommes, a mis le sceau à sa réputation et malgré tout ce qu'on a écrit contre lui, on ne prononcera point son nom sans respect, et sans concevoir à ce nom l'idée d'un siècle éternellement mémorable. Si l'on considère ce prince dans sa vie privée, on le voit à la vérité trop plein de grandeur, mais affable, ne donnant point à sa mère de part au gouvernement, mais remplissant avec elle tous les devoirs d'un fils, et observant avec son épouse tous les dehors de la bienséance : bon père, bon maître, toujours décent en public, laborieux dans le cabinet, exact dans les affaires, pensant juste, parlant bien, et aimable avec dignité.

VOLTAIRE «Le siècle de Louis XIV» (1751)

▷ Texte 36   Fénelon jugé par un historien moderne

Lettre à Louis XIV, mémoires sur la guerre de Succession d'Espagne sont un écho de la propagande ennemie. Pour Fénelon, Louis XIV est responsable de toutes les guerres, car l'origine de tout est la guerre de Hollande, entreprise seulement par un motif de gloire et de vengeance. Des guerres sont injustes, donc les conquêtes sont injustes... Tous les mensonges et toutes les calomnies de l'ennemi se retrouvent chez Fénelon. Toutes ses défiances sont contre son roi, toute sa confiance va aux ennemis de la patrie... Fénelon semble avoir écrit avec les pamphlets de l'ennemi...

Il semble que Fénelon appartienne à cette catégorie d'hommes si effrayés du risque de se laisser entraîner par l'esprit de patrie et celui de parti, tellement émus à la pensée de n'être pas rigoureusement justes, qu'ils se placent au point de vue de l'adversaire jusqu'à se pénétrer de sa vision des choses, à ne plus voir que cet aspect, à donner à l'adversaire raison en tout, et à choir tout de même dans l'erreur de l'injustice, mais à l'égard de leurs compatriotes ou de leurs camarades de combat. Les humanitaires pacifistes de tous les temps tombent facilement dans ce travers...

Fénelon est un ‹défaitiste›. Du fond de lui-même ne montent que des images de détresse, que des prévisions sinistres...

La pensée politique chez Fénelon semble donc naître du choc éprouvé au contact du réel par une vive sensibilité, qui a tout emporté. La politique de Fénelon est du romantisme.

Roland MOUSNIER «La plume, la faucille et
le marteau. Institutions et Société en France
du Moyen Age à la Révolution» (1970)

QUESTIONS ET DEVOIRS

1. Comparez le portrait élogieux que Voltaire fait de Louis XIV
— avec sa description de l'état de la France au début et vers le milieu du règne de ce roi, d'une part, et
— avec le texte accusateur et pessimiste de Fénelon sur les misères de la France à la fin du règne, d'autre part.
En relevant aussi bien les faits matériels positifs que les faits matériels négatifs, faites un bilan du règne de Louis XIV.
2. En relevant les traits de caractère positifs aussi bien que négatifs du Grand Roi dans les trois textes, faites un portrait équilibré et impartial de Louis XIV. (Pour le portrait, cf. p. 131.)
3. Analysez le texte de Mousnier. Prouvez la thèse que l'auteur ne porte pas un jugement sur Fénelon comme personnalité de son temps, mais qu'il introduit dans son portrait critique une perspective moderne.

Historique du règne de Louis XIV

1618–1648	Guerre de Trente ans.
1643	Minorité de Louis XIV. Régence de sa mère Anne d'Autriche.
1643–1660	Gouvernement du cardinal Mazarin.
1648	Traité de Westphalie, l'Alsace devient française.
1652–1653	Fin de la Fronde.
1659	Paix des Pyrénées.
1661–1715	Règne personnel de Louis XIV.
1665	Les Français à Saint-Domingue.
1668	Traité d'Aix-la-Chapelle.
1673	Les Français à Pondichéry.
	Les Français (Jolliet et Marquette) dans la vallée du Mississippi.
1678	Traité de Nimègue.
1681	Occupation de Strasbourg.
1685	Révocation de l'Edit de Nantes.
1697	Paix de Ryswick.
1701–1713	Guerre de Succession d'Espagne.
1715	Mort de Louis XIV.
1715–1774	Louis XV, roi de France.

Texte 37   L'oppression du peuple

La fin du règne de Louis XIV avait déjà montré le revers de la gloire précédente: le pays supporte mal le fardeau des guerres toujours renouvelées et qui appauvrissent la population. On murmure contre les impôts trop élevés, on commence déjà à critiquer le système de l'absolutisme. Cette critique se poursuit à travers tout le XVIIIe siècle. On trouve des sujets de se plaindre dans la vie de chaque jour. L'accroissement du nombre des hommes par la diminution de la mortalité se répercute sur les prix: comme la production ne se développe pas aussi vite que les besoins, la ‹demande› de marchandises l'emporte sur l'‹offre›, et les prix montent.

Les premiers à en souffrir sont les paysans qui ont déjà une vie difficile. Outre les droits seigneuriaux, ils portent le poids principal des impôts directs. Si l'année est mauvaise, le paysan ne garde que peu de chose de sa récolte, une fois prélevées les parts du seigneur, du curé et du roi. Pour assurer l'achat de ses semences, il doit souvent avoir recours à un créancier qui réclamera sa part de la récolte prochaine.

Il est bien évident, dès lors, que les paysans du XVIIIe siècle se montraient aussi pauvres que possible pour échapper aux mesures du fisc. Jean-Jacques ROUSSEAU, d'origine suisse, glorifié plus tard par les révolutionnaires de 1789, montre jusqu'à quel point les exactions des publicains avaient déjà corrompu le caractère des paysans au milieu du XVIIIe siècle.

69

Un jour entre autres m'étant à dessein détourné pour voir de près un lieu qui me parut admirable, je m'y plus si fort et j'y fis tant de tours que je me perdis enfin tout à fait. Après plusieurs heures de course inutile, las et mourant de soif et de faim, j'entrai chez un paysan dont la maison n'avait pas belle apparence, mais c'était la seule que je
5 visse aux environs. Je croyais que c'était comme à Genève ou en Suisse, où tous les habitants à leur aise sont en état d'exercer l'hospitalité. Je priai celui-ci de me donner

à dîner en payant. Il m'offrit du lait écrémé et de gros pain d'orge en me disant que c'était tout ce qu'il avait. Je buvais ce lait avec délices et je mangeais ce pain, paille et tout; mais cela n'était pas fort restaurant pour un homme épuisé de fatigue. Ce paysan
10 qui m'examinait jugea de la vérité de mon histoire par celle de mon appétit. Tout de suite après m'avoir dit qu'il voyait bien que j'étais un bon jeune honnête homme qui n'étais pas là pour le vendre, il ouvrit une petite trappe à côté de sa cuisine, descendit et revint au moment après avec un bon pain bis de pur froment, un jambon très appétissant quoiqu'entamé, et une bouteille de vin dont l'aspect me réjouit le cœur plus que tout
15 le reste. On joignit à cela une omelette assez épaisse et je fis un dîner tel qu'autre qu'un piéton n'en connut jamais. Quand ce vint à payer, voilà son inquiétude et ses craintes qui le reprennent; il ne voulait point de mon argent; il le repoussait avec un trouble extraordinaire, et ce qu'il y avait de plaisant était que je ne pouvais imaginer de quoi il avait peur. Enfin il prononça en frémissant ces mots de Commis et de Rats-de-cave.
20 Il me fit entendre qu'il cachait son vin à cause des aides, qu'il cachait son pain à cause de la taille, et qu'il serait un homme perdu si l'on pouvait se douter qu'il ne mourût pas de faim. Tout ce qu'il me dit à ce sujet, et dont je n'avais pas la moindre idée, me fit une impression qui ne s'effacera jamais. Ce fut là le germe de cette haine inextinguible qui se développa depuis dans mon cœur contre les vexations qu'éprouve le malheureux
25 peuple et contre ses oppresseurs. Cet homme, quoiqu'aisé, n'osait manger le pain qu'il avait gagné à la sueur de son front, et ne pouvait éviter sa ruine qu'en montrant la même misère qui régnait autour de lui. Je sortis de sa maison aussi indigné qu'attendri et déplorant le sort de ces belles contrées à qui la nature n'a prodigué ses dons que pour en faire la proie des barbares publicains.

Jean-Jacques ROUSSEAU «Confessions» (1765—1770)

A. Analyse du texte

LE VOCABULAIRE ET LES EXPRESSIONS

[1]**se détourner** expression aujourd'hui désuète signifiant: prendre un chemin plus long que le chemin ordinaire — [7]**dîner** Au XVIIIe siècle, ce mot signifie encore: prendre le repas du midi. — **en payant** contre payement — **du pain d'orge** Gerstenbrot. Le pauvre peuple ne mangeait que du pain d'orge. — [8]**paille et tout** Au XVIIIe siècle, on disait proverbialement d'un homme qui faisait grande dépense: Tout y va, la paille et le blé. Dans notre passage, Rousseau emploie ce tour de façon ironique pour dire justement le contraire: qu'il n'a pas fait grande dépense. — [9]**restaurant** qui restaure, qui répare les forces — [16]**quand ce vint à payer** quand vint le moment de payer. L'expression ‹ce vient à› est déjà archaïque à l'époque de Rousseau. — [17]**il le repoussait avec un trouble extraordinaire** Le paysan pouvait craindre les commis parce qu'à son époque comme aujourd'hui il était défendu de vendre du vin au détail sans licence, ce qu'il faisait justement en acceptant de Jean-Jacques Rousseau le prix de la bouteille qu'il avait bue. — [19]**les Commis** Il s'agit des Commis des Finances et des Commis des Gabelles (gabelle = impôt sur le sel), chargés par l'Etat de surveiller le payement des impôts. — **les Rats-de-cave** commis des aides qui visitent le vin dans les caves — [20]**les aides** (f pl) subsides établis sur le vin et sur les autres boissons pour aider à soutenir les dépenses de l'Etat — [21]**la taille** impôt fondé sur l'exacte évaluation des revenus faite par les délégués des paroisses (Pfarreien). Fixé par des collecteurs pris tour à tour parmi les taillables, la taille était répartie d'après une estimation vague et arbitraire des facultés imposables de chaque contribuable (Steuerpflichtiger) et souvent selon les sentiments d'antipathie, de crainte ou de vengeance. Aussi la conviction était-elle profondément enracinée dans la mentalité populaire que le seul moyen de ne pas être ruiné était de paraître sans ressources, d'affecter les dehors de la misère. L'impopularité de la taille reposait aussi sur le fait qu'elle ne frappait que le peuple, surtout les paysans, qui fournissaient de la sorte le tiers, même la moitié des ressources de l'Etat. — [29]**le publicain** homme qui, sous l'Ancien Régime, avait acheté la charge de prélever les impôts (Steuerpächter); aujourd'hui vieilli et péj.
Travail personnel. Expliquez à l'aide du dictionnaire: à leur aise, du lait écrémé, du pain bis, un jambon entamé, frémissant, inextinguible, les vexations.

LE STYLE ET LA COMPOSITION

1. Ce passage montre bien les trois côtés du tempérament de Rousseau comme écrivain:
– l'amour de la nature et de la solitude;
– le récit sincère de tous les événements de sa vie;
– le défenseur ardent des droits du peuple opprimé.
Divisez ce texte d'après ces critères et donnez à chaque partie un titre convenable.
2. Le niveau de langage n'est pas le même dans toutes les parties du texte. Par quels procédés de style l'auteur souligne-t-il son indignation de voir le peuple ainsi pressuré?

QUESTIONS ET SUJETS DE CONVERSATION

1. Comment Rousseau a-t-il fait pour être obligé de demander à dîner chez un paysan?
2. Quelle idée se fait-il de l'hospitalité en France?
3. Pourquoi le paysan n'offre-t-il qu'un repas fort maigre?
4. Qu'est-ce qui le fait changer d'avis?
5. Pourquoi le paysan repousse-t-il l'argent que Rousseau lui offre?
6. Quelles sont les raisons pour lesquelles le paysan veut paraître pauvre?
7. Expliquez la situation du paysan.
8. Contre qui se dirige la haine de Rousseau?
9. Est-ce que vous voyez un rapport entre la haine de Rousseau et sa gloire postérieure, surtout à l'époque de la Révolution française?

B. Exercices pratiques

VOCABULAIRE

1. Cherchez les synonymes de l'adjectif **las.**
2. *Le suffixe* **-able** (< lat. [h]abilis) dont sont formés quelques noms et de nombreux adjectifs, exprime une possibilité active ou passive.
   ...un lieu qui me parut admir*able*...
est un lieu qu'on peut admirer, qui est digne d'être admiré.
Exercice: Cherchez dix autres adjectifs formés avec le suffixe *-able*. Choisissez ensuite cinq de ces adjectifs et formez des phrases qui font apparaître le sens de ces mots.
3. Vous trouvez dans le texte la phrase suivante:
   ...voilà ... ses *craintes* qui le *reprennent*.
L'auteur aurait également pu dire:
   ...voilà ... ses *craintes* qui le *regagnent*
                              qui le *ressaisissent*.
Il aurait même pu tourner la phrase de façon que le mot **crainte** fût devenu le *complément d'objet* de la phrase, p. ex.:
   Les commis sèment la *crainte* parmi les paysans.
Exercice: Cherchez tous les mots (verbes et adjectifs) qu'on peut employer en combinaison avec le nom *crainte*.
4. Expliquez les différentes acceptions du mot **ruine**.

GRAMMAIRE

1. Analysez l'*emploi des temps* dans ce texte. Cherchez surtout les raisons qui ont amené l'auteur à se servir soit du passé simple, soit de l'imparfait. Est-ce que l'auteur raconte toujours au passé?
2. Expliquez l'emploi de l'*imparfait du subjonctif* dans les phrases suivantes:
   ...j'entrai chez un paysan dont la maison n'avait pas belle apparence, mais c'était la seule que je *visse* aux environs.
   ...qu'il serait un homme perdu si l'on pouvait se douter qu'il ne *mourût* pas de faim.
3. Une *locution adverbiale* est une réunion de mots qui a la valeur d'un adverbe:
   ...m'étant *à dessein* détourné pour voir de près un lieu qui me parut admirable...
   ...je me perdis enfin *tout à fait*.
Cherchez d'autres locutions adverbiales dans le texte et analysez leur formation. De quels éléments se composent-elles?
Exercice: Formez quatre phrases dans lesquelles vous employez des *locutions adverbiales* autres que celles que vous avez trouvées dans le texte.
(Gr. § 178 ‖ § 226)
4. Analysez la *valeur des prépositions* (lieu, temps, cause, mode).
(Gr. §§ 184 suiv. ‖ §§ 246 suiv.)

SUJETS DE COMPOSITION

1. Décrivez la situation d'un paysan français dans la seconde moitié du XVIIIe siècle en vous servant des textes de J.-J. Rousseau et d'Arthur Young (texte 38).
2. Rédigez, en forme de lettre, les plaintes d'un paysan du XVIIIe siècle sur les impôts excessifs qu'il doit payer.

▷ Texte 38   La vie dans les campagnes à la veille de la Révolution française

Soucieux de connaître l'agriculture et les ressources politiques de la France, Arthur YOUNG parcourt à cheval ce pays en 1787, 1788 et 1789. Il publie ses notes de voyage dans un livre intitulé «Voyage en France», dont voici quelques extraits.

Le 1er juin 1787 en Sologne. C'est toujours la même contrée misérable; les champs offrent des tableaux de pitoyable culture, comme les maisons de misère. Et cependant tout ce pays serait hautement susceptible d'amélioration si l'on savait s'y prendre : c'est peut-être la propriété de ces êtres brillants qui, l'autre jour, figuraient dans la procession
5 de Versailles. Le ciel m'accorde la patience, quand je vois un pays aussi négligé, et me pardonne les jurons que je profère contre l'absentéisme de leurs propriétaires! ...

Le 14 août 1787. Quitté Saint-Palais et pris un guide pour me conduire à quatre lieues de là, à Hasparren (près de Bayonne). Jour de foire et l'endroit plein de paysans : je vis la soupe préparée pour ce que nous appellerions un repas de paysans : c'était une montagne
10 de tranches d'un pain de couleur peu ragoûtante, une grande masse de choux, de la graine et de l'eau; ce qui devait servir à nourrir plusieurs vingtaines d'hommes, une demi-douzaine de paysans anglais l'auraient mangé, et encore en grognant contre l'avarice de leur hôte.

Le 24 août 1787. Les habitants de la Gironde, comme les autres Français, mangent
15 peu de viande; dans le bourg de Layrac, on tue seulement cinq bœufs par an, tandis qu'un bourg anglais, de même population, en consommerait deux ou trois par semaine ...

Le 12 juillet 1789. Dans la Meuse, les Islettes (canton de Clermont-en-Argonne). Montant à pied une longue côte, pour reposer ma jument, je fus rejoint par une pauvre femme qui se plaignait du temps et du triste pays ... Cette femme, vue de près, on lui
20 aurait donné soixante à soixante-dix ans, tant sa taille était courbée et son visage ridé et durci par le travail; — mais elle me dit qu'elle n'en avait que vingt-huit.

Un Anglais qui n'a pas voyagé ne peut imaginer l'aspect de la plupart des paysannes en France; cela révèle, à première vue, qu'elles travaillent beaucoup plus durement que les hommes; ce travail, joint avec celui, plus misérable encore, de mettre au monde
25 une nouvelle race d'esclaves, détruit absolument toute symétrie de la personne et toute apparence féminine; à quoi faut-il attribuer cette différence de mœurs des basses classes entre les deux royaumes? Au gouvernement ...

Arthur YOUNG «Voyage en France» (1792)

QUESTIONS ET DEVOIRS

1. Comparez les observations du voyageur anglais avec le texte de J.-J. Rousseau. Montrez par le détail si le texte de Young confirme les accusations de Rousseau.
2. Relevez dans le texte de Young les faits matériels:
— les causes de l'état misérable des paysans français à la veille de la révolution française;
— les différences qu'il y a entre la nourriture d'un paysan français et celle d'un paysan anglais;
— les conditions dans lesquelles la plupart des paysans français sont obligés à vivre et à travailler.

3. Expliquez la misère générale des basses couches du peuple avant la révolution industrielle en comparant le texte de YOUNG avec le tableau ci-dessous:

Le budget d'une famille ouvrière à l'époque de Vauban en 1700		en 1965	
Méteil (mélange de froment et de seigle)	65%	Alimentation	39%
Autre nourriture	10%	Habillement	12%
Sel	10%	Habitation	20%
Loyer, entretien	5%	Hygiène et soins	9%
Impôt direct	10%	Divers (et transports)	20%
		(La Sécurité sociale couvre, en outre, une large part des frais médicaux, et donne droit à une pension de retraite.)	

Exercices de compréhension et de contrôle

I. Connaissance de la matière

1. Que savez-vous du règne de Charlemagne?
2. Faites un abrégé de la vie de la Pucelle.
3. Quel fut le rôle historique de Jeanne d'Arc?
4. Expliquez et commentez la phrase célèbre de Henri IV: «Paris vaut bien une messe».
5. Caractérisez la façon de gouverner de Henri IV.
6. Relevez les faits matériels qui pourraient justifier qu'on appelle Louis XIV un *grand* roi.
7. Décrivez la situation des paysans français au XVIIIe siècle.
8. Quelle était la fonction des états généraux?

II. Connaissance des méthodes

En vous servant du tableau de Louis XIV par Rigaud (p.133) et des différents textes sur ce roi, faites un *portrait moral par le physique* de Louis XIV.

III. Connaissance du vocabulaire

1. Expliquez:
— le désastre
— l'échec
— un pays ravagé
— outre-Rhin
— intrépide
— les huguenots.

2. Remplacez le mot qui ne convient pas:
— Jeanne d'Arc fut *broyée* par les Anglais.
— Charlemagne voulut *soulever* les Saxons.
— Henri IV *déploya* le plus possible la manière souriante et familière.
— La conscience du voleur était *lourde*.
— Ayant *famine*, Rousseau entra chez un paysan.

IV. Connaissance de la grammaire

Employez *y* ou *en* ou le pronom personnel, selon le cas:
1. Jeanne pense à sa mère.
   Elle (...?) pense (...?).
2. Charlemagne pense à la soumission des Saxons.
   Il (...?) pense (...?).
3. Le paysan, la voix coupée par des sanglots, parlait de sa pauvre femme qui travaillait toute la journée aux champs.
   Il (...?) parlait (...?).
4. Le paysan se plaignait des impôts qu'il était obligé à payer.
   Il se (...?) plaignait (...?).

LA RÉVOLUTION ET L'EMPIRE

Introduction: Importance historique de la Révolution française

La Grande Révolution de 1789 a eu un effet inouï sur le cours des événements historiques; elle fut d'une importance capitale, décisive pour toute l'humanité. Sa force dynamique, symbolisée par la devise magique ‹Liberté, Egalité, Fraternité›, n'a pas seulement laissé des empreintes ineffaçables dans l'organisation de la France et dans l'âme de la nation française: le mouvement révolutionnaire, cosmopolite à ses débuts spirituels, nationaliste dans sa suite guerrière, a aussi entraîné les autres peuples de l'Europe dans la voie des insurrections populaires et des guerres de liberté et qui aboutissent à la création d'un Etat moderne où le peuple se gouverne lui-même par ses représentants élus.

Dans la perspective de cet abrégé historique le récit de ces années si lourdes d'événements importants, si encombrées de luttes aux résonances sociales multiples, ne peut être présenté dans le détail. Ce sont les débuts de la Révolution qui, en France, ont pesé le plus lourdement sur le destin contemporain; l'année 1789, où s'effondrent les cadres sociaux et politiques de la France monarchique, y tient une place d'honneur. Mais c'est finalement la résistance contre l'agression venant de l'extérieur qui a stimulé les forces surprenantes de la France nouvelle: «Le gouvernement révolutionnaire a besoin d'une activité extraordinaire précisément parce qu'il est en guerre». (Robespierre) Nationalisme et autorité militaire étouffent lentement le grand élan libérateur du début de la Révolution et favorisent l'ascension d'un nouveau maître: Napoléon Bonaparte.

Texte 39 Déclaration des Droits de l'homme et du citoyen

Avant de créer une constitution, l'Assemblée Constituante proclama officiellement les principes dont elle allait s'inspirer. Elle vota, du 20 au 26 août 1789, la *Déclaration des Droits de l'homme et du citoyen*, où se retrouvent les idées philosophiques du XVIIIe siècle. C'est à cause de son caractère vraiment humain et toujours moderne que ce document est devenu une véritable charte de l'humanité. «C'était la philosophie du siècle, son législateur, son Moïse, qui descendait de la montagne, portant au front les rayons lumineux, et les tables dans ses mains». (Michelet)

La Déclaration des Droits de l'homme est une des œuvres les plus importantes produites par l'esprit français et une des actions les plus lourdes de conséquences de la Révolution de 1789. La Déclaration a dans son universalité le caractère d'un message humanitaire et c'est comme telle qu'elle a toujours été conçue à l'étranger. Son originalité propre tient à l'association qu'elle a faite entre la liberté et l'égalité. Aux XIXe et XXe siècles se développa dans presque tous les Etats du monde un combat acharné pour la mise à exécution de ces principes. Dans bien des constitutions, ce document figure, avec quelques variantes, jusqu'à nos jours, comme base légale de l'ordre public. La Déclaration universelle des droits de l'homme, votée par l'Assemblée générale des Nations unies, le 10 décembre 1948, à Paris, dans le dessein de proclamer les droits fondamentaux de l'humanité, s'inspire de l'ancienne déclaration en l'adaptant aux événements contemporains.

L'Assemblée nationale reconnaît et déclare, en présence et sous les auspices de l'Etre suprême, les droits suivants de l'homme et du citoyen.

Article premier. — Les hommes naissent et demeurent libres et égaux en droits. Les distinctions sociales ne peuvent être fondées que sur l'utilité commune.

5   Art. II. — Le but de toute association politique est la conservation des droits naturels et imprescriptibles de l'homme; ces droits sont la liberté, la propriété, la sûreté et la résistance à l'oppression.

Art. III. — Le principe de toute souveraineté réside essentiellement dans la Nation: nul corps, nul individu ne peut exercer d'autorité qui n'en émane expressément.

70 – Déclaration des Droits. Dessin et gravure de Niquet le Jeune (1789).

Art. IV. — La liberté consiste à pouvoir faire tout ce qui ne nuit pas à autrui. Ainsi, l'exercice des droits naturels de chaque homme n'a de bornes que celles qui assurent aux autres membres de la société la jouissance de ces mêmes droits. Ces bornes ne peuvent être déterminées que par la loi.

Art. V. — La loi n'a le droit de défendre que les actions nuisibles à la société. Tout ce qui n'est pas défendu par la loi ne peut être empêché, et nul ne peut être contraint à faire ce qu'elle n'ordonne pas.

Art. VI. — La loi est l'expression de la volonté générale. Tous les citoyens ont le droit de concourir personnellement, ou par leurs représentants, à sa formation. Elle doit être la même pour tous, soit qu'elle protège, soit qu'elle punisse. Tous les citoyens, étant égaux à ses yeux, sont également admissibles à toutes dignités, places et emplois publics, selon leur capacité et sans autres distinctions que celles de leurs vertus et de leurs talents.

Art. VII. — Nul homme ne peut être accusé, arrêté ni détenu que dans les cas déterminés par la loi, et selon les formes qu'elle a prescrites. Ceux qui sollicitent, expédient, exécutent ou font exécuter des ordres arbitraires, doivent être punis; mais tout citoyen appelé ou saisi en vertu de la loi doit obéir à l'instant: il se rend coupable par la résistance.

Art. VIII. — La loi ne doit établir que des peines strictement et évidemment nécessaires, et nul ne peut être puni qu'en vertu d'une loi établie et promulguée antérieurement au délit, et légalement appliquée.

Art. IX. — Tout homme étant présumé innocent jusqu'à ce qu'il ait été déclaré coupable, s'il est jugé indispensable de l'arrêter, toute rigueur qui ne serait pas nécessaire pour s'assurer de sa personne doit être sévèrement réprimée par la loi.

Art. X. — Nul ne doit être inquiété pour ses opinions même religieuses, pourvu que leur manifestation ne trouble pas l'ordre public établi par la loi.

Art. XI. — La libre communication des pensées et des opinions est un des droits les plus précieux de l'homme: tout citoyen peut donc parler, écrire, imprimer librement, sauf à répondre de l'abus de cette liberté dans les cas déterminés par la loi.

Art. XII. — La garantie des droits de l'homme et du citoyen nécessite une force publique; cette force est donc instituée pour l'avantage de tous et non pour l'utilité particulière de ceux à qui elle est confiée.

Art. XIII. — Pour l'entretien de la force publique, et pour leurs dépenses d'administration, une contribution commune est indispensable; elle doit être également répartie entre les citoyens en raison de leurs facultés.

Art. XIV. — Les citoyens ont le droit de constater par eux-mêmes ou par leurs représentants la nécessité de la contribution publique, de la consentir librement, d'en suivre l'emploi et d'en déterminer la quotité, l'assiette, le recouvrement et la durée.

Art. XV. — La société a le droit de demander compte à tout agent public de son administration.

Art. XVI. — Toute société, dans laquelle la garantie des droits n'est pas assurée, ni la séparation des pouvoirs déterminée, n'a point de constitution.

Art. XVII. — La propriété étant un droit inviolable et sacré, nul ne peut en être privé, si ce n'est lorsque la nécessité publique, légalement constatée, l'exige évidemment, et sous la condition d'une juste et préalable indemnité.

A. Analyse du texte

LE VOCABULAIRE ET LES EXPRESSIONS

[1]**sous les auspices** (m pl) sous la protection — [9]**émaner** en parlant de choses d'ordre moral: découler, provenir, venir de, être issu de — [17]**la volonté générale** Par le pacte social selon Rousseau, chacun s'unit à tous. Le contrat est passé avec la communauté. «Chacun de nous met en commun sa personne et toute sa puissance sous la suprême direction de la *volonté générale*, et nous recevons en corps chaque membre comme partie indivisible du tout. Chaque associé s'unit à tous et ne s'unit à personne en particulier; il n'obéit ainsi qu'à lui-même et reste aussi libre qu'auparavant.» (J.-J. ROUSSEAU «Contrat social») — [18]**concourir** coopérer, travailler en commun — [26]**en vertu de** en conséquence de, par l'effet de — [37]**sauf à répondre de** sous réserve de responsabilité en cas de (unter Vorbehalt der Verantwortung für) — [43]**en raison de** en proportion de — **les facultés** (f pl) ici: les facultés pécuniaires — [46]**la quotité** [kɔtite] le pourcentage, la part par laquelle chacun doit contribuer aux impôts; la part que chacun doit verser comme impôt — **l'assiette** (f) (des impôts) la base des impôts (Steuerveranlagung) — **le recouvrement** la perception des impôts (Steuererhebung, Steuereintreibung) — [52]**si ce n'est lorsque** sauf si — [53]**préalable** fixé et payé d'avance.

Travail personnel. Expliquez à l'aide du dictionnaire: l'arbitraire, promulguer une loi, réprimer.

LE STYLE

Relevez dans la Déclaration tous les mots et toutes les expressions qui montrent l'influence des philosophes du XVIIIe siècle (cf. t. II).

QUESTIONS ET SUJETS DE CONVERSATION

1. La Déclaration est, selon les idées du siècle, l'expression des droits naturels imprescriptibles, supérieurs à la volonté de la Nation; elle est une sorte de transposition des commandements de Dieu dans l'ordre civil et politique (cf. la citation de Michelet, introduction). L'Etat ne trouve pas sa fin en lui-même: sa raison d'être est d'exercer l'autorité que l'ensemble des citoyens lui a déléguée, et de conserver à chaque citoyen la jouissance de ses droits.

Cherchez dans le texte les passages
— qui font, directement ou indirectement, allusion à Dieu,
— qui mettent l'individu au-dessus de la collectivité.
2. La Déclaration comprend un préambule et dix-sept articles qui ne sont pas disposés avec un grand souci de la logique; ainsi, complétant le préambule, l'article II énumère les droits naturels et imprescriptibles de l'homme.
Cherchez dans le texte les passages qui se rapportent
— à la liberté,
— à l'égalité,
— à la propriété,
— à la souveraineté,
— à la loi,
— à la séparation des pouvoirs,
— à l'armée,
— aux impôts,
— à la responsabilité des fonctionnaires.
3. Cherchez dans le texte les articles qui énumèrent les droits de l'homme et ceux de la Nation.
4. «La Déclaration des *droits* atteste l'Etre suprême garant de la morale humaine. Elle respire le sentiment du *devoir*. Le devoir, non exprimé, n'y est pas moins présent partout.»
Vérifiez cette thèse de Michelet et cherchez à concrétiser de quels devoirs (du citoyen) il s'agit.
5. La Déclaration est une machine de guerre dressée contre l'Ancien Régime. Relevez les passages où elle condamne indirectement
— la monarchie de droit divin et l'absolutisme sous toutes les formes,
— l'intolérance religieuse,
— les entraves à la liberté de pensée et d'opinion,
— les privilèges de toutes sortes.
6. La Déclaration est apparue en France et dans le monde comme la charte de la démocratie sociale et de la démocratie politique: *la propriété fait partie de la liberté*, car c'est seulement par la propriété que l'homme est libre et indépendant vis-à-vis de l'Etat et de la société. Discutez ce point de vue!
7. La Déclaration, dépassant le cadre national, définit un programme universel de gouvernement représentatif et responsable. Relevez les passages où elle s'élève à l'universalité.
8. Analysez chaque article d'après les deux critères suivants:
— Quelles circonstances concrètes de l'époque l'ont fait naître? (Cf. p. ex. textes 37 et 38.)
— Est-il encore aujourd'hui valable pour tous les hommes ou doit-il être considéré comme dépassé?
9. Quels sont les droits fondamentaux de l'homme? Analysez la portée de ces droits pour l'organisation politique de l'Etat moderne.
10. Est-ce que ces droits fondamentaux suffisent de nos jours pour assurer une vie libre aux hommes? Est-ce qu'il y a des Etats où l'un ou l'autre de ces droits fondamentaux est volontairement oublié dans la constitution ou suspendu dans la pratique?

DOCUMENTATION

1. La *Déclaration des droits de l'homme et du citoyen* a des précédents étrangers (La *Pétition des droits*, rédigée par le Parlement d'Angleterre en 1689; la *Déclaration d'indépendance* des Etats-Unis, du 4 juillet 1776, et les six déclarations des droits des Etats américains).
Comparez les textes de la Déclaration de 1789 et celui de la Déclaration d'indépendance de 1776 et montrez ce qu'ils ont de commun et ce qui les distingue. Les analogies s'expliquent facilement: les deux Déclarations ont comme sources les idées des philosophes du XVIIIe siècle. Expliquez les différences par l'esprit particulier à chaque peuple et par les situations politiques différentes.
2. Comparez la Déclaration de 1789 et la constitution de la Ve République (texte 47). Montrez l'influence des idées de 1789 sur la constitution de la France actuelle.
3. Comparez la *Déclaration des droits de l'homme et du citoyen* et la Loi fondamentale (constitution) de la République fédérale d'Allemagne et montrez les principaux articles de la dernière où se manifeste l'influence de la Déclaration de 1789.
4. En quel cas la Déclaration permet-elle une ‹résistance›? Montrez l'importance de cet article pour la vie politique, par exemple dans les Etats où le gouvernement supprime les droits fondamentaux du peuple (IIIe Reich!).

71 – La patrie en danger.

Texte 40   «De l'audace, encore de l'audace»

La production littéraire à l'époque de la Révolution française est médiocre. Par contre le journalisme et l'éloquence prennent un essor considérable. Très vite, dans les Assemblées et les Clubs, l'éloquence devient l'arme des hommes politiques pour décider des plus graves questions, abattre leurs adversaires ou défendre leur tête. La plupart des ‹tribuns révolutionnaires› sont des hommes jeunes au tempérament passionné dont l'ardeur lyrique enflamme les foules.

De carrure athlétique, d'un caractère cordial, ouvert et emporté, DANTON déborde de force physique. Tout le pousse à l'action. Pour réaliser les principes révolutionnaires, il sacrifie la famille royale et fait déclarer la guerre aux ennemis de l'extérieur. Orateur fougueux, peu soucieux de l'ordonnance classique, il enflamme les Français à la veille de la bataille de Valmy (20 septembre 1792) — alors que les Prussiens envahissaient les provinces de l'Est et que l'Assemblée, prise de panique, veut se replier sur la Loire — par ces mots célèbres: «De l'audace, encore de l'audace, toujours de l'audace!» (discours devant l'Assemblée Législative, le 2 septembre 1792).

Il est bien satisfaisant, Messieurs, pour les ministres d'un peuple libre, d'annoncer à ses représentants que la patrie va être sauvée. Tout s'émeut, tout s'ébranle, tout brûle de combattre, tout se lève en France d'un bout de l'empire à l'autre.

Vous savez que Verdun n'est pas encore au pouvoir de l'ennemi. Vous savez que
5 la garnison a juré de mourir plutôt que de se rendre. Une partie du peuple va se porter aux frontières; une autre va creuser des retranchements, et la troisième, avec des piques, défendra l'intérieur de nos villes.

Paris va seconder ces grands efforts. Tandis que nos ministres se concertaient avec les généraux, une grande nouvelle nous est arrivée. Les commissaires de la Commune proclament de nouveau, en cet instant, le danger de la patrie, avec plus d'éclat qu'il ne fut. Tous les citoyens de la capitale vont se rendre au Champ-de-Mars, se partager en trois divisions: les uns vont voler à l'ennemi, ce sont ceux qui ont des armes; les autres travailleront aux retranchements, tandis que la troisième division restera et présentera un énorme bataillon hérissé de piques *(Applaudissements)*.

C'est en ce moment, Messieurs, que vous pouvez déclarer que la capitale a bien mérité de la France entière; c'est en ce moment que l'Assemblée nationale va devenir un véritable comité de guerre; c'est à vous à favoriser ce grand mouvement et à adopter les mesures que nous allons vous proposer avec cette confiance qui convient à la puissance d'une nation libre.

Nous vous demandons de ne point être contrariés dans nos opérations. Nous demandons que vous concouriez avec nous à diriger ce mouvement sublime du peuple en nommant des commissaires qui nous seconderont dans ces grandes mesures. Nous demandons qu'à quarante lieues du point où se fait la guerre les citoyens qui ont des armes soient tenus de marcher à l'ennemi; ceux qui resteront s'armeront de piques. Nous demandons que quiconque refusera de servir de sa personne ou de remettre ses armes soit puni de mort. — Il faut des mesures sévères; nul, quand la patrie est en danger, nul ne peut refuser son service sans être déclaré infâme et traître à la patrie. Prononcez la peine de mort contre tout citoyen qui refusera de marcher ou de céder son arme à son concitoyen plus généreux que lui, ou contrariera directement ou indirectement les mesures prises pour le salut de l'Etat...

Le tocsin qui sonne va se propager dans toute la France. Ce n'est point un signal d'alarme, c'est la charge sur les ennemis de la patrie *(on applaudit)*. Pour les vaincre, Messieurs, il nous faut de l'audace, encore de l'audace, toujours de l'audace, et la France est sauvée *(Applaudissements)*.

Georges-Jacques DANTON «Discours du 2 septembre 1792»

A. Analyse du texte

LE VOCABULAIRE ET LES EXPRESSIONS

[2]**s'ébranler** se mettre en mouvement; p.ex. une armée s'ébranle, se met en marche. — [3]**l'empire** (m) Le mot signifie ici l'ensemble du pays. — [4]**Verdun** La ville était alors assiégée par les Prussiens. La garnison se rendit à l'ennemi justement le 2 septembre 1792, alors que Danton la cita dans son discours comme un bel exemple de courage et de patriotisme. — [6]**le retranchement** Les retranchements doivent couvrir les défenseurs d'une position et arrêter les assaillants (Angreifer). — **la pique** arme formée d'une hampe (Schaft) garnie d'un fer plat et pointu, sorte de hallebarde. Faute d'autres armes, les révolutionnaires doivent se défendre avec des piques. — [9]**la Commune** Il s'agit de la Commune de Paris, qui fournit en quelques jours 20 000 volontaires. — [10]**le danger de la patrie** Négligeant la Constitution, la Législative prend en mains le pouvoir exécutif et donne une impulsion nouvelle à l'effort de la guerre; on avait déjà usé du même procédé le 11 juillet 1792. — [11]**le Champ-de-Mars** vaste terrain situé entre l'Ecole militaire et la Seine; au Champ-de-Mars on avait également célébré, le 14 juillet 1790, la ‹Fête de la Fédération›. — [15]**avoir bien mérité de la France** avoir rendu de hauts services à la France — [24]**être tenu de faire qc** être moralement obligé à faire qc — [29]**généreux** ici: animé de nobles sentiments — [32]**la charge** attaque impétueuse d'une troupe.

Travail personnel. Expliquez à l'aide du dictionnaire: seconder, se concerter, hérissé, contrarier, la lieue, infâme, le tocsin.

LE STYLE ET LA COMPOSITION

1. Danton veut réveiller *l'espérance* et *l'énergie* de l'Assemblée Législative. Montrez, en analysant l'emploi des modes et des temps dans les trois premiers paragraphes, comment l'orateur s'y prend.

2. L'éloquence de Danton est *directe* et *populaire*. Analysez sous ce point de vue
— la longueur des phrases
— les débuts de phrase (répétitions ou *anaphores*)
— l'emploi des conjonctions autres que ‹que› introduisant une proposition subordonnée.

QUESTIONS ET SUJETS DE CONVERSATION

1. Quelle est la situation de la France en septembre 1792?
2. Danton lance un appel à la levée en masse. Qui est appelé à défendre la France?
3. Pourquoi est-il important que la Commune de Paris ait déclaré ‹la patrie en danger›?
4. Pourquoi Danton cite-t-il la Commune de Paris comme exemple?
5. A quel sentiment du peuple Danton fait-il appel?
6. N'est-il pas imprudent de la part de Danton de menacer ceux qui contrarient ses mesures de la peine de mort alors qu'il a besoin de l'aide de tous les Français pour sauver la patrie?
7. Quel effet les dernières paroles du discours produisaient-elles sur un patriote de l'époque révolutionnaire?

B. Exercices pratiques

VOCABULAIRE

1. Les synonymes du verbe **seconder** sont: aider — assister — secourir — soutenir — favoriser — épauler — donner un coup de main.
Exercice: Formez sept phrases dans lesquelles vous employez chacun de ces verbes ou locutions de manière à faire apparaître les nuances entre les synonymes.
2. **généreux** et **infâme** étaient à l'époque de Danton plus près de leur *sens étymologique:*
lat. *infamis* (= perdu de réputation) > infâme
a) ici employé au sens étymologique de ‹perdu de réputation› (avoir de la réputation, c'est être fameux);
b) abject, avilissant; sale
lat. *generosus* (= d'origine noble) > généreux
a) qui est animé de nobles sentiments (sens classique),
b) aujourd'hui la signification la plus répandue est: qui donne largement.
3. Un assez grand nombre de noms français commencent par **co-, con-, com-**; ces préfixes apportent l'idée d'un accompagnement, d'une adjonction, d'une simultanéité, d'une communauté ou une signification analogue. Dans notre texte:
...tout citoyen qui refusera ... de céder son arme à son *concitoyen*...
Concitoyen signifie donc ‹citoyen du même Etat›.
Exercice: Cherchez cinq noms composés avec les préfixes *co-, con-, com-,* et employez ensuite les mots trouvés dans des phrases que vous formez vous-même.

GRAMMAIRE

1. Le *futur proche* s'exprime en général au moyen du semi-auxiliaire *aller* suivi de l'*infinitif*.
(Gr. § 50 ‖ §§ 51; 89,5)
Exercice: Cherchez dans le texte tous les *futurs proches* et analysez la valeur stylistique de ces formes (cf. aussi paragraphe ‹Le style et la composition›).
2. L'avant-dernier paragraphe du discours contient un certain nombre de *subjonctifs*.
Ex.: Nous demandons que vous *concouriez* avec nous à diriger ce mouvement sublime...
Ici le subjonctif n'exprime nullement l'incertitude ou le doute, car le ton du discours est plutôt impératif. Mais comme le verbe de la proposition principale exprime un ordre ou un souhait (‹demander›), les lois de la grammaire entraînent l'emploi du subjonctif dans la proposition subordonnée. On appelle ce phénomène une *servitude grammaticale*.
(Gr. § 75 ‖ § 113)

SUJETS DE COMPOSITION

1. Rédigez, en forme d'ordonnance ou de loi, toutes les mesures proposées par Danton.
2. En comparant le discours de Danton et la Déclaration des Droits de l'homme et du citoyen de 1789 (cf. texte 39), montrez par des détails précis jusqu'à quel point les révolutionnaires se sont éloignés de l'idéal.

La Grande Révolution et la Première République

1789	5 mai: Ouverture des Etats généraux à Versailles.
	17 juin: Assemblée nationale.
	14 juillet: Prise de la Bastille.
	4 août: Abolition des privilèges.
	26 août: Déclaration des Droits de l'homme et du citoyen.
1789–1791	Assemblée constituante.
1791	Première constitution; la France monarchie constitutionnelle.
	20–21 juillet: Fuite du roi et arrestation à Varennes.
1791–1792	Assemblée législative.
1792	20 avril: Déclaration de guerre à l'Autriche, alliée de la Prusse.
	10 août: Chute de la royauté.
	20 septembre: Canonnade de Valmy, retraite des Prussiens.
1792–1804	Première République.
1792–1795	La Convention nationale.
1793–1794	La Terreur.
1793	21 janvier: Exécution de Louis XVI.
	6 avril: Comité de Salut public.
	10 octobre: Exécution de la reine Marie-Antoinette.
1794	5 avril: Mort de Danton.
	27 juillet (9 Thermidor): Mort de Robespierre.
1795	26 octobre: Installation du Directoire.
1795–1799	Le Directoire (5 membres).
1795	Campagne de Bonaparte en Italie.
1798	Bonaparte en Egypte.
1799	9 novembre (18 Brumaire): Coup d'Etat de Bonaparte.
1799–1804	Le Consulat; Bonaparte Premier Consul.
1802	Bonaparte consul à vie.

Text 41   Pour et contre Napoléon

François-René de CHATEAUBRIAND (1768–1848), le célèbre précurseur du romantisme, dédia à l'Empereur sa première œuvre importante, «Le Génie du Christianisme». Le poète accepta les fonctions politiques que Napoléon lui confia, mais après l'exécution du duc d'Enghien (1804), il rompit avec Bonaparte pour devenir son ennemi acharné. Plus tard, dans ses «Mémoires d'outre-tombe», Chateaubriand a porté un jugement assez équitable sur Napoléon, jugement qui en somme contient déjà l'opinion de notre temps.

On saisira seulement dans toute son ampleur l'importance de la critique de Napoléon par son contemporain Chateaubriand, si l'on se rappelle auparavant la vie et les actions de l'Empereur. La critique de Chateaubriand montre d'une part combien Napoléon est resté fidèle à la tradition française et combien cette tradition, grâce à lui, s'est trouvée renforcée et a imprégné le caractère français pour les années qui ont suivi. D'autre part Chateaubriand montre que Napoléon viole les droits fondamentaux conquis par la Révolution et s'est ainsi aliéné l'attachement de la nation française. Le danger d'une domination autoritaire, telle qu'elle s'est exprimée en Napoléon Ier, nous rappelle, à nous autres Allemands, un passé proche.

I

Bonaparte n'est point grand par ses paroles, ses discours, ses écrits, par l'amour des libertés qu'il n'a jamais eu et n'a jamais prétendu établir; il est grand pour avoir créé un gouvernement régulier et puissant, un code de lois adopté en divers pays, des cours de justice, des écoles, une administration forte, active, intelligente, et sur
5 laquelle nous vivons encore. Il est grand pour avoir fait renaître en France l'ordre du sein du chaos, pour avoir relevé les autels. Il est grand, pour avoir enchaîné une tourbe anarchique; il est grand pour avoir forcé des soldats et des capitaines à fléchir sous sa

volonté. Il est grand surtout pour être né de lui seul, pour avoir su, sans autre autorité que celle de son génie, se faire obéir par trente-six millions de sujets. Il est grand pour avoir abattu les rois ses opposants, pour avoir défait toutes les armées, pour avoir appris son nom aux peuples sauvages comme aux peuples civilisés, pour avoir surpassé tous les vainqueurs qui le précédèrent, pour avoir rempli dix années de tels prodiges qu'on a peine aujourd'hui à les comprendre...

II

Le train du jour est de magnifier les victoires de Bonaparte: les patients ont disparu, on n'entend plus les imprécations, les cris de douleur et de détresse des victimes. On ne voit plus la France épuisée, labourant son sol avec des femmes. On ne voit plus les parents arrêtés en pleige de leur fils; on ne voit plus ces affiches de conscription collées au coin des rues, les passants attroupés devant ces immenses arrêts de mort et y cherchant les noms de leurs enfants, de leurs frères, de leurs amis, de leurs voisins.

On oublie que tout le monde se lamentait des triomphes; on oublie que la moindre allusion contre Bonaparte au théâtre, échappée aux censeurs, était saisie avec transport. On oublie que le peuple, la cour, les généraux, les ministres, les proches de Napoléon étaient las de son oppression et de ses conquêtes, las de cette existence remise en question chaque matin par l'impossibilité du repos...

Quant à Bonaparte, lui, malgré ses énormes acquisitions, il a succombé, non parce qu'il était vaincu, mais parce que la France n'en voulait plus. Grande leçon! qu'elle nous fasse à jamais ressouvenir qu'il y a cause de mort dans tout ce qui blesse la dignité de l'homme...

Vers la fin de l'Empire, tout le monde détestait le despotisme impérial. Un reproche grave s'attachera à la mémoire de Bonaparte: il rendit son joug si pesant, que le sentiment hostile contre l'étranger s'en affaiblit, et qu'une invasion, déplorable aujourd'hui en souvenir, prit, au moment de son accomplissement, quelque chose d'une délivrance.

François-René de CHATEAUBRIAND «Mémoires d'outre-tombe» (1848)

A. Analyse du texte

LE VOCABULAIRE ET LES EXPRESSIONS

³**un code de lois adopté en divers pays** Le Code civil est promulgué en 1804. Il reconnaît l'abolition du régime féodal, l'égalité des citoyens, la liberté individuelle, la liberté des consciences et la liberté de travail. Pour cimenter l'unité française il introduit une législation partout et pour tous identique. Elaboré dans une période où triomphe la bourgeoisie, il affirme et garantit comme ‹naturel et absolu› le droit de propriété et restaure l'importance de la famille. La précision et la clarté du Code civil lui assurent une rapide diffusion. Adopté par de nombreux pays aussi bien en Europe que dans le reste du monde — le Code Napoléon fut en vigueur jusqu'en 1900 dans plusieurs provinces allemandes (Rhénanie, Palatinat, Pays de Bade) — il joue dans la société moderne le même rôle que le droit romain dans l'Antiquité. — ⁴**des écoles** L'enseignement fournissait à l'Empereur un puissant moyen d'action sur les consciences. Napoléon voulait «diriger les opinions morales de la jeunesse» et donner une formation commune aux futurs cadres de la nation. Créée en 1808, l'Université Impériale reçut le monopole de l'instruction. Fortement centralisée et hiérarchisée, elle est dirigée par un Grand Maître. Dans sa structure extérieure, l'Université française d'aujourd'hui porte encore de nombreuses traces de la création impériale. — ⁶**pour avoir relevé les autels** allusion à la signature du Concordat à Paris, en 1801. Par la conclusion de ce Concordat, l'Eglise catholique, après les années terribles de la Révolution, se rapproche de la France nouvelle; elle se soumet à l'autorité du Premier Consul et retrouve sa sécurité et son unité. A Pâques 1802, les cloches de Notre-Dame de Paris retentissent de nouveau après dix ans de silence. — **la tourbe** la multitude, la foule — ¹⁰**défaire** ici: vaincre — ¹⁴**le train du jour** la tendance actuelle — **les patients** (m pl) ceux qui ont souffert — ¹⁷**arrêtés en pleige** arrêtés comme otages (Geisel) — ¹⁸**arrêt** (m) **de mort** ici: liste de gens promis à la mort; il s'agit de jeunes soldats appelés sous les drapeaux, dont peu reviendront au pays. —

²²**les proches** (m pl) les proches parents — ³¹**une invasion déplorable** Après les ‹Cent-Jours› (1815, retour de Napoléon de l'île d'Elbe), plus d'un million de soldats, venus de tous les pays d'Europe, occupèrent le territoire français.
Travail personnel. Expliquez à l'aide du dictionnaire: les imprécations, la délivrance.

LE STYLE ET LA COMPOSITION

1. Cherchez des titres pour les deux parties du texte.
2. Une *anaphore* est une figure de style qui consiste à répéter un mot ou un groupe de mots en tête de plusieurs phrases successives (ou propositions successives). Relevez dans le texte les anaphores et expliquez dans quelle intention l'auteur se sert de ce procédé de style.
3. Un procédé de style semblable est l'*énumération*. Analysez le texte et relevez les énumérations. Que constatez-vous? Quel effet l'auteur obtient-il par ce procédé de style?
4. Faites attention au fait que Chateaubriand ne désigne jamais l'Empereur par ‹Napoléon›, mais toujours par ‹Bonaparte›. Quelle attitude vis-à-vis du Corse se révèle ici?

QUESTIONS ET SUJETS DE CONVERSATION

1. Chateaubriand dit que Napoléon a «créé un gouvernement régulier et puissant». Comment Bonaparte s'y est-il pris? Pourquoi Chateaubriand regarde-t-il cela comme un bienfait?
2. Chateaubriand dit que Napoléon a fait «renaître l'ordre du sein du chaos». Expliquez et commentez cette phrase.
3. La deuxième partie du texte reflète l'opinion de la génération qui a succédé à Napoléon. Pourquoi magnifie-t-elle les victoires de l'Empereur?
4. Pourquoi les parents étaient-ils arrêtés en pleige de leur fils? Pensez aux guerres de Napoléon et au grand nombre de soldats dont il avait besoin.
5. Quelle était l'attitude de la nation à l'égard de Napoléon, d'après Chateaubriand?
6. Pourquoi Napoléon a-t-il succombé, si l'on veut en croire Chateaubriand?

B. Exercices pratiques

VOCABULAIRE

1. Le suffixe **-fier** (du suffixe lat. -ficare, dérivé de facere = faire), ajouté à un adjectif ou à un nom, sert à former des verbes qui éveillent l'idée de faire l'action ou de faire acquérir la qualité exprimée par le radical:
    Le train du jour est de *magnifier* les victoires de Bonaparte (lat. magnus = grand).
Exercice: Cherchez cinq autres verbes formés à l'aide du suffixe *-fier* et formez avec eux des phrases.
2. Le mot **génie** a dans notre texte le sens: aptitude supérieure de l'esprit qui élève un homme au-dessus de la foule:
    ...sans autre autorité que celle de son *génie*...
Cherchez dans votre dictionnaire les autres acceptions de ce mot. Comparez l'usage que le français fait de ce mot avec celui qu'en fait l'allemand, notamment à l'époque de Goethe.

GRAMMAIRE

1. La préposition **pour** suivie de l'infinitif passé, peut exprimer la notion de *causalité:*
    Il est grand *pour avoir créé* un gouvernement régulier et puissant.
équivaut à la phrase:
    Il est grand *parce qu'*il a créé un gouvernement régulier et puissant.
(Gr. § 61 ‖ § 94)
2. En général, les règles de la *concordance des temps* sont respectées en français. Toutefois il y a de nombreuses exceptions, surtout quand le style l'exige. Expliquez l'emploi de l'imparfait dans la phrase suivante:
    On oublie que tout le monde se *lamentait* des triomphes (et ainsi dans toutes les phrases de ce paragraphe).
(Gr. §§ 53–55; 83 ‖ § 86)

72 – Le pour...
Napoléon Ier –
Installation du
Conseil d'Etat
par Bonaparte,
Premier Consul,
25 décembre 1799
Peinture
d'Auguste Couder.

SUJETS DE COMPOSITION

1. Les effets de la politique napoléonienne dans votre propre région.
2. Montrez à partir de l'exemple de Napoléon les dangers qui peuvent naître pour l'individu d'une domination autoritaire.

DOCUMENTATION

Renseignez-vous sur la vie et le gouvernement de Napoléon Ier et faites-en un petit exposé pour illustrer le texte de Chateaubriand (sujet d'étude).

▷ Texte 42   Napoléon jugé par un historien moderne

Si les ambitions individuelles de Napoléon ne se sont point réalisées, son action n'en a pas moins laissé des traces profondes. En France, l'état nouveau n'avait pas encore trouvé son assiette : il lui a donné ses cadres administratifs, et de main de maître. La Révolution de 1789 avait poussé la bourgeoisie au pouvoir mais la démocratie le lui
5 avait ensuite contesté : sous la tutelle de l'empereur, les notables l'ont récupéré ; leur richesse et leur influence se sont accrues ; débarrassés de la menace populaire, ils se sont préparés à gouverner et à restaurer le libéralisme. En Europe, la propagation des idées françaises, l'influence de l'Angleterre, les progrès du capitalisme et par conséquent de la bourgeoisie tendaient au même résultat : il a singulièrement précipité l'évolution, en

73 – ... et le contre.
Le Pont de la Kolotchka, près de Borodino, le 17 décembre 1812, dix jours après les terribles combats de la Moscowa. Aquarelle de Faber du Faur.

détruisant l'Ancien régime et en introduisant les principes de l'ordre moderne. L'épanouissement de la culture, la proclamation de la souveraineté populaire, l'expansion du romantisme laissaient prévoir l'éveil des nationalités : par ses remaniements territoriaux, par ses réformes, il l'a encouragé. Le capitalisme s'implantait en Occident : le blocus en a protégé les débuts. Le romantisme fermentait depuis longtemps en Europe : Napoléon a été par excellence le héros de ses poètes. Mais si son influence a été considérable, c'est dans la mesure où elle s'exerçait dans le sens des courants qui entraînaient la civilisation européenne...

Puisque, à cet égard, il fut l'homme du siècle, on s'explique que sa légende ait germé si vite et se soit profondément enracinée. Néanmoins, entre ses tendances personnelles et ce qu'il y a de durable dans son œuvre, et que la légende seule a retenu, il y a contradiction. Il était devenu de plus en plus hostile à la Révolution, au point que, s'il en avait eu le temps, il aurait fini par répudier en partie l'égalité civile ; pourtant il est devenu, dans l'imagination populaire, le héros de la Révolution. Il a rêvé d'un empire universel et, pour les Français, il est cependant resté le défenseur des frontières naturelles, tandis que les libéraux d'Europe l'ont opposé aux rois de la Sainte-Alliance comme le défenseur des nationalités. Il avait institué le despotisme le plus rigoureux, et on a combattu, en son nom, les Bourbons constitutionnels. Il a été l'idole des romantiques, tandis que par les méthodes de sa pensée comme par ses goûts littéraires et artistiques, il était un pur classique...

Seuls les romantiques ne se trompaient pas tout à fait, car il n'était classique que par la culture et par les formes de l'intelligence. Le ressort de son action était l'imagination, la poussée invincible du tempérament. C'est le secret du charme qu'il exerçait sur les individus. Ne serait-ce que dans l'ardeur fugitive et trouble de leur jeunesse, les hommes seront toujours hantés par les rêves romantiques de puissance. Il n'en manquera jamais pour venir s'exalter devant le Tombeau.

Georges LEFEBVRE «Napoléon» (1941)

NOTES

²**l'état nouveau** c'est-à-dire le régime politique né de la révolution de 1789 — ³**l'assiette** ici: la stabilité — **il lui a donné ses cadres administratifs** Par la loi du 17 février 1800, Napoléon donna à l'administration française la forme qu'en principe elle a gardée jusqu'à nos jours. — ⁵**les notables** les gens qui, par leur fortune, leur naissance et leur réputation morale exercent, sans titre officiel, une grande autorité dans leur région — ⁷**la propagation des idées françaises** c'est-à-dire des idées de la Révolution française — ¹²**ses remaniements territoriaux** p.ex. en Allemagne par la destruction du Saint-Empire et par la création de nouveaux Etats de taille moyenne — ¹³**le blocus** (continental) mesures prises par Napoléon pour fermer au commerce de l'Angleterre tous les ports du continent et ruiner sa marine — ¹⁴**le romantisme fermentait depuis longtemps en Europe** allusion à Jean-Jacques Rousseau et à la poésie et au théâtre des jeunes Goethe et Schiller (Sturm und Drang) — ¹⁵**le héros de ses poètes** Hugo, Musset, Vigny glorifiaient Napoléon et contribuaient à créer une légende napoléonienne. — ²⁵**les rois de la Sainte-Alliance** Le pacte de la Sainte-Alliance fut conclu le 26 septembre 1815 entre le tsar Alexandre de Russie (orthodoxe), l'empereur d'Autriche (catholique) et le roi de Prusse (protestant) pour maintenir l'ordre politique et social établi par le Congrès de Vienne. — ²⁷**les Bourbons constitutionnels** La Charte (constitution) accordée par les Bourbons aux Français laissait plus de libertés politiques que le régime de Napoléon. — ³⁵**le Tombeau** le tombeau de Napoléon Ier au Dôme des Invalides à Paris.

QUESTIONS ET DEVOIRS

1. Cherchez un titre pour chaque partie du texte et résumez brièvement son contenu.
2. L'auteur procède par antithèses. Dégagez les antithèses de la première et de la seconde partie.
3. L'auteur de ce texte n'écrit pas sous l'impression personnelle du régime de Napoléon, comme Chateaubriand. Cependant, il y a des parties où le jugement des deux auteurs est identique: relevez-les.
4. Comparez le style des deux textes: résultat?

Historique du Premier Empire

1804	18 mai: Napoléon proclamé Empereur des Français.
	2 décembre: Couronnement de Napoléon et de Joséphine de Beauharnais.
1805	2 octobre: Victoire maritime de Nelson à Trafalgar.
	2 décembre: Victoire de Napoléon sur les Austro-Russes à Austerlitz.
1806	14 octobre: Victoire de Napoléon sur les Prussiens à Iéna et à Auerstaedt.
	21 novembre: Blocus continental.
1807	Juillet: Traité de Tilsit.
1808	Insurrection de l'Espagne.
1810	Napoléon épouse Marie-Louise d'Autriche.
1810–1811	Echecs de Napoléon en Espagne et sur la mer.
1812	Juin–décembre: Campagne de Russie.
1813	18 octobre: Défaite de Napoléon à Leipzig.
1814	10 avril: Première abdication de Napoléon à Fontainebleau.
	Première Restauration des Bourbons.
	Louis XVIII rentre en France.
1814–1815	Congrès de Vienne.
1815	Retour de Napoléon de l'île d'Elbe.
	Les Cent-Jours (mars-juin).
	18 juin: Bataille de Waterloo.
	22 juin: Deuxième abdication de Napoléon.
	Seconde Restauration des Bourbons.
1821	5 mai: Mort de Napoléon à Sainte-Hélène.

L'ÉPOQUE MODERNE

Introduction: Les étapes de l'histoire française depuis la Révolution

La fin de l'Empire marque aussi le début de l'époque moderne. La Restauration, qui ramène les Bourbons en France, n'excite pas l'enthousiasme, et jusqu'en 1848 c'est une lutte sans relâche entre les forces de conservation et de liberté. Les événements en France donnent le ton en Europe: ainsi les Révolutions de 1830 et de 1848 sont suivies d'émeutes, de révoltes et de révolutions en Allemagne et en Italie. L'Empire de Napoléon III et la guerre franco-allemande de 1870/71 peuvent arrêter un moment le mouvement libéral, mais la proclamation de la IIIe République, qui manifeste son caractère démocratique et laïque, n'est que le résultat fatal des forces déclenchées par la Grande Révolution de 1789 et par Napoléon Ier, l'architecte de la France moderne. La IVe et la Ve République ne font que continuer l'œuvre commencée par leurs prédécesseurs en adaptant le régime politique de la France aux besoins du XXe siècle.

Mais ce n'est pas seulement du point de vue politique que la fin de l'Empire ouvre une ère nouvelle. L'irruption de la machine, l'âge industriel, l'agglomération d'une grande partie de la population dans les villes, les conflits sociaux, l'inquiétude des masses, tout cela prend son départ à cette époque: le monde de l'Ancien Régime est définitivement mort, un nouveau monde naît dans la douleur. Et c'est dans ce monde industriel que nous vivons aujourd'hui encore.

Texte 43   Présage d'un monde nouveau

Félicité-Robert de LAMENNAIS (1782–1854) était l'un des premiers à avoir compris les changements intervenus depuis la Révolution française et les débuts de l'industrialisation. Désormais ce ne sera plus la noblesse qui aura le premier rang dans la société, ni le roi qui décidera de tout, mais c'est au peuple que reviendra la première place dans l'ordre social: «Sans le peuple nulle prospérité, nul développement, nulle vie, car point de vie sans travail, et le travail est partout la destinée du peuple.»

Chrétien, prêtre, homme du peuple, défenseur de la République, voilà comment nous apparaît cette grande figure. Mais ses idées paraissent trop avancées pour son temps. Parce qu'il défendait l'opinion que le catholicisme pouvait être une religion de liberté, il est condamné par Rome et, en 1834, il rompt définitivement avec l'Eglise. Il influence beaucoup le catholicisme libéral et développe sa doctrine qui prendra plus tard le nom de ‹socialisme chrétien› ou de ‹christianisme social›.

Le passage suivant des «Paroles d'un Croyant» exprime la confiance mystique de Lamennais dans un monde où sera exclu le mal, vaincu par l'amour, et la charité fraternelle.

Tout ce qui arrive dans le monde a son signe qui le précède.

Lorsque le soleil est près de se lever, l'horizon se colore de mille nuances, et l'Orient paraît tout en feu.

Lorsque la tempête vient, on entend sur le rivage un sourd bruissement, et les flots
5 s'agitent comme d'eux-mêmes.

Les innombrables pensées diverses qui se croisent et se mêlent à l'horizon du monde spirituel sont le signe qui annonce le lever du soleil des intelligences.

Le murmure confus et le mouvement intérieur des peuples en émoi sont le signe précurseur de la tempête qui passera bientôt sur les nations tremblantes.
10   Tenez-vous prêts, car les temps approchent.

En ce jour-là, il y aura de grandes terreurs, et des cris tels qu'on n'en a point entendu depuis les jours du déluge.

Les rois hurleront sur leurs trônes; ils chercheront à retenir avec leurs deux mains leurs couronnes emportées par les vents, et ils seront balayés avec elles.

74 – «Le mouvement intérieur des peuples en émoi est le signe précurseur de la tempête...»

15   Les riches et les puissants sortiront nus de leurs palais de peur d'être ensevelis sous les ruines.

On les verra, errants sur les chemins, demander aux passants quelques haillons, pour couvrir leur nudité, un peu de pain noir pour apaiser leur faim, et je ne sais s'ils l'obtiendront.

20   Et il y aura des hommes qui seront saisis de la soif du sang et qui adoreront la mort, et qui voudront la faire adorer.

Et la mort étendra sa main de squelette comme pour les bénir et cette bénédiction descendra sur leur cœur et il cessera de battre.

Et les savants se troubleront dans leur science et elle leur apparaîtra comme un petit
25   point noir, quand se lèvera le soleil des intelligences.

Et à mesure qu'il montera, sa chaleur fondra les nuages amoncelés par la tempête, et ils ne seront plus qu'une légère vapeur, qu'un vent doux chassera vers le Couchant.

Jamais le ciel n'aura été aussi serein, ni la terre aussi verte et aussi féconde.

Félicité-Robert de LAMENNAIS «Paroles d'un Croyant» (1834)

A. Analyse du texte

LE VOCABULAIRE ET LES EXPRESSIONS

²**l'Orient** (m) L'Orient dans la Bible est le point de départ des manifestations divines. L'Orient a été considéré comme le point cardinal de l'espérance. Les traductions françaises de la Bible donnent toujours ‹Orient› et jamais ‹est›. Le mot en outre a une valeur poétique. ‹Est› demeure spécialisé: c'est un terme géographique. — ⁹**les nations** Le mot a ici la signification de pays, Etat. — ¹²**le déluge** Suivant la Bible, la Terre a été dévastée après l'appa-

rition de l'homme par une grande inondation, le déluge (Sintflut). — ²⁶**les nuages amoncelés** les nuages accumulés, amassés par le vent — ²⁷**le Couchant** l'ouest, cf. la notice sur l'Orient — ²⁸**serein** clair, pur et calme.
Travail personnel. Expliquez à l'aide du dictionnaire: en émoi, ensevelir, les haillons.

LE STYLE ET LA COMPOSITION

1. Ce passage est écrit en *versets*, imitant en cela la Bible. Chaque verset contient d'ordinaire une idée. Analysez le texte et cherchez si vous trouvez encore d'autres procédés de style (mots, expressions, tours sentencieux, images) empruntés à la Bible.
2. Analysez l'emploi de la conjonction ‹et›. Est-ce qu'elle a seulement la valeur d'une conjonction de coordination neutre?
3. Les poètes romantiques se plaisent à juxtaposer des scènes de ton fort différent. Montrez par des exemples précis que ce texte a aussi un caractère romantique.
4. Montrez la progression de la pensée en divisant le texte dans les éléments de sa composition. Donnez à chaque partie ainsi trouvée un titre convenable.
5. Quelle valeur stylistique a l'adverbe ‹jamais› placé au début de la phrase (verset 15)?

QUESTIONS ET SUJETS DE CONVERSATION

1. Quels sont les signes avant-coureurs du renouvellement du monde?
2. Comment l'auteur établit-il la correspondance entre le monde physique et le monde moral?
3. A quels événements Lamennais fait-il allusion dans le verset 8?
4. Est-ce qu'il voit les événements en historien?
5. Est-ce que l'auteur songe au passé ou au présent? Faites attention au temps employé dans les versets 7 et suivants.
6. Comment appelleriez-vous un homme qui, comme Lamennais, présage l'avenir?
7. Qui est l'objet de la malédiction de Lamennais? Réfléchissez pourquoi l'auteur choisit justement ces couches sociales. Quel reproche leur fait-il?
8. Quelle image l'auteur se fait-il de l'avenir?
9. Comparez la méthode de Lamennais au *matérialisme historique*, doctrine élaborée par Karl MARX (1818–1883) et Friedrich ENGELS (1820–1895) qui explique l'évolution de l'humanité par l'influence conjuguée de la technique, de l'économie et de la lutte des classes. Pour le marxiste, ce sont les faits économiques, les «forces productrices» (conditionnées par la technique et l'état social) qui constituent la *structure* fondamentale, au-dessus de laquelle s'élaborent les *superstructures*: lois, régime, politique, philosophie, religion. Cette doctrine est matérialiste puisqu'elle retient, comme facteur essentiel du progrès, non des forces spirituelles, — «le prétendu développement général de l'esprit humain», disait dédaigneusement Marx, — mais des phénomènes matériels.

B. Exercices pratiques

VOCABULAIRE

1. Lamennais, né en Bretagne (cf. texte 27, notes, l. 31), se sert d'images familières à son esprit et qui appartiennent au domaine de la mer. Cherchez dans le texte tous les mots et expressions se rapportant à la *mer*.
2. Le mot **obtenir** est souvent confondu par les élèves allemands avec le mot **recevoir**, tous les deux signifiant en allemand ‹erhalten›, ‹bekommen›.
Obtenir — c'est, d'une façon générale, parvenir à, se faire accorder, se faire donner ce qu'on veut avoir; atteindre un résultat. Exemple: obtenir un poste.
Recevoir — c'est être mis en possession de quelque chose sans qu'on se soit donné de la peine pour l'avoir. Exemple: recevoir une lettre.
Toucher — s'emploie quand il s'agit d'argent qu'on nous remet. Exemple: toucher son salaire.
Exercice: Formez six phrases dans lesquelles vous emploierez, à des temps différents, les trois verbes expliqués ci-dessus de façon à faire apparaître leur signification exacte.

GRAMMAIRE

1. La locution prépositive **près de** peut être employée en deux fonctions:
– Suivie d'un *nom*, elle exprime la *proximité locale*.
Ex.: Il demeure *près de* l'église.

—Suivie d'un *infinitif*, elle exprime la *proximité dans le temps* et signifie ‹sur le point de›.
Ex.: Lorsque le soleil est *près de* se lever...
2. Formez l'inf. prés., la 1ère pers. sg. prés. ind. et la 3e pers. plur. imparf. ind. de tous les verbes employés au fut. simple.

SUJETS DE COMPOSITION

1. Les idées politiques et sociales de Lamennais, d'après ce texte.
2. Analysez l'influence des idées de Lamennais sur le catholicisme ‹de gauche› et les partis chrétiens démocrates de nos jours. (Cf. tabl. 114 et texte 66.)

DOCUMENTATION

1. Renseignez-vous sur les événements politiques et le mouvement des idées en France entre 1815 et 1848 (sujet d'étude).
2. Ce texte montre l'étroit rapport qui existe en France entre la vie politique et la vie littéraire. Cherchez-en d'autres exemples et comparez la situation de l'écrivain en France avec celle de l'écrivain en Allemagne.

Texte 44 «J'accuse!»

Les premières années de la IIIe République furent marquées de crises intérieures. Des forces politiques disparates — royalistes, bonapartistes, républicains de gauche et de droite — se disputaient le pouvoir. Le malaise fut augmenté par une crise sociale, causée par l'industrialisation du pays et par le souvenir encore très vivant de la répression impitoyable de la Commune de 1871 par les forces de la bourgeoisie. Dans ces circonstances, il suffit que la propagande s'emparât d'un événement même de second ordre pour déchaîner les passions longtemps retenues. Cet événement fut l'affaire Dreyfus.

Le capitaine Alfred Dreyfus (1859–1935) était, en 1894, un officier de valeur, originaire d'une riche famille alsacienne; il était stagiaire à l'état-major général, et il pouvait croire que ses mérites lui assureraient une très bonne carrière militaire. Lorsque le service de renseignements français découvrit, en septembre 1894, une lettre ni signée ni datée, ‹le bordereau› (une liste de pièces jointes à une lettre), à l'ambassade d'Allemagne qui ne pouvait provenir que de l'état-major général, on soupçonna tout de suite Dreyfus d'être coupable, car il était juif. Le capitaine juif fut condamné par le conseil de guerre à la déportation à vie et la dégradation militaire; le jugement se fondait sur une pièce falsifiée dont ni l'accusé ni son défenseur n'avaient eu connaissance.

Les efforts de la famille Dreyfus et de ses amis pour obtenir la révision du procès furent vains; trop de personnalités importantes de l'armée et du gouvernement y étaient déjà mêlées. C'est alors que le célèbre romancier Emile ZOLA entreprit d'alerter l'opinion publique par une lettre ouverte au Président de la République (1898). Zola obtint ce qu'il avait voulu: il fut traduit en Cour d'Assises et condamné au maximum. Mais à la suite de la campagne révisionniste, un nouveau conseil de guerre condamna Dreyfus à dix ans de détention, et le Président de la République le gracia. Entière justice fut faite en 1906 lorsque la Cour de cassation annula le jugement de 1899.

Au-delà du problème judiciaire, Dreyfus devint le symbole des grandes idées qui s'affrontaient alors en France: «L'affaire Dreyfus aura, dans l'histoire de l'humanité, au moins la valeur morale d'une guerre et sans doute la valeur morale d'une révolution.» (Charles PÉGUY, dans «La Revue blanche», 15 août 1899). Les dreyfusards luttaient pour la vérité, la justice, les droits de l'homme; on trouvait parmi eux des hommes politiques comme Clemenceau et Jaurès, mais aussi des ‹intellectuels› (le mot date de l'époque) comme Anatole France, Zola, Péguy, en gros plutôt la gauche. Les antidreyfusards groupaient dans leurs rangs les antisémites, les officiers, les nationalistes, la plupart des catholiques, en gros la droite. Ces groupes se maintinrent encore longtemps après l'affaire Dreyfus.

Lettre au Président de la République

...Un conseil de guerre vient, par ordre, d'oser acquitter un Esterhazy, soufflet suprême à toute vérité, à toute justice. Et c'est fini, la France a sur la joue cette souillure, l'histoire écrira que c'est sous votre présidence qu'un tel crime social a pu être commis.

75 – La dégradation du capitaine Dreyfus. Illustration d'époque.

    Puisqu'ils ont osé, j'oserai aussi, moi. La vérité, je la dirai, car j'ai promis de la dire,
si la justice, régulièrement saisie, ne la faisait pas, pleine et entière. Mon devoir est de parler,
et je ne veux pas être complice. Mes nuits seraient hantées par le spectre de l'innocent
qui expie là-bas, dans la plus affreuse des tortures, un crime qu'il n'a pas commis...
    On nous parle de l'honneur de l'armée, on veut que nous l'aimions, que nous la
respections. Ah! certes, oui, l'armée qui se lèverait à la première menace, qui défen-
drait la terre française, elle est tout le peuple et nous n'avons pour elle que tendresse
et respect. Mais il ne s'agit pas d'elle, dont nous voulons justement la dignité, dans
notre besoin de justice. Il s'agit du sabre, le maître qu'on nous donnera demain peut-
être. Et baiser dévotement la poignée du sabre, le dieu, non!...
    J'accuse le lieutenant-colonel du Paty de Clam d'avoir été l'ouvrier diabolique de
l'erreur judiciaire, en inconscient, je veux le croire, et d'avoir défendu son œuvre néfaste,
depuis trois ans, par les manœuvres les plus saugrenues et les plus coupables.
    J'accuse le général Mercier de s'être rendu complice, tout au moins par faiblesse
d'esprit, d'une des plus grandes iniquités du siècle.
    J'accuse le général Billot d'avoir eu entre les mains les preuves certaines de l'inno-
cence de Dreyfus et de les avoir étouffées, de s'être rendu coupable de ce crime de
lèse-humanité et de lèse-justice, dans un but politique et pour sauver l'état-major compromis.
    J'accuse le général de Boisdeffre et le général Gonse de s'être rendus complices
du même crime, l'un sans doute par passion cléricale, l'autre peut-être par cet esprit
de corps qui fait des bureaux de la guerre l'arche sainte, inattaquable.

...J'accuse enfin le premier conseil de guerre d'avoir violé le droit en condamnant un accusé sur une pièce restée secrète, et j'accuse le second conseil de guerre d'avoir couvert cette illégalité, par ordre, en commettant à son tour le crime juridique d'acquitter
30 sciemment un coupable.

En portant ces accusations, je n'ignore pas que je me mets sous le coup des articles 30 et 31 de la loi sur la presse du 20 juillet 1881, qui punit les délits de diffamation. Et c'est volontairement que je m'expose.

Quant aux gens que j'accuse, je ne les connais pas, je ne les ai jamais vus, je n'ai contre
35 eux ni rancune ni haine. Ils ne sont pour moi que des entités, des esprits de malfaisance sociale. Et l'acte que j'accomplis ici n'est qu'un moyen révolutionnaire pour hâter l'explosion de la vérité et de la justice.

Je n'ai qu'une passion, celle de la lumière, au nom de l'humanité qui a tant souffert et qui a droit au bonheur. Ma protestation enflammée n'est que le cri de mon âme.
40 Qu'on ose donc me traduire en cour d'assises et que l'enquête ait lieu au grand jour! J'attends...

Emile ZOLA, dans le journal l'*Aurore*, le 13 janvier 1898

A. Analyse du texte

LE VOCABULAIRE ET LES EXPRESSIONS

lettre au Président de la République Félix Faure, Président de la République de 1895 à 1899. La lettre fut publiée dans le journal radical *l'Aurore*, le 13 janvier 1898, sous le titre «J'accuse!». — [1]**un conseil de guerre** tribunal militaire — **acquitter** reconnaître que qn n'est pas coupable — **Esterhazy** [ɛstɛrazi] Marie Charles Ferdinand Walsin, officier français d'origine hongroise (1847–1923). Attaché à l'état-major de l'armée française, il se livra à des activités d'espionnage pour diverses puissances. La découverte d'une de ses lettres (‹le bordereau›) amena la condamnation de Dreyfus [drefys]. Soupçonné par le commandant Picquart, le chef du service de renseignements dans les années après le premier procès de Dreyfus, il passe, sur sa propre demande, en conseil de guerre et est acquitté (janvier 1898). Il avoua sa culpabilité l'année suivante. — [5]**saisir la justice** porter une affaire devant un tribunal — [6]**mes nuits seraient hantées**... je serais obsédé pendant la nuit par le spectre... — [7]**là-bas** Dreyfus avait été déporté à l'île du Diable (Cayenne). — [13]**le dieu** ‹dieu› est ici en apposition à sabre: on fait du sabre un dieu, on le révère comme une divinité, on baise sa poignée dévotement comme une relique ou un crucifix. — [14]**du Paty de Clam** officier chargé de l'enquête contre Dreyfus. Il lui fait écrire une lettre sous sa dictée et est convaincu de la ressemblance de l'écriture du ‹bordereau› et celle de Dreyfus. Au procès, les expertises d'écriture sont contradictoires. — [15]**en inconscient** de bonne foi; sans avoir conscience de l'erreur commise — [16]**saugrenu** absurde, déplacé — [17]**Mercier** Auguste, général français (1833–1921). Ministre de la Guerre en 1893–94 et en 1894–95, ce fut sur ses ordres que Dreyfus fut traduit en conseil de guerre. Il quitta l'armée en 1898 et fut élu sénateur. Violemment attaqué lors de la révision du procès Dreyfus, il ne revint jamais sur ses accusations à l'égard de ce dernier. — [19]**Billot** [bijo] Jean-Baptiste, général et homme politique français; ministre de la Guerre en 1896 — [20]**étouffer** ici: faire disparaître — **ce crime de lèse-humanité et de lèse-justice** loc. composée sur le modèle de ‹crime de lèse-majesté› (léser = blesser); attentat à l'humanité et à la justice — [23]**Boisdeffre** Raoul François Charles Le Mouton de B., général français (1839–1919). Chef d'état-major de l'armée en 1893, il démissionna en 1898, lors de l'affaire Dreyfus. — **Gonse** le général Gonse était sous-chef de l'état-major de l'armée en 1894. — [24]**clérical** qui est partisan du clergé et de sa prépondérance politique (péj.) — [27]**une pièce restée secrète** Pendant le premier procès, le général Mercier avait communiqué au jury, en cachette de la défense, un dossier secret qui leur fit une forte impression. Ce dossier contenait, entre autres pièces, une lettre adressée à l'attaché militaire allemand, Schwartzkoppen, dans laquelle il était question de ‹cette canaille de D...›, ce qui fut interprété par le tribunal comme un signe de la culpabilité de Dreyfus. — [29]**sciemment** avec réflexion, en connaissance de cause — [30]**je me mets sous le coup** je m'expose à la condamnation prévue par les articles... — [31]**la diffamation** Quand on cherche à ruiner la réputation de qn, on le diffame. La diffamation devient un délit quand elle se fait publiquement et porte atteinte à une personne publique collective (comme p.ex. l'armée) ou contre une per-

sonne publique individuelle. — ³⁴**l'entité** (f) ici: abstraction — ³⁹**traduire en cour d'assises** citer qn en cour d'assises pour être jugé.
Travail personnel. Expliquez à l'aide du dictionnaire: la souillure, expier, néfaste, l'iniquité, l'arche sainte, la malfaisance sociale, la rancune.

LE STYLE ET LA COMPOSITION

En analysant
— le vocabulaire (termes forts, exagérés, extraordinaires),
— l'enchaînement des phrases (conjonctions, position des mots),
— la composition du texte (longueur des paragraphes)
montrez qu'il s'agit ici d'un article de polémique.

QUESTIONS ET SUJETS DE CONVERSATION

1. Quelle signification a pour Zola l'acquittement d'Esterhazy?
2. Pourquoi publie-t-il sa lettre ouverte?
3. L'armée peut jouer deux rôles dans un Etat. Quel rôle l'armée s'était-elle arrogé en France lors de l'affaire Dreyfus? Quelles conséquences Zola craint-il pour le régime républicain et démocratique?
4. Quelles personnes Zola accuse-t-il dans sa lettre? De quoi les accuse-t-il?
5. Quelle doit être la réaction des pouvoirs publics contre cette lettre?

B. Exercices pratiques

VOCABULAIRE

1. Relevez dans ce texte tous les mots et toutes les expressions se rapportant à la *justice* et au *droit*.
2. Avec les mots et locutions ainsi trouvés, formez d'autres phrases dont le contenu ne se rapporte pas à l'affaire Dreyfus, mais à la vie judiciare de tous les jours.

GRAMMAIRE

1. Conjonctions exprimant la *cause*.
On distingue deux catégories de conjonctions causales
a) Les conjonctions de *coordination* qui servent à joindre deux propositions:
    La vérité, je la dirai, *car* j'ai promis de la dire.
b) Les conjonctions de *subordination* qui relient une proposition subordonnée à la proposition dont elle dépend.
    Puisqu'ils ont osé, j'oserai aussi, moi.
(Gr. §§ 181; 182,2 ‖ §§ 242; 243)
Exercice: Cherchez d'autres *conjonctions causales de subordination* et formez avec elles des phrases qui se rapportent au contenu du texte.
2. Les *adverbes de négation*.
Relevez dans le texte (surtout dans les derniers paragraphes) les adverbes de négation et analysez leur emploi.
(Gr. §§ 174 suiv. ‖ §§ 230 suiv.)

SUJETS DE COMPOSITION

1. Anatole France a dit que l'intervention de Zola dans l'affaire Dreyfus représentait ‹un grand moment de la conscience humaine›. Commentez cette remarque en analysant les motifs qui ont poussé Zola à écrire sa lettre ouverte.
2. En vous appuyant sur le texte de la lettre et les annotations, faites un petit résumé historique de l'affaire Dreyfus.

DOCUMENTATION

Etudiez l'influence profonde que l'affaire Dreyfus a exercée sur la vie politique, religieuse et intellectuelle de la IIIe République. (Lecture complémentaire: Roger MARTIN DU GARD «Jean Barois».)

76 – «Sa route a été jalonnée de martyrs...» Ce qu'on a pu lire trop souvent sur les murs des villes françaises pendant quatre ans.

Texte 45   La Résistance

La campagne de France de 1940 se termine par un armistice conclu entre les Allemands et le gouvernement français formé par le maréchal Pétain (22 juin 1940). Le lendemain du jour où celui-ci adresse une demande d'armistice à Hitler, le 18 juin, le général de Gaulle lance, à la radio anglaise, un appel aux Français: «La France a perdu une bataille, mais elle n'a pas perdu la guerre; la guerre continue aux côtés des Alliés». Le général de Gaulle annonce ensuite la formation de la ‹France libre›, organe de direction de la ‹Résistance française›. Le ralliement de plusieurs territoires coloniaux — Tchad, Congo, Gabon, Cameroun notamment — au mouvement de la France libre lui permet d'assurer son autorité à l'égard des dirigeants britanniques, qui hésitent encore à reconnaître de Gaulle comme partenaire, d'autant plus que le gouvernement du maréchal Pétain, installé à Vichy, est seul reconnu par les autres Etats, même par les Etats-Unis. Fort de ces ralliements, de Gaulle commence à former une armée, les ‹Forces Françaises Libres›, et participe à la guerre. Au même moment, plusieurs mouvements antiallemands naissent en France. Ils établissent des liaisons régulières avec le mouvement de la France libre et se donnent, en 1943, un organe de coordination, le Comité National de la Résistance. En 1944, lors du débarquement allié, les résistants et ‹maquisards› français sont si bien organisés qu'ils constituent une véritable force militaire et contribuent à la victoire des Alliés. En 1945, la France est parmi les vainqueurs: de Gaulle avait eu raison.

Les Résistants n'ont jamais été qu'une minorité. Tout, au départ, plaidait contre eux: l'écrasement de la France, l'isolement et la faiblesse apparente de la Grande-Bretagne, l'instinct de conservation, la prudence; les corps constitués, les plus hautes autorités du pays avaient pris position pour la cessation de combat. Seul, un vent de
5 folie semblait pousser ceux qui ne désespéraient pas.

En route, le long de leur dur cheminement, ces minoritaires furent amenés à se diviser. De vifs conflits les opposèrent parfois...

Sur le plan intérieur, en recréant peu à peu une quasi-unanimité nationale, la Résistance a permis à la France de faire, à la libération, l'économie d'une guerre civile. Elle a assuré la relève partielle des classes dirigeantes de la politique et provoqué un changement du haut personnel administratif.

Sur le plan des idées et des systèmes, l'œuvre a été peu féconde. L'après-guerre n'a pas vu le renouvellement des institutions et des œuvres dont beaucoup avaient rêvé dans la clandestinité. Les tentatives de création de grands groupements nouveaux n'ont pas donné grand-chose, et à quelques modifications près, c'est entre les anciennes familles, spirituelles et politiques, que les Français se sont à nouveau partagés.

C'est toutefois surtout sur le plan de la guerre et de la politique étrangère que la Résistance a servi les intérêts nationaux. Elle a fait rentrer le pays dans le bon combat et dans le camp qui n'était pas seulement celui des plus forts, mais aussi le refuge de la défense de l'homme. Sa route a été jalonnée de martyrs; son désintéressement, les courages qu'elle a exigés, les dévouements qu'elle a suscités, sont incontestables. Moralement, elle a été une noble et belle entreprise. En annulant la défaite provisoire, en redonnant à la France sa place parmi les nations, en écrivant quelques-unes des plus belles pages de son histoire militaire, en provoquant un renouveau des plus belles vertus civiques et patriotiques, la Résistance a contribué beaucoup à la Libération et au renouveau de la Patrie.

Henri MICHEL «Histoire de la Résistance» (1950, 5ᵉ éd. 1969)

A. Analyse du texte

LE VOCABULAIRE ET LES EXPRESSIONS

³**les corps constitués** les organes de l'administration et les tribunaux, par opposition aux assemblées législatives — ⁷**de vifs conflits...** Tous les Résistants étaient antiallemands, mais les opinions des différents groupes de Résistance sur la formation politique de la France d'après-guerre furent fort divisées, surtout en ce qui concernait la politique intérieure et sociale. Il y avait aussi des conflits à propos de la meilleure méthode de mener la guerre contre les Allemands. — ⁹**faire l'économie d'une guerre civile** La collaboration des divers groupes politiques dans le Comité National de la Résistance a ouvert l'esprit des hommes politiques pour les problèmes des autres partis et a ainsi épargné à la France une guerre civile entre les forces conservatrices et les forces social-révolutionnaires du pays. — ¹⁰**la relève** le remplacement — ¹⁴**la création de grands groupements nouveaux** la création de nouveaux partis imprégnés de l'esprit de fraternité qu'on avait connu pendant la Résistance. Le seul nouveau parti de ce genre était le M.R.P., parti catholique et chrétien à tendances sociales (cf. la documentation sur les partis politiques et texte 66). — ²⁰**sa route a été jalonnée de martyrs** sa route a été marquée de martyrs.

Travail personnel. Expliquez à l'aide du dictionnaire: l'écrasement, minoritaire, la quasi-unanimité, la clandestinité.

QUESTIONS ET SUJETS DE CONVERSATION

1. Quel était le gouvernement légitime de la France en juillet 1940?
2. Pourquoi l'action du général de Gaulle pouvait-elle apparaître comme une folie à beaucoup de Français?
3. Quels étaient les buts du maréchal Pétain en concluant l'armistice?
4. Pourquoi les Résistants étaient-ils divisés?
5. Comment la Résistance a-t-elle pu grouper les différentes forces politiques? Quel était leur but commun?
6. Montrez le rapport qui existe entre l'activité de la Résistance et le rôle que la France joue dans la politique mondiale d'aujourd'hui. Est-ce que la France pourrait jouer ce rôle si le gouvernement de Vichy avait été jusqu'à la fin de la guerre le seul représentant légitime de la France?
7. Qu'a-t-on appelé ‹l'esprit de la Résistance›? Est-ce qu'on en trouve encore des traces dans la vie politique d'aujourd'hui?
8. Pourquoi la Résistance est-elle un titre de gloire pour la France?

B. Exercices pratiques

VOCABULAIRE

1. Le suffixe **-ment** indique le *moyen* dont on se sert pour exécuter une action, ou bien le *résultat* de l'action.
Exercice: Relevez les noms en *-ment* du texte et analysez la valeur exprimée par ce suffixe.
2. L'adverbe **toutefois** marque une opposition; il indique une exception et fait entendre qu'une chose n'est arrivée que dans un cas particulier:
  C'est *toutefois*... sur le plan de la guerre... que la Résistance a servi les intérêts nationaux.
Les synonymes de *toutefois:*
cependant — qui signifie ‹malgré cela›, affirme simplement contre les apparences contraires.
pourtant — marque une opposition plus forte, plus énergique; il assure avec fermeté, malgré tout ce qui pourrait être opposé.
néanmoins — distingue deux choses qui paraissent opposées, et il en soutient une sans détruire l'autre; il suppose une restriction très nette.

GRAMMAIRE

L'accord du participe passé
Relevez dans le texte les participes passés accordés et expliquez pourquoi l'accord se fait (cf. texte 33, n° 3).

SUJETS DE COMPOSITION

1. Examinez l'action du général de Gaulle en juin 1940. Quel est votre jugement personnel (patriote — traître)? (cf. texte 46).
2. Les services rendus à la France par la Résistance.

DOCUMENTATION

Renseignez-vous sur l'esprit de l'œuvre de quelques écrivains de la Résistance (Aragon, Camus, Vercors, Elsa Triolet) (cf. texte 74).

▷ Texte 46   Appel aux Français du 18 juin 1940

Après la défaite militaire de la France, le gouvernement formé par le maréchal Pétain, le 16 juin 1940, demande l'armistice aux Allemands. C'est dans cette situation que le général DE GAULLE qui, le 17 juin, avait gagné l'Angleterre dans un avion anglais, lance par la radio de Londres son premier «Appel aux Français», dans lequel il invite ses compatriotes à poursuivre la guerre et à résister à l'agresseur allemand. «A mesure que s'envolaient les mots irrévocables, je sentais en moi-même se terminer une vie, celle que j'avais menée dans le cadre d'une France solide et d'une indivisible armée... J'entrai dans l'aventure comme un homme que le destin jetait hors de toutes les séries.» (DE GAULLE «Mémoires»).

Les chefs qui, depuis de nombreuses années, sont à la tête des armées françaises ont formé un Gouvernement.

Ce Gouvernement, alléguant la défaite de nos armées, s'est mis en rapport avec l'ennemi pour cesser le combat.

5   Certes, nous avons été, nous sommes submergés par la force mécanique, terrestre et aérienne, de l'ennemi.

Infiniment plus que leur nombre, ce sont les chars, les avions, la tactique des Allemands qui nous font reculer. Ce sont les chars, les avions, la tactique des Allemands qui ont surpris nos chefs au point de les amener là où ils en sont aujourd'hui.

10   Mais le dernier mot est-il dit? L'espérance doit-elle disparaître? La défaite est-elle définitive? Non!

Croyez-moi, moi qui vous parle en connaissance de cause et vous dis que rien n'est perdu pour la France. Les mêmes moyens qui nous ont vaincus peuvent faire venir un jour la victoire.

Car la France n'est pas seule! Elle n'est pas seule! Elle n'est pas seule! Elle a un vaste Empire derrière elle. Elle peut faire bloc avec l'Empire britannique qui tient la mer et continue la lutte. Elle peut, comme l'Angleterre, utiliser sans limites l'immense industrie des Etats-Unis.

Cette guerre n'est pas limitée au territoire malheureux de notre pays. Cette guerre n'est pas tranchée par la bataille de France. Cette guerre est une guerre mondiale. Toutes les fautes, tous les retards, toutes les souffrances, n'empêchent pas qu'il y a, dans l'univers, tous les moyens pour écraser un jour nos ennemis. Foudroyés aujourd'hui par la force mécanique, nous pourrons vaincre dans l'avenir par une force mécanique supérieure. Le destin du monde est là.

Moi, général de Gaulle, actuellement à Londres, j'invite les officiers et les soldats français qui se trouvent en territoire britannique ou qui viendraient à s'y trouver, avec leurs armes ou sans leurs armes, j'invite les ingénieurs et les ouvriers spécialistes des industries d'armement qui se trouvent en territoire britannique ou qui viendraient à s'y trouver, à se mettre en rapport avec moi.

Quoi qu'il arrive, la flamme de la résistance française ne doit pas s'éteindre et ne s'éteindra pas.

Demain, comme aujourd'hui, je parlerai à la radio de Londres[1]).

Charles DE GAULLE «Appel aux Français du 18 juin 1940»

77 – Le général de Gaulle. Le chef de la France libre et l'animateur de la guerre après la défaite de juin 1940.

QUESTIONS ET DEVOIRS

1. *Le bilan de la situation*
Comparez le message du général DE GAULLE au premier alinéa du texte de Henri MICHEL en mettant à côté de l'expression nominale de l'analyse historique l'expression verbale et vivante de l'Appel.
Est-ce que de Gaulle cherche à cacher le véritable malheur de la France à ses compatriotes ou donne-t-il un bilan quasi complet?

2. *L'espérance*
Sur quels faits matériels et immatériels de Gaulle fonde-t-il l'espérance d'une victoire définitive?

3. *Un message pathétique*
— Par quels procédés de style formels (répétitions et anaphores, antithèses, questions rhétoriques, énumérations et gradations, métaphores pathétiques, etc.) de Gaulle cherche-t-il à *convaincre* ses compatriotes que rien n'est encore perdu pour la France et à les *persuader* qu'il est nécessaire de continuer la guerre?

---

[1]) La phrase célèbre: «La France a perdu une bataille! Mais la France n'a pas perdu la guerre» ne se trouve pas dans l'Appel du 18 juin mais sur les affiches apposées sur les murs de Londres en juillet 1940.

— De Gaulle, général inconnu alors, s'adresse aux Français et leur demande de le suivre dans la Résistance. Comparez le contenu, le plan et le rythme des phrases de l'Appel avec les conseils pour la technique du discours (p.170).
4. Comparez le résultat de votre travail avec l'opinion de Raymond ARON sur les conférences de presse et les allocutions télévisées du général de Gaulle (p.63).

Historique de la Résistance

1940	22 juin: Armistice franco-allemand. La France divisée en deux zones.
	18 juin: Appel du général de Gaulle. Forces Français Libres. Le gouvernement de Vichy (Maréchal Pétain) collabore avec l'Allemagne.
	Août: L'Afrique Equatoriale Française adhère à la France libre.
1941–1942	Période d'apprentissage:
1941	Premiers mouvements clandestins. Presse clandestine.
1942	Débarquement allié en Afrique du Nord.
	Les Allemands occupent la zone ‹libre›. Sabordage de la flotte française à Toulon.
1943–1944	Coordination des efforts:
1943	Service du Travail Obligatoire en Allemagne. Création des ‹maquis›.
	Conseil National de la Résistance (C.N.R.).
	Action de l'Armée Secrète et des Francs-Tireurs et Partisans (F.T.P.).
1944	Forces Françaises de l'Intérieur (F.F.I.).
	6 juin: Débarquement allié en Normandie.
	Août: Libération de Paris.
	Programme économique, politique et social du C.N.R.
1945	Capitulation de l'Allemagne. Retour des prisonniers et déportés.

Le discours et l'exposé oral

Ce n'est pas seulement dans la vie politique qu'on est obligé de parler devant un public, tout homme d'action a besoin de savoir parler devant un auditoire. Commander, à un certain niveau, c'est d'abord *convaincre*: convaincre son auditoire ou les partenaires du dialogue (cf. texte 16, Style et composition n° 1, note sur l'*éloquence*).
Par un discours ou un exposé on veut surtout *informer*. Mais la nouveauté ou la qualité intellectuelle de l'information ne garantissent pas encore le succès de l'exposé. Il est nécessaire d'*intéresser* le public par la forme extérieure de ce qu'on dit.
Voici quelques conseils pour la technique du discours et de l'exposé:

I. Avant l'exposé

1. Bien préparer le *fond matériel* de l'exposé (documents, chiffres, etc.).
2. Faire un *plan logique*.
3. Dégager quelques *grandes idées*, de façon que l'exposé s'impose à l'attention, même fatiguée.
4. *Adapter* l'exposé à *l'auditoire*.
Evitez
— de traîner sur des faits connus de vos auditeurs,
— de passer rapidement sur ce qu'ils ignorent.
Au besoin, *visualisez* (tableau!) pour vous faire mieux comprendre (cf. p. 182).
5. L'*introduction* et la *conclusion* doivent être minutieusement préparées.
L'introduction doit
— capter l'attention,
— établir le contact avec l'auditoire,
— dégeler l'auditoire,
— attirer dès le début la sympathie du public.
La conclusion doit récapituler l'essentiel.
6. *Elaborez le texte* de votre exposé, mais ne vous en faites pas l'esclave!

II. Pendant l'exposé

1. Il faut surtout *intéresser l'auditoire:* l'information doit être exactement comprise et être accueillie avec sympathie.
2. Il faut *fixer la curiosité du public* sur l'exposé
— par un langage clair,
— par la vivacité de l'expression,
— par la vigueur avec laquelle vous formulez les idées principales,
— par un changement de rythme, de force et d'intonation.
3. Evitez
— les anecdotes trop nombreuses,
— les plaisanteries mal placées.
4. *Parlez avec franchise et conviction:* même si l'auditoire n'est pas de votre avis, il respecte votre sincérité.
Exercices:
1. Analysez les discours de DANTON (texte 40) et de DE GAULLE (texte 46) et montrez à quel point les deux orateurs respectent ces conseils.
2. Transformez la lettre de ZOLA (texte 44) en exposé oral.
3. Faites un exposé oral de dix minutes sur un problème de votre choix.

Exercices de compréhension et de contrôle

I. Connaissance de la matière

1. Quels sont, aujourd'hui encore, les droits fondamentaux les plus importants de la Déclaration des Droits de l'homme et du citoyen?
2. Dans quelle situation se trouve la France quand Danton fait son discours «De l'audace, encore de l'audace»?
3. Montrez la différence qu'il y a entre les idées de la Déclaration des Droits de l'homme et les idées exprimées dans le discours de Danton.
4. Donnez un abrégé de la carrière de Napoléon.
5. Quels sont, d'après Chateaubriand, les résultats positifs, quels sont les résultats négatifs du règne de Napoléon Ier?
6. Faites un petit exposé oral sur le déroulement de l'affaire Dreyfus.
7. Quels étaient les mobiles des Résistants de continuer la lutte contre l'Allemagne?

II. Connaissance du vocabulaire

1. Expliquez le sens des mots suivants:
— la volonté générale
— avoir bien mérité de la France
— le Code civil
— le Concordat
— le déluge
— un conseil de guerre
— saisir la justice
— clérical
— la rancune.

2. Complétez par le mot convenable (*aider* et synonymes):
— Les religieuses ont ... de leur charité le vieillard malade.
— Monsieur Durand a ... de son argent ses vieux parents.
— Je l'ai pris par la main pour l(e) ... à franchir les passages difficiles.
— Monsieur Dupont a ... son ami auprès du ministre.
— Il faut ... ceux qui se trouvent dans un danger.
— Le beau temps ... la construction de la nouvelle maison.
— Quand j'ai réparé mon vélo, Charles m'a ...

III. Connaissance de la grammaire

(Le subjonctif comme servitude grammaticale)
Mettez le verbe entre parenthèses à la forme convenable:
1. Danton exige que ceux qui refusent de servir la patrie (être) punis de mort.
2. Napoléon voulut que l'ordre (rentrer) en France.
3. Zola veut qu'on le (traduire) en cour d'assises.
4. Les Résistants souhaitaient que la France (continuer) la guerre aux côtés de l'Angleterre.

IV. ASPECTS DE LA VIE FRANÇAISE CONTEMPORAINE

LA VIE POLITIQUE

Introduction: Tendances de la vie politique française

En étudiant la vie politique des autres peuples, nous sommes frappés de la facilité et de la routine avec laquelle les Anglais semblent régler les affaires de leur politique intérieure. Depuis presque trois siècles, leurs controverses sociales et économiques ont été arrangées par des compromis prudents l'opposition politique faisant partie intégrante de l'Etat. Les méthodes de la politique française sont fort différentes. Au cours d'un siècle et demi, les Français ont été successivement sujets ou citoyens de trois royaumes, de deux empires et de cinq républiques. A l'opposé des deux grands partis anglais et américains, des trois partis allemands et belges, de quatre partis scandinaves, une dizaine de partis sont représentés au Parlement français, sous la IIIe, la IVe et la Ve République. Le multipartisme français n'est en réalité qu'une variété du multipartisme européen, lequel s'explique par l'histoire et par les structures sociales. Dans les autres Etats industriels, le petit nombre de partis s'explique en grande partie par le fait que les grandes organisations sociales (syndicats, organisations professionnelles, Eglises, etc.) défendent en partie les intérêts de leurs adhérents sur le plan politique et, en retour, justifient les mesures même impopulaires du gouvernement auprès de leurs membres. Deux facteurs ont joué un grand rôle dans l'élaboration des partis français: l'absence de freins électoraux d'une part (comme en Angleterre), les divisions de la droite d'autre part. L'évolution historique se reflète donc dans la vie des partis qui représentent le peuple français au Parlement, à l'Assemblée nationale.

En principe, il y a trois tendances principales: la gauche, le centre et la droite. Depuis la constitution de la Ve République en 1958, le parti gaulliste U.N.R./U.D.V^e a attiré de plus en plus les électeurs des deux extrêmes gauche et droite divisées, mais en a perdu un certain nombre depuis la mort du général de Gaulle (cf. tableaux p. 179). Il était difficile, même après la mort du général de Gaulle et après l'accord des Partis communiste et socialiste (S.F.I.O.) pour un programme commun de gouvernement (juin 1972), de trouver une majorité gouvernementale sans ou contre les gaullistes. Le problème reste le même après l'élection de Valéry Giscard d'Estaing à la présidence de la République contre François Mitterand, candidat commun des socialistes et communistes (1974): les modérés (centre et droite) se regroupent, mais, en faisant bloc, sont toujours capables d'empêcher la formation d'un gouvernement de la gauche réunie.

Texte 47   La Constitution de la Ve République

Le grand nombre des partis politiques représentés à l'Assemblée nationale et la toute-puissance de cette Assemblée dans la période de la IVe République (1946–1958) ont souvent paralysé le gouvernement français qui, dans les heures décisives, se trouva privé de l'autorité intérieure et de l'assurance extérieure. Responsable devant l'Assemblée nationale, le Président du Conseil et son Cabinet devaient démissionner quand l'Assemblée lui refusait la confiance ou quand le cabinet était l'objet d'une motion de censure. Cela explique le grand nombre de Présidents du Conseil qui se sont succédé au pouvoir depuis la libération (23 en tout), cela explique également leur faiblesse devant les grands problèmes internationaux et intérieurs. Cette instabilité ministérielle chronique devait amener la France à considérer la nécessité d'apporter certaines modifications à la Constitution de 1946.

A la suite d'une révolte de l'armée et des Français d'Algérie qui se croyaient abandonnés par le gouvernement parisien et qui voulaient rester intégralement Français (13 mai 1958), le général de Gaulle fit sa rentrée sur la scène politique. Il fit élaborer une nouvelle constitution qui fut soumise à l'approbation des Français par la voie du référendum. La Constitution de la V⁵ République, votée à une très forte majorité, le 28 septembre 1958, tout en accordant une grande place au Président de la République — en la personne du général de Gaulle —, maintient, dans l'ensemble, les institutions traditionnelles de la République française. La philosophie du régime est expliquée dans le passage suivant emprunté aux constitutions précédentes: «La France est une République indivisible, laïque, démocratique et sociale... La souveraineté nationale appartient au peuple français qui l'exerce par ses représentants et par la voie du référendum.»

La constitution de la V⁵ République (Extraits)

PRÉAMBULE

Le peuple français proclame solennellement son attachement aux Droits de l'homme et aux principes de la souveraineté nationale tels qu'ils ont été définis par la Déclaration de 1789, confirmée et complétée par le préambule de la Constitution de 1946.

En vertu de ces principes et de celui de la libre détermination des peuples, la République offre aux Territoires d'Outre-Mer qui manifestent la volonté d'y adhérer des institutions nouvelles fondées sur l'idéal commun de liberté, d'égalité et de fraternité et conçues en vue de leur évolution démocratique.

Article Premier. — La République et les peuples des Territoires d'Outre-Mer qui, par un acte de libre détermination, adoptent la présente Constitution instituent une Communauté.

La Communauté est fondée sur l'égalité et la solidarité des peuples qui la composent.

TITRE PREMIER. — DE LA SOUVERAINETÉ

Art. 2. — La France est une République indivisible, laïque, démocratique et sociale. Elle assure l'égalité devant la loi de tous citoyens sans distinction d'origine, de race ou de religion. Elle respecte toutes les croyances...

La devise de la République est «Liberté, Egalité, Fraternité».

Son principe est: gouvernement du peuple, par le peuple et pour le peuple.

Art. 3. — La souveraineté nationale appartient au peuple qui l'exerce par ses représentants et par la voie du référendum.

Aucune section du peuple ni aucun individu ne peut s'en attribuer l'exercice.

Le suffrage peut être direct ou indirect... Il est toujours universel, égal et secret...

Art. 4. — Les partis et groupements politiques concourent à l'expression du suffrage. Ils se forment et exercent leur activité librement. Ils doivent respecter les principes de la souveraineté nationale et de la démocratie.

TITRE II. — LE PRÉSIDENT DE LA RÉPUBLIQUE

Art. 5. — Le Président de la République veille au respect de la Constitution. Il assure, par son arbitrage, le fonctionnement régulier des pouvoirs publics ainsi que la continuité de l'Etat.

Il est le garant de l'indépendance nationale, de l'intégrité du territoire, du respect des accords de Communauté et des traités.

Art. 6. — Le Président de la République est élu pour sept ans par un collège électoral comprenant les membres du Parlement, des conseils généraux et des assemblées des territoires d'outre-mer, ainsi que les représentants élus des conseils municipaux...[1])

---

[1]) Sur la demande du général de Gaulle, cet article a été changé (référendum du 28 octobre 1962). Depuis cette date, il a la forme suivante: Art. 6. — Le Président de la République est élu pour sept ans au suffrage universel direct.

Art. 8. — Le Président de la République nomme le Premier Ministre. Il met fin à ses fonctions sur la présentation par celui-ci de la démission du gouvernement. Sur la proposition du Premier Ministre, il nomme les autres membres du gouvernement et met fin à leurs fonctions.

Art. 12. — Le Président de la Republique peut, après consultation du Premier Ministre et des présidents des assemblées, prononcer la dissolution de l'Assemblée nationale.

Les élections générales ont lieu vingt jours au moins et quarante jours au plus après la dissolution...

Art. 15. — Le Président de la République est le chef des armées...

Art. 16. — Lorsque les institutions de la République, l'indépendance de la Nation, l'intégrité de son territoire ou l'exécution de ses engagements internationaux sont menacées d'une manière grave et immédiate et que le fonctionnement régulier des pouvoirs publics constitutionnels est interrompu, le Président de la République prend les mesures exigées par les circonstances, après consultation officielle du Premier Ministre, des présidents des assemblées, ainsi que du Conseil constitutionnel.

Il en informe la nation par un message.

Ces mesures doivent être inspirées par la volonté d'assurer aux pouvoirs publics constitutionnels, dans les moindres délais, les moyens d'accomplir leur mission. Le Conseil constitutionnel est consulté à leur sujet.

Le Parlement se réunit de plein droit.

L'Assemblée nationale ne peut être dissoute pendant l'exercice des pouvoirs exceptionnels.

TITRE III. — LE GOUVERNEMENT

Art. 23. — Les fonctions de membre du gouvernement sont incompatibles avec l'exercice de tout mandat parlementaire, de tout emploi public ou de toute activité professionnelle...

TITRE IV. — LE PARLEMENT

Art. 24. — Le Parlement comprend l'Assemblée nationale et le Sénat.

Les députés à l'Assemblée nationale sont élus au suffrage direct.

Le Sénat est élu au suffrage indirect. Il assure la représentation des collectivités territoriales de la République. Les Français établis hors de France sont représentés au Sénat.

TITRE V. — DES RAPPORTS ENTRE LE PARLEMENT ET LE GOUVERNEMENT

Art. 34. — La loi est votée par le Parlement...

Art. 38. — Le gouvernement peut, pour l'exécution de son programme, demander au Parlement l'autorisation de prendre par ordonnances, pendant un délai limité, des mesures qui sont normalement du domaine de la loi...

TITRE XII. — DE LA COMMUNAUTÉ

Art. 77. — Dans la Communauté instituée par la présente Constitution les Etats jouissent de l'autonomie; ils s'administrent eux-mêmes et gèrent démocratiquement et librement leurs propres affaires...

TITRE XIII. — DES ACCORDS D'ASSOCIATION

Art. 88. — La République ou la Communauté peuvent conclure des accords avec des Etats qui désirent s'associer à elle pour développer leurs civilisations.

TITRE XIV. — DE LA REVISION

Art. 89. — La forme républicaine du gouvernement ne peut faire l'objet d'une révision.

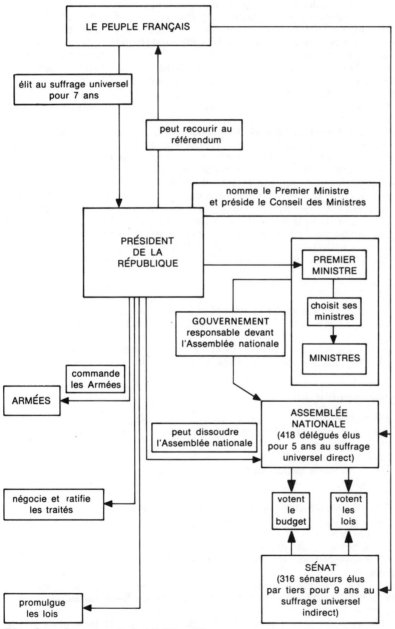

78 – Organigramme de la Ve République.

NOTES

³**la Déclaration de 1789** cf. texte 39 — ⁴**le préambule de la Constitution de 1946** Ce préambule garantissait à la femme des droits égaux à ceux de l'homme dans tous les domaines (p. ex. le droit de vote). Il consacrait également le droit syndical, le droit de grève, le droit à la détermination collective des conditions de travail, le droit à la protection et à la sécurité de celui qui travaille comme de celui qui se trouve dans l'incapacité de travailler. — ¹¹**une Communauté** association d'Etats souverains constituée par la République française, la République malgache et plusieurs des républiques africaines ayant été membres de l'ancienne Union française (Empire colonial français) — ¹⁴**laïque** La laïcité est une conception politique typiquement française qui implique la séparation de la société civile et de la société religieuse, l'Etat n'exerçant aucun pouvoir religieux et les Eglises aucun pouvoir politique; cf. p. 240. — ²⁸**l'arbitrage** (m) règlement d'un différend par une personne reconnue comme arbitre par les différentes parties — ³⁰**l'intégrité** (f) état d'une chose qui est dans son entier, complète, intégrale, qui est demeurée intacte — ³⁴**les territoires d'outre-mer** Il s'agit des territoires qui ont opté pour le maintien en cette qualité au sein de la République. En fait il s'agit de territoires d'importance réduite: la Côte française des Somalis (depuis le 19 mars 1967: Côte Française des Affars et Issas. Territoire autonome faisant partie de la République française, la Polynésie française, les Comores, Saint-Pierre-et-Miquelon, la Nouvelle-Calédonie. Ils continuent d'être partie intégrante de la République. Leurs ressortissants sont nationaux et citoyens français dans les mêmes conditions que dans la métropole. Ils continuent de déléguer des représentants aux organes centraux de la République. — ⁵⁰**le Conseil constitutionnel** Organe de contrôle de la constitutionnalité des actes des diverses autorités, le Conseil constitutionnel est à mi-chemin entre l'organe politique et l'institution proprement juridictionnelle. Le Conseil constitutionnel comprend neuf membres, dont trois sont nommés par le président de la République, trois par le président de l'Assemblée nationale, trois par le président du Sénat; les anciens présidents de la République font également partie du Conseil constitutionnel. — ⁵¹**le message** communication du chef de l'Etat à la nation. Le général de Gaulle fait un très grand usage de messages télévisés, cf. texte 16. — ⁷¹**par ordonnances** L'usage des ordonnances (que le gouvernement peut décréter sans avoir recours au parlement) n'est possible qui si le parlement autorise le gouvernement pendant un certain délai ‹pour l'exécution de son programme›.

Travail personnel. Expliquez à l'aide du dictionnaire: la dissolution, le délai, incompatible.

QUESTIONS ET DEVOIRS

1. Comparez les fonctions du Président de la République française avec celles du Président de la République fédérale d'Allemagne. Est-ce qu'il y a un rapport entre les fonctions et le mode d'élection?

2. Par quels moyens le peuple français peut-il exercer sa souveraineté? Comparez les articles correspondants dans la Loi fondamentale de la République fédérale.

Les crises du régime républicain

1792–1799	Première République.
1799	Coup d'Etat de Bonaparte (18 Brumaire).
1848–1851	Deuxième République.
1851	Coup d'Etat de Louis-Napoléon.
1870	4 septembre: Troisième République.
1886–1889	Crise boulangiste.
1894–1906	Affaire Dreyfus.
1934	Affaire Stavisky. Manifestations monarcho-fascistes (février).
1940	Défaite de la France. Gouvernement de Vichy.
1944–1946	Gouvernement provisoire.
1946–1958	Quatrième République. Nombreuses crises.
1947–1953	Le R.P.F. (Rassemblement du Peuple Français).
1953–1958	Le Poujadisme.
1958	Crise du 13 mai: Révolte des colons et de l'armée d'Algérie contre le gouvernement de la IVᵉ République. Formation de Comités de Salut public en Algérie, en Corse et en France. 1ᵉʳ juin: L'Assemblée nationale accorde les pleins pouvoirs au général de Gaulle.
1959	Cinquième République. De Gaulle premier président.

1960	Echec de la révolte des colons d'Alger contre l'autorité de la Ve République.
1968	Mai: Révolte des étudiants; grève générale. Dissolution de l'Assemblée nationale. Juin: Majorité absolue pour les gaullistes lors des élections législatives.
1969	27 avril: Echec du général de Gaulle lors du référendum sur la régionalisation et le nouveau statut du Sénat. 15 juin: Georges Pompidou est élu président de la République au deuxième tour, contre M. Alain Poher.

▷ Texte 48 L'opinion du général de Gaulle sur le rôle du chef de l'Etat

... Suivant moi, il est nécessaire que l'Etat ait une tête, c'est-à-dire un chef, en qui la nation puisse voir, au-dessus des fluctuations, l'homme en charge de l'essentiel et le garant de ses destinées. Il faut aussi que l'exécutif, destiné à ne servir que la seule communauté, ne procède pas du Parlement qui réunit les délégations des intérêts particuliers. Ces conditions impliquent que le Chef de l'Etat ne provienne pas d'un parti, qu'il soit désigné par le peuple, qu'il ait à nommer les ministres, qu'il possède le droit de consulter le pays, soit par référendum, soit par l'élection d'assemblées, qu'il reçoive enfin le mandat d'assurer, en cas de péril, l'intégrité et l'indépendance de la France. En dehors des circonstances où il appartiendrait au Président d'intervenir publiquement, Gouvernement et Parlement auraient à collaborer, celui-ci contrôlant celui-là et pouvant le renverser, mais le magistrat national exerçant son arbitrage et ayant la faculté de recourir à celui du peuple.

Charles DE GAULLE «Le Salut». Mémoires de Guerre, t. III (1959)

QUESTIONS ET DEVOIRS

1. En comparant l'opinion du général de Gaulle exprimée dans ce texte avec
— le texte de la Constitution de la Ve République,
— l'organigramme de la Ve République
relevez à quel point la constitution de 1958 correspond à l'opinion politique du général de Gaulle.
2. Quelles raisons le général de Gaulle donne-t-il pour justifier la forte position qu'il demande pour le chef de l'Etat?
3. Est-ce que vous connaissez d'autres constitutions où le chef de l'Etat
— est ou était placé au-dessus des partis,
— est ou était élu par le peuple,
— a ou avait une position égale ou comparable à celle du Président de la Ve République française?
4. Carl SCHMITT, théoricien de droit public allemand, donne la définition suivante du *souverain:* «Souverain est celui qui a le droit de proclamer l'état de siège.» — Qui est, selon cette définition le véritable détenteur de la souveraineté en France?

Documentation: Les partis politiques

Etiquettes et abréviations des principaux partis représentés au parlement

1956
- P.C.F. — Parti Communiste Français
- S.F.I.O. — Section Française de l'Internationale Ouvrière (Socialistes)
- U.D.S.R. — Union Démocratique et Socialiste de la Résistance
- R.G.R. — Rassemblement des Gauches Républicaines
- M.R.P. — Mouvement Républicain Populaire
- R.P.F. — (Rassemblement du Peuple Français) Républicains Sociaux
- U.N.R. — Union pour la Nouvelle République
- I.P.A.S. — Indépendants et Paysans d'Action Sociale

1968
- F.G.D.S. (Fédération de la gauche démocrate et socialiste) { S.F.I.O. / Parti Radical et Radical Socialiste / Convention républicaine / P.S.U. (Parti Socialiste Unifié)
- P.D.M. (Progrès et démocratie moderne = centre démocrate) { Indépendants / M.R.P. / Divers modérés
- U.D.V^e { Union des Démocrates pour la Ve République (ancienne U.N.R.) / Républicains indépendants

1973
- U.G.D.S. — Union de la gauche socialiste
- Réformateurs — Mouvement réformateur de MM. Jean Lecanuet et Jean-Jacques Servan-Schreiber
- U.R.P. (Union des républicains de progrès) { C.D.P. (Centre Démocratie et Progrès) / U.D.R. (Union pour la défense de la République, gaullistes) / R.I. (Républicains indépendants)

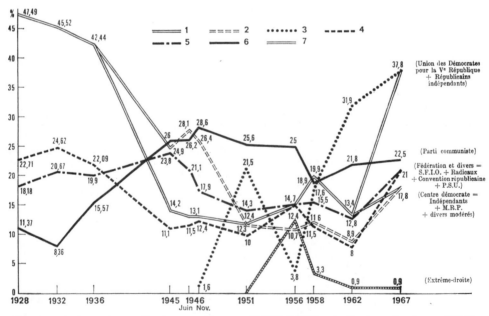

79 – L'évolution des suffrages en France (1928–1967). 1 Droite classique (Fédération républicaine, Alliance démocratique, P.R.L., Indépendants, etc.); 2 M.R.P.; 3 Union gaulliste (1946), R.P.F. (1951), Républicains sociaux (1956), U.N.R. (1958–1962), U.D.V^e (depuis 1962); 4 Radicaux et centre gauche (U.D.S.R., R.G.R., etc.); 5 Socialistes (S.F.I.O.); 6 Communistes; 7 Mouvement Poujade et extrême droite.

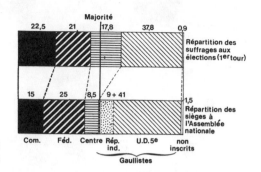

80 – La déformation de la représentation nationale (élections des 5–12 mars 1967).

81 – Répartition des députés à l'Assemblée nationale.

Assemblée élue le 2 janvier 1956 (dernière Assemblée de la IVᵉ République).

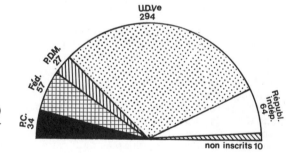

Assemblée élue les 23 et 30 juin 1968) (chiffres officiels du Ministère de l'Intérieur).

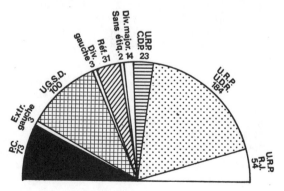

Assemblée élue les 4 et 11 mars 1973.

82 – Un choix difficile…

QUESTIONS ET DEVOIRS

1. Analysez *l'évolution des partis* en France.
Quelle influence a eue la guerre sur la vie des partis politiques? Est-ce que la droite et la gauche ont la même signification qu'avant la guerre? L'évolution des partis reflète aussi la transformation des structures démographiques, économiques et sociales: décrivez cette transformation! (cf. fig. 79)

2. Le *régime électoral* de la Ve République est majoritaire et uninominal à deux tours, dans le cadre de l'arrondissement. Pour être élu député au premier tour, il faut avoir obtenu la majorité des suffrages exprimés (c'est-à-dire la moitié plus un) et le quart au moins des électeurs inscrits. Si ces deux conditions ne sont réunies par aucun candidat, il y a lieu à un second tour, qui se déroule huit jours plus tard: est élu au second tour celui qui a obtenu la majorité relative, c'est-à-dire qui arrive en tête, quelque soit l'écart qui le sépare de ses concurrents et le nombre total des voix de ceux-ci.
Quel effet a eu ce régime électoral en ce qui concerne la représentation du peuple à l'Assemblée nationale? Quels partis ont été favorisés, quels partis on été défavorisés par ce régime? (cf. fig. 80)

3. Comparez:
— La *répartition des sièges* à la dernière Assemblée nationale de la IVe République à celle issue des élections législatives de juin 1968. Quelles différences y a-t-il entre ces deux parlements en ce qui concerne la formation d'un gouvernement stable? (fig. 81)
— La *répartition des sièges* à l'Assemblée nationale après les élections législatives de juin 1968 et de mars 1973. Pourquoi les gaullistes (U.D.V^e) avaient-ils la majorité absolue en 1968, pourquoi l'ont-ils perdue en 1973 (sièges U.D.R.)? (fig. 81)

4. En France, tous les partis veulent être «de gauche»: le terme «droite» est péjoratif. A l'Assemblée nationale, tous les groupes du centre veulent être placés le plus à gauche possible. Expliquez sous ce point de vue la place des groupes politiques à l'Assemblée nationale (fig. 83).

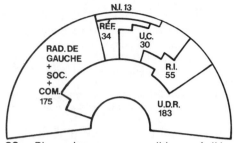

83 – Place des groupes politiques à l'Assemblée nationale.

5. Depuis 1965, on constate une tendance vers une «bipolarisation» de la vie politique française. D'un côté, il y a le groupe U.D.R. (U.D.V^e) et Républicains indépendants qui, étroitement liés, forment la majorité, de l'autre côté il y a surtout les partis de gauche qui, pour plus d'efficacité, forment le groupe parlementaire U.G.D.S. (F.G.D.S.) étroitement lié au parti communiste (programme commun aux élections législatives de 1973, candidat commun aux élection présidentielles de 1974). Pour le Centre (P.D.M., Réformateurs), il est difficile de se maintenir entre ces deux grands blocs et de faire une politique indépendante (comparez l'évolution du M.R.P., fig. 79).

▷ Texte 49   Esprit de la société politique française

Qu'on le veuille ou non, qu'on s'en félicite ou qu'on le regrette, la France entre dans un régime que nous avons l'habitude d'appeler celui d'un parti prédominant ou hégémonique. Pas un régime de parti unique, les partis d'opposition subsistent, les libertés intellectuelles et personnelles sont respectées. Mais un parti dispose d'une majorité telle,
5 et les partis d'opposition sont à ce point divisés que nul n'aperçoit de solution de remplacement (il est vrai que le parti prédominant n'a guère d'unité en dehors de la personne du Général de Gaulle)... Rien n'empêche donc que le parti prédominant gaulliste respecte une constitution pluraliste et libérale. Malgré tout, en France, la prédominance d'un parti qui pour un certain nombre d'années gardera, à moins de révolution, la cer-
10 titude d'exercer le pouvoir ne va pas sans dangers. L'explosion de mai, même si elle n'a visé directement ni le Général de Gaulle ni le gaullisme révèle, dispersée et profonde, une insatisfaction à l'égard de la société en tant que telle... Le régime gaulliste appartenait au système dénoncé, il avait aggravé les défauts intrinsèques de l'ordre administratif et social français. Peu de débats parlementaires, pas de soupapes de sûreté, des ministres,
15 en grand nombre fonctionnaires d'origine, qui conservaient le style autoritaire de ces derniers. Le régime gaulliste m'a convaincu de l'utilité des hommes politiques agissant dans le style dit «républicain». Avec une bureaucratie aussi centralisée et aussi hiérarchisée que la nôtre, qui ne va pas cesser du jour au lendemain d'être autoritaire et centralisée, Alain n'avait pas tort de dire que l'homme politique, représentant des électeurs contre
20 les Pouvoirs parisiens, tenait un rôle indispensable. A la longue, les Français ne sont pas destinés à un gouvernement symboliquement dur, ils réclament des hommes sensibles à leur griefs, même injustifiés, et qui tempèrent les rigueurs de l'administration par le souci des intérêts privés — même si ces intérêts n'apparaissent pas toujours respectables à qui s'attache à la seule rationalité de l'intérêt collectif.

Raymond ARON «La révolution introuvable.
Réflexions sur les événements de Mai» (1968)

QUESTIONS ET DEVOIRS

1. «Le régime d'un parti hégémonique»: Vérifiez cette thèse de Raymond ARON à l'aide des figures et notes du chapitre précédent.
2. Pourquoi le parti gaulliste majoritaire respecte-t-il une constitution pluraliste et libérale? Est-ce par simple *intérêt* (comme le semble supposer Aron) ou aussi par *conviction républicaine*?
3. Quels sont les «défauts intrinsèques» du système politique français? Vérifiez les thèses de Raymond ARON à l'aide de l'*organigramme*, p. 175, et du texte de la *Constitution de la Ve République*, texte 47.
4. ALAIN (Emile CHARTIER, philosophe et professeur français, 1868–1951) dit dans ses «Propos»:
— «Qu'est-ce que le député d'arrondissement, sinon un citoyen qui fait du bruit devant le guichet?» (*Des partis*, 3 janvier 1924)
— «Nous avons à élire des résistants, c'est-à-dire des tribuns qui restent citoyens, et qui prennent le parti des citoyens.» (*Démocratie*, 3 octobre 1931)
Pourquoi faut-il aux Français des députés «républicains»? Quels intérêts doivent-ils défendre? (cf. texte 8)
5. Est-ce que Raymond Aron a raison de proclamer: «Le parti gaulliste n'a guère d'unité en dehors de la personne du général de Gaulle»?

Visualisation et présentation orale

1. La figure 79 présente l'évolution des suffrages en France entre 1928 et 1967.
Exercice: En vous servant de cette figure, présentez *oralement*
— l'évolution du Parti communiste,
— l'évolution du M.R.P.,
— l'évolution de la S.F.I.O.
en indiquant la part relative de chaque parti aux suffrages et en montrant quels événements de politique intérieure ou extérieure ont eu une influence sur le résultat des élections.
Quelle méthode,
— le graphique ou
— la présentation orale,
vous paraît plus efficace ou plus convaincante?
2. La figure 81 présente la répartition des députés aux Assemblées nationales de 1956 et 1968.
Exercice: Montrez («visualisez») par un seul *graphique* convenable la différence entre la part de chaque groupe parlementaire en 1956 et en 1968.
Remarque: Très souvent un même texte ou une même statistique associent *la succession des faits dans le temps et dans l'espace*. Si vous désirez informer vite et efficacement les lecteurs (p. ex. les clients d'une grande usine ou d'un grand commerce, les membres d'un conseil d'administration, etc.) ou les auditeurs (si vous faites une conférence) il vaut mieux *visualiser* les faits ou les chiffres par un *graphique*.
Exercice: En vous servant de la figure 79 comme modèle, faites des graphiques
— de l'évolution de la production de fonte et d'acier en Lorraine (tabl. 44),
— de l'évolution de la population des principaux groupes urbains lorrains (tabl. 47).
En vous servant de ces graphiques, présentez ensuite oralement en classe ou devant un petit groupe les deux statistiques.

84 – Quartier latin, mai 1968.

Texte 50   Les événements de mai 1968: Crise historique

    La France a traversé en mai 1968 une crise qui a remis en cause ses fondements politiques, économiques et sociaux. La révolte a pris son départ chez les étudiants qui, mécontents de la sclérose de l'Université et du système des examens et concours datant de l'époque de Napoléon Ier, sont entraînés par des extrémistes à ‹contester› l'ordre social entier. Ils manifestent dans la rue, élèvent des barricades et cherchent à se solidariser avec les ouvriers en grève. Devant la révolution qui menace et la crise politique ouverte, le gouvernement du général de Gaulle, d'abord hésitant, montre finalement une attitude très ferme. Le Président de la République dissout l'Assemblée nationale. Les élections législatives qui s'ensuivent renforcent la position politique des gaullistes parce que les Français ont peur de grands bouleversements politiques et sociaux; ils se méfient du révolutionnarisme verbal des ‹contestataires›, ennemis de la société de consommation, et ne croient pas que ceux-ci puissent maîtriser les problèmes d'un Etat industriel et vraiment créer une France libre et moderne.
    Dans le texte suivant, Roger GARAUDY (né en 1913), marxiste convaincu et ancien membre du bureau politique du Parti communiste français, cherche à faire le bilan des ‹événements› de mai 1968.

    La crise de mai s'est développée à trois niveaux différents de profondeur:
    — au niveau d'une *crise politique*, engendrée par un régime antidémocratique, tendant à écarter de plus en plus les larges masses de toute participation à la gestion de l'économie, à l'orientation de la politique, à l'élaboration de la culture;
5   — au niveau d'une *crise sociale*, dont la cause profonde était une politique essentiellement conçue en fonction des intérêts des grands monopoles capitalistes et dont les conséquences pèsent lourdement sur la classe ouvrière et sur toutes les couches de travailleurs, manuels ou intellectuels;
    — au niveau d'une *crise historique*, mettant en cause, en son principe même, la réponse
10 technocratique aux problèmes posés par le développement même de la civilisation

qui fait naître l'exigence d'une participation créatrice croissante de chacun à ce développement même.

Cette crise de civilisation est l'aspect le plus important de la crise, celui dont les conséquences lointaines sont les plus grandes pour l'avenir et pour l'élaboration d'un modèle nouveau du socialisme.

Le fait nouveau, caractéristique, dans la crise de mai-juin 1968 en France, c'est que la grève générale des ouvriers, de type classique, s'est développée dans un contexte évoquant ce que pourrait être ... une *grève nationale*, c'est-à-dire: la grève générale politique des travailleurs, plus la fermeture des universités et des instituts, plus la paralyse administrative par le mouvement des fonctionnaires, plus l'entrée en action de la plupart des couches d'intellectuels, des architectes aux journalistes, des artistes au personnel de l'O.R.T.F. Une ‹grève nationale› paralysant totalement le pays et permettant une transformation politique fondamentale exigerait encore la mise en mouvement des masses paysannes (alors que l'action paysanne, en juin, a été partielle et surtout décalée dans le temps par rapport aux grèves ouvrières et aux manifestations d'étudiants), des autres classes moyennes, créant ainsi un climat capable d'influencer profondément l'armée (dont certains cadres supérieurs n'ont pas semblé, en mai, décidés à exercer volontiers une fonction répressive de police) et les forces de répression (où se sont manifestés, en mai, des mécontentements et des flottements) ...

Pourquoi les contradictions du régime des monopoles capitalistes ont-elles éclaté de façon explosive chez les étudiants et sous une forme inattendue?

La jeunesse de 1968 se trouve dans une situation qui n'a été celle d'aucune génération. Si bien qu'un père ou un aïeul disant à son fils: «A ton âge je n'avais pas les mêmes possibilités que toi», ne peut pas être compris. Ces possibilités, ces horizons, ces besoins nouveaux, font partie de l'expérience quotidienne des jeunes gens, alors que nous ne pouvions les concevoir qu'en rêve ou en espérance. La télévision elle-même n'apporte pas seulement à la jeunesse les visages des vedettes éphémères de la chanson, mais la présence entière du monde, avec ses conflits de classe et de races, ses révolutions, ses conquêtes du cosmos.

Notre jeunesse puise dans son expérience quotidienne la certitude qu'il n'y pas de limites infranchissables pour la volonté et l'intelligence humaines. Reprocherons-nous, à cette jeunesse qui recueille si brusquement un tel héritage, de s'abandonner parfois à la griserie d'un idéalisme magique du ‹tout est possible tout de suite›? Lui reprocherons-nous sa révolte, même si elle commence anarchiquement, lorsqu'elle prend confusément conscience que seules des barrières de classe et un ordre social périmé se dressent entre l'homme et sa toute-puissance?

Roger GARAUDY «Pour un modèle français du socialisme» (1968)

A. Analyse du texte

LE VOCABULAIRE ET LES EXPRESSIONS

²**le régime antidémocratique** Grâce au mode de scrutin (cf. p. 180) et à la constitution (cf. texte 47), les gaullistes sont devenus le parti hégémonique. Un changement de gouvernement ou de régime n'est possible que si la majorité des Français vote pour un Front populaire (Fédération de la gauche et Parti communiste réunis) ce qui en 1968 était peu probable. — ³**la participation** idée propagée d'abord par le socialisme catholique français au début du XXe siècle, p.ex. société à participation ouvrière = celle où les salariés ont droit à une part des bénéfices réalisés par l'entreprise, sans être responsables de sa gestion. Mis en vogue par le général de Gaulle, le terme ‹participation› a pris un sens plus large: ouvriers et employés doivent être associés au pouvoir de décision, le sentiment de responsabilité doit être donné au plus grand nombre possible de ceux qui collaborent à l'usine. La participation fait partie de la modernisation humaine de l'économie. La participation des ouvriers aux fruits de l'expansion est réglée par l'ordonnance du 17 août 1967. Cf. bibliographie ‹Vie économique›. — ⁶**les**

grands monopoles capitalistes Un monopole soustrait une entreprise ou une catégorie d'entreprises au régime de la libre concurrence et leur permet ainsi de devenir maîtres de l'offre sur le marché. D'après la conception marxiste-communiste, les grands monopoles sont les vrais maîtres des pays capitalistes. Ils ‹manipulent› les peuples en stimulant une consommation artificielle et mènent les gouvernements par leur argent. — [17]**la grève générale** La grève est la cessation volontaire et collective du travail décidée par les salariés pour obtenir des avantages matériels ou moraux. La grève générale qui priverait la population d'eau, de gaz, d'électricité, de pain, de moyens de communication et de transport etc., est un moyen politique pour renverser le gouvernement dont rêvaient socialistes et communistes au début du XXe siècle. Les grèves de 1968 n'étaient pas une grève générale politique parce que les communistes et la C.G.T., dominée par les communistes, pour des raisons de politique étrangère ne voulaient pas la chute du régime du général de Gaulle. Elles aboutissaient aux accords de Grenelle (25 et 26 mai 1968) qui apportaient aux salariés d'importants avantages matériels (cf. Histoire du mouvement ouvrier, p. 225). — [22]**l'O.R.T.F.** (m) Office de la Radio et Télévision française — [23]**la mise en mouvement des masses paysannes** En 1871, la Commune de Paris, glorifiée par Marx, fut vouée à l'échec parce que le gouvernement pouvait mobiliser la masse des paysans conservateurs contre la capitale révoltée. — [24]**décaler** déplacer — [37]**la vedette** artiste qui jouit d'une grande renommée.

QUESTIONS ET SUJETS DE CONVERSATION

1. A quels niveaux différents la crise de mai s'est-elle développée?
2. Aux yeux de l'auteur, les événements de mai sont surtout le résultat d'une crise de civilisation: la révolte met en cause «la réponse technocratique» aux problèmes de la civilisation du XXe siècle.
Voici quelques exemples pour la «réponse technocratique» (qui tous tendent à maintenir l'ordre établi):
— société planifiée,
— bureaucratie d'Etat,
— exigence de rationalité et d'efficacité,
— pouvoir de décision concentré au sommet,
— autorité spécifique de la compétence s'exprimant dans une certaine hiérarchie,
— adaptation de la formation universitaire aux exigences du métier.
En trouvant les solutions qui correspondent mieux à une «participation créatrice de chacun» vous trouverez aussi une partie des exigences des ‹contestataires› de mai 1968.
3. Une grève générale de type marxiste classique ne comprenait que les ouvriers. Quand l'auteur parle des travailleurs (l. 8) il comprend aussi bien les travailleurs manuels qu'intellectuels. Pourquoi une grève générale (ou nationale) est-elle aujourd'hui inefficace sans l'appui ou la collaboration des travailleurs intellectuels? Analysez sous ce point de vue le texte (l. 16 à 29).
4. Quelles raisons donne l'auteur pour expliquer le rôle important que les étudiants ont joué pendant les événements de mai 1968? Raymond ARON, sociologue français renommé, dans son livre «La révolution introuvable» (1968), donne encore d'autres, p. ex.:
— la situation anormale et marginale des étudiants par rapport à la société,
— la prolongation de l'apprentissage d'un métier jusqu'à un âge où garçons et filles ont depuis longtemps atteint la maturité physiologique,
— la peur d'échouer aux examens et concours et, de ce fait, de ne pas avoir de poste équivalent aux études universitaires.
Analysez les deux points de vue.
5. Quelle conception du monde révèle la phrase de Garaudy (l. 40–41): «Il n'y a pas de limites infranchissables pour la volonté et l'intelligence humaines»?

B. Exercices pratiques

DOCUMENTATION

1. Comparez les événements de mai 1968 en France avec la stratégie et les exigences du mouvement estudiantin allemand.
2. Commentez et discutez cette affirmation de J.-P. SARTRE lors des événements de mai 1968:

> «La revendication a changé de caractère, ce n'est plus le problème de la propriété qui est au premier plan — on le retrouvera plus tard, naturellement, parce qu'il est fondamental — mais celui du *pouvoir*. Dans la société de consommation on ne demande plus, d'abord, à posséder, mais à participer aux décisions à contrôler.»

85 – «Ces mouvements révolutionnaires ... pratiquant la violence...».

▷ Texte 51   La défense de la République contre les groupes révolutionnaires

Depuis quelques années, plusieurs partis révolutionnaires d'inspiration trotskyste, castriste, ou maoïste se sont organisés sur notre territoire. Ces mouvements révolutionnaires, très sectaires, activistes, pratiquant la violence, groupant chacun de mille à trois mille militants ont pour objectif de s'emparer du pouvoir politique. Tous les moyens leur sont bons à cet effet: grève insurrectionnelle, occupation des services publics, manifestation des rues, émeutes...

Aux élections législatives de juin 1968, les Français ont montré qu'ils entendaient unir leurs volontés et leurs efforts pour que l'emportassent la démocratie, la liberté et la légalité républicaine dans tous les domaines.

Le Gouvernement est persuadé que tous les éléments sains de la nation se désolidariseront de ceux qui veulent renverser la République et porter un mauvais coup à la France.

Ce que le Gouvernement réprime, ce n'est pas le fait de croire en telle ou telle idéologie, ce ne sont pas des opinions politiques, mais la violence et l'accomplissement d'actes contraires aux lois.

Si les nouveaux partis gauchistes renoncent à la violence, au pouvoir de la rue et à la paralysie des services publics par la force, ils ne tomberont plus sous le coup du code pénal et de la loi qui interdit à tout groupement et à toute personne de tenter de porter atteinte à la sûreté intérieure de l'Etat et à la forme républicaine du Gouvernement. Sinon la loi pénale ne peut que leur être appliquée dans toute sa rigueur.

Il faut qu'ils comprennent que, contrairement à leur slogan, le pouvoir est dans les urnes et non pas dans la rue.

Ardemment et entièrement républicain, le Gouvernement poursuivra avec méthode et ténacité sa lutte pour que la paix publique soit assurée.

Et, une fois de plus dans notre histoire, les ennemis de la démocratie seront mis hors d'état de nuire et la loi, la liberté et la République l'emporteront.

Raymond MARCELLIN «L'ordre public et les groupes révolutionnaires» (1969)

QUESTIONS ET DEVOIRS

1. Raymond MARCELLIN fut nommé ministre de l'Intérieur lors des événements de mai 1968 (31 mai 1968). Dans cette fonction, il était le chef de la police et responsable des actions de celle-ci.
Relevez dans le texte
— les arguments par lesquels l'auteur justifie la répression des émeutes,
— les procédés de style (vocabulaire, syntaxe) par lesquels l'auteur cherche à s'assurer la compréhension d'une très grande partie des Français pour les mesures du gouvernement. (Pour le succès de cette méthode, cf. le résultat des élections législatives, fig. 82)
2. Les perspectives de GARAUDY et de MARCELLIN sont différentes. Montrez que, par une présentation partiale (et partielle) des événements, chacun cherche à dissimuler la partie de la vérité qui lui est désagréable alors qu'il ne présente que les aspects favorables à son opinion.

▷ Texte 52   Changement

Messieurs les présidents, mesdames, mesdemoiselles, messieurs,

De ce jour date une ère nouvelle de la politique française. Ceci n'est pas seulement dû, monsieur le président du Conseil constitutionnel, à la proclamation du résultat que vous venez de rappeler et dont, par respect pour la France et pour sa longue histoire, je mesure l'honneur; ceci n'est pas seulement dû aux treize millions trois cent quatre-vingt-seize mille deux cent trois femmes et hommes qui m'ont fait la confiance de me désigner pour devenir le vingtième président de la République française; c'est dû en réalité à la totalité des suffrages du 19 mai 1974. Ces suffrages, égaux selon la règle démocratique, qu'il s'agisse de ceux des femmes et des hommes, des jeunes et des moins jeunes, des travailleurs et des inactifs, et qui se sont prononcés chacun à leur manière, et selon leur préférence, en témoignant leur volonté de changement.

J'adresse le premier salut du nouveau président de la République à ceux qui, dans cette compétition, aspiraient à le devenir et qui avaient la capacité de le faire, et notamment M. François Mitterrand et M. Jacques Chaban-Delmas. Ainsi, c'est moi qui conduirai le changement. Mais je ne le conduirai pas seul. Si j'entends assumer pleinement la tâche de président, et si j'accepte à cet égard les responsabilités qu'une telle attitude implique, l'action à entreprendre associera le gouvernement dans ses initiatives et le Parlement dans son contrôle et dans ses droits. Je ne le conduirai pas seul, parce que j'écoute et j'entends encore l'immense rumeur du peuple français qui nous a demandé le changement. Nous ferons ce changement avec lui, pour lui, tel qu'il est dans son nombre et dans sa diversité. Et nous le conduirons en particulier avec sa jeunesse, qui porte comme des torches la gaieté et l'avenir.

Messieurs les présidents, mesdames, mesdemoiselles, messieurs, voici que s'ouvre le livre du temps, avec le vertige de ses pages blanches. Ensemble comme un grand peuple uni et fraternel, abordons l'ère nouvelle de la politique française.

Valéry GISCARD D'ESTAING: Allocution prononcée à l'occasion de la passation des pouvoirs à l'Elysée, le 27 mai 1974, dans: *Le Monde*, 28 mai 1974

NOTES

¹**messieurs les présidents** Giscard d'Estaing s'adresse aux présidents de l'Assemblée nationale, du Sénat et du Conseil constitutionnel. — ³**le Conseil constitutionnel** cf. texte 47, notes, I. 50 — ¹⁴**François Mitterand** Homme politique français, né en 1916 à Jarnac, Premier Secrétaire du Parti socialiste (S.F.I.O.) depuis 1971, candidat à la présidence de la République en 1965 et 1974 — **Jacques Chaban-Delmas** homme politique français (gaulliste), né en 1915 à Paris, maire de Bordeaux depuis 1947, Président de l'Assemblée nationale (1958–1969), Premier ministre (1969–1972), candidat à la présidence de la République en 1974 (premier tour) — ¹⁷**associera le gouvernement... et le Parlement** allusion au fait que les prédécesseurs de M. Giscard d'Estaing (de Gaulle, Pompidou), s'appuyant sur leur élection par le peuple et sur la forte position que la Constitution donne au Président de la République, ont négligé d'associer le gouvernement, l'Assemblée nationale et le Sénat à leurs actes — **...l'immense rumeur du peuple français** le mécontentement de beaucoup de Français, même quand ils étaients partisans du gaullisme, avec une certaine inertie du gouvernement vis-à-vis des crises économiques et sociales.

QUESTIONS ET DEVOIRS

1. Giscard d'Estaing n'est pas gaulliste. Quelle influence a le résultat des élections présidentielles
– 50,6% des voix pour Giscard d'Estaing,
– 49,4% des voix pour Mitterand,
sur la volonté de changement exprimée par le nouveau président et sur la composition de la majorité gouvernementale à l'Assemblée nationale?
2. Comparez l'allocution de Giscard d'Estaing avec le texte 49. Est-ce que vous voyez un rapport entre le désir de changement des Français (dont le nouveau président se fait le porte-parole) et la critique du régime gaulliste telle que l'exprime Raymond Aron?
3. Analysez le premier paragraphe du texte 52 et cherchez la ou les raison(s) qui, aux yeux de Giscard d'Estaing, justifient de parler du début d'une ère nouvelle de la politique français.
4. Comparez le texte 52 et le texte 48:
– Quelles différences y a-t-il entre la conception de Giscard d'Estaing et celle de de Gaulle en ce qui concerne le rôle du chef de l'Etat?
– Est-ce qu'il y a des points communs mais qui, chez de Gaulle, sont exprimés d'une manière plus ‹militaire›, plus rigide, chez Giscard d'Estaing d'une manière plus ‹civile›, plus souple?

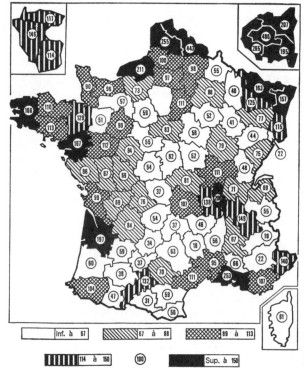

86 – Carte des indices de diversité démographique (élections des 23 et 30 juin 1968).

5. La carte 87 montre la répartition des voix de M. Giscard d'Estaing lors des élections du 19 mai 1974 (cette carte montre également la répartition des voix de M. Mitterand).
En analysant cette carte,
- indiquez les régions ayant un électorat orienté au centre et à droite et celles ayant un électorat orienté à gauche;
- comparez cette carte avec la carte 113 et cherchez s'il y a des rapports entre la pratique religieuse et la préférence politique;
- comparez la carte 87 et la carte 89 et cherchez s'il y a des rapports entre la structure de la population et la préférence politique (attention: l'agriculture du Nord et du Centre a une structure différente de celle du Midi! Cf. texte 25).

6. La carte 86 montre les indices de diversité demographique[1]. En comparant la carte 86 avec la carte 87 analysez s'il existe un rapport entre la densité démographique et l'orientation des électeurs pour l'un ou l'autre des grands courants politiques.

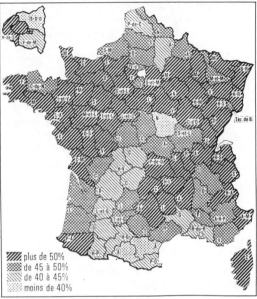

87 – Les voix de M. Giscard d'Estaing, le 19 Mai 1974.

Petite histoire du gaullisme

1890	Naissance de Charles de Gaulle à Lille.
1940	18 juin: Premier appel du général de Gaulle aux Français à la radio de Londres.
1943	Formation du Comité de Libération Nationale. Président: de Gaulle. Assemblée Consultative d'Alger.
1944	25 août: de Gaulle à Paris.
1945	Cabinet ministériel sous la présidence de Charles de Gaulle.
1946	Conflit entre de Gaulle et les partis. Il se retire (20 janvier). Dans un discours à Bayeux (16 juin), de Gaulle expose ses idées politiques.
1947	Fondation du Rassemblement du Peuple Français (R.P.F.) sous la présidence du général de Gaulle. Succès du R.P.F. aux élections municipales.
1952	Déclin et éclatement du R.P.F.
1953	De Gaulle dissout le R.P.F. Le parti se reforme sous le nom l'Union des Républicains et d'Action Sociale (U.R.A.S.).
1954	De Gaulle contre la C.E.D. (= Communauté Européenne de Défense).
1958	De Gaulle au pouvoir. Nouvelle Constitution. Formation de l'U.N.R. (Union pour la Nouvelle République). Majorité à l'Assemblée nationale.
1959	Recul de l'U.N.R. aux élections municipales.
1962	18–25 novembre: Les élections législatives confirment la majorité de l'U.N.R. et renforcent la position du président de Gaulle.
1965	19 décembre: Réélection du général de Gaulle comme Président de la République.
1966	1er janvier: Deuxième septennat du général de Gaulle.
1968	Mai: Révolte des étudiants; grève générale. Dissolution de l'Assemblée nationale. Juin: Majorité absolue pour les gaullistes lors des élections législatives.

---

[1] On obtient l'indice de diversité démographique en divisant le nombre des électeurs de l'ensemble du pays par le nombre des départements (= la moyenne théorique M), ensuite en divisant M par le nombre des électeurs inscrits de chaque département (D) et en multipliant ce quotient obtenu par 100:

$$I = \frac{M}{D} \cdot 100$$

1969   27 avril: Echec du général de Gaulle lors du référendum sur la régionalisation et le nouveau statut du Sénat.
28 avril: Le général de Gaulle cesse d'exercer ses fonctions de Président de la République.
28 avril–20 juin: Alain Poher, président du Sénat, président de la République par intérim.
15 juin: Georges Pompidou est élu président de la République au deuxième tour, contre M. Alain Poher.
1970   9 novembre: Mort du général de Gaulle.
1974   2 avril: Mort du président Pompidou.
19 mai: Valéry Giscard d'Estaing (Républicain indépendant) est élu président de la République au deuxième tour, contre François Mitterand (socialiste).

Exercices de compréhension et de contrôle

I. Connaissance de la matière

1. Quelles sont les principales institutions de la Ve République?
2. Quelles sont les fonctions du Président de la République?
3. Quels sont les principaux partis politiques sous la Ve République?
4. Quel est le rôle du Conseil constitutionnel?
5. Qu'est-ce qu'on entend par ‹Territoires d'Outre-Mer›?
6. Qu'est-ce qui distingue le Premier Ministre français du Chancelier fédéral allemand?
7. La Ve République date de 1958. Quelles étaient les Républiques qui lui précédaient?
8. Quelle est l'opinion du général de Gaulle sur le rôle du Chef de l'Etat?
9. Pourquoi Raymond ARON parle-t-il du «régime d'un parti hégémonique»?
10. Résumez les explications des événements de mai 1968 que donnent
— Roger GARAUDY,
— Raymond MARCELLIN.
11. Expliquez pourquoi Giscard d'Estaing, lors de son entrée en fonctions, croit pouvoir (ou est obligé à) parler d'une «ère nouvelle de la politique française».

II. Connaissance des méthodes

1. Présentez *oralement* la pyramide d'âges de la population française (fig. 11).
2. Présentez par un *graphique* l'évolution de la population du Paris municipal depuis 1801 (tabl. 31).

III. Connaissance du vocabulaire

1. Expliquez le sens des mots suivants:
— référendum
— laïque
— l'arbitrage
— la dissolution (de l'Assemblée nationale)
— une constitution pluraliste
— la grève générale
— la vedette.
2. Complétez les phrases par un mot convenable choisi dans la liste suivante: voter, la majorité, recourir, incompatible, provenir, désigner.
— Le Président de la République peut ... au référendum.
— L'Assemblée nationale et le Sénat ... le budget et les lois.
— Les fonctions de membre du gouvernement sont ... avec l'exercice de tout mandat parlementaire.
— Le Chef de l'Etat ne doit pas ... d'un parti, il doit être ... par le peuple.
— Un changement de gouvernement ou de régime n'est possible que si ... des Français vote pour un Front populaire.

L'ÉCONOMIE FRANÇAISE

Introduction: Les mutations de l'économie française

Pendant longtemps, l'économie française passait pour figée dans ses structures traditionnelles. Protégée par le système douanier contre la concurrence étrangère, elle était dirigée par des cadres âgés qui, prudemment, évitaient toute sorte de compétition économique. Comme la France ne possédait pas assez de matières premières pour se faire, à l'égal de l'Angleterre ou de l'Allemagne, une industrie de quantité, un grand nombre de petites industries artisanales s'est orienté vers le produit de luxe ou de qualité.

Depuis la fin de la dernière guerre, plusieurs facteurs ont contribué à changer complètement les anciennes structures:

1° *La croissance d'un capitalisme d'Etat:* Entre 1944 et 1946, une partie importante de l'économie française est ‹nationalisée›. Le contrôle de l'Etat porte sur les sources d'énergie et les transports, une partie des banques, quelques industries métallurgiques de transformation (p. ex. les usines Renault) et les vieilles ‹régies› des alcools et du tabac. Aujourd'hui il n'est plus possible d'étudier les problèmes économiques français sans analyser l'organisation de l'Etat ni de comprendre et d'apprécier la structure et le fonctionnement des organes de celui-ci sans se pencher sur les problèmes économiques. (Cf. texte 54.)

2° *La planification:* Depuis 1946, pour fixer les priorités de l'économie, un *plan* est élaboré au sein du Commissariat Général du Plan, et guidé par les recommandations du Conseil Economique et Social.

3° *L'aménagement du territoire:* Le but est surtout de stopper l'affluence de l'industrie vers la région parisienne, d'équilibrer le développement de toutes les régions et de faire rattraper à certaines d'entre elles le retard qu'elles ont pris. (Cf. textes 16 et 17.)

4° *L'intégration dans le Marché commun:* L'abaissement des barrières douanières et l'aggravation de la concurrence du marché international stimulent la *concentration* des grandes firmes de l'industrie et du commerce et la *modernisation* de l'agriculture. (Cf. texte 57.)

5° *Le capitalisme privé est renforcé:* Concurrence étrangère et capitalisme d'Etat forcent les entreprises privées à une activité salutaire. Elles collaborent avec l'Etat dans le cadre d'une ‹économie concertée›. (Cf. tabl. 90.)

6° *L'évolution démographique depuis la guerre:* La forte poussée démographique (de 1946 à 1967 la population française a gagné plus de 10 millions d'habitants) force les responsables à créer de nouveaux emplois. (Cf. texte 5.)

Aujourd'hui l'*économie française* est *en croissance* et la société *se modernise*. Non seulement la vie matérielle se transforme, mais les individus et les collectivités apprennent peu à peu à accepter le changement, à l'espérer, au lieu de prendre appui sur la tradition.

Documentation

88 – Population active (en milliers de personnes).

Secteur		1962	1965	1970
Agriculture	Salariés	763,9	653,7	497,9
	Non salariés	3 029,3	2 753,0	2 304,8
	Total	3 793,2	3 406,7	2 802,7
Secteurs non agricoles	Salariés	10 076,3	10 995,0	12 103,8
	Non salariés	2 287,1	2 232,3	2 154,7
	Total	12 363,4	13 227,3	14 258,5
Hors-Secteurs (banques, assurances, services domestiques, administration)	Salariés	2 762,3	2 976,1	3 371,6
	Non salariés	138,0	129,1	125,2
	Total	2 900,3	3 105,2	3 496,8
Ensemble des emplois	Salariés	13 601,5	14 624,8	15 973,3
	Non salariés	5 454,4	5 114,4	4 584,7
	Total	19 055,9	19 739,2	20 558,0

(Source «Annuaire statistique de la France 1972», p. 59–60)

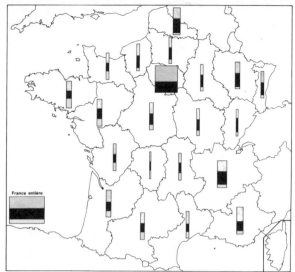

89 – Structure de la population active par grands secteurs en 1968.

La largeur de la base est proportionnelle au nombre total de personnes actives; la hauteur de chaque segment au pourcentage que représente, par rapport au total, le secteur considéré.

90 – Investissements comparés des entreprises (non financières) publiques et privées.

	1959	1960	1961	1962	1963	1964	1965	1966	1967
En millions de F aux prix courants:									
Entreprises publiques	11 454	11 942	12 919	13 756	15 373	17 840	19 624	21 796	
Entreprises privées	19 915	22 801	26 942	30 530	33 530	35 875	36 459	39 648	
Total. — Investissements productifs des entreprises non financières	31 369	34 743	39 861	44 286	48 903	53 715	56 083	61 444	
En indices de volume: année précedente = 100:									
Entreprises publiques	—	102,5	105,4	103,1	107,5	113,0	107,4	108,5	107,3
Entreprises privées	—	112,1	114,8	109,8	105,6	104,3	99,4	106,3	107,0
Total. — Investissements productifs des entreprises non financières	—	108,6	111,6	107,6	106,2	107,0	102,1	107,1	107,1

(Source: tendances, n° 58, avril 1969, p. 14)

91 – La population française au XXe siècle.

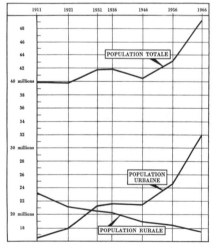

92 – Déplacements de la population française entre 1954 et 1962.

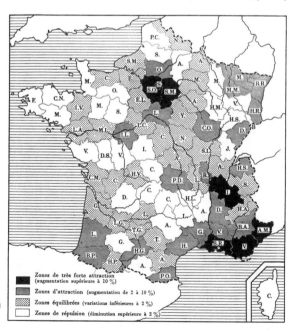

QUESTIONS ET DEVOIRS

1. En analysant le tabl. 88, relevez:
— l'évolution de la population agricole active,
— l'évolution du nombre des salariés par rapport aux non salariés.
Faites un petit exposé oral qui résume les résultats de votre analyse. Comparez l'évolution à court terme (tabl. 88) avec l'évolution (idéale) à long terme (fig. 16): Est-ce que le tabl. 88 confirme la théorie exprimée dans la fig. 16?
2. En comparant la fig. 91 avec le texte 56, faites un petit exposé sur les causes et les effets de l'*exode rural*.
3. En analysant la carte 89 et en vous servant des cartes *France industrielle* et *France agricole* (93 et 98), relevez
— les régions à prédominance industrielle,
— les régions à prédominance agricole.
Indiquez la spécialité industrielle de chaque région (p. ex. soieries dans la région de Lyon, etc.)
4. En comparant la fig. 91 et la carte 92 expliquez
— l'évolution de la structure de la population française et
— les causes qui établissent en France des zones d'attraction et des zones de répulsion.
5. La part des non salariés est partout en régression. En comparant le tabl. 88 avec le tabl. des groupes socio-professionnels (p. 208), expliquez
— quelles professions entrent surtout dans la part des non salariés,
— pourquoi il y a régression relative des non salariés (sauf dans le cas de l'agriculture!)
6. Les investissements (fig. 90) indiquent à peu près la part des entreprises publiques et privées dans l'économie française. Quel est le rapport entre les volumes des deux secteurs? Est-ce que la part de chaque secteur varie au cours des années ou reste à peu près constante?

L'INDUSTRIE

Documentation

93 – La France — industrie et énergie.

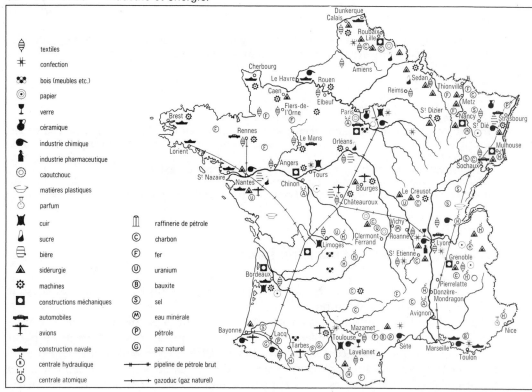

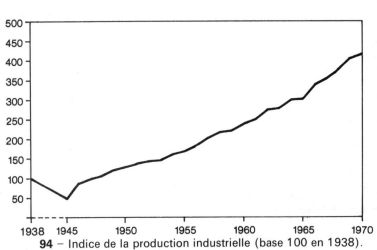

94 – Indice de la production industrielle (base 100 en 1938).

95 – Indice des taux de salaires horaires (France entière) et du S.M.I.G. (à Paris).

96 – Chiffres clés de la production industrielle (1969).

	France	Allemagne
Consommation d'énergie électrique (en milliards de kWh)	121	202
Production de minerai de fer (en milliers de tonnes)	56 019	7 451
Production de bauxite (en milliers de tonnes)	2 772	3,2
Production de véhicules automobiles (voitures de tourisme et camions) (en millions de véhicules)	2 467,0	3 604,5
Logements terminés (en milliers)	427,0	499,9
Production de matières plastiques (en milliers de tonnes)	1 339	3 985

(Source: «Statistische Grundzahlen der Gemeinschaft», 1970)

QUESTIONS ET DEVOIRS

1. En vous servant des fig. 94 et 95, faites un petit exposé sur l'évolution de la production industrielle française. Relevez les rapports qui existent entre
— production,
— consommation,
— plein emploi et
— bien-être de la population.
2. Expliquez le tableau 96 d'après les critères suivants:
— Importance de la consommation d'énergie pour la production industrielle et le niveau de vie.
— Causes de la différence, entre la France et l'Allemagne, de la production de minerai de fer et de bauxite.
— Rapport entre la production d'automobiles et le commerce extérieur.
— Croissance de la population et logements terminés.
— Importance de l'industrie chimique d'après la production de matières plastiques.

▷ Texte 53   L'essor de l'industrie française

Le domaine industriel a enregistré les progrès les plus brillants et on peut presque parler d'une véritable révolution.

Révolution dans la structure: la concentration s'est faite à pas de géant et les exemples fourmillent. Dans le bassin houiller du Nord, la même production est obtenue à partir
5 de 60 sièges d'exploitation en 1960 contre 115 en 1938 et avec 80 800 ouvriers au fond contre 104 000. Dans l'automobile, 4 firmes au lieu de 22 disposent d'un marché accru et fabriquent 1 135 200 voitures de tourisme au lieu de 182 400. Dans la sidérurgie, quatre

97 – L'industrie française se modernise.

grandes sociétés formées par la réunion d'une quinzaine d'entreprises groupant plus de 30 usines fournissent près de la moitié de l'acier français. 85 % de l'aluminium sont produits par la seule firme de Péchiney. La capacité moyenne de nos raffineries de pétrole est la plus élevée d'Europe. La bière française est produite par 300 brasseries au lieu de 1 200... Concentrations technique et financière progressent donc rapidement et deviennent la règle générale pour toutes les branches industrielles en expansion ou en création (carbochimie, pétrochimie): elles permettent la rationalisation des procédés de production, la puissance des investissements, l'abaissement des prix de revient.

Révolution dans l'équipement: des facilités de crédits ont été accordées aux représentants des industries jugées indispensables à la vie nationale, et certains secteurs en ont largement profité, tels la sidérurgie, l'aluminium, l'automobile, l'aéronautique, la chimie... L'usine de Renault à Flins, utilisant entièrement l'automation, passe pour la plus moderne d'Europe: l'homme y intervient pour contrôler plus que pour travailler. L'usine de Saint-Gobain à Chantereine fabrique plus de 2 000 kilomètres de glaces par an, grâce à un équipement qui peut rivaliser avec les installations les plus perfectionnées du monde entier. Ainsi l'âge moyen du matériel s'est considérablement abaissé tandis qu'augmentaient puissance technique et rendement: Renault fabrique dix fois plus de voitures qu'avant guerre avec un nombre d'ouvriers seulement double.

Records généralisés dans la production: dans l'ensemble, l'indice a plus que doublé par rapport à l'avant-guerre, mais l'éventail est largement ouvert. Les secteurs classiques comme le charbon ou les textiles traditionnels n'ont guère augmenté que de 25%; au contraire, la production d'électricité a presque quadruplé; celle de pétrole est passée de 74 000 à 2 millions de tonnes; celles de gaz naturel, insignifiante, atteint maintenant 4 milliards 500 millions de mètres cubes; celles d'acier a presque triplé; celle d'aluminium plus que quintuplé. La France construit six fois plus d'automobiles et onze fois plus de navires qu'en 1938; elle fabrique quatre fois plus d'engrais, trois fois plus de ciment...

A ce prix, elle conserve sa place dans le palmarès de l'industrie mondiale et, devant un tel bouleversement, comment ne pas éprouver le sentiment d'une véritable victoire sur un passé beaucoup moins dynamique et où l'industrie jouait un rôle infiniment moins brillant? Au cours des quinze dernières années, la valeur de la production industrielle a augmenté relativement deux fois plus rapidement que celle de la production agricole...

Ainsi la France rajeunit. Morceau de l'Europe occidentale, elle a participé à la première révolution économique, celle qui a introduit le rythme de l'industrie moderne dans la vie des hommes et placé l'Europe à la tête de l'évolution internationale. Beaucoup de pays dans d'autres continents sont entrés, à leur tour, dans le même cycle; certains sont plus vastes, plus peuplés, souvent mieux doués naturellement que les vieux pionniers européens. Pour conserver sa place, l'Europe occidentale doit s'adapter au prix d'un nouvel effort, pousser plus loin sa technique, utiliser ses réserves de capitaux et les possibilités créatrices de ses fils ingénieux: La France, pourtant durement meurtrie par de longues périodes de guerre, tient sa place dans cette marche en avant. Elle offre l'image d'un pays où les mots clefs de l'économie moderne: ‹productivité, rentabilité› sont devenus non seulement les thèmes de la propagande officielle, mais les mots d'ordre des producteurs et où, sans contrainte, l'effort individuel tend de plus en plus à se plier à une discipline collective. On a parlé d'un ‹miracle allemand›, d'un ‹miracle italien›; soyons plus modestes: en France, il n'y a pas de miracle, mais une solide rénovation, pleine de promesses pour l'avenir.

Jacqueline BEAUJEU-GARNIER «Rénovation de l'économie française» (1963)

NOTES

[3]**la structure** (de l'industrie française) La petite taille qu'avaient la plupart des entreprises françaises jusqu'en 1945 et plus tard, n'est plus adaptée aux besoins de la grande industrie moderne et à la concurrence d'un marché international. Un mouvement de concentration se dessine depuis quelques années dans le but d'améliorer la production technique et l'écoulement des produits, de diminuer les frais généraux et d'intensifier la recherche. — [10]**Péchiney** compagnie française de produits chimiques et électrométallurgiques. — [16]**l'équipement** (m) les machines, l'outillage d'une usine ou d'un atelier. L'équipement de l'industrie française était longtemps en retard sur le standard des autres pays industrialisés parce que les petites entreprises, n'ayant pas la capacité financière d'acheter de nouvelles machines au rythme du progrès technique, gardaient trop longtemps, par fausse économie, un outillage vétuste. Aujourd'hui «l'âge moyen du matériel s'est considérablement abaissé». (l. 23) — **facilités de crédit** Pour les investissements industriels le fisc accordait de larges faveurs et une caisse particulière (le Crédit National) accordait des crédits pour l'outillage. — [19]**Flins-sur-Seine** commune dans le département d'Yvelines, à l'ouest de Paris; 1 423 habitants (1968) — [21]**Saint-Gobain** grande société industrielle française, s'occupant surtout de la production de verre et de produits chimiques — [26]**l'indice a plus que doublé par rapport à l'avant-guerre** Cf. fig. 94; l'auteur écrit en 1963. — [34]**le palmarès** [ɛs] dans un concours, liste de ceux qui ont obtenu un prix ou une récompense.

QUESTIONS ET DEVOIRS

1. Ce texte montre bien l'évolution de l'industrie française pendant les derniers vingt ou trente ans. Relevez-en les idées principales et faites un plan rédigé. (Cf. p. 66)
2. Relevez les branches où le changement de structure est le plus marqué. Quels autres secteurs sont moins entraînés dans ce mouvement? Analysez les causes et les effets de cette disparité.

3. En vous servant des différents tableaux et figures de la documentation, montrez que «productivité et rentabilité» (l. 48) de l'industrie étaient une nécessité absolue pour la France dans les premières années après la guerre. Est-ce que ce «productivisme», la conviction que le développement économique constitue un objectif important en lui-même et qui était valable à l'époque de la reconstruction, est toujours justifié et correspond aux nécessités de la vie d'aujourd'hui ?

Texte 54   Le rôle des entreprises nationalisées dans une démocratie libérale

Les entreprises nationalisées ont dépensé sans compter pour édifier les plus belles installations qui soient; elles ont satisfait leur personnel sans lui marchander les avantages particuliers; le succès technique a payé ces efforts, et il est éclatant; la productivité gravit l'échelle des statistiques et bat, de semaine en semaine, ses propres records. La
5 politique de nationalisation qui a bouleversé la structure économique de la France et démenti quelques anciens principes de droit a-t-elle acquis, après vingt ans, un autre sens que celui de cette réussite d'ingénieurs ? ...

Le sens négatif de la nationalisation est facile à saisir si elle constitue, écrit Léon Blum, en 1945, «une atteinte délibérée au principe de la propriété capitaliste». Cette négation
10 devait être progressive, selon le chef des socialistes, et suivre le cours des futures révolutions industrielles; d'autres, à la même époque, avaient sans doute pensé à renverser plus brusquement le système capitaliste; la composition des premiers conseils d'administration des entreprises nationales fait parfois songer à une stratégie révolutionnaire. De tout cela rien ne subsiste. L'expropriation reste acquise là où elle a été faite, mais,
15 dans son évolution technocratique, l'entreprise publique a perdu tout caractère socialiste. A l'intérieur elle tend à enfanter des oligarchies professionnelles. Dans ses relations commerciales elle s'est accommodée du milieu capitaliste, et cette coexistence a été profitable à beaucoup d'entreprises privées ...

Pour ceux qui n'avaient pas l'arrière-pensée de réformer la Société, la nationalisation
20 était du moins la forme la plus efficace du dirigisme économique. Seulement ils ne se sont pas avisés que cette technique d'économie dirigée était à la fois la plus coûteuse et la plus difficile. Les entreprises publiques ont dû chercher seules leur équilibre et leur orientation, dans un milieu économique où leur existence même devenait de plus en plus aberrante, au fur et à mesure que les gouvernants s'écartaient des thèmes de planification
25 qui inspiraient les programmes de 1944 et de 1945. Dans cette évolution vers un demi-libéralisme économique, un seul impératif subsistait, il fallait accroître la production en améliorant la productivité. Les sociétés nationales l'ont fait, en même temps que les entreprises privées, mieux qu'elles, le plus souvent, mais à plus grands frais. Le sens économique de la nationalisation s'est dilué dans ce dirigisme vague; l'entreprise publique n'a
30 pas pu être le puissant levier d'une organisation générale de la production et des échanges que nul gouvernement n'eut souci de monter.

Bernard CHENOT «Les entreprises nationalisées» (1967)

A. Analyse du texte

LE VOCABULAIRE ET LES EXPRESSIONS

[1] **... ont dépensé sans compter pour édifier les plus belles installations qui soient**
Les investissements réalisés par les entreprises nationalisées ne pouvaient être couverts ni par autofinancement, ni par des emprunts émis dans les conditions normales du marché. L'Etat devait et doit subventionner non seulement les investissements mais aussi les déficits d'exploitation des entreprises nationalisées. En 1963 p. ex., le financement des investissements des entreprises publiques a absorbé 7.658 millions de francs. (Cf. aussi texte 53.) — [2] **sans**

lui marchander les avantages particuliers Une partie du personnel des entreprises nationalisées a obtenu un statut comparable à celui des fonctionnaires. — ³**le succès technique a payé ces efforts** p. ex. le succès des automobiles Renault (4 CV, Dauphine, R 4, etc.) sur les marchés européens et américains — **la productivité** ici: qualité d'une usine, traduisant le rapport entre le travail et son résultat — ⁶**un autre sens que celui de cette réussite d'ingenieurs** p. ex.: transformation de la société, transformation de la mentalité des employés et ouvriers, etc. — ⁸**Léon Blum** homme politique français, né à Paris (1872–1950); chef du parti socialiste S.F.I.O., il a constitué un gouvernement dit de ‹Front populaire› (1936); chef d'un gouvernement socialiste homogène en 1946 — ⁹**le principe de la propriété capitaliste** c'est-à-dire que celui qui detient le capital est plus ou moins maître absolu de l'entreprise — ¹¹**d'autres, à la même époque ...** allusion aux communistes qui, de 1944 à 1947, faisaient partie des gouvernements successifs — ¹²**conseil d'administration** Dans les entreprises privées, réunion des actionnaires d'une société anonyme désignés pour gérer les affaires de la société. Les conseils d'administration des entreprises nationalisées sont composés selon le principe de la représentation des intérêts (ouvriers, syndicats, usagers industriels, Etat). Dans les premiers conseils d'administration des entreprises nationalisées les représentants de la C.G.T. (syndicat à tendance communiste, cf. p. 222) avaient la majorité absolue. — ¹⁹**la nationalisation était la forme la plus efficace du dirigisme économique** Le libéralisme économique pur déniait à l'Etat tout droit d'intervention dans les mécanismes de production. Jusqu'en 1944, on n'avait connu le dirigisme que sous sa forme autoritaire en U.R.S.S. Les nationalisations des années 1944–1946 mettent les entreprises nationalisées sous le *contrôle* et non sous la direction de l'Etat. Comme c'étaient pour la plupart des industries de base (charbon, gaz, électricité, transports) l'Etat pouvait aussi exercer un contrôle indirect sur les entreprises du secteur privé toujours existant à côté du secteur public. De là, la nécessité de la *planification*. — ²⁴**... s'écartaient des thèmes de planification qui inspiraient les programmes de 1944 et de 1945** Les misères des premières années après la guerre nécessitaient un grand effort collectif et le sacrifice d'intérêts particuliers. L'insuffisance de la gestion privée au regard des exigences d'intérêt général, l'importance nationale de l'activité économique déterminaient la plupart des nationalisations. Le premier Plan (Plan Monnet) portait donc sur six secteurs prioritaires: l'électricité, le charbon, l'acier, le ciment, les transports, les machines agricoles. Dans la mesure où le niveau de vie s'élève, l'intervention de l'Etat dans la vie économique et sociale devient superflue ou même suspecte. — ²⁸**... mais à plus grands frais** L'échec d'une entreprise publique ne constitue pas de risque grave pour ses dirigeants ou pour son personnel parce que l'Etat couvre les déficits.

Travail personnel. Expliquez à l'aide du dictionnaire: marchandise, évolution technocratique, gravir l'échelle des statistiques, s'aviser, se diluer.

QUESTIONS ET SUJETS DE CONVERSATION

1. Quels sont les succès des entreprises nationalisées? Distinguez entre
— succès techniques,
— succès économiques,
— succès sociaux.
2. Quand le gouvernement français, de 1944 à 1946, nationalisait une partie de l'économie française, ses mobiles étaient surtout d'ordre économique, politique et social.
Montrez l'influence de chaque domaine sur la décision de nationaliser une partie des entreprises.
3. Qu'est-ce que Léon Blum envisageait au lieu d'un changement brusque du système économique?
4. Pourquoi la politique de nationalisation a-t-elle bouleversé la structure économique de la France?
5. Voici les principaux objectifs du dirigisme français:
— Fixation des prix de base
— Maîtrise du marché financier
— Subventions aux diverses branches de l'industrie
— Commandes publiques
— Participation à des travaux de recherche.
Quelle différence y a-t-il entre le dirigisme à la française (plan indicatif et persuasif) et le dirigisme soviétique (plan autoritaire et impératif)?
6. Expliquez (p. ex. en vous servant de quelques chiffres) le passage: «accroître la production en améliorant la productivité» (l. 26).
7. Quel rôle peut-on attribuer aux entreprises nationalisées dans une démocratie libérale?

B. Exercices pratiques

VOCABULAIRE

1. Relevez dans le texte tous les mots et toutes les expressions qui se rapportent à la *vie économique*.
2. Les synonymes du mot **entreprise**: affaire, commerce, établissement, exploitation, fabrique, industrie.
Vérifiez dans votre dictionnaire le sens exact de ces mots et complétez ensuite les phrases suivantes:
— Parmi les grandes firmes d'automobiles du monde, les usines Renault sont un ... important.
— Un groupe de spéculateurs lance une ... en Amérique du Sud.
— Les soieries de Lyon sont une ... célèbre.
— Si l'on peut combiner les ... de charbon et d'acier, comme en Lorraine, on arrive à augmenter la productivité et à baisser les prix.
— Le trafic des esclaves noirs était un ... lucratif à la fin du XVIIIe et au début du XIXe siècle.
— Cette ... groupe plusieurs ateliers et possède même un magasin pour la vente directe.
3. Voici une liste des principaux *termes économiques:*

action — titre représentant une fraction du capital social d'une entreprise (cf. *société anonyme*).
amortissement — opération permettant la reconstitution du capital d'une entreprise endommagé par l'usure ou le vieillissement.
dirigisme — l'Etat suit une politique dirigiste lorsqu'il assume la responsabilité de la vie économique et exerce un pouvoir de décision générale en matière économique.
épargne — somme d'argent mise en réserve par un particulier ou une collectivité en vue d'une consommation ultérieure. Entre temps elle peut servir à financer les crédits à l'économie.
expansion — processus par lequel se développe dans une économie le produit national et le pouvoir d'achat.
entreprise publique — entreprise dans laquelle une collectivité publique assume seule les fonctions d'entrepreneur et de chef d'entreprise.
investissement — opération consistant pour un particulier, une entreprise ou un Etat à transformer des ressources financières en équipement.
inflation — excès de la demande solvable sur l'offre évaluée en termes de coûts se traduisant par une hausse générale des prix.
libéralisme — école de pensée suivant laquelle le libre jeu des mécanismes économiques assure le meilleur équilibre de l'ensemble de l'économie, équilibre que l'intervention active de l'Etat ne peut aboutir qu'à fausser.
produit national — ensemble des biens et des services produits par la nation au cours d'une année donnée.
revenu national — ensemble des revenus touchés par les divers éléments qui constituent la nation, au cours d'une année donnée.
société anonyme — société (commerciale) de capitaux dans laquelle chaque associé n'est engagé à l'égard des tiers qu'à concurrence de son capital apporté, c'est-à-dire des *actions* qu'il possède.

GRAMMAIRE

1. Expliquez le subjonctif dans la relative:
   ...pour édifier les plus belles installations qui *soient*.
(Gr. § 75,2 c ‖ § 124)
2. Révisez les verbes **acquérir** et **conquérir** et formez
— le singulier du présent de l'indicatif,
— le pluriel de l'imparfait,
— le singulier du passé composé,
— le singulier du présent du subjonctif.
(Gr. § 203,1 ‖ § 303,1)

SUJETS DE COMPOSITION

1. Décrivez le rôle des entreprises nationalisées dans le cadre de l'économie française.
2. Un contribuable quelconque attaque les entreprises nationalisées. — Un membre du conseil d'administration des Charbonnages de France prend leur défense.

L'AGRICULTURE

Introduction: Les problèmes de l'agriculture française

La France possède un sol riche dont la variété extrême lui permet de faire pousser les produits les plus divers et d'excellente qualité. Autrefois la première du monde, l'agriculture française a connu, depuis le début du XXe siècle, la concurrence des produits étrangers, surtout américains, et pendant longtemps elle n'a pu conserver une certaine prospérité que grâce à une solide barrière douanière.

Les problèmes de l'agriculture française sont aujourd'hui à peu près les mêmes que ceux de l'agriculture allemande. Cependant ils se posent en France avec plus d'acuité qu'en Allemagne pour les raisons suivantes:

1° La part de l'agriculture à la vie économique du pays est plus grande (France 15%, Allemagne 9,5% de la population active dans l'agriculture, en 1968).
2° Le rendement est plus mauvais et ne rattrape que difficilement le niveau des autres pays.
3° L'accélération de l'exode rural comme conséquence de la mauvaise situation de l'agriculture et de son mauvais rendement.
4° Le niveau des prix est trop élevé; l'agriculture française ne peut soutenir la concurrence sur le Marché commun qu'à l'aide de subventions.

La politique agricole des différents gouvernements depuis 1945 a certainement beaucoup fait pour rendre moins difficiles ces problèmes. Mais l'Etat ne peut pas changer la mentalité des paysans qui ne s'adaptent que lentement aux conditions de la société industrielle. Malgré beaucoup de mutations, les paysans qui orientent leur production selon les besoins variables du marché, restent très rares; il existe toujours bon nombre de fermes avec des modes d'exploitation traditionnels.

Documentation

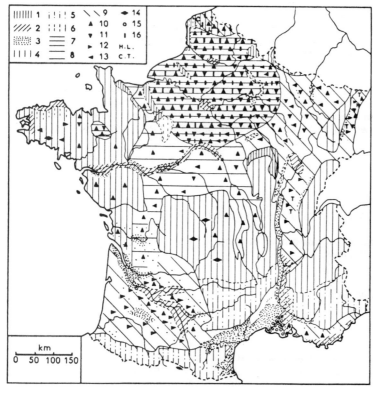

98 – Les régions agricoles de France. Zones spécialisées: 1. d'élevage de bovins; 2. de fruits et légumes; 3. de vignes. Régions d'élevage prédominant; 4. de bovins; 5. de moutons; 6. de chevaux; 7. zone de culture intensive; 8. zone de culture extensive; 9. zone de polyculture; 10. blé; 11. orge; 12. maïs; 13. avoine; 14. seigle; 15. riz; 16. seigle; H. houblon; L. lin; C. chicorée; T. tabac.

99 – Tableau de l'agriculture française en 1963.

Catégories d'exploitation	Nombre		Surface		Revenu		Nombre moyen de travailleurs[2]) employés	% de la production nationale
	en chiffres	%	en ha	%	en francs	%		
I. Exploitations de complément[1])	403 000	21,2	4	5	2 000	3,7	0,4	28
II. 0 à 20 ha	844 000	44,5	10,2	26,6	7 700	32,4	1,5	
III. 20 à 50 ha	380 000	20	30,2	35,6	16 900	31,2	2,4	31
IV. 50 à 100 ha	83 000	4,3	66,3	16,9	29 610	10,3	3,2	
V. Plus de 100 ha	23 000	1,2	160,9	11,5	48 000	4,8	5,2	41
VI. Exploitations spécialisées	167 000	8,8	8,4	4,4	25 100	17,6	3	
	1 900 000 au total		16,9 en moyenne		12 500 en moyenne			

[1]) L'exploitation de complément occupe moins de 75% du temps de travail et assure moins de 50% du revenu. [2]) Le «travailleur» est une unité conventionnelle de 2 700 heures de travail.
(Source: Un article de Chombart de Lauwe dans la revue *Problèmes économiques* n° 991, compte rendu paru dans *Le Monde* du 15 novembre 1966, et Yves Trotignon «La France au XXe siècle», Paris 1968, p. 380)

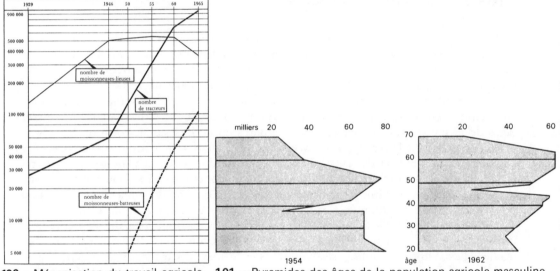

100 – Mécanisation du travail agricole. 101 – Pyramides des âges de la population agricole masculine active.

QUESTIONS ET DEVOIRS

1. En analysant la carte 98 indiquez
   — dans quelles parties de la France se trouvent les principales zones de culture intensive (blé, orge, seigle),
   — les régions principales d'élevage de bovins et de moutons,
   — les régions principales de viticulture,
   — les zones spécialisées de fruits et de légumes (avec indication, si possible, des fruits et légumes prédominants).
2. Le tabl. 99 donne un tableau presque complet de l'agriculture française. Exploitez ce tableau d'après les indications suivantes:
   — Le revenu des agriculteurs monte avec la grandeur de la surface de l'exploitation. Calculez la *productivité* (rendement) de chaque catégorie d'après les rapports suivants:

   a) $\dfrac{\text{Pourcentage de la production nationale}}{\text{Pourcentage de l'effectif total des exploitations}}$

   (*Modèle:* Catégorie I + II: $\dfrac{28}{65,7} = 0,45$ environ, etc.)

b) $\dfrac{\text{Surface moyenne de l'exploitation}}{\text{Nombre de travailleurs employés}}$ (*Modèle:* Catégorie I: $\dfrac{4}{0,4} = 10$, etc.)

c) $\dfrac{\text{Revenu annuel moyen en milliers de Francs}}{\text{Nombre moyen de travailleurs employés}}$ (*Modèle:* Catégorie I: $\dfrac{2}{0,4} = 5$, etc.)

Expliquez d'après vos résultats le *problème des disparités agricoles*.
— Montrez le rapport qui existe entre le grand nombre de petites exploitations agricoles et le nombre des tracteurs (fig. 100).
— La rentabilité d'une exploitation agricole commence vers 30 ha. Quelle est la *situation financière* et le *niveau de vie* de la plupart des paysans français?
— Démontrez la thèse selon laquelle la petite exploitation, par son grand nombre et sa mauvaise productivité, est responsable du prix élevé des produits agricoles aussi bien à la production qu'à la consommation.
Quelles conséquences a ce fait sur le fonctionnement du Marché commun agricole?
3. Démontrez et expliquez le phénomène de l'*exode rural* à l'aide de la fig. 101. Quelles classes d'âge quittent surtout la campagne? (Cf. aussi texte 56.)

Texte 55 Un fermier traditionnel

Louis travaillait le jardin, l'oncle s'occupait de la vigne et des labours. Les vieux ceps du coteau donnaient du bon vin mais rapportaient peu. La vente des légumes et du lait ajoutait au revenu de la ferme. Selon la saison, les Chardonnet expédiaient des anthémis, des giroflées, du mimosa, des petits pois, des haricots verts.

5 Mme Chardonnet préparait les cageots. Le soir, son mari attelait la jardinière. Après un cheminement à travers les pinèdes, la route rejoignait sur la hauteur les premières villas de la station climatique, espacées de parcs en jardins sur la bordure. En hiver, Chardonnet arrivait là-haut à la tombée de la nuit. Deux hôtels sommeillaient derrière un rideau de mimosas et des allées de palmiers. Chardonnet descendait de sa charrette.
10 Un chien tiré de sa torpeur répondait au coup de sonnette par des aboiements. Le hall s'éclairait, une vieille dame venait pousser la grille. En parlant de la pluie et du bon temps, du vent d'est et du mistral, Chardonnet remplissait quelques pots à lait.

La loco du tortillard, à l'assaut d'une grimpée, ralentissait, peinait, s'époumonait, lançait des appels; le chef de gare assurait aussi les fonctions de garde-barrière. Ses
15 feuilles d'expédition remplies, ses cageots sur le quai, Chardonnet attendait le passage du train pour voir quelques visages nouveaux ou se distraire en parlant au facteur apportant le courrier, quelques lettres au fond d'un grand sac...

Quand l'année se montrait favorable, le ramassage des champignons ajoutait au revenu de la ferme... Un panier au bras, un cageot à l'épaule, notre casse-croûte dans
20 une musette, je suivais Louis. Par des raccourcis, une marche de deux heures nous amenait aux bois du cap.

Le soleil se levait sur la mer quand nous partions. Creusés, vivifiés, étourdis, tard dans l'après-midi nous revenions avec nos paniers, nos cageots plus ou moins pleins. Un repas nous attendait.

25 Chardonnet continuait ses labours. Mme Chardonnet aidée de Pierrette, ramassait des châtaignes sous les arbres près du ruisseau. J'allais les rejoindre... Un coup de râteau débarrassait du terrain les vieilles cosses, les feuilles, les fougères. Des petits feux brûlaient le tout. Je ramassais les marrons tombés dans le ruisseau, j'écrasais quelques cosses vertes. Etonnée à tout propos, Pierrette, avec un fort accent provençal,
30 ponctuait de retentissantes exclamations, de «mon dieu, mon dieu» les anecdotes de sa tante, ou notre paisible bavardage...

102 – Fermiers français traditionnels.

Couché sur une paillasse de maïs, je passais mes nuits au grenier. Chardonnet remisait là les melons d'hiver, les pastèques pour la confiture, les immortelles suspendues sur une ficelle; tout embaumait mon logis. Plus près du vent, plus près de la nuit, des grosses
35 pluies battantes, dormir sous la tuile m'enchantait.

Georges NAVEL «Chacun son royaume» (1960)

A. Analyse du texte

LE VOCABULAIRE ET LES EXPRESSIONS

²**le cep** [sɛp] pied de vigne — ⁴**l'anthémis** (f) plante aromatique (Kamille) — ⁵**la jardinière** ici: voiture de maraîchers (Gemüsewagen) — ⁷**la station climatique** C'est une ville ou un village que les gens visitent à cause de la douceur de son climat. — ¹³**la loco** terme fam. pour désigner la locomotive — **le tortillard** (fam.) petit chemin de fer d'intérêt local qui fait de nombreux détours et s'arrête souvent („Bimmelbahn") — **à l'assaut d'une grimpée** Le train attaque une côte; on dit: prendre une forteresse d'assaut. Le tortillard a besoin de toutes ses forces pour arriver au sommet. — ²⁰**la musette** sac en toile qui sert à renfermer les vivres — ²⁷**la cosse** enveloppe de certains légumes (Hülse, Schote) — ²⁹**à tout propos** à chaque instant — ³³**la pastèque** melon d'eau — **l'immortelle** (f) nom donnée à certaines plantes à cause de la durée de leurs fleurs (Strohblumen).
Travail personnel. Expliquez à l'aide du dictionnaire: la giroflée, le mimosa, le cageot, la pinède, à la tombée de la nuit, pousser la grille, le mistral, le râteau.

LE STYLE

L'auteur n'emploie que des phrases très courtes. Il évite les propositions subordonnées. Quelle est son intention? Est-ce que vous trouvez un rapport entre le style et le contenu?

QUESTIONS ET SUJETS DE CONVERSATION

1. De quoi s'occupent M. Chardonnet et sa famille?
2. Est-ce qu'ils vivent seulement de la culture du blé, du labourage?
3. Quelles sont les autres ressources de la famille Chardonnet?

4. Pourquoi les Chardonnet ne s'occupent-ils pas exclusivement du blé ou de la vigne?
5. Dans quelle région de la France vit la famille Chardonnet?
6. Comment le travail est-il distribué aux membres de la famille?
7. Quelle vie mène le petit fermier?
8. De quelle sorte de culture agricole s'agit-il? (Cf. carte 98)

B. Exercices pratiques

LE VOCABULAIRE

1. Les mots de *la famille du mot* **labour** s'écrivent avec les radicaux labour- et labor-. Donnez quatre mots avec le premier radical et trois avec le second (peut-être des mots composés avec préfixe et suffixe). — Le mot *labeur* signifiant ‹travail pénible et soutenu› a gardé la signification du mot latin *labor*.
2. Relevez dans le texte les termes qui se rapportent
— aux plantes,
— aux moyens de transport.

GRAMMAIRE

Le gérondif. Il se confond, pour ce qui est de *la forme*, avec le *participe présent* et est comme lui *invariable*; de nos jours, le gérondif est précédé régulièrement de *en*.
Le gérondif remplace souvent une proposition circonstancielle:
  En parlant de la pluie et du beau temps..., Chardonnet remplissait quelques pots à lait.
Dans ce cas, le gérondif sert à exprimer un rapport de *temps* (simultanéité); il peut aussi exprimer *la manière*:
  ...Chardonnet attendait le passage du train pour ... se distraire *en parlant* au facteur apportant le courrier...
(Gr. §§ 71; 72 ‖ § 103)
De même le gérondif sert à exprimer la *cause*, la *condition*, la *concession*, l'*opposition*, le *moyen*.
Exercice: Formez quatre phrases dans lesquelles vous employez le *gérondif* chaque fois avec une valeur différente.

SUJETS DE COMPOSITION

1. Décrivez une ferme de votre pays en procédant comme l'auteur de ce texte. Montrez
— quelles sortes de plantes sont cultivées, quelles sortes de bêtes sont élevées par les paysans de votre région;
— comment les paysans (ou vignerons) vendent leurs produits.
2. Quel rôle joue la petite ferme dans l'économie de nos jours?

▷ Texte 56   Les forçats de la terre s'éloignent de leur bagne

1953: Jean Verzier, agriculteur à Serpaize, dix kilomètres au nord de Vienne, tire de ses 16 hectares un produit brut de 800 000 francs. Quand il a payé le salaire de son commis, son fermage, ses semences et un peu d'engrais, il lui reste bien peu pour vivre. La moindre dépense imprévue menace le fragile équilibre de sa trésorerie. Il est sur le
5 point de tout lâcher; Berliet, à Lyon, embauche; le car de ramassage des ouvriers passe tout près de sa ferme. La tentation est forte.
  1958: Jean Verzier est toujours là. Avec l'aide d'un conseiller agricole, il s'est remis au travail, il a totalement modifié ses méthodes de culture, et le miracle s'est produit. Sur la même surface, il a plus que doublé son cheptel; sa production de lait a été multipliée
10 par cinq; il vend huit fois plus de fruits, et ses rendements en blé sont passés de 22 à 49 quintaux à l'hectare. Son produit brut approche 3 millions et il envisage l'avenir avec confiance.

103 – La mécanisation du travail agricole fait des progrès.

Rien ne pouvait se faire sans donner à la petite ferme le moyen de travailler dans les mêmes conditions que la grande et de bénéficier de toutes les améliorations techniques. Pour cela, un handicap sérieux : la dimension insuffisante, et deux solutions possibles : la suppression des petites exploitations, ou la coopération. La première rencontre la méfiance et même l'hostilité des milieux paysans et de leurs organisations professionnelles. Divers arguments sont avancés : le monde rural forme la base de la société française, il assure au pays une plus grande stabilité politique, il permet de maintenir en France un équilibre harmonieux entre les activités agricoles et industrielles. En fait, cette hostilité est souvent la manifestation d'une méfiance instinctive envers la ville, l'usine et le changement de cadre de vie, d'un désir de conserver son indépendance.

Refusant la première solution, les agriculteurs dynamiques, désireux de s'adapter et d'utiliser les ressources qu'offrent les techniques nouvelles, se sont aperçus qu'isolément ils n'aboutiraient à rien et se sont tournés vers l'association et le travail en équipe. Beaucoup d'animateurs de ce mouvement proviennent de la Jeunesse Agricole Chrétienne et des divers mouvements d'action catholique.

L'idée n'était pas nouvelle ; il existe une longue tradition agricole de coopération et de syndicalisme, mais les organisations existantes ne répondaient pas aux désirs des jeunes. Les postes de responsabilité étaient occupés par des gens que l'âge rendait peu réceptifs aux idées nouvelles. Les jeunes leur reprochaient en outre de mettre l'accent sur la nécessité de défendre les prix et de se protéger plutôt que de promouvoir l'amélioration des méthodes et l'expansion de la production et des débouchés. Elles étaient de toute façon mal adaptées au but poursuivi : associer quelques exploitations trop petites pour en faire une entreprise de grandeur suffisante, où soit possible l'emploi de matériels et techniques modernes ; bénéficier des avantages d'une grande exploitation, en sauvegardant les exploitation familiales.

C'est dans ce but que se sont créés de nouveaux groupements, de tailles et de structures variées et souples... Avec eux, la stratégie change : l'agriculture passe de la défensive à

40 l'offensive; les paysans réunissent leurs forces et leurs intelligences pour s'adapter ensemble au monde moderne et tirer au maximum profit du progrès.

Jean LÉVÊQUE «Les forçats de la terre s'éloignent de leur bagne».
Dans: Réalités, n° 160, mai 1959

NOTES

[1]**Serpaize** commune dans le département de l'Isère; 393 habitants (1968) — **Vienne** ville dans le département de l'Isère, au sud de Lyon, sur le Rhône; 30 000 habitants (1968) — [3]**le commis** l'employé — **le fermage** loyer que le preneur d'une ferme paie au propriétaire (Pacht). En France, environ 51% de la main-d'œuvre agricole sont propriétaires exploitants, 29% fermiers et 20% salariés agricoles (cf. tabl. 88). — **l'engrais** (m) diverses substances chimiques que l'on ajoute au sol pour le fertiliser. Les cultivateurs français, par fausse économie, utilisent moins d'engrais que les cultivateurs allemands, ce qui diminue le rendement du sol. — [5]**Berliet** grande usine de camions — **le car de ramassage** Les usines disposent souvent d'un service routier spécial (autocars) qui va chercher tous les jours ouvrables les ouvriers des maisons, des communes isolées. — [9]**le cheptel** ici: capital d'exploitation d'une ferme représenté par les instruments de travail (cheptel mort) et par le bétail (cheptel vif); spécialement le bétail — [11]**3 millions** anciens francs = 30 000 francs — [24]**isolément** adverbe de l'adjectif isolé — [26]**La Jeunesse Agricole Chrétienne** La J.A.C. naît, en 1929, des préoccupations de jeunes cultivateurs qui veulent parler aux cultivateurs le langage de leur temps et de leur milieu. Le souci du contact et de la connaissance concrète, l'intérêt porté aux problèmes féminins expliquent l'ampleur du succès de ce mouvement. On compte 80 000 jacistes en 1935, 350 000 en 1950. — [33]**le débouché** lieu où une industrie ou un pays peut vendre ses produits.

QUESTIONS ET DEVOIRS

1. Donnez les raisons pour lesquelles Jean Verzier
— est sur le point d'abandonner sa ferme, en 1953,
— a gardé sa ferme et ne veut plus l'abandonner, en 1958.
2. Quelles mesures faut-il prendre pour améliorer le rendement des petites et moyennes exploitations agricoles?
3. Pour quelles raisons les milieux ruraux sont-ils hostiles à la suppression des petites exploitations?
4. Quels buts poursuivent les nouveaux groupements de jeunes agriculteurs?

▷ Texte 57   Le poids de l'agriculture française dans le Marché commun

46,5% de la surface agricole utile (S.A.U.) de la C.E.E. se trouvent en France (contre 28,4% en Italie, 19,4% en Allemagne et 5,7% au Bénélux). Par rapport à cette S.A.U., la France est, des six pays, celui qui a le plus petit nombre d'habitants à nourrir et, de ce fait, sa vocation paraît être de combler le déficit agricole de ses partenaires. De plus,
5 la France dispose de la plus grande S.A.U. moyenne par agriculteur actif: 7,8 ha. Cette situation renforcée par le fait que la dimension moyenne des exploitations (15,2 ha) est la plus élevée des six pays, concourt à donner à la France de très grandes potentialités dans l'obtention de meilleurs coûts de production.

Si l'on ajoute enfin à ces données de base que le retard de la France sur ses partenaires
10 dans le domaine des rendements, de l'utilisation des engrais, de la mécanisation, des investissements intellectuels, pourrait être comblé assez rapidement par une politique active, tandis que les autres pays (sauf l'Italie) sont près d'avoir atteint un seuil (limitation de la surface, par la loi des rendements décroissants) on en déduit que l'expansion de la production agricole française a toutes les chances de se poursuivre à un rythme élevé;
15 notre pays sera, de ce fait, de plus en plus confronté au problème vital des débouchés extérieurs auquel la politique d'organisation des marchés qui sera menée au plan euro-

péen est susceptible, pour une large part, d'apporter ou de ne pas apporter une solution.
Marcel CAZALÉ «Pour une orientation des productions et une organisation des marchés».
Rapport des Journées d'Etudes du C.N.J.A., 13—14 octobre 1965, p. 34

NOTES

[1]**C.E.E.** Communauté Economique Européene — [12]**limitation de la surface, par la loi des rendements décroissants** loi économique selon laquelle le rendement d'une exploitation agricole d'une surface plus petite a un rendement plus mauvais que celle d'une surface plus grande; cf. aussi tabl. 99.

QUESTIONS ET DEVOIRS

1. Sur quels faits l'auteur fonde-t-il sa thèse optimiste que l'agriculture française peut obtenir de meilleurs coûts de production?
2. Quels problèmes se posent à l'agriculture française même si l'on admet le point de vue optimiste de l'auteur?

Exercices de compréhension et de contrôle

I. Connaissance de la matière

1. Quels facteurs ont contribué à changer la structure de l'économie française depuis la dernière guerre?
2. Décrivez et commentez l'évolution de la population française — population urbaine et population rurale — depuis 1946.
3. Dans quels secteurs de l'économie la France est-elle
— supérieure,
— égale,
— inférieure?
à l'Allemagne?
4. Dans quels secteurs l'industrie française a-t-elle fait les progrès les plus remarquables depuis 1945?
5. Quels secteurs de l'industrie sont en progression?
6. Quels étaient les mobiles et les buts de la politique de nationalisations en 1945 et 1946?
7. En quoi le dirigisme à la française se distingue-t-il du dirigisme des pays communistes?
8. Quels sont les grands problèmes de l'agriculture française?
9. Pourquoi les paysans ont-ils tendance à quitter leur ferme?
10. Quel rôle l'agriculture française peut-elle jouer dans le Marché commun?

II. Connaissance du vocabulaire

1. Trouvez le mot qui correspond à la définition:
— Les machines, l'outillage d'une usine ou d'un atelier.
— Réunion des actionnaires d'une société anonyme désignés pour gérer les affaires de la société.
— Excès de la demande solvable sur l'offre évaluée en termes de coûts se traduisant par une hausse générale des prix.
— Loyer que le preneur d'une ferme paie au propriétaire.
— Lieu où une industrie ou un pays peut vendre ses produits.
2. Remplacez les mots qui ne conviennent pas:
— Dans la sidérurgie, quatre grandes sociétés formées par la réunion d'une quinzaine de *magasins* fournissent près de la moitié de l'acier français.
— La petite *figure* qu'avaient la plupart des entreprises françaises n'était pas adaptée aux besoins de la grande industrie moderne.
— La forte poussée *géographique* force les responsables à créer de nouveaux emplois.
— L'agriculture française ne peut soutenir la concurrence sur le Marché commun qu'à l'aide de *conventions*.
— L'usine dispose d'un car de *rendement* qui va chercher les ouvriers à la maison.

LA VIE SOCIALE

Introduction: Les classes sociales en France

On peut distinguer dans la France actuelle, en dehors d'une importante classe rurale, deux principales classes sociales: la bourgeoisie et la classe ouvrière.

De loin la plus nombreuse (de 40 à 50% de la population), la classe ouvrière se compose de salariés, ouvriers ou employés, qu'un sentiment de classe plutôt vague sépare des autres classes sociales. Cette classe souffre non seulement de sa condition matérielle peu sûre, mais aussi des faibles chances de promotion sociale, dues surtout à la culture insuffisante des ouvriers qui les exclut du monde bourgeois. C'est aussi la raison pour laquelle les ouvriers, malgré leur nombre, n'ont pas réussi à marquer de leur influence la vie culturelle française.

La bourgeoisie française (environ 25% de la population) — phénomène social fort complexe qui comprend aussi bien les «grandes familles» que les cadres, les professions libérales, les chefs d'entreprise et les commerçants — est la classe la plus typique de la société française. Malgré son hétérogénéité, elle a réussi à conquérir et à garder une supériorité et des privilèges moraux vis-à-vis des autres groupes sociaux. Vivant de ses rentes au siècle dernier, cette classe a perdu par les deux grandes guerres et les inflations qui s'ensuivaient la base matérielle de son existence et de son mode de vie. Mais elle continue à influencer fortement la vie de la nation par son importance numérique, par son conservatisme, par son individualisme, par son esprit d'épargne et par son attachement à des formules économiques et sociales traditionnelles. Elle est souvent l'objet d'attaques ou d'analyses critiques de la part d'intellectuels progressistes qui sont eux-mêmes profondément marqués par leur éducation bourgeoise.

La méfiance entre ouvriers et patrons bourgeois est particulièrement vive en France. C'est que, d'une part, les ouvriers sont plus militants qu'en Allemagne, et que, d'autre part, la mentalité du patronat traditionnel est parfois assez proche de ce qu'elle était voilà cinquante ans chez nous. La patronat français, fidèle en cela à l'esprit bourgeois, est hostile aux aventures financières, aux politiques sociales qui ne reposent pas sur une solide gestion financière, au progrès trop rapide. Ceci explique la vivacité des conflits sociaux qui se manifestent par de nombreuses grèves.

Par delà des différentes classes sociales, les Français retrouvent une sorte d'unité dans les loisirs. Sortie en voiture le dimanche, vacances au bord de la mer ou à la campagne, pêche à la ligne: aucun Français ne contesterait à l'autre ces plaisirs. Chaque année, au mois d'août, l'indice de la production française baisse presque de moitié à cause du grand exode rituel vers les loisirs.

Les groupes socio-professionnels

LES SALARIÉS

les ouvriers — ils travaillent de leurs mains pour le compte d'un employeur. En général ils sont payés à l'heure.

les employés — ils travaillent dans un magasin ou dans un bureau. Ils sont payés au mois.

les cadres moyens ou supérieurs — ce sont des employés supérieurs possédant une formation technique, administrative, juridique, commerciale ou financière très sérieuse. Ils ont des fonctions de contrôle ou de direction dans une entreprise privée ou dans l'administration publique.
Ils sont payés au mois.

les fonctionnaires — ils remplissent des fonctions publiques; ce sont les cadres et les employés de l'Etat.

LES NON SALARIÉS

les artisans — ils travaillent de leurs mains à leur compte, seuls ou aidés des membres de leur famille ou de quelques compagnons. Ils vendent ce qu'ils fabriquent.

les agriculteurs — ils vivent de la terre qu'ils travaillent.

les commerçants — ils achètent, vendent ou échangent des marchandises et vivent de leurs bénéfices.

les professions libérales — par exemple les avocats, les médecins, les architectes, etc. Ce sont des professions indépendantes et qui exigent une formation universitaire.
Ils touchent des honoraires pour leur travail.

104 – «Son ordre de vie est une conception globale du monde». Intérieur bourgeois d'avant la Grande Guerre (vers 1910).

LA BOURGEOISIE

Texte 58   La culture bourgeoise

    La bourgeoisie moyenne ne possède pas la majeure partie du capital industriel ou financier; elle en a seulement une fraction, trop réduite pour lui permettre d'intervenir efficacement dans le jeu des mécanismes économiques. L'argent dont elle dispose ne lui donne pas de puissance, mais lui permet d'adopter un mode de vie qui la sépare nettement
5 des ouvriers ou des paysans. Beaucoup de bourgeois travaillent, surtout depuis que les rentes ont été sérieusement amputées par les guerres, les crises, l'inflation; leurs revenus professionnels, ajoutés aux ressources tirées des placements mobiliers, les mettent à l'abri du besoin; une relative aisance, la possibilité d'économiser et de prévoir des dépenses sans utilité immédiate, caractérisent, au premier abord et de manière très
10 approximative, la bourgeoisie moyenne. Limiter l'analyse aux seuls critères économiques serait pourtant insuffisant, particulièrement lorsqu'il s'agit de la France. Dans ce pays, en effet, la grande bourgeoisie constitue un milieu fermé, étroit, qui ne tient pas à être connu et se contente d'exercer une influence discrète mais efficace sur la marche des affaires. En revanche, chacun peut observer une classe moyenne partout présente;
15 le système des valeurs de la bourgeoisie, ses habitudes, son existence, constituent une sorte de modèle auquel se réfèrent ceux qui veulent progresser dans la hiérarchie sociale. Devenir un financier international ou un chef d'entreprise présente des difficultés presque insurmontables; atteindre l'aisance moyenne d'un médecin ou d'un commerçant demeure un objectif apparemment accessible; ‹s'embourgeoiser› est un verbe particulier
20 à la langue française.

En même temps qu'elle est un groupe social extrêmement important, la bourgeoisie moyenne définit, par sa façon d'être, un type idéal vers lequel tendent, ou voudraient tendre, beaucoup de personnes; son ordre de vie est ce que l'on peut appeler une ‹culture›, c'est-à-dire une conception globale du monde et un ensemble de signes convention-
25 nels donnant prise sur les rapports sociaux. Le langage de la bourgeoisie, ses traditions, ses réflexes, constituent le discours dominant qu'il convient d'apprendre et de pratiquer si l'on veut passer du côté de la classe dirigeante.

Le modèle d'existence bourgeoise s'est constitué au XIXe siècle, alors que se développait le capitalisme libéral. Or les phénomènes de représentation collective et les
30 systèmes sociaux de référence sont caractérisés par une grande inertie, c'est-à-dire par une tendance très nette à se prolonger même quand les circonstances et le cadre qui leur ont donné naissance n'existent plus; ainsi la culture bourgeoise traditionnelle survit-elle à l'âge industriel; elle se trouve en porte-à-faux, répond mal aux besoins nés du développement technique et devient, dans la mesure où elle se perpétue, une source
35 supplémentaire de tension.

Pierre SORLIN «La Société française», t. II, 1914–1968 (1971)

A. Analyse du texte

LE VOCABULAIRE ET LES EXPRESSIONS

^{1}**le capital industriel ou financier** c'est-à-dire le capital engagé dans la création, dans l'élargissement ou dans la modernisation d'une usine (capital fixe) et dans l'achat de matières premières (capital circulaire) que les ingénieurs et les ouvriers transformeront en produits fabriqués. Le capital des banques sert à donner des crédits aux usines dans le cas où le propre capital fixe ou circulaire des usines ne suffit pas. — ^{3}**l'argent ... ne lui donne pas de puissance** La bourgoisie moyenne ne risque pas son argent dans des opérations industrielles ou financières de grande envergure et qui influencent la marche de l'économie du pays (et ont, par conséquent, des répercussions dans la vie sociale et politique), elle ne fait que des ^{7}**placements mobiliers** (achats d'actions, de titres de rentes, etc.) ou immobiliers (constructions ou achats de maisons de rapport, de terrains, etc.) qui lui assurent un revenu supplémentaire. — ^{8}**être à l'abri de qc** être garanti, être protégé contre qc — ^{12}**la grande bourgeoisie** (parfois on dit aussi ‹200 familles›) dont l'influence vient du fait qu'ils sont les détenteurs du capital industriel — ^{19}**l'objectif** (m) le but — ^{24}**un ensemble de signes conventionnels** p.ex. la façon de s'exprimer ou de s'habiller sont des signes extérieurs qui influencent les rapports entre les groupes sociaux. Une personne qui n'a pas de difficultés à s'exprimer ou qui est correctement habillée se sent, de ce fait même, supérieure à celle qui parle argot ou dialecte ou dont les vêtements sont en mauvais état. — ^{29}**représentation collective** conceptions et symboles qui résultent de l'interaction sociale et qui acquièrent une signification commune pour les membres du groupe en provoquant chez eux des réactions émotionnelles semblables —
^{30}**les systèmes sociaux de référence** L'individu choisit sa place dans la société par référence à un ou plusieurs groupes sociaux dont les systèmes de valeurs influencent ainsi la conscience de l'individu. Le mode de vie bourgeois, pour beaucoup de gens, est toujours un idéal auquel ils se réfèrent dans leur comportement social. — **l'inertie** (f) paresse, inaction, passivité —
^{33}**en porte-à-faux** hors d'aplomb, en déséquilibre.

Travail personnel. Expliquez à l'aide du dictionnaire: aisance, accessible, global, tendre, donner prise sur qc.

QUESTIONS ET SUJETS DE CONVERSATION

1. L'auteur distingue deux types de bourgeoisie: Qu'est-ce qu'elles ont de commun, qu'est-ce qui les distingue?
2. Pourquoi la bourgeoisie moyenne ne dispose-t-elle pas d'une grande puissance?
3. Qu'est-ce qui caractérise la bourgeoisie moyenne *économiquement*?
4. Pourquoi la bourgeoisie moyenne est-elle un modèle pour ceux qui veulent progresser dans la vie et dans la hiérarchie sociale?
5. Expliquez la thèse de l'auteur: «une classe moyenne partout présente».
6. Comment l'auteur définit-il la ‹culture›?

7. Quelles raisons donne l'auteur pour expliquer l'importance de la bourgeoisie dans la vie sociale? Croyez-vous que ces raisons suffisent pour expliquer l'influence persistante de la culture bourgeoise traditionnelle? Cherchez-en d'autres!

8. L'auteur développe une thèse: laquelle? Est-ce qu'il donne des preuves?

9. L'auteur est-il impartial ou a-t-il un préjugé favorable ou défavorable vis-à-vis de la bourgeoisie? A quelle conclusion arrive-t-il à la fin?

10. L'auteur exclut de sa perspective le domaine scientifique et technique. Est-ce que sa conclusion est aussi valable si les sciences et la technique font partie de la ‹culture› bourgeoise?

B. Exercices pratiques

VOCABULAIRE

1. Voici quelques mots du texte qui se rapportent à l'ordre social et qui appartiennent au vocabulaire de la *sociologie:*

la bourgeoisie moyenne — La couche sociale entre la grande bourgeoisie et les ouvriers.

la grande bourgeoisie — La couche sociale qui par la possession du capital industriel ou financier ou par son activité dans les grandes entreprises exerce une certaine influence sur les affaires économiques et politiques du pays.

la classe — Toute société est composée de groupes de personnes rapprochées par leur fonction sociale et par le genre de vie qu'elles ont adopté; on appelle ces groupes des classes. Le mot de classe exprime une certaine communauté de conditions sociales et par suite une communauté d'intérêts. Les classes sociales sont perméables, c'est-à-dire ouvertes aux changements de la mobilité sociale. Le marxisme ne voit que deux classes en lutte: ceux qui possèdent — les capitalistes — et ceux qui ne possèdent pas — les prolétaires; d'après la conception marxiste cette lutte se dénouera par la victoire des prolétaires et comme alors il n'y aura plus de classes il n'y aura plus de lutte de classes. — Comparez la définition que donne Roland MOUSNIER du terme: «Il y a classes sociales, dans une société de marché, lorsque c'est le rôle joué dans la production des biens matériels et l'argent gagné par ce rôle qui place l'individu aux divers degrés de la hiérarchie sociale.»

la hiérarchie sociale — L'inégalité qui existe dans l'influence qu'exercent les différentes classes sociales sur la vie politique, économique et sociale du pays et qui s'exprime par un rang plus ou moins élevé.

le groupe social — Un ensemble d'individus, reconnaissable comme tel pour ceux qui n'y appartiennent pas; les individus du même groupe ont en commun un certain nombre d'intérêts, ils sont liés entre eux par le sentiment de jouer le même rôle dans la société et d'avoir le même genre de vie.

le type idéal (Idealtypus) — Concept élaboré en faisant abstraction des caractères jugés secondaires dans un phénomène déterminé. Quoique le type idéal ne corresponde pas à la réalité empirique, il peut être regardé comme un instrument logique destiné à mettre en évidence les traits essentiels de certains phénomènes sociaux. Le terme technique «type idéal» a été créé par le sociologue allemand Max WEBER (1864–1920).

2. Le mot **bourgeois** a changé de signification au cours de l'histoire. Le *bourgeois* est à l'origine un habitant d'une localité fortifiée. Mais le mot s'est dit de bonne heure des habitants de toute ville. Le bourgeois se distingue des paysans, qui vivent à la campagne, mais aussi des nobles et également de ceux des habitants qui ne jouissent pas de ses privilèges. Le mot prend donc une *valeur sociale* qui s'ajoute à son sens premier purement géographique. Au XVIIIe siècle, les ouvriers appelaient les gens pour qui ils travaillaient ‹les bourgeois› sans tenir compte de la situation des personnes qui les employaient (Dict. de l'Académie, 1772). C'est seulement au XIXe siècle que le mot a pris une couleur politique et agressive, surtout depuis les écrits de Karl Marx qui mit sur le même plan bourgeois et exploiteur. Synonymes: citoyen, citadin.

3. *Les antonymes*

On appelle *antonyme* (ou contraire) un mot qui a le sens opposé d'un autre. Un mot, surtout un mot abstrait, peut avoir plusieurs antonymes, p. ex.:

aisance ≠ gêne, embarras, malaise, misère, pauvreté.

Exercice: Cherchez les antonymes des mots suivants du texte: séparer, puissance, dépense, fermé, étroit, présent, difficulté, accessible. Formez ensuite des phrases dans lesquelles vous employez les antonymes ainsi trouvés.

SUJET DE COMPOSITION

Décrivez le mode de vie d'un ‹bourgeois moyen› (avocat, médecin, commerçant, petit industriel, etc.) de votre connaissance en vous appuyant sur les ‹signes extérieurs›.

105 – «La culture bourgeoise de consommation a pénétré la France». Une famille ouvrière devant la télévision.

▷ Texte 59   Mythes bourgeois, aujourd'hui

Il y a sans doute des révoltes contre l'idéologie bourgeoise. C'est ce qu'on appelle en général l'avant-garde. Mais ces révoltes sont socialement limitées, elles restent récupérables. D'abord parce qu'elles proviennent d'un fragment même de la bourgeoisie, d'un groupe minoritaire d'artistes, d'intellectuels, sans autre public que la classe même
5 qu'ils contestent, et qui restent tributaires de son argent pour s'exprimer. Et puis, ces révoltes s'inspirent toujours d'une distinction très forte entre le bourgeois éthique et le bourgeois politique : ce que l'avant-garde conteste, c'est le bourgeois en art, en morale, c'est, comme au plus beau temps du romantisme, l'épicier, le philistin; mais de contestation politique, aucune. Ce que l'avant-garde ne tolère pas dans la bourgeoisie, c'est
10 son langage, non son statut. Ce statut, ce n'est pas forcément qu'elle l'approuve; mais elle le met entre parenthèses : quelle que soit la violence de la provocation, ce qu'elle assume finalement, c'est l'homme délaissé, c'est encore l'Homme Eternel.

Cet anonymat de la bourgeoisie s'épaissit encore lorsqu'on passe de la culture bourgeoise proprement dite, à ses formes étendues, vulgarisées, utilisées, à ce que l'on
15 pourrait appeler la philosophie publique, celle qui alimente la morale quotidienne, les cérémoniaux civils, les rites profanes, bref les normes non-écrites de la vie relationnelle en société bourgeoise. C'est une illusion de réduire la culture dominante à son noyau inventif : il y a aussi une culture bourgeoise de pure consommation. La France tout entière baigne dans cette idéologie anonyme : notre presse, notre cinéma, notre théâtre,
20 notre littérature de grand usage, nos cérémoniaux, notre Justice, notre diplomatie, nos conversations, le temps qu'il fait, le crime que l'on juge, le mariage auquel on s'émeut, la cuisine que l'on rêve, le vêtement que l'on porte, tout, dans notre vie quotidienne, est

tributaire de la représentation que la bourgeoisie se fait et nous fait des rapports de l'homme et du monde. Ces formes «normalisées» appellent peu l'attention, à proportion même de leur étendue; leur origine peut s'y perdre à l'aise; elles jouissent d'une position intermédiaire: n'étant ni directement politiques, ni directement idéologiques, elles vivent paisiblement entre l'action des militants et le contentieux des intellectuels; plus ou moins abandonnées des uns et des autres, elles rejoignent la masse énorme de l'indifférencié, de l'insignifiant, bref de la nature. C'est pourtant par son éthique que la bourgeoisie pénètre la France: pratiquées nationalement, les normes bourgeoises sont vécues comme des lois évidentes d'un ordre naturel: plus la classe bourgeoise propage ses représentations, plus elles se naturalisent. Le fait bourgeois s'absorbe dans un univers indistinct, dont l'habitant unique est l'Homme Eternel, ni prolétaire, ni bourgeois.

Roland BARTHES «Mythologies» (1957)

NOTES

le mythe ici: représentation fabuleuse qu'on se fait (ou qu'on fait aux autres) d'un phénomène dont on ignore (ou dont on veut cacher) le caractère réel. «Le mythe est une parole» (R. Barthes). Ce que l'auteur entend par ‹mythe› montrent les exemples qu'il donne lui-même dans «Mythologies»: Le visage de Garbo, Le bifteck et les frites, Le Tour de France comme épopée, Le Guide Bleu, Strip-Tease, La nouvelle Citroën, etc. — [1]**l'idéologie** (m) (dans la terminologie marxiste) ensemble des idées, des croyances et des doctrines propres à une époque, à une société, ou à une classe (par opposition aux faits économiques et à l'infrastructure, seule dominante) — [2]**l'avant-garde** (f) section d'écrivains, d'artistes, de penseurs qui rompent avec la tradition et font figure de révolutionnaires — **récupérable** ce qui n'est pas définitivement perdu — [5]**contester** mettre en doute ce qu'on n'approuve pas — [8]**l'épicier** (m) ici: homme à l'esprit étroit, vulgaire; homme dont les idées ne se haussent pas au-dessus de son commerce — **le philistin** (emprunté vers 1832 de l'argot des étudiants allemands: *Philister*) personne de goût vulgaire, fermée aux arts et aux lettres, aux nouveautés — [10]**le statut** (terme de la sociologie) situation qu'une personne occupe dans la société; d'après la conception marxiste, ce statut dépend en grande partie des facteurs économiques (richesse ou pauvreté de la personne en question) — [12]**délaissé** abandonné, laissé sans appui, sans secours. L'homme délaissé est celui qui a été abandonné par Dieu, alors que, dans la conception marxiste, il est en réalité *aliéné*, c'est-à-dire qu'il est devenu étranger à lui-même, en ce sens que, par la faute du système économique, il ne se reconnaît plus dans son activité et dans ses œuvres (cf. texte 5, notes, l. 57). — **l'Homme Eternel** l'homme pris dans son abstraction (l'homme *éthique*), sans égard pour les circonstances économiques et historiques dans lesquelles il vit (l'homme *politique*) — [13]**l'anonymat** (m) ici: attitude de celui qui ne fait pas connaître son nom, qui ne se découvre pas — [16]**la norme** règle sociale à laquelle se conforment la plupart des gens — [17]**le noyau** la partie centrale d'un objet naturel ou artificiel (Kern) — [27]**le militant** celui qui s'engage, qui lutte p.ex. pour un parti politique, un syndicat, etc. — **le contentieux** ce qui est l'objet d'une discussion, ce qui est contesté.
Travail personnel. Expliquez à l'aide du dictionnaire: assumer, inventif, intermédiaire, évident.

QUESTIONS ET DEVOIRS

1. Pourquoi l'avant-garde intellectuelle ou artiste peut-elle être tolérée par la bourgeoisie, selon l'auteur?
2. Quelle est la position de cette avant-garde à l'égard des conditions matérielles des hommes qui n'appartiennent pas à la bourgeoisie?
3. Pourquoi les révoltes d'avant-garde font-elles la distinction entre l'homme éthique et l'homme politique?
4. Expliquez la différence entre l'homme délaissé (l'Homme Eternel) et la conception de l'homme dont se réclame l'auteur.
5. A quelles manifestations de la bourgeoisie l'auteur pense-t-il quand il parle de la «culture bourgeoise proprement dite»? Cherchez quelques manifestations de la culture bourgeoise qui font partie de son «noyau inventif».
6. En analysant la valeur des exemples que donne l'auteur (presse, cinéma, théâtre, etc.) et qui sont, à ses yeux, des «mythes», essayez de vérifier ou de falsifier la thèse de l'auteur que l'idéologie bourgeoise a pratiquement pénétré la vie de la France contemporaine.

7. Pourquoi ces mythes de la vie quotidienne peuvent-elles se maintenir même dans une société qui conteste très souvent les autres manifestations de la culture bourgeoise?
8. Le texte de Roland BARTHES date de 1957. Est-ce que sa thèse est encore valable de nos jours? Donnez des exemples qui prouvent le contraire!

Texte 60   Dimanche de bourgeois en province

A Bouville, ville de province inventée par l'auteur (dans laquelle d'ailleurs on reconnaît facilement Le Havre où Sartre était professeur de 1931 à 1933) mais qui reflète bien la réalité de la vie française d'avant-guerre, la rue Tournebride est la rue dans laquelle, le dimanche, à l'heure de la grand-messe, les bourgeois font leur promenade. Antoine Roquentin, le personnage principal du roman «La Nausée», décrit «le formidable événement social» qu'est le dimanche à Bouville.

Voici la rue Tournebride, je n'ai qu'à prendre rang parmi mes semblables et je vais voir les messieurs bien échanger des coups de chapeau... La rue Tournebride, large et sale est, surtout le dimanche matin, le rendez-vous des élégants et des notables.

J'avance à petits pas. Je domine les deux colonnes de toute la tête et je vois des
5 chapeaux, une mer de chapeaux. La plupart sont noirs et durs. De temps à autre, on en voit un qui s'envole au bout d'un bras et découvre le tendre miroitement d'un crâne; puis, après quelques instants d'un vol lourd, il se pose. Au 16 de la rue Tournebride, le chapelier Urbain, spécialiste de képis, fait planer comme un symbole un immense chapeau rouge d'archevêque dont les glands pendent à deux mètres du sol.

10 On fait halte: juste sous les glands, un groupe vient de se former. Mon voisin attend sans impatience, les bras ballants: ce petit vieillard pâle et fragile comme une porcelaine, je crois bien que c'est le président de la chambre de commerce. Il paraît qu'il est si intimidant parce qu'il ne dit jamais rien. Il habite une grande maison de briques, dont les fenêtres sont toujours grandes ouvertes. C'est fini: le groupe s'est désagrégé, on repart. Un autre
15 vient de se former, mais il tient moins de place: à peine constitué, il est poussé contre la devanture de Ghislaine. La colonne ne s'arrête même pas: à peine fait-elle un léger écart; nous défilons devant six personnes qui se tiennent les mains:

«Bonjour, monsieur, bonjour, cher monsieur, comment allez-vous; mais couvrez-vous donc, monsieur, vous allez prendre froid; merci, madame, c'est qu'il ne fait pas
20 chaud. Ma chérie, je te présente le docteur Lefrançois; docteur, je suis très heureuse de faire votre connaissance, mon mari me parle toujours du docteur Lefrançois qui l'a si bien soigné, mais couvrez-vous donc, docteur, par ce froid vous prendriez mal. Mais le docteur se guérirait vite; hélas! madame, ce sont les médecins qui sont les plus mal soignés; le docteur est un musicien remarquable. Mon Dieu, docteur, mais je ne
25 savais pas, vous jouez du violon? le docteur a beaucoup de talent»...

Sur l'autre trottoir; un monsieur, qui tient sa femme par le bras, vient de lui glisser quelques mots à l'oreille et s'est mis à sourire. Aussitôt, elle dépouille soigneusement de toute expression sa face crémeuse et fait quelques pas en aveugle. Ces signes ne trompent pas: ils vont saluer. En effet, au bout d'un instant, le monsieur jette sa main en l'air.
30 Quand ses doigts sont à proximité de son feutre, ils hésitent une seconde avant de se poser délicatement sur la coiffe. Pendant qu'il soulève doucement son chapeau, en baissant un peu la tête pour aider à l'extraction, sa femme fait un petit saut en inscrivant sur son visage un sourire jeune. Une ombre les dépasse en s'inclinant: mais leurs deux sourires jumeaux ne s'effacent pas sur-le-champ: il demeurent quelques instants sur
35 leurs lèvres, par une espèce de rémanence. Quand le monsieur et la dame me croisent, ils ont repris leur impassibilité, mais il leur reste encore un air gai autour de la bouche.

Jean-Paul SARTRE «La Nausée» (1938)

106 – «La France tout entière baigne dans cette idéologie anonyme...» («La Règle du jeu», 1939, film de Jean Renoir).

A. Analyse du texte

LE VOCABULAIRE ET LES EXPRESSIONS

¹**la rue Tournebride** une des grandes rues de la ville, où se trouvent la plupart des magasins — **prendre rang** prendre place dans un groupe — ²**les messieurs bien** les messieurs qui occupent une haute position sociale dans la ville — ³**les notables** les gens qui occupent une position sociale importante et ont une certaine influence sur la vie politique; ils affirment «le droit de l'élite bourgeoise à commander» (Sartre). — ⁶**le miroitement** le reflet, la lumière qui émane de qc (ici: d'un crâne poli); qui brille comme un miroir — ¹⁴**se désagréger** se décomposer dans ses parties — ¹⁶**faire un écart** La colonne fait une toute petite déviation pour passer devant le groupe qui se trouve devant la devanture de Ghislaine — ²⁷**dépouiller** enlever, ôter — ²⁸**crémeux, -se** La femme en question a une face aussi blanche et aussi molle que si c'était de la crème — ³⁰**le feutre** le chapeau de feutre (Filzhut) — ³³**leurs deux sourires jumeaux** Le sourire du monsieur et de la femme se ressemblent comme des jumeaux; on appelle ‹jumeaux› des enfants nés d'un même accouchement (Zwillinge) — ³⁵**la rémanence** terme usité surtout dans le langage psychologique pour indiquer que certaines sensations restent encore un certain temps après le phénomène qui les a excitées — ³⁶**l'impassibilité** (f) l'indifférence.

Travail personnel. Expliquez à l'aide du dictionnaire: les deux colonnes, le chapelier, le képi, les bras ballants, la devanture, défiler, en aveugle, la coiffe, sur-le-champ.

LE STYLE ET LA COMPOSITION

1. L'auteur n'a pas beaucoup de sympathie pour les personnes qu'il décrit. Relevez dans le texte toutes les expressions, tous les procédés de style qui démontrent cette attitude de l'auteur vis-à-vis de la bourgeoisie.
2. Analysez la conversation entre les six personnes qui se sont arrêtées devant la devanture de Ghislaine. Que constatez-vous
— en ce qui concerne la forme extérieure de ce passage;
— en ce qui concerne le fond de la conversation?
Est-ce qu'il existe un rapport, voulu par l'auteur, entre la forme et le fond de ce passage? Quelle importance a la suppression des guillemets?

3. Quel effet l'auteur veut-il obtenir par la décomposition du salut, au dernier paragraphe? Indiquez les détails qui vous semblent les plus caractéristiques pour l'intention de l'auteur.
4. L'auteur dissocie de leur sens habituel les signes, gestes et paroles, que se font les autres, pour leur en donner un autre ou leur refuser tout sens. Cherchez des exemples.
5. Dans ce texte il y a des éléments de satire. Relevez-les! (Cf. p. 36.)

QUESTIONS ET SUJETS DE CONVERSATION

1. Qui est-ce qui se promène dans la rue Tournebride?
2. Quel aspect offrent les gens qui vont et viennent?
3. Est-ce qu'on peut distinguer les personnes en particulier?
4. A quoi l'auteur compare-t-il les chapeaux des gens qui saluent?
5. La plupart des chapeaux sont noirs et durs. Pourquoi?
6. Que font les gens qui se rencontrent? Est-ce qu'ils se contentent toujours d'un coup de chapeau?
7. Que pensez-vous de la conversation entre les six personnes?
8. Quels sont les ‹quelques mots› que le monsieur glisse à l'oreille de sa femme?
9. Quel rang dans la hiérarchie sociale de Bouville occupe à votre avis la personne que le couple salue avec tant de respect?
10. Décrivez la femme à la ‹face crémeuse›.

B. Exercices pratiques

VOCABULAIRE

1. Relevez dans le texte toutes les expressions qui se rapportent à la façon de se couvrir et de saluer.
2. Pour le suffixe **-able** (< lat. [h]abilis) dont sont formés quelques noms et de nombreux adjectifs, cf. texte 37, n° 2; analysez les exemples du texte:
    semblable — notable — remarquable.
Exercice: Cherchez trois noms et cinq adjectifs formés à l'aide du suffixe *-able*.
3. L'article manque dans les *locutions idiomatiques composées avec le verbe* **prendre:**
    prendre rang — prendre froid.
Expliquez les expressions suivantes composées avec *prendre*: prendre congé, prendre connaissance, prendre contact, prendre femme, prendre feu, prendre parti, prendre pied, prendre position.
Exercice: Formez cinq phrases dans lesquelles vous employez à votre choix des gallicismes composés avec *prendre*.

GRAMMAIRE

1. **Venir de** + *infinitif* sert à marquer un fait achevé dans un passé très rapproché (passé immédiat, passé récent):
    ...un groupe *vient de* se former.
    ...un monsieur... *vient de* lui glisser quelques mots à l'oreille...
(Gr. § 60,4 b ‖ § 89,5)
Exercice: Formez quatre phrases dans lesquelles vous employez des verbes à votre choix au passé immédiat.
2. En général, la préposition **en** est employé sans l'article défini. Toutefois il existe quelques locutions toutes faites où s'est conservé l'article défini:
    ...le monsieur jette sa main *en l'air*.
On dit aussi p. ex.: en l'église Notre-Dame, en l'absence de..., en l'honneur de (p. ex. Dieu).

SUJETS DE COMPOSITION

1. Décrivez à la manière de Sartre la rencontre de deux femmes bien.
2. Décomposez, comme l'a fait l'auteur au dernier paragraphe, un acte quelconque de la vie de chaque jour qui est devenu aussi conventionnel et banal que le salut.
3. Faites un portrait du bourgeois typique, d'après le texte de Sartre. (N.B. Sartre qualifie les bourgeois de «salauds».)

LES OUVRIERS

En guise d'introduction:
Texte 61   Les catégories d'ouvriers dans la France d'aujourd'hui

La France de 1914, et encore celle de 1939, avaient de nombreuses catégories d'ouvriers: ceux des grandes industries concentrées et ultra-mécanisées; ceux des petites et moyennes entreprises; ceux des petites villes de campagne, travaillant à l'usine à temps partiel, et n'ayant pas abandonné toute activité rurale; il y avait même, en 1914, des ouvriers
5 travaillant à domicile, dans le textile, notamment.
   Ces catégories du passé ont été bouleversées par la deuxième et surtout par la troisième révolution industrielle. Le travail à domicile a presque disparu; les ouvriers se sont rassemblés en grand nombre dans des lieux de production eux-mêmes très concentrés dans quelques régions industrielles. Cependant, la disponibilité, la flexibilité des sources
10 nouvelles d'énergie (électricité, gaz) ont préservé les petites et moyennes entreprises. Les petites usines ne sont pas nécessairement les moins dynamiques, quand elles se consacrent à des fabrications spécialisées disposant d'un marché très vaste. Elles peuvent s'installer à loisir en milieu rural, dans le cadre de la décentralisation industrielle, qu'encourage l'Etat. Cette évolution nouvelle des industries explique la persistance, et même
15 le développement d'implantations industrielles dispersées, parfois même ponctuelles, fonctionnant avec un nombre restreint d'ouvriers. En 1971 pas plus qu'en 1914, la classe ouvrière n'est rassemblée en quelques secteurs et en quelques régions. Elle offre un éventail toujours ouvert de conditions de travail et d'emploi très variées.
       Pierre MIQUEL «Economie et société dans la France d'aujourd'hui» (1971)

Documentation

Hiérarchie ouvrière

Les professionnels se classent en trois catégories:
— Professionnel échelle I (P.I).
— Professionnel échelle II (P.II).
— Professionnel échelle III (P.III).
Les non-professionnels s'appellent O.S. (ouvriers spécialisés):
— Simple manœuvre (O.S. I).
— Manœuvre conduisant une machine (O.S. II).
Le 1er ouvrier, professionnel ou non, est le premier grade dans la hiérarchie des cadres. Il gagne en moyenne 10% de plus que les simples ouvriers.

Organisation type d'un atelier

Un chef d'atelier (ingénieur).
Un contremaître: responsabilités techniques (surveillance).
Un chef d'équipe: quelques responsabilités techniques (surveillance).
Un 1er ouvrier: pas de responsabilités techniques: surveillance.
‹O.S.› Effectif variable: de 8 à 20 en moyenne.
Un ou deux professionnels: mécaniciens et électriciens (entretien).
Un ou deux comptables.
(Source: Beaujour-Ehrmann «La France contemporaine», Armand Colin, Paris 1965, p. 179)

Texte 62 Un ouvrier et son travail

Jean est né en 1920 dans un petit village de Lorraine. Il passe une enfance assez dure. Malgré quelques obstacles, il réussit à s'évader de son milieu rural et à faire une petite carrière comme mécanicien. Actuellement, il travaille dans un garage et répare des voitures. Dans le texte suivant, il raconte quelle est son attitude vis-à-vis du travail et comment se passe sa journée.

Un ouvrier en arrive à aimer le travail. Pourquoi? Parce qu'il y est tellement habitué qu'il ne peut plus s'en défaire. C'est comme un gars qui boit, il ne peut plus en sortir. Nous, les ouvriers, c'est pareil. On arrive toujours à travailler. On est drogué par le travail.

5 Toute ma vie n'a été que le travail. Je n'aimerais pas faire marche arrière, revivre la même chose. Je suis plus satisfait maintenant. Je suis content d'être devenu ce que je suis, pour mon travail, mais aussi par rapport au reste, parce que je connais des gars comme moi qui sont encore en H.L.M., ils n'ont absolument rien. Les succès que j'ai eus dans ma vie sont dus au travail. Les échecs sont dus à mon manque d'instruction, 10 qu'étant gosse je n'ai pas eue et que mes parents n'ont pas pu me donner. Ils ne m'ont pas mis en garde contre beaucoup de choses. La vie est basée là-dessus...

Actuellement, je me lève à six heures le matin. Si j'ai du travail en retard de la veille, j'y pense déjà. Je commence quand j'arrive, il faut que je mette les autres en route. Le soir, dans le garage, on compte quarante voitures. Elles sont exposées à vendre. On les 15 sort pour que les compagnons n'attendent pas, si on met une heure, ils ne vont pas commencer à neuf heures. Si je vois que je suis en retard, je dis à un gars de m'aider. Je sors les voitures, je les place, je fais leur fiche. Les clients attendent déjà.

Je rentre chez nous, à midi vingt, midi trente. Bien souvent, on a des affaires, on se connaît, on travaille avec les carrossiers, avec tout. Si j'ai envoyé une voiture au car- 20 rossier, il en profite, et il me dit: «Jean, je suis à midi moins cinq chez toi.» Je sais ce que ça veut dire. On se retrouve pour l'apéritif, on boit un petit canon. Je remonte au garage, je prends la voiture, je redescends, il est midi vingt.

Je recommence à une heure et demie. Je n'ai pas beaucoup de temps. Quand j'ai fini de manger, ça y est, je n'ai plus qu'à y aller. Pour quitter, pratiquement, je n'ai pas d'heure. 25 Dans la mécanique, ça a toujours été notre rôle. Encore, on en fait moins, les gens hésitent à faire réparer la nuit parce qu'avec les heures supplémentaires et la T.V.A., c'est trop cher. Mais dans le temps, on finissait à deux, trois heures du matin. Donc je quitte en principe à sept heures, je rentre chez nous vers sept heures et demie, huit heures. Si je rencontre un galvaudeux comme moi, on va boire un petit canon. Ou des fois, c'est 30 pour des affaires.

Je mange, je regarde la télévision. Je parle souvent de mon travail à ma femme, mais elle ne m'écoute pas, elle s'en fout. Alors, on regarde les informations. Mais la télévision me fatigue. S'il y a un beau film, chose qui est assez rare, je regarde. Mais ce que je préfère, c'est la vie des animaux, des choses intelligentes. Alors là, je ne m'endors pas.

35 J'aimerais lire, mais comme le soir, je suis crevé de la journée, je ne peux pas.

Jacques DESTRAY «La vie d'une famille ouvrière. Autobiographies» (1971)

A. Analyse du texte

LE VOCABULAIRE ET LES EXPRESSIONS

[5]**faire marche arrière** loc. empruntée au langage des automobilistes; ici: revivre le temps passé — [8]**H.L.M.** Habitations à Loyer Modéré; cf. texte 21, introduction — [10]**le gosse** (fam.) petit garçon — [16]**le gars** [gɑ] (fam.) jeune homme, homme — [21]**boire un petit canon** (argot) boire une rasade d'eau de vie — [26]**la T.V.A.** la taxe sur la valeur ajoutée (Mehrwertsteuer) — [27]**dans le temps** autrefois — [29]**le galvaudeux** (fam.) vagabond, propre-à-rien — [35]**être crevé** (fam.) être fatigué.

QUESTIONS ET SUJETS DE CONVERSATION

1. Pourquoi Jean aime-t-il son travail?
2. Pourquoi Jean est-il content de sa situation actuelle?
3. A quoi Jean doit-il ses succès, à quoi ses échecs?
4. Quelles sont les responsabilités de Jean au garage?
5. Montrez que Jean est un travailleur consciencieux et qu'il prend son travail au sérieux.
6. Qu'est-ce que Jean fait pendant la cessation de travail à midi?
7. Quels sont les rapports de Jean avec les gens qui ont des affaires avec la petite entreprise où il travaille?
8. Pourquoi les clients hésitent-ils à faire réparer leurs voitures après sept heures du soir?
9. Comment se passe la soirée de Jean?
10. Est-ce que Jean est un prolétaire? Pour répondre à cette question, il faut savoir que «la simple qualité d'ouvrier ou de salarié ne suffit pas pour faire de l'individu un prolétaire», mais que «c'est en dernière analyse la conscience de classe qui fait qu'un individu ou un groupe appartient ou non au prolétariat»; «beaucoup d'ouvriers ne se considèrent pas comme solidaires des autres et ne partagent pas leurs désirs et leurs projets de réforme ou de révolution sociale». (Emilio WILLEMS: «Dictionnaire de sociologie», Paris, M. Rivière, 1970, p. 235).

107 – La chaîne de montage des usines Peugeot.

LE STYLE ET LA COMPOSITION

1. Ce petit récit est la partie d'une *autobiographie* de Jean. Relevez quelques éléments formels caractéristiques pour un texte autobiographique.
2. Ce texte n'est pas un texte littéraire ou scientifique. Montrez par des exemples précis que le récit de Jean est assez proche de la langue parlée qui lui est familière.
3. Pourquoi ce récit d'un homme sans culture littéraire ou livresque arrive-t-il à capter notre attention? Relevez les procédés de style (involontaires) qui rendent le récit de Jean vivant et coloré.

B. Exercices pratiques

VOCABULAIRE

1. Chez les artisans et les ouvriers des petites entreprises, tout comme dans les grandes entreprises (cf. p. 217), il y a une hiérarchie qui dépend de la perfection avec laquelle quelqu'un exerce son métier.
l'apprenti (m), **-e** (f) est celui (celle) qui apprend le métier, qui est en apprentissage sous un maître, un contremaître, etc.;
le compagnon est celui qui n'est plus apprenti et qui n'est pas encore maître;
le maître est celui qui dirige le travail et l'enseigne aux apprentis. Le compagnon devient (passe) maître en recevant ses lettres de maîtrise.
Exercice: Cherchez d'autres significations des mots apprenti, compagnon et maître.

2. **Journée** a ici la signification de *journée de travail*; le mot peut aussi signifier: *le travail effectué pendant une journée, le salaire d'une journée de travail.*
Exercices:
– Cherchez des adjectifs que l'on peut employer en combinaison avec *journée* dans la signification particulière que le mot a ici.
– Formez cinq phrases avec les locutions suivantes: la journée de huit heures, femme de journée, aller en journée, être payé à la journée.

GRAMMAIRE

nous — on
Dans le français parlé populaire, *on* remplace souvent la première personne du pluriel:
«*Nous*, les ouvriers, c'est pareil. *On* arrive toujours à travailler. *On* est drogué par le travail.»

SUJETS DE COMPOSITION

1. Jean cause avec un carrossier au bistro.
2. Jean arrive au garage le matin et commence son travail.
3. Une soirée chez Jean.

▷ Texte 63   Un prolo

Je connais intimement un homme qui me paraît être l'archétype du prolétaire. Sous un nom d'emprunt je donne ici un aperçu de son existence.
Depuis vingt-cinq ans Henri Giraud habite à Saint-Ouen dans une rue étroite et sombre. Son logement se trouve au rez-de-chaussée d'une maison qui menace ruine. En
5 face, une palissade. Derrière la palissade, des tas de charbon. Il fait 65 heures par semaine. Il travaille depuis l'âge de dix ans, il a cinquante ans. Un chariot lui a écrasé un pied, il boîte. Tous les matins à la même heure il s'en va, tous les soirs à la même heure il revient. A un clou du buffet il accroche sa musette, rejette sa casquette en arrière et pousse un soupir de soulagement. Mémé, sa femme, lui verse alors un verre de vin et retourne à
10 ses casseroles. Tout le long du jour elle fait des ménages, et le sien en rentrant jusque tard dans la nuit. Elle a un penchant pour les choses saintes. Il lui arrive d'aller à la messe ce qui enrage son homme qui ne cesse de lui crier «... qu'à Saint-Ouen y'a pas de bon Dieu». Enfin les gosses arrivent. Deux garçons qui travaillent à l'usine comme le père, qui sont O.S. comme le père. Tout le monde avale la soupe, puis tout le monde bâille.
15 Mémé pousse sa famille au lit, referme la porte et commence une lessive.
Le dimanche, pendant la belle saison, Giraud se promène dans les terrains vagues. Il aime l'herbe, il aime fouler la terre. Il rapporte toujours quelques pissenlits pour son lapin, un vieux lapin qui n'en peut plus, qui se traîne. Il n'a jamais pu s'en débarrasser, car depuis bientôt dix ans il nourrit le tenace espoir d'obtenir un jardin.
20 Certains soirs de paye Giraud est rentré chez lui un peu ivre. Pourtant il n'est pas ivrogne, de beaucoup s'en faut. Un jour, en veine de confidences, il m'a dit:
— Toute la quinzaine faut compter les sous. Y'a toujours un trou à boucher, toujours besoin de quelque chose, ça vous tombe de dessus et on est raide. Alors des fois quand on a sa paye on boit un coup. On croit qu'on est riche. On discute le coup, on remet ça,
25 ça fait passer le temps, quoi. On sait bien que la bonne femme attend, qu'elle va gueuler, qu'y a encore des emmerdements avec les mômes ou autre chose. Alors on remet ça et on rentre plein comme une bourrique. Quand ça m'arrive, moi, le matin j'ai envie de dégueuler. Pas à cause du pinard, à cause de tout...

Eric ALBERT «La vie dans une usine» (1952)

108 – «Tous les soirs à la même heure il revient». Sortie d'usine dans la banlieue parisienne.

NOTES

[1]**l'archétype** (m) [arketip(ə)] type idéal — **le prolétaire** cf. texte 62, Questions et sujets de conversation, nº 10 — [3]**Saint-Ouen** chef-lieu de canton de la Seine-Saint-Denis, dans la banlieue nord de Paris, 48 886 habitants (1968); important centre industriel — [4]**menacer ruine** risquer de tomber en ruine — [8]**la musette** petit sac de toile, qui se porte souvent en bandoulière — [14]**O.S.** ouvrier spécialisé, cf. Documentation, p. 217 — [16]**les terrains vagues** terrains vides de cultures et de constructions — [21]**en veine de confidences** disposé à faire des confidences — [23]**on est raide** (pop.) ici: on est sans argent — [25]**gueuler** (très fam.) crier, parler très fort — [26]**l'emmerdement** (m) (pop.) ennui, embêtement, difficulté, vive contrariété — **môme** (nom m/f) (argot) enfant — [27]**plein comme une bourrique** (pop.) ivre — [28]**dégueuler** (pop.) vomir — **le pinard** (pop.) vin ordinaire.
Travail personnel. Expliquez à l'aide du dictionnaire: la palissade, le chariot, la lessive, tenace, la paye.

QUESTIONS ET DEVOIRS

1. Décrivez les conditions extérieures de l'existence de Giraud, p. ex.:
– son quartier,
– son logement,
– sa famille.
2. Quels faits et événements de sa vie antérieure exercent une influence sur l'attitude actuelle de Giraud vis-à-vis du travail?
3. Quelle est l'attitude de Giraud vis-à-vis de la religion et de l'Eglise?
4. Faites un portrait physique et moral de Mémé, la femme de Giraud.
5. Caractérisez les loisirs et les petits plaisirs de Giraud.
6. Quelles sont les raisons qui amènent Giraud à se saouler de temps en temps?
7. Comparez Giraud et Jean (texte 62): Quelle différence y a-t-il entre les deux ouvriers?
8. Ce texte, écrit en 1952, reflète une certaine réalité des premières années après la guerre. Qu'est-ce qui a changé, qu'est-ce qui n'a pas changé depuis dans la condition des ouvriers?

LES SYNDICATS DES TRAVAILLEURS

Documentation: Les syndicats des travailleurs en France

Caractères généraux
- Un syndicalisme divisé, un pluralisme syndical: le travailleur peut librement choisir entre plusieurs organisations syndicales rivales (en Allemagne: un syndicat unique).
- Cinq confédérations reconnues par les pouvoirs publics: La Confédération Générale du Travail (C.G.T.), la Confédération Française Démocratique du Travail (C.F.D.T., ex-C.F.T.C.), la Confédération Générale du Travail-Force Ouvrière (C.G.T.-F.O.), la Confédération Générale des Cadres (C.G.C.), la Confédération Française des Travailleurs Chrétiens (C.F.T.C. ‹maintenue›).
- Ce pluralisme syndical est le résultat d'un processus historique: d'une seule confédération syndicale ouvrière (1895–1919) on est arrivé par plusieurs scissions à l'état actuel (cf. chronologie), reconnu d'ailleurs par la Constitution de 1946.

109 – Nombre approximatif des adhérents.

Confédération syndicale	Evaluation les plus larges	Evaluation les plus modestes
C.G.T.	2 000 000	1 000 000
C.F.D.T.	700 000	400 000
C.G.T.-F.O.	500 000	250 000
C.F.T.C. ‹maintenue›	70 000	50 000
C.G.C.	240 000	180 000

(Source: «Le Français dans le Monde», n° 52, oct.–nov. 1967, p. 18)

Tendances
la C.G.T. — Nettement communiste et marxiste: syndicalisme révolutionnaire. «Tant que les rapports de production ne seront pas modifiés fondamentalement et que l'exploitation de l'homme par l'homme ne sera pas supprimée, la lutte de classe persistera.» (M. Mascarello, l'un des secrétaires de la C.G.T.)
la C.G.T.-F.O. — Contre le principe de la lutte des classes: syndicalisme réformiste. La F.O. attend plus d'améliorations pour les travailleurs d'accords conclus entre les organisations patronales et les syndicats que d'une lutte à tout prix.
la C.F.D.T. — En 1964, l'ancienne C.F.T.C. s'est laïcisée et a pris un nouveau nom (cf. chronologie). Elle se réclame depuis d'un humanisme en général dont l'humanisme chrétien n'est qu'une forme parmi d'autres. Elle veut offrir aux travailleurs non communistes une organisation syndicale à gauche. Attitude positive vis-à-vis d'une planification démocratique.
la C.F.T.C. ‹maintenue› — (Cf. chronologie). Elle se réclame toujours de l'humanisme chrétien et des grandes encycliques sociales.
la C.G.C. — Se prononce contre la lutte des classes et pour une économie concertée. Elle est également pour des conventions collectives et des accords conclus entre les organisations patronales et les syndicats.

Texte 64 Le délégué du personnel

Ce n'est pas seulement les jours de grève que les syndicats existent. Les secrétaires de syndicat ou les délégués du personnel, les ‹militants›, accomplissent le travail de chaque jour, qui est souvent un travail de routine ingrat au service des camarades, mais qui est nécessaire pour le maintien des syndicats et dans l'intérêt de l'ouvrier lui-même; car personne autre que le militant, travailleur comme les autres, ne connaît aussi bien les soucis particuliers et la condition spéciale des ouvriers d'usine.

Ceux qui militent savent combien la lutte quotidienne est monotone, lassante, et, en définitive, assez peu exaltante... A part quelques périodes de grande action, on s'enthousiasme difficilement pour la vie de secrétaire de section syndicale ou de délégué du personnel.

110 – En descendant les Champ-Elysées. La grève de 1902 vue par Willaume.

Le délégué passe son temps à s'occuper de problèmes très mineurs ; l'indignation des copains tient fréquemment à de toutes petites choses : un lavabo bouché, ou l'essuie-mains qu'on ne remplace pas assez souvent, ou le contrôleur trop sévère. Pourtant quand un délégué va protester auprès du patron ou du chef d'atelier parce qu'un carreau est cassé ou que le poêle fume, la tâche qu'il accomplit n'est pas totalement inutile. Ces revendications qui paraissent venir d'un esprit systématique de rouspétance correspondent, en fait, à la manifestation d'une certaine dignité, d'une certaine forme d'honneur, d'une volonté de respect.

Mais la fréquence de ces incidents, l'ennui du train-train quotidien, lassent les meilleurs ; il est difficile de soutenir sans défaillance ce rôle ingrat, peu glorieux, pour lequel les volontaires ne sont guère nombreux. Si encore le travail quotidien du délégué trouvait une récompense. Mais l'ouvrier considère de plus en plus le militant comme un rouage plus ou moins chargé de transmettre les revendications au patron. En votant pour lui, en adhérant au syndicat, le travailleur se décharge de toute participation aux tâches. Il a désigné son représentant, à lui de se débrouiller pour obtenir ce qu'il en attend ; s'il l'obtient, c'est normal, il a joué son rôle ; quand au contraire il échoue, il a droit aux ‹engueulades›.

Au fur et à mesure que se crée et s'amplifie une législation de travail, la tâche du militant se complique. La situation a bien changé depuis le début du siècle, où les problèmes étaient relativement simples. On n'avait à tenir compte que du rapport de forces entre les ouvriers d'une entreprise et sa direction. Aujourd'hui l'ouvrier a ses droits. Il suffit souvent d'une simple intervention du syndicat, ou, dans un cas plus difficile, d'un appel à l'inspection du travail pour que la direction les reconnaisse.

Mais cela transforme le militant en une véritable encyclopédie vivante. Il doit connaître les lois sociales, la convention collective qui régit son entreprise, éventuellement

30 l'accord d'établissement, les règlements de sécurité, etc. Théoriquement, il devrait être possible de spécialiser un militant sur un problème particulier. Mais trop souvent, l'insuffisance numérique des cadres syndicaux oblige le syndicaliste à disperser ses efforts.

Lucien RIOUX «Le syndicalisme» (1960)

A. Analyse du texte

LE VOCABULAIRE ET LES EXPRESSIONS

[1]**militer** lutter pour une idée, pour une cause, en parlant de l'action des partis ou des syndicats; militer exclut l'action violente, l'emploi de la force; **le militant** ouvrier qui lutte pour l'idée syndicaliste, qui s'occupe des problèmes de ses camarades — [3]**la section syndicale** formation syndicale locale, en liaison avec les organismes de la centrale — [3]**le délégué du personnel** ouvrier élu par les autres ouvriers et chargé de défendre leurs intérêts vis-à-vis des services patronaux — [6]**le copain** (fam.) camarade de travail, de lycée — [8]**le carreau** Il s'agit ici d'un carreau de vitre, c'est-à-dire d'un verre qu'on met aux fenêtres. — [10]**la rouspétance** (fam.) protestation systématique; verbe: rouspéter — [13]**le train-train quotidien** la routine — [21]**l'engueulade** (f) (pop.) reproche violent — [22]**au fur et à mesure** graduellement — [29]**la convention collective** réglementation établie par un accord entre les syndicats patronaux et les syndicats ouvriers d'une même profession et d'une même région, concernant les heures de travail, les salaires, le congé payé, etc. (Tarifvertrag) — [30]**l'accord** (m) **d'établissement** même réglementation, mais qui ne concerne qu'un établissement, une usine.

Travail personnel. Expliquez à l'aide du dictionnaire: lassant, mineur, l'essuie-mains, la revendication, l'incident, sans défaillance, le rouage, se débrouiller, l'insuffisance numérique.

QUESTIONS ET SUJETS DE CONVERSATION

1. Comment se passe la lutte quotidienne des militants?
2. Quelle est l'attitude des autres ouvriers à l'égard de l'action du militant?
3. De quels problèmes le délégué du personnel doit-il s'occuper?
4. Est-ce que ces problèmes sont, à votre avis, importants pour la condition de l'ouvrier d'usine?
5. Est-il facile pour le militant d'accomplir sa tâche? Pourquoi se sent-il souvent las, fatigué, désespéré?
6. Qu'est-ce qui complique la tâche du militant? Quelles sont les conséquences de l'amélioration de la situation ouvrière depuis vingt ans pour le travail du militant?
7. Quelle est la situation des syndicats, d'après cet article écrit en 1960?

B. Exercices pratiques

VOCABULAIRE

1. Relevez dans le texte tous les termes qui se rapportent au *travail des syndicats* et aux conditions de travail de l'ouvrier. Cherchez à traduire les termes ainsi trouvés pour savoir si le règlement est le même en Allemagne ou non.
2. Le mot **rouspétance** appartient au *langage familier.* Cherchez dans le texte quatre autres mots qui appartiennent également au langage familier ou populaire.
3. Les synonymes du mot **copain** sont: compagnon — camarade — collègue — confrère — condisciple.

Exercice: Formez six phrases dans lesquelles vous employez ces noms dans leur signification exacte.

GRAMMAIRE

1. La *règle générale pour la formation des adverbes en* **-ment.** On forme les adverbes en *-ment* en ajoutant ce suffixe -ment au féminin de l'adjectif:
   ...on s'enthousiasme *difficilement*...
   ...la tâche qu'il accomplit n'est pas *totalement* inutile.
2. Un cas particulier de la formation des adverbes.

Aux adjectifs en -ant et -ent correspondent des adverbes en -amment, -emment:
   L'indignation des copains tient *fréquemment* à de toutes petites choses.
(Gr. § 166 ∥ § 223)

Exercice: En vous servant du contenu du texte, formez six phrases dans lesquelles vous employez un adverbe en -ment; deux phrases au moins doivent contenir un adverbe en -*amment* ou -*emment*.

SUJETS DE COMPOSITION

1. Racontez l'entretien entre le patron d'une petite usine et le délégué du personnel qui se plaint des tracasseries d'un contremaître.
2. Décrivez la situation d'un militant dans une usine.
3. En vous servant des chiffres du tabl. 111, essayez de faire un tableau de l'attitude des ouvriers français vis-à-vis des syndicats.

DOCUMENTATION

1. Cherchez à vous documenter sur la législation de travail en Allemagne. Analysez quelle a été l'influence des syndicats sur ces lois.
2. Les délégués dans la perspective des ouvriers.

111 – Perception des délégués (Résultat d'une enquête).

Voici différentes choses que l'on entend dire à propos des délégués. Pour chacune des opinions suivantes, pouvez-vous me dire si vous êtes d'accord avec elle ou pas d'accord?

	Très ou plutôt d'accord	Pas d'accord	Sans réponse
Les délégués sont des gens dévoués	80	13	8
Un délégué est un gars qui connaît plus de choses que ses camarades et est mieux armé pour les défendre	77	16	7
Un délégué est un gars qui s'est fait élire pour profiter des combines que cela permet	24	65	11
Un délégué est un gars qui se crève pour des gens qui n'en valent pas la peine	36	53	12

(Source: ADAM, G., BON, F. et div. «L'ouvrier français en 1970». Enquête nationale auprès de 1116 ouvriers d'industrie, Paris, A. Colin, 1970, p. 149)

Positions vis-à-vis des syndicats

«Je suis inorganisé. Le syndicalisme, c'est un instrument de travail qui est créé par les travailleurs eux-mêmes. On se doit donc de donner son temps à un syndicat, de faire un certain travail. Il faut du temps. Actuellement j'ai un mode de vie dans lequel je ne peux pratiquement pas disposer d'une heure de libre par jour. J'amène ma fille tous les matins, je la ramène tous les soirs. Cela depuis trois ans. Je ne peux pas me permettre de partir de Boulogne (emplacement de l'usine Renault) à 7 h 30 ou 8 heures du soir.» (Roland, G., vingt-huit ans, agent technique).

«Je ne serai par principe jamais permanent (= bezahlter Funktionär) d'un mouvement syndical ou politique. Je préfère être exploité par un patron qu'être permanent. Je reconnais qu'il en faut, mais je ne tiens pas à aliéner une certaine partie de ma liberté. J'en ai connu depuis 45, des permanents de la C.G.T. ... Parce que c'est devenu une véritable entreprise, presque capitaliste, où on fait carrière dans le Parti Communiste quoi ...» (Maurice V., quarante-huit ans, agent technique, Force ouvrière).

FREMONTIER, Jacques «La Forteresse ouvrière: Renault». Une enquête à Boulogne-Billancourt chez les ouvriers de la Régie, Paris, Arthème Fayard, 1971, p. 223 et 235)

Histoire du mouvement ouvrier et de la législation sociale en France

1791	Loi Le Chapelier interdisant toute association de salariés ou d'employeurs ou toute intervention économique concertée des uns et des autres.
1841	Loi réglementant le travail des enfants: un enfant ne peut être employé avant huit ans et ne peut faire de travail de nuit avant treize ans.
1848	Proclamation du «droit au travail». Limitation de la journée de travail à dix heures à Paris, onze heures en province.
1864	Loi impériale autorisant l'action commune des salariés (grèves) sans accorder le droit d'association.
1884	Loi permettant la libre constitution de syndicats ouvriers.
1892	Fédération des Bourses du Travail (mutualité, sociétés de résistance, propagande, services éducatifs).
1895	Fondation de la Confédération Générale du Travail (C.G.T.).
1898	Une loi impose aux patrons la charge des accidents du travail.

1906	Charte d'Amiens: Indépendance vis-à-vis des partis, politique autonome du mouvement ouvrier. Repos hebdomadaire obligatoire. Georges SOREL «*Réflexions sur la violence*» (anarchisme).
1910	Loi sur la retraite des ouvriers: retraite à 65 ans; participation de l'Etat.
1919	Fin de l'unité syndicale: Fondation de la Confédération Française des Travailleurs Chrétiens (C.F.T.C.).
1928	Loi organisant un système d'assurances obligatoires pour les travailleurs de l'industrie et du commerce.
1936	Front populaire (gouvernement Léon Blum). Grèves générales (moins C.F.T.C.). Accords Matignon: augmentation des salaires et reconnaissance du droit syndical. Juin: Conventions collectives, congés payés, semaine de quarante heures.
1939	Deuxième scission syndicale: Les communistes sont expulsés de la C.G.T. (17 septembre).
1941	Charte du Travail de Vichy (corporatisme d'inspiration fasciste).
1945	Unité syndicale (C.F.T.C. exceptée). Réformes sociales (Sécurité Sociale, nationalisations). Création des comités d'entreprise.
1946	La Constitution de la IVᵉ République affirme le pluralisme syndical.
1947	Plan Marshall. Grèves. 18 décembre: Nouvelle scission de la C.G.T.: Le courant Force Ouvrière (socialiste) trouvant trop grande l'influence des communistes et de Moscou, quitte la C.G.T. et constitue une nouvelle centrale syndicale.
1950	Institution du Salaire Minimum Interprofessionnel Garanti (S.M.I.G.).
1958–1959	Dévaluation du franc. Réformes économiques et financières.
1967	17 août: Ordonnance rendant obligatoire la participation des salariés aux bénéfices dans les entreprises de plus de 100 salariés.
1968	Mai: Grève générale. Négociations entre le gouvernement, les syndicats et le patronat avec, comme résultat, d'importantes améliorations de la condition ouvrière (Accords de Grenelle).

Exercices de compréhension et de contrôle

I. Connaissance de la matière

1. Quelles sont les deux principales classes sociales dans la France d'aujourd'hui? Qu'est-ce qui les caractérise?
2. Quels sont les groupes socio-professionnels les plus importants?
3. Caractérisez
— les cadres,
— les commerçants.
4. Pourquoi la bourgeoisie moyenne est-elle un modèle pour ceux qui veulent progresser dans la vie et dans la hiérarchie sociale?
5. Décrivez l'organisation type d'un atelier.
6. Décrivez l'attitude d'un «travailleur» et d'un «prolétaire» vis-à-vis de la question de la grève générale.
7. Nommez les confédérations syndicales des travailleurs les plus importantes et caractérisez leur tendance politique.
8. Quels sont les problèmes d'un délégué du personnel?
9. Quelle est l'attitude des travailleurs vis-à-vis des délégués?
10. Quelles sont les dates les plus importantes dans l'histoire du mouvement ouvrier et syndical en France?

II. Connaissance du vocabulaire

1. Expliquez le sens des mots suivants:
— le type idéal   — la classe sociale   — l'idéologie   — le délégué du personnel
— le groupe social   — le bourgeois   — les notables   — le permanent
2. Donnez les antonymes des mots suivants:
— la puissance   — minoritaire   — être en retard
— l'aisance   — le succès   — échouer

LES FORCES RELIGIEUSES

Introduction: Nombre et diversité des croyants

La France est un pays chrétien par le nombre des chrétiens et de ceux qui recourent à l'Eglise à l'occasion des grands actes de leur existence — mariages et funérailles —, mais la France apparaît aussi à la lumière des études de sociologie religieuse comme un pays déchristianisé: le fléchissement de la pratique religieuse depuis plus d'un siècle, et de façon générale les difficultés rencontrées par les églises pour assurer leur présence au sein des nouvelles formes de vie et de pensée engendrées par la société industrielle en apportent des preuves irrécusables.

Le catholicisme est la religion traditionnelle des Français. Sur les 50 millions de Français, on compte environ 90% de baptisés catholiques, 30% vont à la messe régulièrement; les véritables pratiquants, observant les fêtes religieuses, ne sont que de 10 à 15%. Alors que ces derniers sont une minorité agissante, que leur vie est marquée par confessions, communions, sacrements, le reste des catholiques constitue plutôt une masse d'indifférents mais qui pourtant contribuent à donner au pays son atmosphère de vie religieuse.

Les protestants sont à peu près 800 000, environ 1,6% de la population actuelle. Leur influence est beaucoup plus grande que ne ferait supposer leur nombre. On les trouve surtout à Paris, où ils exercent en général des professions libérales ou occupent souvent des postes importants dans la banque et l'industrie. On les trouve également en Alsace et dans le Languedoc; c'est que la révocation de l'Edit de Nantes qui, en 1685, mit fin à la liberté religieuse, ne s'appliquait pas à l'Alsace nouvellement acquise par Louis XIV. Quant au Languedoc, les huguenots se réfugiaient dans les montagnes des Cévennes pour échapper aux persécutions. (Cf. texte 68.)

Il y a environ 300 000 Juifs en France. Beaucoup sont partis pendant la dernière guerre mondiale pour ne pas tomber dans les mains des Allemands. Même après la guerre, l'exode des Juifs n'était pas entièrement terminé: son but était le nouvel Etat d'Israël.

Il reste en France un grand nombre de gens qui ne croient pas en Dieu. Beaucoup de ces athées se trouvent parmi les baptisés catholiques. Ces gens envoient leurs enfants faire la première communion, mais c'est moins par conviction religieuse que par tradition. Mais il y a aussi des athées convaincus qui ont rompu tout lien avec l'Eglise. Diverses crises — la Révolution de 1789, la philosophie positiviste du XIXe siècle, la séparation des Eglises et de l'Etat en 1905 — ont fait penser à un certain nombre de Français, avec Nietzsche, que ‹Dieu est mort›. Ceux qui ne croient pas se vouent à d'autres idées (p. ex. l'existentialisme), secondaires aux yeux des chrétiens convaincus, mais qui ont certainement leur valeur dans l'éternelle recherche de l'absolu et du vrai.

Histoire de la religion en France

(Dates principales)

496	Conversion de Clovis au christianisme.
XIe–XIIe s.	Eglises romanes.
XIe–XIIe s.	Réforme du clergé (Cîteaux, Clairvaux, Cluny).
XIIe–XIIIe s.	Renaissance intellectuelle (universités, cathédrales gothiques, théâtre); saint Thomas d'Aquin «Somme théologique».
1096–1270	Croisades.
1209–1249	Croisades contre les Albigeois.
1229	L'Inquisition.
1296–1303	Conflit de Philippe le Bel avec le Pape.
1305–1378	Les Papes en Avignon.
1431	Jeanne d'Arc brûlée à Rouen. Canonisée en 1920.
1559	Eglise protestante de France (1536: CALVIN «Institution chrétienne»).
1562–1598	Guerres de Religion.
1598	Edit de Nantes.
1616	SAINT FRANÇOIS DE SALES «Traité de l'amour de Dieu».
1656–1657	PASCAL «Les Provinciales».
1660	PASCAL «Les Pensées».

112 – Une tradition chrétienne millénaire: Notre-Dame de Paris, symbole de la France chrétienne.

1682	Déclaration des 4 articles (Gallicanisme contre Ultramontanisme).
1685	Révocation de l'Edit de Nantes.
1710–1712	Destruction de Port-Royal.
1761–1764	VOLTAIRE «Traité sur la tolérance».
1789–1790	Nationalisation des biens du clergé. Constitution civile du clergé.
1801	Concordat entre Bonaparte et le Pape.
1905	Séparation des Eglises et de l'Etat.

LE CATHOLICISME DANS LA FRANCE CONTEMPORAINE

Documentation

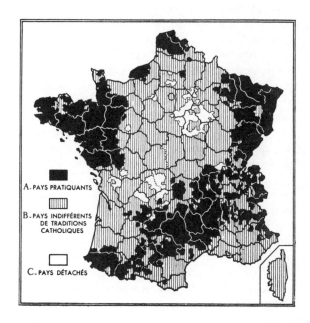

113 – Pratique religieuse catholique.

QUESTIONS ET DEVOIRS

1. Expliquez à l'aide de cette carte la distribution
— des pays pratiquants,
— des pays indifférents,
— des pays détachés,
par des arguments d'ordre historique, géographique, culturel, économique et sociologique.
2. La carte indique la pratique religieuse des *campagnes* et des *petites villes* françaises. Pourquoi est-il plus difficile d'établir des statistiques et des graphiques ou cartes pour les grandes et très grandes villes?
3. Pourquoi cette carte nous aide-t-elle à mieux comprendre la mentalité de la France d'aujourd'hui? Complétez ou corrigez
— votre connaissance des habitants de la Lorraine, du Languedoc et de la Bretagne,
— votre connaissance de la vie politique française (attitudes politiques et comportement électoral)
par les indications de cette carte sur la pratique religieuse.

▷ Texte 65   Le rôle du catholicisme dans la France d'aujourd'hui

Dans l'ensemble de la France, il existe un certain nombre de masses géographiques demeurées plus catholiques que les autres et dans lesquelles l'influence de l'Église ou des mouvements qui lui sont liés est plus considérable qu'ailleurs. Ce sont d'abord les grandes régions rurales demeurées chrétiennes, les départements bretons, la Vendée, l'Alsace, la
5 partie occidentale du Nord et du Pas-de-Calais, le Jura, la Savoie et les Basses-Pyrénées ainsi que les régions cévenoles. Dans ces départements le poids d'un catholicisme sociologique demeure encore très lourd et il n'est pas sans intérêt de constater que ce sont

ces régions qui fournissent proportionnellement le plus de prêtres et d'évêques. Mais, d'autre part, les très grandes villes dans lesquelles les membres du secteur tertiaire sont de plus en plus nombreux sont également des zones dans lesquelles le catholicisme exerce un net rayonnement. Il faudrait d'ailleurs souligner ... le rôle joué par les mouvements d'Action catholique dont l'influence demeure plus particulièrement sensible dans les milieux universitaires, indépendants ou ruraux. La J.O.C. et l'A.C.O. dont l'influence a été pendant longtemps assez limitée, constituent cependant une pépinière de cadres qui contribuent dans une certaine mesure à augmenter le crédit de l'Église en milieu ouvrier ou industriel. C'est d'autant plus nécessaire dans une optique catholique que les régions où l'Église jouit encore d'une certaine audience sont des régions dont le poids économique et politique tend à diminuer. Un des pôles de puissance de l'Église c'est la France de l'Ouest, mais d'après les travaux de la C.O.D.E.R. de Bretagne, la population bretonne qui représentait près de 6% de la population française en 1936 n'en représenterait plus que 4,5% en 1985. La situation est analogue pour les régions rurales alpines, du Massif Central ou même de la France de l'Est.

La géographie du catholicisme français nous permet donc de comprendre de manière beaucoup plus précise ce que représente réellement dans la vie publique, dans la société française, la masse catholique. Elle nous permet d'approcher ce conflit latent qui apparaît parfois en public entre une population catholique qui, par son milieu ou sa profession, est de tendance conservatrice, et une minorité extrêmement active de militants chrétiens et de prêtres formés par les mouvements, quelquefois même par les syndicats, souvent par l'Université, qui cherchent à élargir l'horizon de l'Église à un monde moderne que transforment à une cadence accélérée la révolution des techniques et la révolution industrielle.

Aline COUTROT et François-Georges DREYFUS
«Les forces religieuses dans la société française» (1965)

NOTES

[11] **les mouvements d'Action catholique** p.ex. l'Action catholique générale des hommes (A.C.G.H.), l'Action catholique générale féminine (A.C.G.F.), l'Action catholique ouvrière (A.C.O.), le Mouvement d'ingénieurs et chefs d'industrie d'Action catholique (M.I.C.I.A.C.), le Mouvement populaire des familles (M.P.F.), la Jeunesse agricole catholique (J.A.C.), la Jeunesse ouvrière chrétienne (J.O.C.), etc. — [19]**C.O.D.E.R. C**ommission de **d**éveloppement **é**conomique **r**égional. Il y a vingt C.O.D.E.R. dont la fonction principale est d'équilibrer le développement de toutes les régions et de faire rattraper à certaines d'entre elles le retard qu'elles ont pris (cf. texte 16). — [29]**l'Université** ici: l'ensemble du corps enseignant choisi par l'Etat et englobant tous les degrés de l'enseignement, du primaire au supérieur.

QUESTIONS ET DEVOIRS

1. Quelles sont les régions dans lesquelles l'influence de l'Eglise catholique est restée très grande?
2. Quels rôle jouent les mouvements d'Action catholique?
3. Pourquoi le catholicisme, par rapport à la France entière, risque-t-il de perdre de l'influence dans l'avenir?
4. Entre quelles forces du catholicisme y a-t-il un conflit latent? Est-ce que c'est seulement un conflit d'ordre religieux ou est-ce aussi un conflit qui pénètre dans la vie politique et sociale?

Documentation

114 – Catholiques de droite, catholiques de gauche: une tentative de définition par un militant C.F.T.C.

Le Mouvement social catholique comprend des hommes de gauche et des hommes de droite. Il est très difficile de le cataloguer, car on ne sait pas exactement où ce Mouvement commence et où il s'arrête.
Nous distinguerons la droite et la gauche sur les points suivants:

DROITE	GAUCHE
LE PROBLÈME SOCIAL	
— Paternalisme évolué	— Montée ouvrière et égalitarisme
LE PROBLÈME SCOLAIRE	
— Loi Barangé et soutien inconditionnel de ceux qui en parlent	— Evolution des rapports pour un statut Ecole libre
LE PROBLÈME ÉCONOMIQUE	

— L'ordre par:
    l'entreprise privée,
    l'épargne privée,
    le néo-capitalisme,
 avec une participation ouvrière ne mettant pas en cause l'autorité sainte du chef d'entreprise
	— L'évolution par un secteur socialisé large
	 — Une plus grande part de l'Etat
	 — Un partage de l'autorité
	 — Une méfiance de la technocratie

LE PROBLÈME ENGAGEMENT DU CHRÉTIEN	
— Mouvement entre chrétiens pour toute action, avec reserrement sur des Mouvements blocs — Action catholique générale	— Pénétration du chrétien dans les sociétés et groupements, chaque fois que le témoignage valable et efficace y est possible — Action catholique spécialisée
LE PROBLÈME COLONIAL	
— L'explication de ce qui a été fait et des conditions de l'époque, en ayant trop tendance à négliger les oppressions pour expliquer, ce qui est vrai d'ailleurs, que: «tout de même on a fait quelque chose» — Se considère toujours comme «possesseur de peuples»	— La condamnation des oppressions et la volonté de construire en perdant sur le plan matériel — En créant, au nom de l'Homme, une communauté fraternelle Parfois cette position est exprimée dans un sentimentalisme qui ne tient pas compte des réalités.

(Source: «Chronique sociale de France», déc. 1956, p. 621)

NOTES

C.F.T.C. Confédération française des travailleurs chrétiens (syndicat), cf. chronologies p. 226 et 235 et tabl. 109 — **paternalisme** (m) doctrine sociale selon laquelle le patron possède seul l'autorité en matière de création et de gestion des œuvres sociales de l'entreprise — **la loi Barangé** du 28 septembre 1951 accordait à l'enseignement privé des avantages, mesurés dans les effets, essentiels dans les principes; elle ébranle le principe laïque (cf. p. 240). — **la participation ouvrière** cf. texte 50, notes, l. 3.

QUESTIONS ET DEVOIRS

1. Analysez le *fond* du tableau précédent:
 – La distinction entre la droite et la gauche est-elle valable seulement pour le Mouvement social catholique?
 – Quel est le commun dénominateur pour les catholiques de droite et de gauche?
2. Analysez la *forme* (langue, vocabulaire) du tableau précédent:
 – L'auteur est-il un catholique de droite ou de gauche?

Texte 66   La mission apostolique du prêtre-ouvrier

Après la dernière guerre mondiale, beaucoup d'ouvriers, d'étudiants, de jeunes dont la conscience était inquiète et qui se sentaient mal à l'aise dans l'atmosphère bourgeoise et souvent hypocrite des paroisses traditionnelles, trouvaient dans l'existence des prêtres-ouvriers la plus sûre garantie de leur foi. Ces prêtres-ouvriers étaient des ecclésiastiques venus vivre en milieu ouvrier et qui assumaient les conditions de vie parfois misérables des ouvriers de la banlieue de Paris, travaillant dans les usines, mais restant prêtres et, comme tels, disant chaque jour leur messe. Pendant dix ans, les prêtres-ouvriers ont été «l'espérance des pauvres» (Albert Béguin) montrant qu'à côté de la fraternité proclamée par les communistes il existait bien une fraternité chrétienne et spirituelle, que le catholicisme n'était point une affaire exclusivement bourgeoise ou capitaliste, une religion de femmes et de vieillards se soumettant à leur sort, mais que les prolétaires avaient également part à l'Eglise. L'action des prêtres-ouvriers fut interdite par Rome en 1953, parce qu'un prêtre doit avant tout être prêtre; mais leur témoignage a continué de porter ses fruits. Le dernier concile a de nouveau admis l'action des prêtres-ouvriers (1965).

L'abbé Pierre est un prêtre-ouvrier à Sagny, lieu que l'auteur situe dans la banlieue de Paris. Il est convoqué à la capitale pour rendre compte de ses activités au nouvel archevêque.

— Je ne connais pas Sagny, dit l'Archevêque, mais j'ai connu d'autres Sagny : je puis m'imaginer votre vie...
— Non, Monseigneur.
— Mais...
5 — Une vie de prêtre à Sagny, vous pouvez l'imaginer; une vie d'ouvrier, je ne le crois pas.
— Mais vous êtes prêtre, d'abord !
Pierre ne répondit pas. L'Archevêque s'était rapproché; Pierre tendit ses mains vers lui :
10 — Regardez, Monseigneur, je suis devenu tout en mains...
— Nous y voici, fit l'autre d'une voix sourde. Puis après un silence : Est-il exact que vous vous absteniez de votre messe certains jours?
— Il m'est arrivé de m'en priver pour indignité.
— Depuis quand ne vous êtes-vous pas confessé?
15 — Je ne sais pas, Monseigneur. Longtemps.
— Est-ce de propos délibéré?
— Absolument pas.
— Vous vous sentiez donc en état de grâce?
— Dans une grande paix... Et pourtant dans une angoisse presque permanente, mais
20 pas à mon sujet...
— Savez-vous que l'on vous dit communiste, Père?
— Vous, Monseigneur, le croyez-vous?
— Non. Mais je vous trouve imprudent.
Pierre baissa la tête. Après un moment, il reprit à mi-voix.
25 — Entrer dans la lutte du côté des Petits, des Humiliés... Aller jusqu'au bout, sans penser à soi... C'est ce qu'Il a fait, c'est ce qu'Il ferait aujourd'hui... C'est parce qu'Il troublait l'ordre établi qu'on L'a crucifié : pour des raisons... politiques ! (Il se tut). Ah! comment vous expliquer? Comment me justifier?
— Non pas vous justifier, Père : j'ai confiance en vous.
30 — Alors croyez-moi, Monseigneur : quand on a faim et soif de justice, on ne peut pas adopter, à Sagny, une autre attitude que la nôtre. Si je ne m'étais pas durci, si je n'avais pas combattu à leurs côtés pour leur juste libération, où serait mon influence?
L'Archevêque posa sa lourde main sur son épaule :
— *Où est votre influence?...*

35 — Je ne comprends pas bien, Monseigneur.
— Combien de baptêmes, mon petit? de communions? de mariages? d'assistances à la
40 messe, combien?
— Très peu, en effet. Mais une fraternité, un désintéressement, un amour grandissant. C'est l'Evangile vécu, Monsei-
45 gneur! Le reste viendra plus tard. Si vous viviez parmi nous, seulement quelques jours: dans les usines, les cantines, les hôtels meublés, les meetings même...
50 Ah! Monseigneur, *le quartier bouge*, je vous le jure!... Si je ne les en retenais pas, les gars seraient en train de construire une chapelle dans un terrain
55 vague, près de mon logement!

115 – Prêtre dans un quartier populaire.

— Et quand la chapelle serait construite, ils nommeraient prêtre, un jour, l'un des leurs par acclamation, n'est-ce pas?
— Comme dans l'Eglise primitive, murmura Pierre.
— Nous ne sommes plus l'Eglise primitive, dit fermement l'Archevêque en se levant:
60 nous sommes l'Eglise Catholique Romaine.
— Et apostolique...
— Catholique et apostolique romaine. Notre force réside dans l'unité et dans l'obéissance.
— Notre force réside dans le Christ; et notre seule raison d'être: répandre son amour
65 et son exemple.

Gilbert CESBRON «Les Saints vont en enfer» (1952)

A. Analyse du texte

LE VOCABULAIRE ET LES EXPRESSIONS

apostolique Le devoir des prêtres est ici comparé avec le rôle des apôtres qui, après la mort de Jésus-Christ, propageaient la foi chrétienne parmi les païens; chaque prêtre doit imiter l'exemple des apôtres. — [3]**Monseigneur** titre d'honneur qu'on donne aux archevêques et aux évêques — [10]**tout en mains** Les autres prêtres sont tout esprit; l'abbé Pierre, accomplissant l'humble travail manuel des ouvriers, a donné un autre sens à sa vie: il est devenu ‹tout en mains›, pareil en cela aux ouvriers. — [12]**s'abstenir de sa messe** Les prêtres catholiques sont tenus à célébrer chaque jour la messe. — [16]**de propos délibéré** Quand on fait qc de propos délibéré, on le fait après réflexion, exprès, à dessein, en le voulant. — [18]**être en état de grâce** On passe du péché à l'état de grâce par la confession et l'absolution du prêtre. — [48]**les hôtels meublés** Les ouvriers de Sagny — célibataires ou pères de famille — logent très souvent dans une ou deux chambres meublées parce qu'ils n'ont pas assez d'argent pour fonder un ménage dans un logement qui leur appartient en propre et parce que les logements sont rares dans la banlieue parisienne. Quelques propriétaires en profitent pour transformer des maisons entières en hôtels meublés. — [49]**le meeting** réunion publique, organisée pour discuter une question d'ordre politique, social ou simplement collectif.

Travail personnel. Expliquez à l'aide du dictionnaire: le baptême, le quartier bouge, les gars, par acclamation.

LE STYLE ET LA COMPOSITION

Montrez les procédés de style par lesquels l'auteur
— donne une impression réaliste et vivante du dialogue;
— caractérise les deux interlocuteurs du dialogue.

QUESTIONS ET SUJETS DE CONVERSATION

1. Qu'est-ce qu'un prêtre-ouvrier?
2. Quels sont les rapports entre le prêtre-ouvrier d'une part et les ouvriers d'usine d'autre part? Comment le prêtre-ouvrier entre-t-il en contact avec les ouvriers?
3. Quels sont les devoirs spirituels d'un prêtre-ouvrier?
4. Quelle différence voyez-vous entre un prêtre administrant une paroisse (Pfarrei) bourgeoise et un prêtre-ouvrier?
5. Quels reproches l'Archevêque fait-il à l'abbé Pierre?
6. D'où vient la grande paix que sent l'abbé Pierre bien qu'il ne se soit plus confessé depuis longtemps et qu'il ne soit pas en état de grâce, au sens strict du terme?
7. Pourquoi l'abbé Pierre a-t-il lutté pour les Humiliés, au risque d'être tenu pour un communiste?
8. Qu'est-ce que l'Archevêque comprend par le mot ‹influence›?
9. A quels signes l'abbé Pierre reconnaît-il l'efficacité de son action? Est-ce que ce sont les mêmes signes qui caractérisent l'‹influence› dont parle l'Archevêque?
10. Quelle différence d'opinion existe entre l'abbé Pierre et l'Archevêque en ce qui concerne la vocation et la tâche du prêtre?

B. Exercices pratiques

VOCABULAIRE

1. Les différents sens du mot **certain**.
a) Dans notre texte nous trouvons l'exemple:
   ...vous vous absteniez de votre messe *certains* jours.
Certain est ici placé *avant le substantif*; il désigne plusieurs ou quelques jours parmi tous les jours que l'abbé Pierre a passés à Sagny.
b) *Certain* placé *après le substantif* est synonyme de réel, de vrai et, en parlant de personnes, de convaincu.
2. La famille du mot **juste**. Dans notre texte nous trouvons les dérivés *justice* et *justifier*. Cherchez d'autres mots de cette famille (radicaux just-, jug-, jur-).

GRAMMAIRE

Ne confondez pas les propositions conditionnelles (introduites par **si**) et les propositions temporelles (introduites par **quand**), la conjonction introduisant la subordonnée étant chaque fois ‹wenn› en allemand.
a) *Si* je ne les *retenais* pas, les gars seraient en train de construire une chapelle...
Il s'agit dans notre exemple d'une subordonnée exprimant le potentiel (un fait futur pouvant se produire); le verbe de la subordonnée se met dans ce cas à l'imparfait de l'indicatif, le verbe de la principale au conditionnel simple.
b) Et *quand* la chapelle *serait* construite, ils nommeraient prêtre l'un des leurs...
Cette fois, subordonnée n'exprime pas une condition; le verbe de la subordonnée est au conditionnel parce qu'elle exprime un fait seulement possible.
(Gr. § 52 ‖ §§ 84; 108; 128)

SUJETS DE COMPOSITION

1. Composez un dialogue entre un prêtre-ouvrier et un communiste sur la fraternité.
2. Illustrez par deux ou trois exemples que vous décrirez plus en détail la tâche des prêtres-ouvriers dans un quartier ouvrier.
3. Justifiez le titre d'un livre: *La France, pays de mission*.

Le catholicisme français et la société moderne

XIX⁰ siècle:
Courant traditionaliste:
1819   Joseph de MAISTRE «Du Pape».
‹Catholicisme libéral› et ‹Christianisme social›:
1834   LAMENNAIS «Paroles d'un Croyant» (cf. texte 43).
1891   Léon XIII, Encyclique «Rerum novarum» sur la question sociale.
1894   Marc SANGNIER fonde la revue «Le Sillon»; tendance condamnée par Pie X.
XX⁰ siècle:
1900–1918   Période des ‹Œuvres›.
1905   Séparation des Eglises et de l'Etat.
1907   Pie X, Encyclique «Pascendi dominici gregis» sur le modernisme.
1919–1940   Période de l'Action catholique (mouvement fondé en 1931).
1919   Confédération Française des Travailleurs Chrétiens (C.F.T.C.).
1927   Jeunesses chrétiennes (J.O.C. = Jeunesses Ouvrières Chrétiennes. J.A.C. = Jeunesse Agricole Chrétienne).
1943   Abbé GODIN «La France, pays de mission?».
1942–1954   Les prêtres-ouvriers (condamnés par Pie XII).
            Sur le plan politique:
1944   Mouvement Républicain Populaire (M.R.P.).
1947–1953   Union des Chrétiens progressistes.

Documentation: La presse chrétienne

La presse chrétienne constitue une force religieuse de première importance et nourrit les courants d'opinion au sein du catholicisme et du protestantisme.

I. La presse catholique

1. Quotidiens
— *La Croix*, quotidien parisien, tendance évolutive, tirage moyen 140 000 ex.
— *Ouest-France*, quotidien de province, tirage moyen 610 000 ex., d'inspiration démocrato-chrétienne

2. Hebdomadaires
— *Le Pèlerin*, tirage moyen 600 000 ex.
— *La Vie catholique*, tirage moyen 500 000 ex.
— *La France catholique*, tendance traditionnelle
— *L'Homme nouveau*, tendance traditionnelle
— *Témoignage chrétien*, tendance socialiste chrétien (gauche)

3. Revues mensuelles
— *Monde et Vie*
— *Itinéraire*, tendance traditionnelle

4. Autres périodiques
— *Documentation catholique*, deux fois par mois, des renseignements très précieux sur la vie du catholicisme
— *Esprit*
— *Défense du foyer*, tendance progressiste
— *Etudes* ⎫
— *Projets* ⎭ à direction jésuite
— *Signes du Temps* ⎫
— *Economie et Humanisme* ⎭ à direction dominicaine

II. La presse protestante

— *La Réforme* (périodique)
— *Le Christianisme social* (périodique)
— *L'Illustré protestant* (périodique)
— *Le Semeur* (périodique)

LE PROTESTANTISME DANS LA FRANCE CONTEMPORAINE

Documentation

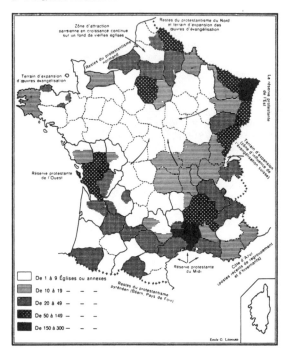

116 — Répartition par départements des églises protestantes et de leurs annexes.

— Les départements dont les limites sont marquées d'un trait épais correspondent aux vieux pays protestants, où la majorité des Eglises sont d'origine ancienne. Dans les autres, les Eglises protestantes, ou du moins beaucoup d'entre elles, sont des créations récentes, dues à des œuvres poursuivant le regroupement des protestants disséminés et l'évangélisation des régions non protestantes. On a essayé de marquer ainsi, avec les «réserves» du protestantisme français, ses aires de dispersion et de conquête.

— Le protestantisme rural abonde encore dans les vieux pays ainsi marqués. Ailleurs il s'agit surtout d'Eglises bourgeoises et de postes d'évangélisation parmi les ouvriers (région du Nord) et les pêcheurs (Bretagne).

Gabriel LE BRAS «La pratique religieuse dans les villes et campagnes». Dans: «Villes et campagnes, Civilisation urbaine et civilisation rurale en France». Centre d'études sociologiques, 2 éd., Paris, A. Colin, 1970, p. 297)

QUESTIONS ET DEVOIRS

1. Expliquez la répartition de la population protestante par des arguments d'ordre historique (cf. texte 32, l'Historique des Guerres de religion, p. 130, l'Historique du règne de Louis XIV, p. 140), géographique, économique, culturel et sociologique.
2. En vous servant du texte de l'introduction (p. 227) et du texte 67, relevez les faits et les événements qui expliquent la prédominance de l'élément bourgeois dans le protestantisme français.

▷ Texte 67   Les protestants dans la société française contemporaine

On a coutume de dire que les protestants sont essentiellement des bourgeois. Il est vrai qu'il y a des cas où le comportement d'une communauté protestante peut assez facilement donner cette impression. D'autre part, les milieux dirigeants des Eglises appartiennent dans une très large mesure à un groupe qui a été formé par l'enseignement
5   supérieur et dont les activités professionnelles sont celles de cadres supérieurs ou de techniciens. En particulier, — mais à un degré moindre qu'il y a une trentaine d'années — les protestants jouent un rôle important dans l'Université, surtout au niveau des enseignements secondaire et supérieur. Pourtant il y a aussi un peuple protestant, qui n'est ni intellectuel ni bourgeois. Sans doute, comme dans toutes les Eglises chrétiennes
10 du monde contemporain, ne joue-t-il qu'un rôle assez effacé dans la vie des Eglises, mais il est bon de se souvenir que dans des villes comme Grenoble ou Strasbourg les paroisses protestantes comptent 26% d'ouvriers inscrits; très peu parmi eux participent à la vie active des paroisses. Il est certain toutefois qu'il y a proportionnellement moins

de prolétaires d'origine protestante que catholique. En effet l'exode rural s'est accompli de manière très lente et les régions rurales protestantes ont vu partir une population qui, à la fin du XIXe siècle, avait un niveau culturel supérieur à celui des catholiques. Aussi leur intégration dans la vie urbaine s'est-elle faite plus facilement et dans des conditions moins misérables que celles de la masse de la population. Le résultat, c'est que les protestants, même quand ils appartiennent au milieu ouvrier, seront plus facilement des employés, des contremaîtres ou des ouvriers qualifiés que des manœuvres ou même des O.S. Dans une ville comme Strasbourg, de loin la première ville protestante de France, il ressort des statistiques officielles qu'il y a 26% de protestants ouvriers, alors que par rapport à la population globale le pourcentage d'ouvriers est de 38%. Dans ces conditions, il ne faut pas s'étonner de la part considérable prise dans les Eglises protestantes par les milieux bourgeois. D'autre part, on s'en doute, les protestants appartenant aux classes moyennes participent bien davantage à la vie de leurs Eglises. Sur 100 ouvriers protestants strasbourgeois, 5 vont au culte; sur 100 cadres supérieurs, 40 vont au culte, et sur 100 cadres moyens, 30. Les assemblées protestantes en milieu urbain sont généralement composées de personnes qui ont fait des études, ce qui pousse parfois les pasteurs à user d'un langage ardu et peu accessible...

Aline COUTROT et François-Georges DREYFUS
«Les forces religieuses dans la société française» (1965)

NOTES

[2] **la communauté** ensemble des fidèles d'une ville, d'un quartier ou d'un village (Gemeinde) — [4] **l'enseignement supérieur** enseignement universitaire, qui donne une formation complète dans les sciences, la philosophie, le droit, la médecine, etc. — [5] **les cadres supérieurs** cf. La Vie sociale, Introduction, p. 208 — [7] **l'Université** (f) ici: corps des maîtres de l'enseignement public des divers dégrés — [12] **la paroisse** unité ecclésiastique où s'exerce le ministère d'un curé ou d'un pasteur (Pfarrei) — [14] **l'exode** (m) **rural** cf. texte 56 — [20] **contremaître, ouvrier qualifié** cf. Les ouvriers, documentation, p. 217 — [30] **ardu** difficile.

QUESTIONS ET DEVOIRS

1. Expliquez pourquoi on a coutume de dire que les protestants sont essentiellement des bourgeois.
2. Dans quelles professions y a-t-il un pourcentage relativement élevé de protestants?
3. Quel rôle jouent les ouvriers dans la vie de l'Eglise protestante?
4. Pourquoi y a-t-il moins de prolétaires d'origine protestante que catholique?
5. Comment se composent les assemblées protestantes en milieu urbain?

Texte 68   Vieux protestants du pays cévenol

Les Cévennes sont une de ces régions d'accès difficile où les protestants, après la révocation de l'Edit de Nantes (1685), s'étaient réfugiés. Dans la famille de l'écrivain André GIDE le souvenir des persécutions terribles et des mœurs austères des protestants cévenols est resté vivant jusqu'au début de ce siècle.

Mon grand-père était mort depuis assez longtemps lorsque je vins au monde; mais ma mère l'avait pourtant connu, car je ne vins au monde que six ans après son mariage. Elle m'en parlait comme d'un huguenot austère, entier, très grand, très fort, anguleux, scrupuleux à l'excès, inflexible, et poussant la confiance en Dieu jusqu'au sublime. Ancien président du tribunal d'Uzès, il s'occupait alors presque uniquement de bonnes œuvres et de l'instruction morale et religieuse des élèves de l'école du Dimanche.

En plus de Paul, mon père, et de mon oncle Charles, Tancrède Gide avait eu plusieurs enfants qu'il avait tous perdus en bas âge, l'un d'une chute sur la tête, l'autre d'une

insolation, un autre encore d'un rhume mal soigné; mal soigné pour les mêmes raisons
apparemment qui faisaient qu'il ne se soignait pas lui-même. Lorsqu'il tombait malade,
ce qui du reste était peu fréquent, il prétendait ne recourir qu'à la prière; il considérait
l'intervention du médecin comme indiscrète, voire impie, et mourut sans avoir admis
qu'on l'appelât.

Certains s'étonneront peut-être qu'aient pu se conserver si tard ces formes incommodes et quasi paléontologiques de l'humanité; mais la petite ville d'Uzès était conservée tout entière; des outrances comme celles de mon grand-père n'y faisaient assurément point tache; tout y était à l'avenant; tout les expliquait, les motivait, les encourageait au contraire, les faisait sembler naturelles; et je pense du reste qu'on les eût retrouvées à peu près les mêmes dans toute la région cévenole, encore mal ressuyée des cruelles dissensions religieuses qui l'avaient si fort et si longuement tourmentée...

Ceux de la génération de mon grand-père gardaient vivant encore le souvenir des persécutions qui avaient martelé leurs aïeux, ou du moins certaine tradition de résistance; un grand raidissement intérieur leur restait de ce qu'on avait voulu les plier. Chacun d'eux entendait distinctement le Christ lui dire, et au petit troupeau tourmenté: «Vous êtes le sel de la terre; or si le sel perd sa saveur, avec quoi le lui rendra-t-on?...»

Et il faut reconnaître que le culte protestant de la petite chapelle d'Uzès présentait, du temps de mon enfance encore, un spectacle particulièrement savoureux. Oui, j'ai pu voir encore les derniers représentants de cette génération de tutoyeurs de Dieu assister au culte avec leur grand chapeau de feutre sur la tête, qu'ils gardaient durant toute la pieuse cérémonie, qu'ils soulevaient au nom de Dieu, lorsque l'invoquait le pasteur, et n'enlevaient qu'à la récitation de «Notre Père...». Un étranger s'en fût scandalisé comme d'un irrespect, qui n'eût pas su que ces vieux huguenots gardaient ainsi la tête couverte en souvenir des cultes en plein air et sous un ciel torride, dans les replis secrets des garrigues, du temps que le service de Dieu selon leur foi présentait, s'il était surpris, un inconvénient capital.

André GIDE «Si le grain ne meurt» (1920)

A. Analyse du texte

LE VOCABULAIRE ET LES EXPRESSIONS

pays cévenol région des Cévennes, partie sud-est du Massif Central; au temps des persécutions religieuses, à l'époque de Louis XIV et de Louis XV, ses rudes montagnes avaient servi de refuge aux protestants. — [3]**huguenot** protestant; le nom de ‹huguenot› (< allem. Eidgenosse) fut donné aux habitants de Genève révoltés; généralisé, ce nom fut donné à tous les protestants français (cf. texte 32, notes, l. 10). — [5]**Uzès** ville à 25 km de Nîmes (cf. texte 26) — [8]**en bas âge** aux premières années de l'existence — [9]**l'insolation** (f) mort provoquée par l'exposition prolongée au soleil — [12]**voire... et même...** — [15]**quasi paléontologiques** datant presque de la préhistoire, très anciennes — [16]**l'outrance** (f) l'exagération, l'excès — **faire tache** faire exception — [17]**tout y était à l'avenant** tout y était du même genre — [19]**mal ressuyé** mal rétabli — [24]**«Vous êtes le sel de la terre...»** paroles du Sermon sur la Montagne — [28]**tutoyeurs de Dieu** A l'opposé des catholiques français, qui voussoyaient le Seigneur, les protestants le tutoyaient. Aujourd'hui dans le ‹Notre Père›, les deux confessions religieuses tutoient le Seigneur. — [32]**qui n'eût pas su** ‹qui› se rapporte à ‹un étranger› — [35]**inconvénient capital** jeu de mots; capital signifie: de première importance; ici: allusion à la peine capitale, peine de mort.

Travail personnel. Expliquez à l'aide du dictionnaire: les bonnes œuvres, l'école du Dimanche, recourir à, martelé, la saveur, les garrigues (cf. texte 26).

QUESTIONS ET SUJETS DE CONVERSATION

1. Quels sont les traits de caractère d'un vieux huguenot français? ses activités?
2. Pourquoi le grand-père de l'auteur ne fait-il pas appeler le médecin quand il est malade?
3. Pourquoi les outrances de Tancrède Gide n'étaient-elles pas exceptionnelles dans la région d'Uzès?
4. Quel esprit manifestaient les vieillards de la génération de Tancrède Gide?
5. D'où vient ce raidissement intérieur des protestants?
6. A quelle époque remonte la tradition de résistance dont parle Gide?
7. Quelle différence extérieure y a-t-il entre un culte protestant et un culte catholique?
8. Pourquoi les «tutoyeurs de Dieu» d'Uzès gardaient-ils leur chapeau sur la tête pendant le culte? Quand l'enlevaient-ils?

B. Exercices pratiques

VOCABULAIRE

1. La **chute**. Il n'y a pas de substantif dérivé du verbe ‹tomber› (sauf au sens figuré: à la tombée de la nuit). Celui-ci est formé à l'aide d'un autre verbe, moins usité, *choir*, dont il n'existe plus que quelques formes (1ère –3e personnes singulier du présent de l'indicatif; 1ère personne singulier, 1ère personne pluriel du passé simple; le participe passé). Composés du verbe choir: *déchoir* et *échoir*.
2. Les **aïeux** sont ceux de qui l'on descend, les ancêtres. Le singulier **aïeul** signifie ‹grand-père›; quand le mot doit garder cette signification au pluriel (p. ex. mes grands-parents paternel et maternel), celui-ce se forme régulièrement *aïeuls*.
(Gr. – ‖ § 153)
Exercice: Cherchez dans le texte tous les mots désignant un membre de la famille. Elargissez cette liste en cherchant les noms français des ascendants (= de ceux qui ont vécu avant vous et dont vous descendez) et des descendants (= de ceux qui descendent, comme le fils descend du père).
3. **tutoyer** — désigner qn par le pronom *tu*;
   voussoyer (vouvoyer) — désigner qn par le pronom *vous*.
Ces verbes se conjuguent comme ‹aboyer›.

GRAMMAIRE

1. ...qu'on les *eût retrouvés*...
   ...s'en *fût scandalisé*...
   ...qui n'*eût* pas *su*...
Le *plus-que-parfait du subjonctif* est une forme littéraire qui, dans la langue soignée, a souvent la valeur du *conditionnel passé*.
2. **sans** peut introduire une *proposition finale avec l'infinitif*:
   ...il ... mourut *sans avoir admis* qu'on l'appelât.
L'emploi de l'infinitif en subordonnée est soumis à la condition suivante: Le sujet de l'action exprimée par l'infinitif (‹avoir admis›) doit être le même que le sujet dont l'infinitif dépend (‹il›).
(Gr. § 61 ‖ § 94)
L'introducteur par excellence de la finale infinitive est **pour**; d'autres locutions introduisant une finale à l'infinitif:
   afin de
   en vue de
   de peur de
   de crainte de.
Exercice: Formez quatre *finales à l'infinitif* en vous servant du contenu du texte d'André Gide.

SUJETS DE COMPOSITION

1. Imaginez-vous que vous êtes le père, Paul Gide, et que vous parlez à votre fils André de son grand-père Tancrède Gide.
2. Décrivez, en faisant attention aux détails extérieurs, le déroulement du culte protestant à Uzès au temps de Tancrède Gide.

LA LAÏCITÉ ET LA QUESTION SCOLAIRE

Introduction: La laïcité, problème spécifiquement français

Selon une définition d'André LATREILLE («La vie religieuse et la laïcité», dans: France de nos jours, 3ᵉ éd., 1961, p. 114/115) la laïcité est un terme spécifiquement français et implique trois principes:
- L'Etat considère tous les citoyens comme égaux devant la loi, quelles que soient leurs «opinions», religieuses ou antireligieuses.
- Il met à la disposition de tous des services publics (enseignement, assistance, etc.) qui observent une neutralité respecteuse des toutes les consciences.
- Il ne reconnaît aucun culte, c'est-à-dire qu'il ne donne de position privilégiée à aucune Eglise et ne salarie aucun clergé; mais il assure la liberté de croyance et de pratique à tous les Français.

(Cf. Constitution de la Vᵉ République, Art. 2, p. 173).

Dans la pratique, la laïcité, qui finalement se réduit à la question scolaire, révèle les dissentiments idéologiques et politiques qui séparent différentes familles d'esprit: la querelle scolaire n'est que le cas particulier, le seul peut-être qui subsiste aujourd'hui, du long conflit qui opposa en France la société civile et la société religieuse.

Les *défenseurs de la laïcité*, par le monopole de l'Etat en matière d'instruction, veulent constituer et sauvegarder les fondements d'une République démocratique ayant pour but l'émancipation des esprits et le triomphe de la raison.

Les *défenseurs de l'Ecole libre* défendent le droit naturel de la famille d'élever les enfants. La famille est surtout responsable de l'éducation religieuse des enfants. Elle peut déléguer certaines de ses fonctions à des éducateurs de son choix qui sont ses mandataires et non ceux de l'Etat.

Depuis la loi de la Séparation des Eglises et de l'Etat de 1905, l'enjeu du débat porte essentiellement sur le financement des écoles privées. Alors que les protestants et les juifs avaient vite fait confiance à l'école laïque et renoncé à avoir des établissements scolaires à eux, les établissements scolaires catholiques tiennent aujourd'hui encore une place importante dans l'enseignement français:
- 18% de la population française fréquentent les établissements d'enseignement privé.
- La place occupée par le secteur privé par rapport au secteur public est assez grande; elle occupe
  15,4% dans l'enseignement du premier degré,
  40,0% dans l'enseignement du second degré
  (chiffres pour l'année scolaire 1957/58, rapport de la commission Lapie).

La position des deux camps s'est beaucoup modifiée depuis les lois de la Séparation, l'idée de tolérance a fait des progrès de part et d'autre. Aujourd'hui l'Etat reconnaît que l'Ecole privée dépense des sommes que l'Etat devrait dépenser si ces enfants fréquentaient l'Ecole publique. En échange des services qu'elle rend à la communauté nationale, l'Etat subventionne l'Ecole libre.

Une comparaison des positions officielles de 1901/1905 et de 1959 montre l'évolution des rapports entre l'Etat laïque et l'Ecole libre.

Documentation

Loi du 1ᵉʳ juillet 1901 relative au contrat d'assocation

Titre III
Du statut des congrégations

Art. 13. — Aucune congrégation religieuse ne peut se former sans une autorisation donnée par une loi qui déterminera les conditions de son fonctionnement.

Elle ne pourra fonder aucun nouvel établissement qu'en vertu d'un décret rendu en Conseil d'Etat.

La dissolution de la congrégation ou la fermeture de tout établissement pourront être prononcées par décret rendu en Conseil des ministres.

Art. 14. — Nul n'est admis à diriger, soit directement, soit par personne interposée, un établissement d'enseignement, de quelque ordre qu'il soit, ni à y donner l'enseignement, s'il appartient à une congrégation religieuse non autorisée.

Loi du 9 décembre 1905 concernant la séparation des Eglises et de l'Etat

Titre premier
Principes

Article Premier. — La République assure la liberté de conscience. Elle garantit le libre exercice des cultes sous les seules restrictions édictées ci-après dans l'intérêt de l'ordre public.

Art. 2. — La République ne reconnait, ne salarie ni ne subventionne aucun culte. En conséquence, à partir du 1er janvier qui suivra la promulgation de la présente loi, seront supprimées des budgets de l'Etat, des départements et des communes, toutes dépenses relatives à l'exercice des cultes. Pourront toutefois être inscrits auxdits budgets les dépenses relatives à des services d'aumônerie et destinées à assurer le libre exercice des cultes dans les établissements publics, tels que lycées, collèges, écoles, hospices, asiles et prisons.

Les établissements publics du culte sont supprimés, sous réserve des dispositions énoncées à l'article 3.

NOTES

la congrégation religieuse compagnie de prêtres, de religieux, de religieuses — **promulguer une loi** publier officiellement et rendre applicable une loi régulièrement adoptée — **l'aumônerie** (f) ici: charge d'aumônier, c'est-à-dire de l'ecclésiastique chargé de l'instruction religieuse, de la direction spirituelle dans un établissement (école, lycée, asile, etc.) ou dans un corps (régiment).

Texte 69   La laïcité sous la Ve République

L'enseignement privé représente aussi une forme de collaboration à la mission d'éducation nationale qui le fait ainsi participer à un service public. L'enseignement privé participe à une tâche d'utilité générale. Le fait même de participer à cette tâche pose, nous le savons tous, un problème, car la plus grande partie de cet enseignement
5 a un caractère spécifique qui est d'être un enseignement religieux ou, plus exactement, un enseignement délivré dans des établissements dont le caractère et la raison d'être sont d'être des établissements religieux. Nous devons juger ce fait avec un esprit moderne. Nous ne sommes plus à la fin du XIXe siècle, où l'Etat luttait contre la religion pour être l'Etat. Quand les représentants du pouvoir, et non les moindres, s'exclamaient:
10 «Le cléricalisme, voilà l'ennemi!», ils vivaient à une époque où il était nécessaire de libérer l'Etat national d'un certain nombre de sujétions. *(Exclamations à l'extrême-gauche.)* De nos jours, l'Etat national s'est libéré. Ou plutôt, s'il doit encore, comme toujours et sans cesse d'ailleurs chercher à se libérer, c'est d'abord à l'égard de bien d'autres adversaires de son indépendance ... *(Vifs applaudissements à gauche, au centre gauche, sur*
15 *divers bancs au centre et à droite.)* Adversaires aujourd'hui plus dangereux pour son autorité et pour l'indépendance nationale que certains restes du passé! Il ne s'agit donc pas en ce qui concerne les religions, ou plutôt la religion catholique, d'une crainte quant à l'autorité de l'Etat. Il s'agit d'une méthode de pensée qui répond à un désir de nombreuses familles et que l'Etat prend en considération dans bien d'autres domaines que celui de l'enseigne-
20 ment. Il convient de reconnaître, en notre siècle, pour nos générations, qu'il est parfaitement admissible qu'une part de l'enseignement puisse demeurer entre les mains des maîtres qui, par leur religion, ont sans doute un caractère particulier, mais qui n'en ont pas moins des titres à participer au service public de l'Education nationale. *(Applaudissements sur plusieurs bancs à gauche, au centre et à droite.)*

Cette reconnaissance de la part de l'Etat a une contrepartie. Sans exiger une conformité qui est contraire à la nature des choses et à l'esprit même de la mission éducative, il convient d'admettre que l'enseignement privé reconnu par l'Etat et aidé par lui, coopérant à une tâche nationale, doit accepter une discipline pour s'assurer de sa conformité avec les principes essentiels de notre vie nationale, c'est-à-dire, avant toute chose et sans que cela brise le caractère propre des établissements ni leur enseignement, le principe du libre accès des enfants de toutes les familles et le principe du respect fondamental de la liberté de conscience. *(Applaudissement à gauche, au centre et sur de nombreux bancs à droite.)*

Michel DEBRÉ, premier ministre : Déclaration à l'Assemblée nationale, le 23 décembre 1959. «Journal Officiel», 1959, col. 3596–3597)

NOTES

[10]**le cléricalisme** (m) (péj.) système ou tendance en vertu desquels le clergé, sortant du domaine religieux, se mêlerait des affaires publiques ou privées et tendrait à y faire prédominer son influence; «**Le cléricalisme, voilà l'ennemi!**» mot, devenu fameux, prononcé par Léon Gambetta (1838–1882) à la tribune de la Chambre, dans la séance du 4 mai 1877 — [11]**libérer l'Etat national d'un certain nombre de sujétions** allusion à l'immixtion fréquente de la Cour de Rome dans les affaires internes de la France, surtout par l'intermédiaire d'un clergé puissant — [18]**qui répond à un désir de nombreuses familles** A la demande de «La Vie catholique illustrée» la question «Si l'enseignement libre était gratuit, y mettriez-vous vos enfants?» avait été posée par l'Institut français d'opinion publique à 2 107 personnes constituant un échantillon représentatif de la population française. A cette question, 43% des personnes ont répondu «oui», 47% «non», 10% étaient indécis (résultat complet dans «La Vie catholique illustrée», n° du 10 mai 1959).

QUESTIONS ET DEVOIRS

1. Quel effet avait la loi du 1er juillet 1901 sur les établissements d'enseignement religieux?
2. Quel effet avait la loi du 9 décembre 1905 pour le financement des établissements d'enseignement religieux?
3. Relevez dans le discours de Michel Debré les arguments par lesquels il motive la loi du 31 décembre 1959 en faveur de l'Ecole libre. Dégagez la marche de la pensée de l'orateur.
4. Comparez les arguments ainsi trouvés avec le tabl. 114.
5. La plupart des départements dans lesquels l'enseignement libre est fortement implanté sont aussi des pays pratiquants (cf. carte 113). Ainsi, dans la région de l'Académie de Rennes, 54,9% des élèves du primaire et 47,6% du secondaire (par rapport au total des élèves) fréquentaient des établissements d'enseignement libre. Une exception font les Académies de Strasbourg (9,8% primaire, 24,5% secondaire) et de Nancy (10,5% primaire, 26% secondaire); cherchez à expliquer ce phénomène en tenant compte du passé de l'Alsace et de la Lorraine. (Chiffres pour l'année scolaire 1957–58, rapport de la commission Lapie.)
6. *Le principe du libre accès des enfants de toutes les familles.* Comparez ce passage avec l'article 7 de la Loi fondamentale de la République fédérale d'Allemagne.
7. Le discours de M. Debré est applaudi aussi bien à gauche, qu'au centre et à droite. Comment expliquez-vous ce phénomène? (Cf. aussi fig. 81.)
8. Analysez le style oratoire de M. Debré d'après les indications données p. 63 et p. 170.

Exercices de compréhension et de contrôle

I. Connaissance de la matière

1. Quel est le pourcentage des catholiques pratiquants?
2. Quel est le nombre des protestants? Quelle est leur influence dans la vie économique, sociale et politique de la France?
3. Dans quelles régions françaises se trouve encore un grand pourcentage de catholiques pratiquants? Caractérisez ces régions!
4. Pourquoi y a-t-il un conflit latent dans le catholicisme français?
5. Indiquez les attitudes et comportements les plus importants qui caractérisent
— les catholiques de gauche,
— les catholiques de droite.
6. Décrivez l'action des prêtres-ouvriers.
7. Dans quelles régions françaises trouve-t-on un fort pourcentage de protestants? Pourquoi?
8. Expliquez la signification du mot ‹laïcité›.
9. Quelles étaient les conséquences de la loi du 5 décembre 1905?
10. Qu'est-ce qu'une C.O.D.E.R.?

II. Connaissance des méthodes

Faites un portrait moral
— du prêtre-ouvrier,
— du grand-père d'André Gide. (Cf. texte 68)

III. Connaissance du vocabulaire

1. Expliquez le sens des mots et expressions suivants:
— la mission apostolique du prêtre
— le baptême
— l'archevêque
— être en état de grâce
— les bonnes œuvres
— la chute
— l'hôtel meublé
— le meeting.
2. Trouvez le mot qui convient à la définition:
— Office divin, hommage qu'on rend à Dieu.
— Croyance aux enseignements d'une religion.
— Rite religieux institué par Jésus-Christ pour donner ou augmenter la grâce.
— Table pour les sacrifices.
— Dévotion, affection et respect pour les choses de la religion.
— Acte de religion par lequel on s'adresse à Dieu pour l'implorer ou pour l'adorer.

IV. Connaissance de la grammaire

quand — si
Mettez la conjonction convenable:
— Nous ne ferons rien de grand ... nous n'avons pas d'idéal.
— ...nous sommes seuls, n'oublions pas que Dieu nous regarde.
— Vous me direz son nom ... je vous le demande.
— J'espère que vous me direz son nom ... vous le demandiez.
— ...je suis en voyage, je n'aime pas être à court d'argent.
— ...on a faim, on n'hésite pas à voler.

V. LES RAPPORTS AVEC LE VOISIN ALLEMAND

Introduction: Les rapports franco-allemands à travers l'histoire

Depuis mille ans, nous sommes étroitement unis à nos voisins français par les liens du destin. Entre Allemands et Français il y eut bien des heurts au cours de leur histoire. Il y a eu des agresseurs en France comme en Allemagne, des nationalistes en Allemagne comme en France, des militaristes dans les deux pays. Mais d'autre part, à travers les siècles, les civilisations allemande et française se sont influencées tour à tour, et elles ont largement contribué à faire naître, sur la base gréco-latine, la communauté chrétienne-occidentale. Presque tous les grands changements intellectuels de notre histoire sont, en quelque sorte, les fruits d'une influence réciproque franco-allemande. Ainsi aux XIe, XIIe et XIIIe siècles, la chevalerie française, la morale courtoise, l'épopée et le lyrisme des troubadours, l'art gothique ont exercé un véritable attrait magique sur les voisins orientaux de la France. Au XVIIe et au XVIIIe siècle, le siècle de Louis XIV et le Siècle des Lumières deviennent un modèle pour la vie politique, spirituelle et artistique en Allemagne. Et de nos jours, nous recevons de France, en philosophie, en littérature, en art, des impulsions nouvelles qui fécondent notre vie spirituelle et artistique. De même la civilisation française n'est imaginable sans les influences de la civilisation allemande. Au temps des grandes invasions, de la Réforme et du romantisme, pour ne citer que les plus importants des courants qui sont venus d'Allemagne vers l'ouest, l'Allemagne, par sa force débordante, par son génie religieux, par sa pensée philosophique, par son lyrisme poétique ou musical, a eu une influence vivante et féconde sur la vie française.

Depuis Napoléon Ier, l'attitude des Français vis-à-vis des Allemands a plusieurs fois radicalement changé. Influencés par le portrait élogieux et idyllique que faisait Madame de Staël de notre pays dans son livre «De l'Allemagne» (1813), les Français voyaient, jusqu'en 1870, dans leurs voisins allemands surtout un peuple de paysans paisibles, de musiciens, de philosophes et de poètes romantiques. Ce portrait reflétait bien la réalité du premier tiers du XIXe siècle et donnait aux Français un certain sentiment de supériorité politique et intellectuelle. La défaite de 1870–1871 laissait de profondes blessures chez les Français qui, pareils en cela aux Allemands, regardaient jusqu'en 1945 leur voisin de l'autre côté du Rhin comme l'‹ennemi héréditaire› avec qui il était impossible d'arriver à un arrangement paisible. Pendant plusieurs générations, la paix du monde était menacée par l'hostilité franco-allemande. La dernière guerre avec ses conséquences politiques et économiques a forcé les deux pays à chercher un mode de vie dans le cadre d'une Europe plus ou moins unie. L'hostilité et la méfiance ont fait place à une communauté d'intérêts, voire à un sentiment d'amitié entre les deux peuples. Aujourd'hui ni l'Allemagne ni la France ne sont plus au centre de la politique internationale. Leur sort est déterminé par de grandes puissances sur lesquelles Français et Allemands n'ont qu'une influence limitée. Le danger de voir renaître les conflits nationaux du passé s'estompe d'autant plus que les économies française et allemande se trouvent plus étroitement associées dans la Communauté européenne, noyau d'une communauté politique future plus étroite.

Il est impossible de faire entendre ici toutes les voix françaises qui ont porté un jugement sur l'Allemagne et les Allemands au cours de l'histoire. Nous ne citerons que quelques exemples du XXe siècle et ferons une place aux voix critiques. Cela nous fera réfléchir sur notre propre caractère national.

Texte 70   La conception allemande de l'histoire

Les rapports entre peuples voisins sont un produit de leur histoire. Mais l'histoire n'est pas un fait objectif, les événements sont jugés de manière différente selon le temps et selon les gens qui y sont mêlés. Ainsi se fait la tradition historique de chaque nation. En partant de la conception allemande du siècle de Louis XIV, l'auteur de l'article suivant analyse comment s'est formé, chez les Allemands, un complexe d'encerclement qui, à travers les siècles de l'histoire moderne, a dominé l'esprit de notre peuple et a empêché une entente sincère avec la France.

Le Français, habitué à se penser en victime de son redoutable voisin de l'Est, sera stupéfait d'apprendre que son pays représente la nation sadique par excellence, sous les traits d'un séducteur frivole et cruel. Louis XIV, pour les Allemands, n'est pas le Roi-Soleil; c'est le Roi-Brigand qui, dans les atroces guerres déclenchées par lui pour s'approprier le Palatinat et s'installer définitivement sur le Rhin, ravagea l'Allemagne du Sud avec un esprit de système qui horrifia l'Europe, et dont le souvenir ne s'est jamais perdu chez nos voisins. Dans la plupart des manuels français consacrés à l'Allemagne, ces guerres de Louis XIV, faisant suite à la guerre de Trente Ans, sont traitées comme un épisode secondaire, ou même passées sous silence tout à fait. Or épisodes à nos yeux, elles sont pour les Allemands un événement central, forment l'un des noyaux de leur *complexe d'encerclement*. A partir de ce noyau, l'Allemand en vient à constituer toute une série historique, où se succèdent en une chaîne ininterrompue les *pillards* et les *massacreurs* français — depuis les brigands de Louvois et de Mélac jusqu'aux jacobins incendiaires, aux soudards de Napoléon, et enfin aux Sénégalais de 1918, cette ‹honte noire sur le Rhin›. Voilà qui forme une belle *preuve historique de l'éternelle agressivité welche*.

Il est impossible de comprendre l'état d'esprit des Allemands et surtout leur bonne conscience à notre égard, si l'on ne tient pas compte de cette extraordinaire valorisation d'un certain nombre d'épisodes, dissociés dans notre mémoire, mais qui pour eux s'associent le plus naturellement du monde et s'ordonnent selon une dialectique rigoureuse. Si l'on pouvait *psychanalyser* cette nation, c'est ici qu'il faudrait chercher quelques-uns des éléments traumatisants, liés abusivement et surestimés par elle, à la manière d'un malade qui ruminerait sans cesse les mêmes vieux griefs contre son voisin et s'en autoriserait pour justifier son propre style de vie, agressif et destructeur.

Alors que pour un Français les guerres de 1813, 1870, 1914, 1940 apparaissent comme quatre vagues d'agression successives et préméditées, l'Allemand, au contraire, n'y voit que des répliques et comme des *sorties* hors d'une forteresse assiégée. 1813 est à ses yeux une réaction légitime pour chasser Napoléon, venu exécuter le *testament de Richelieu* en écrasant l'Allemagne. 1870 forme une réaction non moins légitime pour empêcher Napoléon III de reprendre l'œuvre néfaste de son prédécesseur. 1914 et 1940 enfin apparaissent dans ce système comme des tentatives désespérées pour rompre de nouveaux encerclements, mis en œuvre par des ennemis jaloux. Aussi Hitler, remontant toujours aux années décisives de 1648, n'a-t-il cessé d'affirmer qu'il fallait clore cette période de malheur, et, par un effort surhumain, gagner un palier nouveau où s'ouvrirait pour le Saint-Empire, enfin reconstitué, une ère de splendeur millénaire.

Les peuples européens vivent ainsi sur une série *d'images d'Epinal* dont il serait urgent de dresser l'inventaire. Lutter contre de telles images par des moyens purement rationnels, vouloir les corriger par un simple appel à la réflexion, serait un procédé très vain, puisque ces images, ancrées depuis des générations dans la mémoire collective, ont la force tenace des concrétisations émotionnelles. Elles ne sont cependant pas immuables. De même que l'histoire elle-même sans arrêt se fait et se défait, de même ici de lents glissements se produisent, et parfois des mutations brusques. Une des erreurs de la propagande allemande fut de ne pas voir que dans la mémoire française la *série* anti-anglaise (si déterminante au XVIIIe et jusqu'au XIXe siècle) avait perdu sa virulence primitive, s'était effacée pour la majorité des Français devant une autre série: la série anti-allemande. Le jour semble encore loin où — les différentes aspirations économiques étant harmonisées — les *séries historiques* divergentes seront enfin neutralisées au profit d'une *commune série européenne*.

ROBERT MINDER «Allemagnes et Allemands», t. I (1948)

NOTES

²**sadique** qui prend plaisir à faire souffrir — ¹³**le pillard** soldat qui pille, qui ravage et vole — **Louvois** Michel le Tellier, marquis de L., homme d'Etat français (1641—1691), l'un des principaux ministres de Louis XIV. Il réorganisa l'armée française. Sur le plan politique, il suggéra la dévastation du Palatinat, et exerça une grande influence sur la politique extérieure, qu'il voulait glorieuse et conquérante. — **Mélac** Ezéchiel comte de M., général français, mort à la bataille de Malplaquet (1709); il dévasta le Palatinat, en 1689. — ¹⁴**le soudard** soldat grossier et brutal — ¹⁶**welche** (ou **velche**) mot que les Allemands appliquent par mépris à tout ce qui est étranger, surtout à ce qui provient des peuples de langue romane — ²²**les éléments traumatisants** L'auteur compare les guerres de Louis XIV au choc qui, dans la psychologie individuelle, amène une perturbation. Un traumatisme est occasionné par une blessure, par une plaie. — ²⁸**le testament de Richelieu** Le testament de Richelieu contient des maximes politiques, entre autres des maximes concernant la politique extérieure de la France, p. ex. la conquête des ‹frontières naturelles› de la France, ou la division perpétuelle de l'Allemagne, l'union des petits princes allemands avec la France contre les Habsbourg. Les idées politiques de Richelieu n'avaient de valeur qu'à l'époque de Louis XIV. — ³⁶**images d'Epinal** images aux tons criards, dans le goût populaire, représentant des scènes de guerre ou des scènes émouvantes, très répandues aux XVIIIᵉ et XIXᵉ siècles. Cette sorte d'images était faite à Epinal (Vosges). — ⁴⁰**la force tenace des concrétisations émotionnelles** Les images dont parle l'auteur ne peuvent être saisies logiquement. Comme elles doivent leur origine aux forces émotionnelles de l'âme, c'est seulement par un autre mouvement émotionnel qu'elles peuvent être chassées et remplacées. — ⁴²**Une des erreurs de la propaganda allemande** Pendant la deuxième guerre mondiale, les Allemands cherchèrent à ranimer la haine des Français contre les Anglais, en leur rappelant la mort de Jeanne d'Arc, la perte des colonies françaises en Amérique au XVIIIᵉ siècle et la guerre à outrance que les Anglais avaient menée contre Napoléon Iᵉʳ.
Travail personnel. Expliquez à l'aide du dictionnaire: déclencher une guerre, l'incendiaire, la valorisation, préméditer, le palier, la mutation.

DOCUMENTATION

Poursuivez, à travers l'histoire de France, la naissance de la série anti-anglaise.

Texte 71   Une conquête méthodique

On s'est ému, on s'est presque scandalisé. Une Germanie plus inquiétante se révèle. Les Anglais lisent le *Made in Germany* de M. Williams, les Français devraient lire *le Danger allemand* de M. Maurice Schwob.

C'était une forteresse et une école: on y découvre maintenant une usine immense,
5 des docks énormes. On se doute aussi que cette forteresse, cette usine, cette école ont entre elles des liens, et constituent les aspects divers d'une même et solide Allemagne. On apprend que les victoires militaires par lesquelles cette nation s'est fondée sont peu de chose auprès des victoires économiques que déjà elle emporte; déjà bien des marchés du monde sont plus à elle que les territoires qu'elle doit à son armée.

10 On aperçoit ensuite que l'une et l'autre conquête font partie du même système. La tonnante et la silencieuse se superposent. On comprend que l'Allemagne est devenue industrielle et commerçante comme elle devint militaire, délibérément. On sent qu'elle n'a rien épargné. Si l'on veut s'expliquer cette grandeur nouvelle et sans fantaisie, on imagine une application constante, une analyse minutieuse des sources de
15 la richesse; une construction intrépide des moyens de la produire, une rigoureuse topographie des lieux favorisés, et des chemins favorables, et, surtout, une *obéissance entière*, *une soumission de tous les instants* à quelque conception simple, jalouse, formidable — stratégique par sa forme, économique par son but, scientifique par sa préparation profonde, et par l'étendue de son application. Tel nous saisit l'ensemble des opérations allemandes.
20 Si l'on revient alors à ce qui se voit et se touche, aux documents, aux rapports diplomatiques, aux statistiques officielles, on peut admirer à son aise la perfection des détails

après la majesté des grandes lignes et jouir de savoir comment — lorsque tout ce qu'il était possible de connaître a été connu, lorsque tout ce qu'on pouvait prévoir est prévu, lorsque le mécanisme de la prospérité est déterminé, — une action douce ou brutale, générale, continue, est étendue à tous les points du monde par tous les points de l'Allemagne pour faire *revenir* le maximum de richesses de tous les points du monde à tous les points de l'Allemagne.

Cette action n'est pas, comme les nôtres, une somme d'actions individuelles toujours indépendantes, souvent contraires, protégées aveuglément par l'Etat, qui disperse son influence entre elles, qui ne peut aider à l'une, sans affaiblir l'autre — c'est une puissance massive et agissant comme les eaux, tantôt par le choc et par la chute, tantôt par une irrésistible infiltration. Une discipline naturelle relie l'action individuelle allemande à l'action du pays entier, et ordonne les intérêts particuliers, de sorte qu'ils s'additionnent et se renforcent mutuellement, au lieu de se diminuer et de se contrarier ensemble. Cela va jusqu'à supprimer toute concurrence entre Allemands dès que l'étranger — l'ennemi — est en présence.

Et c'est alors une sincère union, un échange de sacrifices utiles, un concours d'énergie et d'habileté pour la victoire commune, qui produit outre la victoire, une liaison remarquable entre les industries combattantes et entre les diverses ‹armes› de l'armée économique du Vaterland. Nous luttons contre cette armée comme des bandes sauvages contre une troupe organisée...

... Dans le succès allemand, je vois, avant tout, celui d'une *méthode*. C'est la méthode qui excite mon admiration. Supposons qu'un homme ordinaire se propose une tâche difficile — considérable — mais possible. Ne lui donnons aucun *génie*, aucune trouvaille inattendue, aucune illumination — mais seulement un désir inusable, un désir constant, une raison moyenne — mais douée d'une confiance infinie à l'égard de la raison. *Cet homme fera le nécessaire.* Il réfléchira sans passion, il fera des ‹dénombrements si entiers, et des revues si générales› que tous les objets et tous les faits pourront le servir, et finiront par entrer dans son calcul personnel. Il n'est pas de chose qui lui paraîtra favorable ou défavorable, et qu'il ne faudra utiliser ou neutraliser. Rien d'indifférent. Il observe aussi le cours des événements, leur pente. Il comptera, il classera, puis viendra l'action. Même prudence. Puis la victoire...

Paul VALÉRY «La Conquête allemande», dans: *The New Review* — edited by W. E. Henley, vol. XVI, n° 92 — January, 1897; l'article a été reproduit dans le *Mercure de France*, tome CXII, n° 417, 1ᵉʳ septembre 1915

NOTES

²**M. Williams** Ernest E. Williams, journaliste anglais, publia, en 1895, dans *The New Review*, une série d'articles qui ont éveillé dans l'opinion anglaise un sentiment de défiance envers l'Allemagne. C'est par cette publication que l'Angleterre a commencé à prendre conscience de la pression allemande sur les points essentiels de son être économique et de son empire. Le titre que Williams donne à l'ensemble de ses articles fit fortune: un *bill* célèbre incorpora dans la législation ces trois mots de ‹Made in Germany›; ils s'incrustèrent du même coup dans les têtes anglaises où ils ne cessèrent de faire quelque effet jusqu'au 11 novembre 1918. —
³**M. Maurice Schwob** A l'encontre du livre de Williams, le livre de Maurice Schwob, directeur du *Phare de la Loire*, qui soulevait la même question et l'examinait du point de vue français, a été en France ignoré et est tombé dans l'oubli. — ⁹**les territoires qu'elle doit à son armée** l'Alsace et la Lorraine, conquises en 1871, le Slesvig et le Holstein, conquis en 1864 — ¹²**délibérément** de manière décidée, sans hésitation, résolument — ¹³**sans fantaisie** ici: sans originalité, qui manque d'imagination; monotone — ¹⁵**intrépide** qui ne tremble pas devant le péril; qui ne se laisse pas rebuter par les obstacles — ³⁰**aider à** favoriser — ⁴⁴**la trouvaille** découverte heureuse, objet heureusement découvert — ⁴⁷**des ‹dénombrements si entiers...›** formule de Descartes pour trouver *méthodiquement* la vérité des choses (cf. t. II).

Travail personnel. Expliquez à l'aide du dictionnaire: le tournant, épargner, la topographie.

Texte 72   La volonté et la patience des Allemands

L'attitude que doit avoir la France vis-à-vis de l'Allemagne a toujours préoccupé une grande partie de l'élite française. Si l'on admet aujourd'hui qu'une communauté franco-allemande est une nécessité politique absolue, ce n'est pas toutefois sans formuler des critiques contre l'Allemagne. Des hommes de valeur, aimant passionnément leur pays, voient dans le type allemand des traits difficiles à concilier avec le caractère français. Ils demandent à leurs compatriotes de ne pas ignorer les dangers que peuvent engendrer ces différences, et de rester vigilants.

Jacques RIVIÈRE, au tempérament sensible, secoué toute sa vie par des combats intérieurs, a écrit sur le génie allemand un des livres les plus amers qui aient jamais été publiés en France. S'appuyant sur les expériences d'une captivité de quatre ans en Allemagne (1914 à 1917), il ébauche un tableau de l'Allemagne plein de préjugés. Dans le caractère allemand, il voit surtout les qualités qui représentent un danger pour le voisin français et contre lesquelles il importe de s'armer.

Nous devons comprendre le véritable avantage que les Allemands ont sur nous et qu'ils exploitent sans en laisser perdre une miette. C'est leur patience, c'est leur inépuisable énergie; c'est leur volonté sans égale. En présence de toute masse à organiser, de tout chaos à débrouiller, s'il se sent à l'aise, c'est uniquement parce qu'il sait bien que la
5 patience ni la force ne lui feront jamais défaut; il sait bien que les provisions qu'il en a sont inépuisables.

Il prend en mains la matière dont il lui faut obtenir l'organisation: qu'elle soit vivante ou non, peu lui importe! Il la tourne et la retourne, il la brasse jusqu'à ce qu'elle produise enfin toute seule l'ordre le meilleur qu'elle contenait, et que son regard n'était pas assez
10 puissant pour y démêler du premier coup...

Le travail n'est pas pour les Allemands cette pénible obligation, cette punition qu'il est pour nous; ils s'y portent de tout leur cœur; c'est en eux une manie, c'est un vice auquel ils cèdent. Ils retombent dans le travail comme d'autres dans le péché.

Par le travail, en effet, et par les flots de volonté qu'il répand sans aucune peine,
15 l'Allemand non seulement rattrape ses désavantages, mais encore obtient des résultats qui nous sont peut-être interdits, en tout cas qui nous surprennent toujours. Il arrive, en effet, à une sorte de création ex nihilo: il fait sortir tout ce qu'il veut du néant.

La volonté en nous est tempérée, mais il faut dire aussi paralysée par toutes les impulsions et toutes les répugnances de la sensibilité; elle doit compter avec elles, et, en
20 mettant tout au mieux, elle ne peut qu'espérer les vaincre. Chez l'Allemand elle est pure, elle est seule; elle est donc toute puissante. Elle agit en pleine indépendance, sans conseil, sans secours et sans obstacle.

Jacques RIVIÈRE «L'Allemand» (1918)

NOTES

[4]**il se sent à l'aise** il se sent bien, comme chez lui — [5]**faire défaut** manquer — [8]**brasser** agiter, remuer — [10]**pour y démêler** pour discerner, pour découvrir dans la matière — [17]**ex nihilo** à partir du néant — [18]**tempérée** modérée — **paralysée** immobilisée — [19]**en mettant tout au mieux** dans le meilleur cas, dans la meilleure éventualité.

Travail personnel. Expliquez à l'aide du dictionnaire: la miette, débrouiller, l'impulsion, la répugnance, la sensibilité.

Texte 73   Le parapluie du samouraï

Allemands, Français, qu'y a-t-il devant nous? Il y a devant nous la possibilité d'une nouvelle guerre. Cette possibilité est même, sans doute, une forte possibilité.

Cette possibilité glace certaines personnes. Elles s'exclament: «Ce serait trop affreux! etc.» Cette réaction ne mérite pas d'être discutée. Il y a aussi des personnes qui
5 disent: «Le rapprochement des élites des deux pays, notamment des élites intellectuelles, le rapprochement des anciens combattants, ou des jeunesses des deux pays, peuvent consolider la paix.» Je me sens obligé de dire que je n'en crois rien. Je crois que le rapprochement des hommes politiques, des diplomates, des financiers des deux pays, *à un moment donné*, et *avec des objectifs limités et précis* — j'insiste sur ces deux conditions, — peut,
10 à ce moment-là, écarter la guerre pour un certain temps. Mais je ne crois pas que le rapprochement ni des élites, ni des masses, puisse rien faire pour la paix. Ce n'est pas la compréhension mutuelle entre deux peuples qui empêchera que le chef d'un de ces peuples, à l'heure où il jugera que son pays y doit trouver avantage, n'attaque l'autre peuple. S'il y avait à cette heure entre ces peuples un excès d'amour, une campagne de
15 presse de six semaines y porterait bon ordre. Quand nous disons: «Que Français et Allemands se connaissent mieux, cela peut réduire les risques de guerre», ou nous cherchons à faire des dupes, ou nous nous dupons nous-mêmes.

Il y a enfin une troisième attitude. «Que Français et Allemands se connaissent mieux, non pour que cette connaissance éloigne la guerre, qu'elle est incapable d'éloigner,
20 mais simplement parce que cela est bien ainsi, parce qu'ils ont à apprendre les uns des autres, parce qu'il est de bonne humanité de se comprendre, de s'estimer, voire de sympathiser par-dessus les frontières. Peut-être même, la guerre venue, quelque chose en restera-t-il: par exemple, dans le traitement des prisonniers... Mais c'est un simple peut-être, et de peu d'importance. France et Allemagne doivent se connaître pour les
25 mêmes raisons pour lesquelles tous les grands peuples devraient se connaître entre eux. Avec, en outre, les raisons mystérieuses d'attirance qui naissent de l'inimitié.» Telle est la troisième attitude devant la possibilité d'une nouvelle guerre franco-allemande, et cette attitude est la mienne...

J'ai lu dans un livre japonais le trait suivant. Un samouraï se rend sur le terrain où
30 il va se battre en duel avec un autre samouraï. Il a ouvert son parapluie, car il pleut. Et voici qu'il aperçoit son adversaire, qui se rend également sur le terrain. Mais ce dernier n'a pas de parapluie. Alors le premier samouraï lui offre l'abri du sien. Ainsi, sous le même parapluie, et devisant, ils s'acheminent vers le terrain, et là dégainent leurs sabres, font ce que vous savez, et sont tués l'un et l'autre. Cette anecdote, lorsque je la raconte,
35 fait rire les Français, parce que le rire est la réaction des Français d'aujourd'hui devant ce qui est grand. Quoi qu'il en soit, les diverses manifestations franco-allemandes du temps de paix, j'appelle cela la conversation sous le parapluie.

Henry de MONTHERLANT, Texte prononcé le 11 janvier 1938, en manière d'avant-propos
à la conférence d'un publiciste allemand, M. Otto Abetz

NOTES

le samouraï membre de la classe des guerriers, dans l'organisation féodale du Japon avant 1868 — [3]**glacer** ici: intimider, remplir d'effroi — [6]**les anciens combattants** les combattants de la guerre de 1914–1918 — [17]**la dupe** personne qui a été trompée ou qu'il est facile de tromper — [21]**voire** et même — [26]**l'attirance** (f) force qui s'exerce sur les êtres et qui les attire vers qn ou qc; attraction, charme, séduction — **l'inimitié** (f) sentiment hostile; ant.: amitié — [32]**l'abri** (m) lieu où l'on peut se mettre à couvert, se protéger contre le froid, la chaleur, le vent, la pluie, le soleil, un danger quelconque — [33]**deviser** s'entretenir familièrement; converser — **dégainer** tirer une arme blanche de son fourreau, de sa gaine — **Otto Abetz**

homme politique allemand (1903–1958). Il fut l'un des hommes de confiance de Hitler qui l'envoya à Paris avec mission de créer des relations amicales entre la France et l'Allemagne hitlérienne. Son activité de propaganda fut telle que le gouvernement français le frappa d'expulsion en 1938. Son rôle officiel ne commence qu'en juin 1940, après l'armistice franco-allemand. Accrédité par Ribbentrop, avec le titre d'ambassadeur, auprès des autorités allemandes d'occupation à Paris, il fut chargé de préparer le terrain pour une ‹collaboration officielle›. Peu après la Libération, il fut arrêté, jugé et condamné à 20 ans de travaux forcés par un tribunal militaire français (1949). Il fut libéré en 1955. Abetz a publié des mémoires: «Das offene Problem, ein Rückblick auf zwei Jahrzehnte deutscher Frankreichpolitik» (1951).

Texte 74   Héroïsme allemand — héroïsme français

Pour bien comprendre les lignes suivantes, il faut aussi connaître ce que Camus a écrit, après la guerre, dans la préface de l'édition italienne des «Lettres à un ami allemand»: «Ce sont des écrits de circonstance et qui peuvent donc avoir un air d'injustice. Si l'on devait en effet écrire sur l'Allemagne vaincue, il faudrait tenir un langage un peu différent. Mais je voudrais seulement prévenir un malentendu. Lorsque l'auteur de ces lettres dit ‹vous›, il ne veut pas dire ‹vous autres Allemands›, mais ‹vous autres nazis›. Quand il dit ‹nous›, cela ne signifie pas toujours ‹nous autres Français› mais ‹nous autres, Européens libres›. Ce sont deux attitudes que j'oppose, non deux nations, même si, à un moment de l'histoire, ces deux nations ont pu incarner deux attitudes ennemies.»

Vous me disiez: «La grandeur de mon pays n'a pas de prix. Tout est bon qui la consomme. Et dans un monde où plus rien n'a de sens, ceux qui, comme nous, jeunes Allemands, ont la chance d'en trouver un au destin de leur nation doivent tout lui sacrifier.» Je vous aimais alors, mais c'est là que, déjà, je me séparais de vous. «Non, vous disais-je,
5 je ne puis croire qu'il faille tout asservir au but que l'on poursuit. Il est des moyens qui ne s'excusent pas. Et je voudrais pouvoir aimer mon pays tout en aimant la justice. Je ne veux pas pour lui de n'importe quelle grandeur, fût-ce celle du sang et du mensonge. C'est en faisant vivre la justice que je veux le faire vivre.» Vous m'avez dit: «Allons, vous n'aimez pas votre pays.»
10 Il y a cinq ans de cela, nous sommes séparés depuis ce temps et je puis dire qu'il n'est pas un jour de ces longues années (si brèves, si fulgurantes pour vous!) où je n'aie eu votre phrase à l'esprit. «Vous n'aimez pas votre pays!» Quand je pense aujourd'hui à ces mots, j'ai dans la gorge quelque chose qui se serre. Non, je ne l'aimais pas, si c'est ne pas aimer que de dénoncer ce qui n'est pas juste dans ce que nous aimons, si c'est ne pas
15 aimer que d'exiger que l'être aimé s'égale à la plus belle image que nous avons de lui. Il y a cinq ans de cela, beaucoup d'hommes pensaient comme moi en France. Quelques-uns parmi eux, pourtant, se sont déjà trouvés devant les douze petits yeux noirs du destin allemand. Et ces hommes, qui selon vous n'aimaient pas leur pays, ont plus fait pour lui que vous ne ferez jamais pour le vôtre, même s'il vous était possible de donner cent fois
20 votre vie pour lui. Car ils ont eu à se vaincre d'abord et c'est leur héroïsme. Mais je parle ici de deux sortes de grandeur et d'une contradiction sur laquelle je vous dois de vous éclairer.

Nous nous reverrons bientôt si cela est possible. Mais alors notre amitié sera finie. Vous serez plein de votre défaite et vous n'aurez pas honte de votre ancienne victoire,
25 la regrettant plutôt de toutes vos forces écrasées. Aujourd'hui, je suis encore près de vous par l'esprit — votre ennemi, il est vrai, mais encore un peu votre ami puisque je vous livre ici toute ma pensée. Demain, ce sera fini. Ce que votre victoire n'aura pu entamer, votre défaite l'achèvera. Mais du moins, avant que nous fassions l'épreuve de l'indifférence, je veux vous laisser une idée claire de ce que ni la paix ni la guerre ne
30 vous ont appris à connaître dans le destin de mon pays.

Je veux vous dire tout de suite quelle sorte de grandeur nous met en marche. Mais c'est vous dire quel est le courage que nous applaudissons et qui n'est pas le vôtre. Car c'est peu de chose que de savoir courir au feu quand on s'y prépare depuis toujours et quand la course vous est plus naturelle que la pensée. C'est beaucoup au contraire que d'avancer vers la torture et vers la mort, quand on sait de science certaine que la haine et la violence sont choses vaines par elles-mêmes. C'est beaucoup que de se battre en méprisant la guerre, d'accepter de tout perdre en gardant le goût du bonheur, de courir à la destruction avec l'idée d'une civilisation supérieure. C'est en cela que nous faisons plus que vous parce que nous avons à prendre sur nous-mêmes. Vous n'avez rien eu à vaincre dans votre cœur, ni dans votre intelligence. Nous avions deux ennemis et triompher par les armes ne nous suffisait pas, comme à vous qui n'aviez rien à dominer.

Nous avions beaucoup à dominer et peut-être pour commencer la perpétuelle tentation où nous sommes de vous ressembler. Car il y a toujours en nous quelque chose qui se laisse aller à l'instinct, au mépris de l'intelligence, au culte de l'efficacité. Nos grandes vertus finissent par nous lasser. L'intelligence nous donne honte et nous imaginons parfois quelque heureuse barbarie où la vérité serait sans effort. Mais sur ce point, la guérison est facile; vous êtes là qui nous montrez ce qu'il en est de l'imagination, et nous nous redressons. Si je croyais à quelque fatalisme de l'histoire, je supposerais que vous vous tenez à nos côtés, ilotes de l'intelligence, pour notre correction. Nous renaissons alors à l'esprit, nous y sommes plus à l'aise.

Albert CAMUS «Lettres à un ami allemand», Première lettre: juillet 1943 (1948)

NOTES

[1]**consommer** mener (une chose) au terme de son accomplissement; achever, couronner — [5]**qu'il faille** prés. du subj. de ‹il faut› — [11]**fulgurant** ici: rapide comme l'éclair — [17]**les douze petits yeux noirs du destin allemand** les bouches des fusils du peloton d'exécution — [28]**entamer** attaquer, détruire — [44]**l'efficacité** (f) action qui produit l'effet qu'on attend. Pour ‹le culte de l'efficacité› des Allemands, cf. texte 71. — [49]**ilotes de l'intelligence** Les ilotes (ou hilotes) étaient les habitants de Laconie reduits en esclavage par les Spartiates, envahisseurs doriens. Les Spartiates enivraient leurs ilotes pour inciter leurs enfants à la sobriété en leur donnant une leçon.
Travail personnel. Expliquez à l'aide du dictionnaire: se serrer, dénoncer, les forces écrasées.

Texte 75 La naissance de l'Europe unie: le mémorandum Monnet du 3 mai 1950[1])

En 1950, la France se trouvait dans une situation diplomatique difficile. La ‹guerre froide› battait son plein; la France était en crise ouverte avec sa voisine d'outre-Rhin à propos de la Sarre; les Etats-Unis exerçaient une certaine pression sur la France de donner son accord au réarmement de l'Allemagne vaincue. «La situation allemande devient rapidement un cancer dangereux pour la paix dans un avenir prochain, et pour la France immédiatement, si son développement n'est pas dirigé pour les Allemands vers l'espoir et la collaboration avec les peuples libres» (Mémorandum MONNET): Une Allemagne nationaliste réarmée deviendrait de nouveau une gigantesque force économique contre laquelle l'industrie française resterait sans défense sur le marché mondial. Dans ces circonstances, Robert Schuman, conseillé par Jean Monnet, fit le ‹saut dans l'inconnu› et lança, le 9 mai 1950, l'idée d'un marché commun du charbon et de l'acier de l'Europe occidentale: «L'Europe se fera par des réalisations concrètes créant d'abord une solidarité de fait» (Robert Schuman). Le ‹plan Schuman› fut accueilli avec joie par le chancelier Adenauer qui y vit, tout comme le gouvernement français, les premières assises concrètes d'une fédération européenne indispensable à la préservation

---

[1]) M. Jean MONNET a bien voulu nous donner des conseils pour la composition de l'introduction et du texte.

de la paix. C'est finalement de la déclaration de Robert Schuman du 9 mai 1950 que sont nées la Communauté européenne du charbon et de l'acier (C.E.C.A.) et la Communauté économique européenne (C.E.E.).

Le texte suivant est la partie essentielle d'un mémorandum que Jean MONNET, alors Commissaire général du Plan de modernisation et d'équipement de la France, adressa le 3 mai 1950 à Georges Bidault et Robert Schuman, alors président du conseil et ministre des affaires étrangères. Le mémorandum Monnet est à la base de la déclaration officielle de Robert Schuman du 9 Mai 1950.

De quelque côté qu'on se tourne, dans la situation du monde actuel, on ne rencontre que des impasses, qu'il s'agisse de l'acceptation grandissante d'une guerre jugée inévitable, du problème de l'Allemagne, de la continuation du relèvement français, de l'organisation de l'Europe, de la place même de la France dans l'Europe et dans le monde...

Il faut changer le cours des événements. Pour cela, il faut changer l'esprit des hommes. Des paroles n'y suffisent pas. Seule une action immédiate portant sur un point essentiel peut changer l'état statique actuel. Il faut une action profonde, réelle, immédiate et dramatique qui change les choses et fasse entrer dans la réalité les espoirs auxquels les peuples sont sur le point de ne plus croire. Et ainsi donner aux peuples des pays ‹libres› de l'espoir dans les objectifs plus lointains qui leur seront assignés, et créer chez eux la détermination active de les poursuivre...

La continuation du relèvement de la France sera arrêtée si la question de la production industrielle allemande et de sa capacité de concurrence n'est pas réglée rapidement.

La base de la supériorité que les industriels français reconnaissent traditionnellement à l'Allemagne est sa production d'acier à un prix que ne peut concurrencer la France. D'où ils concluent que toute la production française en est handicapée.

Déjà l'Allemagne demande d'augmenter sa production de 11 à 14 millions de tonnes. Nous refuserons, mais les Américains insisteront. Finalement nous ferons des réserves, mais nous céderons. En même temps la production française plafonne ou même baisse.

Il suffit d'énoncer ces faits pour n'avoir pas besoin d'en décrire en grands détails les conséquences: Allemagne en expansion, dumping allemand à l'exportation; demande de protection pour les industries françaises; arrêt ou camouflage de la libération des échanges; recréation des cartels d'avant-guerre; orientation éventuelle de l'expansion allemande vers l'Est, prélude aux accords politiques; France retombée dans l'ornière d'une production limitée protégée.

Les décisions qui vont amener cette situation vont être amorcées, sinon prises, à la conférence de Londres sous pression américaine.

Or les U.S.A. ne souhaitent pas que les choses se développent ainsi. Ils accepteront une autre solution si elle est dynamique et constructive, surtout si elle est proposée par la France.

Avec la solution proposée disparaît la question de la domination de l'industrie allemande, dont l'existence créerait en Europe une crainte, cause de troubles constants, et finalement empêcherait l'union de l'Europe et causerait à nouveau la perte de l'Allemagne elle-même. Cette solution crée au contraire pour l'industrie tant allemande que française et européenne des conditions d'expansion commune dans la concurrence, mais sans domination.

Au point de vue français, une telle solution met l'industrie nationale sur la même base de départ que l'industrie allemande, élimine le dumping à l'exportation qu'autrement poursuivrait l'industrie allemande de l'acier, fait participer l'industrie d'acier française à l'expansion européenne, sans crainte de dumping, sans la tentation du cartel. La crainte chez les industriels, qui entraînerait le malthusianisme, l'arrêt des «libéralisations», et finalement le retour aux ornières du passé, sera éliminée. Le plus grand obstacle à la continuation du progrès industriel français aura été écarté.

117 – Signature du traité de la Communauté européenne du charbon et de l'acier (Robert Schuman, à droite, Jean Monnet, à gauche).

45 Il faut donc abandonner les formes passées et entrer dans une voie de transformation, à la fois par la création de conditions économiques de base communes et par l'instauration d'autorités nouvelles acceptées par les souverainetés nationales...

Cette création, au moment où se pose la question d'une association avec l'Amérique si forte, est indispensable pour marquer que les pays d'Europe ne s'abandonnent pas à 50 la facilité, qu'ils ne cèdent pas à la crainte, qu'ils croient en eux-mêmes et qu'ils créent sans délai le premier instrument de la réalisation d'une Europe au sein de la communauté nouvelle des peuples libres et pacifiques à laquelle elle apportera l'équilibre et la continuation de sa pensée créatrice.

Jean MONNET: Mémorandum du 3 mai 1950

NOTES

[13]**le relèvement** Après 1945, la France fait des efforts pour se *relever* des misères de la guerre. — [17]**handicapé** défavorisé, désavantagé — [18]**augmenter sa production de 11 à 14 millions de tonnes** Après la guerre, les Alliés avaient limité la production d'acier allemande pour empêcher une éventuelle production de matériel de guerre. — [20]**plafonner** atteindre un certain plafond, un certain niveau en parlant d'une hausse, d'un progrès qui s'arrête — [22]**le dumping** [dœmpiŋ] pratique qui consiste à vendre sur les marchés extérieurs à des prix inférieurs à ceux qui sont pratiqués sur le marché national ou même à des prix inférieurs aux prix de revient — [23]**le camouflage** action de camoufler, c'est-à-dire de déguiser de façon à rendre méconnaissable — [24]**le cartel** Parce que, comme effet de la concentration du capital et des entreprises, dans certaines branches de l'activité industrielle (sidérurgie, industrie chimique, électrotechnique), le nombre des entreprises avait suffisamment diminué en Allemagne après 1890, les membres d'une même branche purent s'associer dans un *cartel*. Celui-ci était un accord conclu entre la totalité ou la quasi-totalité des établissement de cette branche en vue de limiter les effets de la concurrence pendant une période donnée. L'association fixait les prix, réglementait les procédés de concurrence et partageait le marché entre ses membres. La concentration industrielle fut de nouveau favorisée par la grande inflation

(1923). Pendant et après cette période de grands groupes se formèrent (p.ex. les colossales Vereinigte Stahlwerke, l'A.E.G., l'I.G. Farben-Industrie) qui dominaient l'essentiel de la production allemande de leur branche. De plus, la dévalorisation de la monnaie allemande permit de reconquérir de nombreux marchés à l'étranger en vendant à bas prix. Les Alliés, au lendemain de la deuxième guerre mondiale, entreprirent de détruire la puissance des cartels, notamment dans le domaine de la sidérurgie et dans celui des industries chimiques. — ²⁵**l'ornière** (f) trace plus ou moins profonde que les roues des voitures creusent dans les chemins; ici sens fig.: habitude dont on ne peut pas se débarrasser — ²⁸**la conférence de Londres** Le 10 mai 1950, une conférence devait s'ouvrir à Londres où d'importantes décisions sur l'Allemagne étaint attendues. — ⁴²**malthusianisme** cf. texte 5, Le vocabulaire et les expressions, l. 29.

Texte 76   Discours à la jeunesse allemande

Quant à vous, je vous félicite. Je vous félicite d'abord d'être jeunes. Il n'est que de voir cette flamme dans vos yeux, d'entendre la vigueur de vos témoignages, de discerner ce que chacun de vous recèle d'ardeur personnelle et ce que votre ensemble représente d'essor collectif pour savoir que, devant votre élan la vie n'a qu'à se bien tenir et que
5 l'avenir est à vous.

Je vous félicite ensuite d'être de jeunes Allemands, c'est-à-dire les enfants d'un grand peuple, oui, d'un grand peuple, qui parfois au cours de son histoire a commis de grandes fautes et causé de grands malheurs condamnables et condamnés, mais qui d'autre part répandit de par le monde des vagues fécondes de pensée, de science, d'art, de philosophie,
10 enrichit l'univers des produits innombrables de son invention, de sa technique et de son travail, déploya dans les œuvres de la paix et dans les épreuves de la guerre des trésors de courage, de discipline, d'organisation. Sachez que le peuple français n'hésite pas à le reconnaître, lui qui sait ce que c'est qu'entreprendre, faire effort, donner et souffrir.

Je vous félicite enfin d'être des jeunes de ce temps. Au moment même où débute
15 votre activité, notre espèce commence une vie nouvelle. Sous l'impulsion d'une force obscure, en vertu d'on ne sait quelle loi, tout ce qui la concerne dans le domaine matériel se transforme suivant un rythme constamment accéléré. Votre génération voit et, sans doute, continuera de voir se multiplier les résultats combinés des découvertes des savants et de l'agencement des machines qui modifient profondément la condition
20 physique des hommes. Mais le champ nouveau est prodigieux qui s'ouvre ainsi devant vos existences, c'est à eux qui ont aujourd'hui votre âge qu'il appartient de faire en sorte qu'il devienne la conquête, non de quelques privilégiés, mais de tous nos frères les hommes. Ayez l'ambition que le progrès soit le bien commun, que chacun en ait sa part, qu'il permette d'accroître le beau, le juste et le bon, partout, et notamment dans
25 les pays qui, comme les nôtres, font la civilisation, qu'il procure aux milliards d'habitants des régions sous-développées de quoi vaincre à leur tour la faim, la misère, l'ignorance, et accéder à une pleine dignité.

Mais la vie du monde est dangereuse. Elle l'est d'autant plus que, comme toujours, l'enjeu est moral et social. Il s'agit de savoir si, à mesure de la transformation du siècle,
30 l'homme deviendra, ou non, un esclave dans la collectivité, s'il sera réduit, ou non, à l'état de rouage engrené à tout instant par une immense termitière ou si, au contraire, il voudra et saura maîtriser et utiliser les progrès de l'ordre matériel pour devenir plus libre, plus digne et meilleur.

Voilà la grande querelle de l'univers, celle qui le divise en deux camps, celle qui
35 exige des peuples comme l'Allemagne et comme la France qu'ils pratiquent leur idéal, qu'ils le soutiennent par leur politique et s'il le fallait, qu'ils le défendent et le fassent vaincre en combattant.

118 – Signature du Traité d'amitié franco-allemand (de Gaulle-Adenauer).

Eh bien. Cette solidarité désormais toute naturelle il nous faut, certes, l'organiser. C'est là la tâche des gouvernements. Mais il nous faut aussi la faire vivre et ce doit être avant tout l'œuvre de la jeunesse. Tandis qu'entre les deux Etats la coopération économique, politique, culturelle ira en se développant, puissiez-vous pour votre part, puissent les jeunes Français pour la leur, faire en sorte que tous les milieux de chez vous et de chez nous se rapprochent toujours davantage, se connaissent mieux, se lient plus étroitement.

L'avenir de nos deux pays, la base sur laquelle peut et doit se construire l'union de l'Europe, le plus solide atout de la liberté du monde, c'est l'estime, la confiance, l'amitié mutuelles du peuple français et du peuple allemand.

Charles DE GAULLE, Discours devant les représentants de la jeunesse allemande, prononcé à Ludwigsburg le 10 septembre 1962, *Le Monde*, numéro du 11 septembre 1962

NOTES

[1]**il n'est que de ...** il suffit de, il n'y a qu'à ... — [4]**l'essor** (m) élan, impulsion, activité, progrès; ant.: déclin, ruine — [15]**notre espèce** l'espèce humaine, l'humanité — [19]**l'agencement** (m) aménagement, combinaison, organisation — [20]**prodigieux, -se** extraordinaire — [27]**accéder à** arriver, parvenir, atteindre à — [29]**l'enjeu** (m) argent que l'on met en jeu en commençant la partie et qui sera pris par le gagnant; ici: ce que l'on peut gagner ou perdre — [31]**engrener** mettre en liaison deux roues dentées — [41]**la coopération** action de participer à une œuvre commune. On a évité le terme ‹collaboration›, chargé des souvenirs de la dernière guerre. — [46]**l'atout** (m) dans le jeu de cartes: carte de la couleur qui l'emporte sur les autres. Le mot est ici employé au sens figuré et signifie: moyen de réussir.

Travail personnel. Expliquez à l'aide du dictionnaire: recéler, déployer, accélérer, le privilégié, les régions sous-développées.

Texte 77   Déclaration commune

Le Dr. Konrad Adenauer, Chancelier de la République fédérale d'Allemagne, et le Général de Gaulle, Président de la République Française, —
A l'issue de la conférence qui s'est tenue à Paris les 21 et 22 janvier 1963 et à laquelle ont assisté, du côté allemand, le Ministre des Affaires Etrangères, le Ministre de la Défense et le Ministre de la Famille et de la Jeunesse; du côté français, le Premier Ministre, le Ministre des Affaires Etrangères, le Ministre des Armées et le Ministre de l'Education Nationale,
Convaincus que la réconciliation du peuple allemand et du peuple français, mettant fin à une rivalité séculaire, constitue un événement historique qui transforme profondément les relations entre les deux peuples,
Conscients de la solidarité, qui unit les deux peuples tant du point de vue de leur sécurité que du point de vue de leur développement économique et culturel,
Constatant en particulier que la jeunesse a pris conscience de cette solidarité et se trouve appelée à jouer un rôle déterminant dans la consolidation de l'amitié germano-française,
Reconnaissant qu'un renforcement de la coopération entre les deux pays constitue une étape indispensable sur la voie de l'Europe unie, qui est le but des deux peuples,
Ont donné leur accord à l'organisation et aux principes de la coopération entre les deux Etats tels qu'ils sont repris dans le Traité signé en date de ce jour.

Der deutsch-französische Freundschaftsvertrag, Deutscher Bundestag,
Drucksache IV/1157, 26. III. 1963.

Chronologie des rapports franco-allemands

1870–1871	Guerre franco-allemande.
1871	Traité de Francfort. La France perd l'Alsace et la Lorraine.
1875	Crise franco-allemande.
1904	Entente franco-anglaise («Entente cordiale»).
1906	Acte d'Algésiras.
1911	Deuxième crise marocaine.
1913	Incident de Saverne.
1914–1918	Première guerre mondiale.
1916	Bataille de Verdun.
1918	11 novembre. Armistice à l'Ouest.
1919	28 juin. Signature du traité de Versailles.
1923	Occupation de la Ruhr.
1925	Accords de Locarno.
1926	Entrée de l'Allemagne à la S.D.N. (Société des Nations).
1930	Evacuation de la rive gauche du Rhin par les troupes françaises.
1933	Hitler chancelier.
1935	Plébiscite en Sarre.
1936	Rémilitarisation de la Rhénanie.
1938	Accords de Munich.
1939–1945	Deuxième guerre mondiale.
1940	Campagne de France.
1945	Fin de la guerre. Accords de Potsdam.
1947	Plan Marshall.
1949	Pacte Atlantique.
1950	Plan Schuman.
	Conférence de Paris sur la C.E.D. (Communauté européenne de défense).
1951	Fin de l'état de guerre.
1952	Création de la C.E.C.A. (Communauté européenne du charbon et de l'acier).
1954	Refus de la C.E.D. par la France.
1955	Plébiscite en Sarre.
1957	Traités de Rome.
1963	Traité franco-allemand.

TABLE DES MATIÈRES SYNOPTIQUE DES EXERCICES PRATIQUES

N° du texte	Vocabulaire	Grammaire
1	1. Le vocabulaire de la description géographique. 2. Le vocabulaire de la géographie.	1. Les verbes pronominaux (Gr. §§ 37–40 ‖ §§ 68–73). 2. L'expression *être situé à ... par rapport à ...*
3	1. Les synonymes de *chance*. 2. La famille du mot *prendre*.	1. Le mode subjonctif dans les propositions introduites par *que* (Gr. § 82 ‖ § 127). 2. Les formes du présent du subjonctif (Gr. §§ 19–20 ‖ § 302). 3. Le subjonctif après certaines conjonctions *finales* et *concessives*.
4	1. La famille du mot *peuple*. 2. La formation des substantifs abstraits à l'aide du suffixe *-ion, (-ition)*.	
5	1. *contribuer à*. 2. Vocabulaire du texte et évolution économique et sociale de la population.	Le conditionnel: *mode* et *temps*.
8	1. Les différentes acceptions du mot *fortune*. 2. *Elire – choisir*.	1. L'attribut (Gr. §§ 35–36 ‖ §§ 66–67). 1. *Pourvu que* + subjonctif (Gr. § 80,2 ‖ § 123).
9	1. *Ensemble*, adverbe et substantif. 2. Les synonymes de *se hâter*. 3. *Ecouter – entendre*. 4. La formation des mots abstraits.	1. *Si* remplacé par *que* pour éviter une répétition. – *Que* en répétition des conjonctions circonstancielles (Gr. § 183 ‖ § 244). 2. Les pronoms relatifs sujets *lequel* et *laquelle* (Gr. § 140 ‖ § 183).
11	1. *Avoir beau faire* (Gr. § 178 ‖ § 236). 2. Les significations du mot *régime*.	1. L'expression du rapport de proportionnalité (*selon que*). 2. *Tout* devant un substantif en fonction adverbiale (Gr. § 180 ‖ § 195).
12	1. Les préfixes *prim-, primo-*. 2. *Tant pis – tant mieux*. 3. Les différentes acceptions du mot *culture*.	1. Répétition du complément d'objet précédant le verbe. 2. Un cas de subjonctif dans la proposition relative (Gr. § 79 ‖ § 124,2). 3. L'adverbe relatif *où*.
15	1. Adjectifs en combinaison avec *régime*. 2. Verbes du domaine de l'administration.	Les pronominaux passifs (Gr. § 24,4 ‖ § 48,4 b).
16	1. Les adjectifs marquant la provenance d'une province. 2. Les synonymes de *région*.	
18	1. Les noms désignant un métier ou une profession. 2. Noms d'artisan.	1. L'adjectif indéfini *tout*. 2. Le pronom indéfini *tout*. 3. *Tout* employé comme adverbe (Gr. §§ 154; 180 ‖ §§ 103; 195; 239).
19	1. Centre d'intérêt: la ville. 2. Le verbe *encombrer*.	1. La conjugaison du verbe *atteindre* (Gr. § 203,6 ‖ § 303,10). 2. *Etre dû à*.
21	1. Les suffixes *-teur, -trice*. 2. Mots anglais et américains francisés.	Les pronoms personnels toniques en position détachée (Gr. §§ 128–129 ‖ §§ 173–174).
23	1. Les états de la matière. 2. Le vocabulaire technique du charbon, du fer et de l'acier.	

N° du texte	Vocabulaire	Grammaire
24	1. Les arbres. 2. Les mouvements du terrain.	Un cas de subjonctif dans la proposition relative (Gr. § 79 ‖ §§ 118, 124).
25	1. Termes se rapportant au mécanisme du marché. 2. La famille du mot *vin*.	Un emploi de *dont* (Gr. § 143 ‖ § 183,1).
26	1. Les synonymes du mot *antique*. 2. Le suffixe *-age*.	1. Sujet grammatical et sujet réel (Gr. § 27 ‖ § 52). 2. L'infinitif comme nom (Gr. § 56 ‖ § 87).
27	Adjectifs en combinaison avec *caractère*.	
28	Centre d'intérêt: Les noms des navires.	1. Le participe présent proprement dit. 2. Le participe présent comme adjectif verbal (Gr. §§ 63–65 ‖ §§ 97–99).
30	1. *En finir avec*. 2. Autres gallicismes composés avec *en*. 3. La signification du mot *campagne*. 4. La famille du mot *campagne*.	1. Conjonctions indiquant la postériorité immédiate (Gr. § 182,1 ‖ § 128). 2. Les corrélatifs du comparatif (*que – de*) (Gr. § 173 ‖ § 227).
31	1. Les homonymes. 2. Centre d'intérêt: les armes.	1. Le verbe *concevoir*. 2. «Une toute jeune fille» (Gr. § 180 ‖ § 195). 3. Les adverbes pronominaux *en* et *y* (Gr. § 127 ‖ § 176).
32	Mots en combinaison avec *conscience*.	
33	1. Les préfixes *re-*, *ré-*. 2. Synonymes d'*instruire*. 3. *Commencer*. 4. *Sujet – citoyen*.	1. Subjonctif dans la relative et conditionnel dans la temporelle. 2. Autant que exprimant un rapport de temps. 3. L'accord du participe passé (Gr. §§ 67–68 ‖ §§ 100–102).
34	1. *Faim – famine*. 2. La famille du mot *roi*.	Les propositions relatives.
37	1. Les synonymes de l'adjectif *las*. 2. Le suffixe *-able*. 3. Les mots qu'on peut employer en combinaison avec *crainte*. 4. Les différentes acceptions du mot *ruine*.	1. L'emploi des temps (imparfait – passé simple). 2. L'imparfait du subjonctif (emploi). 3. Locutions adverbiales (Gr. § 178 ‖ § 226). 4. La valeur des prépositions (Gr. §§ 184 suiv. ‖ §§ 246 suiv.).
40	1. Les synonymes du verbe *seconder*. 2. *Généreux* et *infâme*. 3. Les préfixes *co-*, *con-*, *com-*.	1. Le futur proche (Gr. § 50 ‖ §§ 51; 89,5). 2. Le subjonctif comme servitude grammaticale (Gr. § 75 ‖ § 113).
41	1. Le suffixe *-fier*. 2. Les acceptions du mot *génie*.	1. *Pour* suivi de l'infinitif exprimant la *causalité* (Gr. § 61 ‖ § 94). 2. Les règles de la concordance des temps (Gr. §§ 53–55; 83 ‖ § 86).
43	1. Le vocabulaire de la mer. 2. Les synonymes du verbe *obtenir*.	1. *Près de*. 2. Quelques formes du verbe.
44	Le vocabulaire de la justice et du droit.	1. Conjonctions exprimant la *cause* (Gr. §§ 181; 182,2 ‖ § 243). 2. Les adverbes de négation (Gr. §§ 174 suiv. ‖ §§ 230 suiv.).
45	1. Le suffixe *-ment*. 2. L'adverbe *toutefois* et ses synonymes.	L'accord du participe passé (cf. texte 33, n° 3).
54	1. Mots et expressions se rapportant à la vie économique. 2. Les synonymes du mot *entreprise*. 3. Les principaux termes économiques.	1. Le subjonctif dans la relative (Gr. § 75,2c ‖ § 124). 2. *Acquérir – conquérir* (§ 203,1 ‖ § 303,1).

N° du texte	Vocabulaire	Grammaire
55	1. La famille du mot *labour*. 2. Les plantes. – Les moyens de transport.	Le gérondif.
58	1. Vocabulaire de l'ordre social. 2. Evolution historique du mot *bourgeois*. 3. Les antonymes.	
60	1. Les expressions qui se rapportent à la façon de se couvrir et de saluer. 2. Le suffixe *-able* (cf. texte 37, n° 2). 3. Locutions idiomatiques composées avec le verbe *prendre*.	1. Le passé récent. 2. *En* avec l'article défini.
62	1. La hiérarchie chez les artisans et les ouvriers des petites entreprises. 2. Les significations du mot *journée*.	*Nous – on*.
64	1. Les termes qui se rapportent au travail des syndicats. 2. Mots appartenant au langage familier. 3. Synonymes du mot *copain*.	1. Adverbes en *-ment*. 2. Un cas particulier de la formation des adverbes (Gr. § 166 ‖ § 223).
66	1. Les différents sens du mot *certain*. 2. La famille du mot *juste* (radicaux *just-*, *jug-*).	Propositions conditionnelles et propositions temporelles.
68	1. *La chute – choir – tomber*. 2. *Les aïeux* (Gr. – ‖ § 153). 3. *Tutoyer-voussoyer (vouvoyer)*.	1. Le plus-que-parfait du subjonctif = conditionnel du passé. 2. *Sans* + infinitif introduisant une proposition finale (Gr. § 61 ‖ § 94).

LISTE ALPHABÉTIQUE DES PRINCIPAUX TERMES GRAMMATICAUX

acception (f.) – Bedeutung
accord (m.) – Veränderlichkeit, Übereinstimmung
s'accorder – übereinstimmen
actif (m.), voix (f.) active – Aktiv
adjectif (m.) – Adjektiv
    ~ attribut – prädikatives Adjektiv
    ~ épithète – attributives Adjektiv
    ~ verbal – Verbaladjektiv
adverbe (m.) – Adverb
    ~ pronominal – Pronominaladverb
affirmatif – bejahend
alternativement – abwechselnd
antécédent (m.) – Beziehungswort (des Relativsatzes)
antériorité (f.) – Vorzeitigkeit
antonyme (m.) – Antonym, entgegengesetzter Begriff
s'appliquer à – sich beziehen auf
article (m.) – Artikel
    ~ défini – bestimmter Artikel
    ~ indéfini – unbestimmter Artikel
attribut (m.) – Prädikatsnomen
auxiliaire (m.) – Hilfsverb

causale (f.) – Kausalsatz
causalité (f.) – Kausalität, ursächlicher Zusammenhang
cause (f.) – Grund
centre (m.) d'intérêt – Wortfeld
circonstancielle (f.) – Adverbialsatz, Umstandssatz
en combinaison (f.) avec – in Verbindung mit
complément (m.) – Ergänzung
    ~ d'agent – Präpositionalobjekt
    ~ circonstanciel – Umstandsbestimmung
    ~ déterminatif – präpositionales Attribut
    ~ (d'objet) direct – Akkusativobjekt
    ~ (d'objet) indirect – Dativobjekt
    ~ du nom – substantivisches Attribut
complétive (f.) – Objektsatz
composé – zusammengesetzt
concessive (f.) – Konzessivsatz
concordance (f.) – des temps – Zeitenfolge
condition (f.) – Bedingung
conditionnel (m.) – Konditionalis
conditionnelle (f.) – Konditionalsatz
conjonction (f.) – Konjunktion
conjugaison (f.) – Konjugation
conjuguer – konjugieren
consécutive (f.) – Konsekutivsatz
conséquence (f.) – Folge
consonne (f.) – Konsonant
contraire (m.) – Gegensatz
coordination (f.) – Beiordnung
(terme) corrélatif (m.) – Korrelat; Wort, das mit einem andern in Wechselbeziehung steht
correspondre à – entsprechen

défense (f.) – Verbot
défini – bestimmt

degrés (m. pl.) de signification – Steigerung
dérivé – abgeleitet
dérivé (m.) – Ableitung
désigner – bezeichnen
désinence (f.) – Endung
désuet – ungebräuchlich
déterminé – bestimmt
diminutif (m.) – Diminutivum, Verkleinerungswort

élucider – erläutern, deutlich machen
emploi (m.) – Gebrauch
employer – verwenden, anwenden
emprunté à – entlehnt
espèce (f.) de mots – Wortart
étymologique – etymologisch, auf das Wurzelwort zurückgehend
explétif, ‹ne› ~ – zusätzliches ‹ne›

famille (f.) de mots – Wortfamilie
féminin – weiblich
féminin (m.) – Femininum
finale (f.) – Finalsatz
formation (f.) – Bildung

gallicisme (m.) – Gallizismus, sprachliche Eigenheit des Französischen
genre (m.) – Geschlecht
gérondif (m.) – Gerundium

homonyme (m.) – Homonym, gleichlautendes Wort

identité (f.) – Übereinstimmung
idiomatique – idiomatisch, spracheigentümlich
impératif (m.) – Imperativ
impersonnel – unpersönlich
imprécision (f.) – Ungenauigkeit
indéfini – unbestimmt
indéterminé – unbestimmt
indicatif (m.) – Indikativ
    ~ substantivé – substantivierter Infinitiv
initiale (f.) – Anfangsbuchstabe
interrogatif – fragend
intransitif (indirect) – intransitiv
introduire – einleiten
invariable – unveränderlich
inversion (f.) – Inversion, ‹ungerade› Wortstellung
    ~ complexe – Wiederholung des Subjekts nach dem Verbum (durch ein Pronomen)
irréel – irreal, nichtwirklich

lieu (m.) – Ort
locution (f.) – Redewendung
    ~ adverbiale – adverbialer Ausdruck
    ~ prépositive – präpositionaler Ausdruck

masculin – männlich
masculin (m.) – Maskulinum
mettre en relief – hervorheben
mise (f.) en relief – Hervorhebung

mode (m.) – Modus
mot (m.) – Wort
   ~ composé – zusammengesetztes Wort

‹ne› explétif – zusätzliches ‹ne›
négatif – verneinend, verneint
négation (f.) – Verneinung
nom (m.) – Nomen, Substantiv
   ~ abstrait – abstraktes Substantiv
   ~ concret – konkretes Substantiv
nombre (m.) – Zahl
nominale (f.) – Nominalsatz
notion (f.) – Begriff

objet (m.) – Objekt, Ergänzung; Sache
omettre – auslassen
omission (f.) – Auslassung
opposition (f.) – Gegensatz
ordre (m.) – Befehl; Reihenfolge, Ordnung
ordre direct des mots – ›gerade‹ Wortstellung
origine (f.) – Ursprung

participe (m.) – Partizip
   ~ passé – Partizip Perfekt
   ~ présent – Partizip Präsens
participiale (f.) – Partizipialsatz
partie (f.) du discours – Satzteil
   ~ de la phrase – Satzteil
passé (m.) – Vergangenheit
   ~ immédiat – unmittelbare Vergangenheit
passif (m.), voix (f.) passive – Passiv
péjoratif – pejorativ, herabsetzend, verächtlichmachend
personne (f.) – Person
personnel – persönlich
phrase (f.) (complexe) – Satzgefüge
postériorité (f.) – Nachzeitigkeit
potentiel (m.) – Potentialis
précéder – voranstehen
précision (f.) – Genauigkeit
préfixe (m.) – Präfix, Vorsilbe
préposition (f.) – Präposition
présent (m.) – Präsens
primitif – ursprünglich
pronom (m.) – Pronomen
   ~ accentué (tonique) – betontes Personalpronomen
   ~ atone – unbetontes Personalpronomen
   ~ démonstratif – Demonstrativpronomen
   ~ personnel – Personalpronomen
proportionnalité, rapport de ~ – Proportionalbeziehung; (modales) Verhältnis zweier Sätze zueinander
proposition (f.) – (einfacher) Satz
   ~ affirmative – Behauptungssatz
   ~ causale – Kausalsatz
   ~ circonstancielle – Adverbialsatz
   ~ concessive – Konzessivsatz
   ~ conditionnelle – Konditionalsatz
   ~ consécutive – Konsekutivsatz
   ~ finale – Finalsatz
   ~ interrogative – Fragesatz
   ~ nominale – Nominalsatz
   ~ participiale – Partizipialsatz
   ~ principale – Hauptsatz
   ~ relative – Relativsatz
   ~ subordonnée – Nebensatz
   ~ temporelle – Temporalsatz

question (f.) – Frage

radical (m.) – Stamm
rapport (m.) – Beziehung
se rapporter à – sich beziehen auf
réel – real, wirklich
réfléchi – reflexiv
relation (f.) – Beziehung
relative (f.) – Relativsatz
renforcer – verstärken
répétition (f.) – Wiederholung
restriction (f.) – Einschränkung

semi-auxiliaire (m.) – modales Hilfsverb
sens (m.) – Sinn, Bedeutung
   ~ figuré – übertragene Bedeutung
   ~ primitif – ursprüngliche Bedeutung
signification (f.) – Bedeutung
simultanéité (f.) – Gleichzeitigkeit
stéréotypé – stereotyp, gleichbleibend
subjonctif (m.) – Konjunktiv
subordination (f.) – Unterordnung
subordonnée (f.) – Nebensatz
substantif (m.) – Substantiv
suffixe (m.) – Suffix, Nachsilbe
sujet (m.) – Subjekt
   ~ apparent – scheinbares Subjekt
   ~ grammatical – grammatisches Subjekt
   ~ logique – logisches Subjekt
   ~ réel – wirkliches Subjekt
superlatif (m.) – Superlativ
symbolique – symbolisch
synonyme – synonym, gleichbedeutend
synonyme (m.) – Synonym, gleichbedeutendes Wort

temporelle (f.) – Temporalsatz
temps (m.) – Zeit
terme (m.) technique – Fachausdruck
terminaison (f.) – Endung
se terminer par – enden auf
tournure (f.) – Redewendung
transitif (direct) – transitiv

usité – gebräuchlich
usuel – gebräuchlich

variable – veränderlich
verbe (m.) Verb
   ~ auxiliaire – Hilfsverb
   ~ pronominal – reflexives Verb
   ~ semi-auxiliaire – modales Hilfsverb
vocalique – vokalisch
voyelle (f.) – Vokal

RÉFÉRENCES DES TEXTES

1 Michelet, Jules: *Histoire de France* en 19 vol., nouvelle édition, Paris, Lacroix, 1876–1878, T. II, p. 80–82.

2 Madaule, Jacques: *Histoire de France*, nouvelle édition en 3 vol., Paris, Gallimard, 1965, Coll. «Idées», T. I, p. 11–13.

3. ibid., p. 15–17.

4 Valéry, Paul: *Regards sur le monde actuel et autres essais. Images de la France*, in: Paul Valery: *Œuvres*, édition établie par Jean Hytier, 2 vol., Paris, Gallimard, 1960, Bibliothèque de la Pléiade, T. II, p. 994–996.

5 Sauvy, Alfred: *Les jeunes sont-ils trop nombreux?* in: Sélection hebdomadaire du journal *Le Monde*, n° 1090 (11–17 septembre 1969), p. 7.

6 Aubert, André / Durif, François / Labal, Paul / Lohrer, Robert: *Histoire XVIe, XVIIe, XVIIIe* (classe de troisième), Paris, Hachette, 1961, p. 241.

7 Boussard, Jacques: *Atlas historique et culturel de la France*, Paris-Bruxelles, Elsevier, 1957, p. 123.

8 Daninos, Pierre: *Les carnets du major Thompson*, Paris, Hachette, 1954, p. 21–22.

9 Gide, André: *Souvenirs littéraires et problèmes actuels*. Allocution et conférence prononcées à Beyrouth en avril 1946. Avec deux présentations de G. Bounoure. Paris, Les Lettres françaises, 1946.

10 Le Bras, Gabriel: *Psychologie de la France*, in: *Revue de psychologie des peuples*, 1er trimestre, 1952.

11 Rivarol, Antoine de: *Discours sur l'universalité de la langue française*, publié par Maurice Fauvergeat, Paris, Larousse, 1936, Coll. «Classiques Larousse», p. 49–50.

12 Gougenheim, Georges: *Principes nouveaux pour l'enseignement du français*, in: *Esprit*, novembre 1962, p. 585–586.

13 Braunschvig, Marcel: *Notre littérature étudiée dans les textes*, 21e éd., Paris, A. Colin, 1961, T. I.

14 Queneau, Raymond: *Connaissez-vous le chinook?* in: *Bâtons, chiffres et lettres*, éd. revue et augmentée, Paris, Gallimard, 1965, Coll. «Idées», p. 61–63.

15 Detton, Hervé / Hourticq, Jean: *L'administration régionale et locale de la France*, 5e éd., Paris, P.U.F., 1968, Coll. «Que sais-je?» n° 598, p. 6–9.

16 de Gaulle, Charles: *Déclaration au cours d'un entretien radiotélévisé avec M. Michel Droit*, le 10 avril 1969, in: Sélection hebdomadaire du journal *Le Monde*, n° 1068 (10–16 avril 1969), p. 2–3.

17 Clozier, René: *Géographie de la France*, 2e éd., Paris, P.U.F., 1970, Coll. «Que sais-je?» n° 1239 p. 123–125.

18 Gaultier, Paul: *L'âme française*, Paris, Flammarion, 1936, Bibliothèque de Philosophie scientifique, p. 141–146.

19 Lamour, Philippe: *L'avenir de Paris et de sa région*, in: *Revue Politique et Parlementaire*, n° 730–731, janvier–février 1963.

20 Carco, Francis: *Paname*, in: *Conferencia. Les Annales. Journal de l'Université des annales.* Paris, 1933.

21 Marin, Gérard: *Vivre dans les cités nouvelles*, in: *Le Figaro*, 15 février 1963.

22 George, Pierre / Randet, Pierre / Bastié, Jean: *La région parisienne*, 2e éd., Paris, P.U.F., 1964, Coll. «France de demain» n° 1, p. 185–186.

23 Nistri, Roland / Prêcheur, Claude: *La région du Nord et du Nord-Est*, 2e éd., Paris, P.U.F., 1965, Coll. «France de demain» n° 2, p. 133.

24 Barrès, Maurice: *Les Bastions de l'Est – Au service de l'Allemagne*, Paris, Plon, 1928, p. 2–5.

25 Carrère, Paul / Dugrand, Raymond: *La région méditerranéenne*, 2 éd., Paris, P.U.F., 1967, Coll. «France de demain» n° 5, p. 60–61, 66–67.

26 Gide, André: *Prétextes*, Paris, Mercure de France, 1947, p. 61–66.

27 Chateaubriand, François-René de: *Etudes historiques*, in: *Œuvres complètes*, Edition Ladvocat, Paris, 1928, T. V ter, p. 16–17.

28 Flatrès, Pierre, avec la collaboration de Louis Burnet: *La région de l'Ouest*, Paris, P.U.F., 1964, Coll. «France de demain», n° 7, p. 31.

29 Poupinot, Yann (Yves): *Les Bretons à l'heure de l'Europe*, Paris, Nouvelles Editions latines, 1961, p. 93–95.

30 Bainville, Jacques: *Histoire de France*, nouvelle édition, Paris, Fayard, 1946, Coll. «Les grandes études historiques», p. 34–37.

31 Michelet, Jules: *Jeanne d'Arc*. Introduction par Emile Bourgeois, 11e éd., Paris, Hachette, 1913, p. 2–3.

32 Andrieux, Maurice: *Henri IV dans ses années pacifiques*, Paris, Plon, 1954, p. 17–24.

33 Voltaire: *Le siècle de Louis XIV*, in: Voltaire: *Œuvres historiques*, Paris, Gallimard, 1957, Bibliothèque de la Pléiade, p. 687–688, 963–964.

34 Fénelon, François de Salignac de la Mothe-F.: *A Louis XIV. Remontrances à ce prince sur divers points de son administration 1694*, in: *Ecrits et lettres politiques* publiés sur les manuscrits autographes par Ch. Urbain, Paris, Editions Bossard, 1920, Coll. des Chefs-d'Œuvres méconnus, p. 143–157.

35 même ouvrage que n° 33, p. 950.

35 Mousnier, Roland: *La plume, la faucille et le marteau. Institutions et société en France du Moyen Age à la Révolution*, Paris, P.U.F., 1970, Coll. «Hier», p. 90–92.

37 Rousseau, Jean-Jacques: *Confessions*, in: Rousseau: *Confessions. Autres textes autobiographiques*, Paris, Gallimard, 1959, Bibliothèque de la Pléiade, p. 163–164.

38 Young, Arthur: *Voyage en France*. Première traduction complète et critique par Henri Sée, en 3 vol., Paris, A. Colin, 1931, T. I, p. 92, 147–148, 153, 329–330.

39 *Propyläen-Weltgeschichte*, herausgegeben von Walter Goetz, 10 Bände, Berlin, Propyläen-Verlag, 1929, Siebenter Band, zwischen S. 40 u. 41.

40 Danton, Georges-Jacques: *Discours*. Choix de textes. Préface par Pierre-Jean Jouve et Frédéric Ditisheim, Fribourg, Egloff, 1944, Coll. «Le Cri de la France», p. 96–97.

41 Chateaubriand, François-René de: *Mémoires d'Outre-Tombe*. Edition nouvelle établie d'après l'édition originale et les deux dernières copies du texte... par Maurice Levaillant et Georges Moulinier, 2 vol., Paris, Gallimard, 1951, Bibliothèque de la Pléiade, T. I, p. 869–870, 1090–1091.

42 Lefebvre, Georges: *Napoléon*, 2e éd., Paris, P.U.F., 1941, Coll. «Peuples et Civilisations», T. 14, p. 565–567.

43 Lamennais, Félicité-Robert de: *Paroles d'un croyant*. Texte publié sur le manuscrit autographe, avec des variantes, une introduction et un commentaire par Yves Le Hir, Paris, A. Colin, 1949, p. 187–192.

44 Zola, Emile: *J'accuse ou la Vérité en marche*, nouvelle édition, Paris, J. J. Pauvert, 1965, Collection «Libertés» n° 19, p. 103–104, 117, 121–123.

45 Michel, Henri: *Histoire de la Résistance*, 5e éd., Paris, P.U.F., 1969, Coll. «Que sais-je?» n° 429, p. 125–127.

46 de Gaulle, Charles: *Appel aux Français du 18 juin 1940*, in: Bonnefous, Georges et Edouard: *Histoire politique de la Troisième République*, en 7 vol., Paris, P.U.F., 1965–1967, T. VII: *La course vers l'abîme. La fin de la IIIe République (1938–1940)*, p. 237–238.

47 *La Constitution de la Ve République*, in: *L'Année Politique 1958*, Revue chronologique des principaux événements politiques, diplomatiques, économiques et sociaux de la France, Paris, P.U.F., 1959, p. 553–561.

48 de Gaulle, Charles: *Mémoires de Guerre*, T. III: «Le Salut», Paris, Plon, 1959, p. 240.

49 Aron, Raymond: *La révolution introuvable. Réflexions sur les événements de mai*. Paris, Fayard, 1968, Coll. «En toute liberté», p. 129–130.

50 Garaudy, Roger: *Pour un modèle français du socialisme*, Paris, Gallimard, 1970, Coll. «Idées actuelles», p. 8–10.

51 Marcellin, Raymond: *L'ordre public et les groupes révolutionnaires*, Paris, Plon, 1969, Coll. «Tribune libre», p. 12, 75–76.

52 Giscard d'Estaing, Valéry: *Allocution lors de l'entrée en fonctions comme président de la République*, in: *Le Monde*, 28 mai 1974.

53 Beaujeu-Garnier, Jacqueline: *Rénovation de l'économie française*, in: *Le Français dans le Monde*, n° 17 (1963), p. 16–17.

54 Chenot, Bernard: *Les entreprises nationalisées*, 4e éd., Paris, P.U.F., 1967, Coll. «Que sais-je?» n° 695, p. 118–120.

55 Navel, Georges: *Chacun son royaume*, Paris, Gallimard, 1960, p. 1–2, 8, 10–11.

56 Lévêque, Jean: *Les forçats de la terre s'éloignent de leur bagne*, in: *Réalités*, n° 160, mai 1959.

57 Cazalé, Marcel: *Pour une orientation des productions et une organisation des marchés*. Rapport des Journées d'études du C.N.J.A., 13–14 octobre 1965, p. 34 (cit. d'après Faure, Marcel: *Les paysans dans la société française*, 2e éd., Paris, A. Colin, 1966, Coll. «U», p. 304).

58 Sorlin, Pierre: *La société française*, 2 vol., T. I: 1840–1914, T. II: 1914–1968, Paris, Arthaud, 1969–1971, Coll. «Sociétés contemporaines», T. II, p. 245–246.

59 Barthes, Roland: *Mythologies*, Paris, Seuil, 1957, p. 248–249.

60 Sartre, Jean-Paul: *La Nausée*, Paris, Gallimard, 1938, Edition «Les meilleurs livres français». 1951, p. 64–69.

61 Miquel, Pierre: *Economie et société dans la France d'aujourd'hui*, Paris, Nathan – Alliance Française, 1971, Coll. «Où en est la France?», p. 130.

62 Destray, Jacques: *La vie d'une famille ouvrière française*. Autobiographies. Paris, Seuil, 1971, Coll. «La condition humaine», p. 76–77, 81.

63 Albert, Eric: *La vie dans une usine*, in: *Les Temps Modernes*, n° 81, juillet 1952.

64 Rioux, Lucien: *Le syndicalisme*, Paris, Buchet/Castel - Corréa, 1960, Coll. «Où en est?», p. 56–57.

65 Coutrot, Aline / Dreyfus, François-Georges: *Les forces religieuses dans la société française*, Paris, A. Colin, 1965, Coll. «U», p. 129–130.

66 Cesbron, Gilbert: *Les Saints vont en enfer*, Paris, Laffont, 1952, Ed. «Livre de poche», p. 252–254.

67 même ouvrage que n° 64, p. 113.

68 Gide, André: *Si le grain ne meurt*, in: Gide: *Poésie, Journal, Souvenirs*, Edition illustrée en 2 vol., Paris, Gallimard, 1952, T. I, p. 318–320.

69 Debré, Michel: *Déclaration à l'Assemblée nationale, le 23 décembre 1959*, in: *Journal Officiel*, 1959, col. 3596–3597.

70 Minder, Robert: *Allemagne et Allemands*, T. I, Essai d'histoire culturelle, édition revue et augmentée, Paris, Seuil, 1948, Collections «Esprit», «Frontière ouverte», p. 106–107.

71 Valéry, Paul: *La Conquête allemande*, in: Essais quasi politiques, Paul Valéry, *Œuvres*, Paris, Gallimard, 1957, Bibliothèque de la Pléiade, T. I, p. 972–973.

72 Rivière, Jacques: *L'Allemand*. Souvenirs et réflexions d'un prisonnier de guerre, Paris, Nouv. Revue française, 1918, 255 p.

73 Montherlant, Henry de: *Le Parapluie du Samouraï*, in: Henry de Montherlant, *Essais*, Paris, Gallimard, 1963, Bibliothèque de la Pléiade, p. 757–760.
74 Camus, Albert: *Lettres à un ami allemand*, in: Albert Camus, *Essais*, Paris, Gallimard, 1965, Bibliothèque de la Pléiade, p. 221–222.
75 Monnet, Jean: *Mémorandum du 3 mai 1950*, in: *Le Monde*, 9 mai 1970, p. 6.
76 de Gaulle, Charles: *Discours devant les représentants de la jeunesse allemande*, prononcé à Ludwigsburg le 10 septembre 1962, in: *Le Monde*, numéro du 11 septembre, p. 2.
77 *Déclaration commune*, in: Der deutsch-französische Freundschaftsvertrag, Deutscher Bundestag IV/1157, 26. III. 1963.

RÉFÉRENCES DES ILLUSTRATIONS

Photographies. Paul Almasy, Neuilly-sur-Seine: 37 — Amtliches Französisches Verkehrsbüro, Frankfurt: 3 (Karquel), 61 (Niepce), 112 (Chadourne) — E.C.P.-Armées: 77 — Bayerisches Armeemuseum, Ingolstadt: 73 (Scheuerer) — Jean Biaugeaud, Arcueil: 41 — Bibliothèque nationale, Paris: 104 — Photographie Bulloz, Paris: 65, 68 — Cinémathèque française, Paris: 106 — Librairie Armand Colin, Paris: 51, 60 (Wagret) — Ray Delvert, Villeneuve-sur-Lot: 55 — Foto dpa: 117, 118 — Photo Feher, Paris: 62 — Jean A. Fortier, Paris: 115 — Französischer Kulturdienst, Mainz: p. 266 à dr., 269 (3) — Librairie Gallimard, Paris (extraite de: Nostalgie de Paris): 38 (Marc Foucault) — Giraudon, Paris: 70, 71 — Photo Hachette: 21, 63, 64, 66, 67, 69, 72, 74, 75, 76, 105, p. 265 (2), 266 à g., 268 — Wolfgang Haut, Nidderau: 43 — Photo Horace, Paris: 85 — IB Nr. 141 (Informationsblätter der Französischen Botschaft, Bonn): p. 267 — KEYSTONE: 20 — S.E.P.T., Saint-Cloud: 97 (Camille Lacheroy) — Document Peugeot: 107 — Photo Belzeaux-Rapho: 108 — Roger-Viollet, Paris: 39 — Chambre Syndicale de la Sidérurgie Française: 50 (vue aérienne Alain Perceval) — Editions J.-P.Taillandier, Paris (extraites de: 50 Millionen Franzosen): 15, 18, 29, 82, 84, 102, 103.

Cartes et dessins. Annuaire statistique de la France 1970/71: 89 (INSEE) — Arthaud: 91, 92, 100 (extraits de: Pierre Sorlin, La Société française, Paris 1971) — Bordas-Mouton: 101 (extrait de: Yves Trotignon, La France au XXe Siècle, Paris 1968) — Librairie A. Colin: 19, 24, 27, 28, 34 (extraits de: Atlas historique de la France contemporaine 1800–1965, Paris 1966); 113, 116 (extraits de: Villes et campagnes, Paris 1970) — Editions Dalloz: 48, 49, 98 (extraits de: Jean Chardonnet, L'économie française, Paris 1970) — Librairie Delagrave, Paris: 32 (extrait de: Géographie, Classe de 1ère, Coll. Bertrand) — Walter Goetz, Paris: 17 (extrait de: Pierre Daninos, Les carnets du Major Thompson, Hachette, Paris 1954) — IB Nr. 122 (Informationsblätter der Französischen Botschaft, Bonn): 11 (INSEE) — Le Monde, Paris: 81 b, 87 — P.U.F.: 42 (extrait de: Pierre George/Pierre Randet/Jean Bastié, La région parisienne, Paris 1964); 86 (extrait de: Claude Leleu, Géographie des élections françaises depuis 1936, Paris 1971); 79, 80 (extraits de: Maurice Duverger, La Ve République, 4 éd., Paris 1968) — Brita von Schenck, Kronberg: 1, 2, 4, 5, 6, 13, 14, 16, 22, 25, 26, 30, 59, 81 a, c, 83, 94, 95 (22 d'après: Yves Trotignon, La France au XXe siècle, Bordas-Mouton, Paris 1968) — Oskar Schmidt, Neu-Isenburg: 36, 93 — S.N.C.F.: 35.

NOTICES BIOGRAPHIQUES SUR LES PRINCIPAUX AUTEURS DE CE VOLUME

Les chiffres entre parenthèses à la fin de chaque notice renvoient au(x) texte(s) de l'auteur.

Aron, Raymond, né à Paris en 1905. Journaliste, professeur de droit, membre de l'Institut. Editorialiste au Figaro (depuis 1947), chroniqueur au poste Europe n° 1 (depuis 1968). Œuvres principales: *L'Opium des intellectuels* (1955), *Démocratie et totalitarisme* (1965), *Les Etapes de la pensée sociologique* (1967), *Les Illusions de progrès* (1969). (49)
Bainville, Jacques (1879–1936) est un historien qui s'est formé lui-même dans la lutte politique; il est le représentant d'une tendance politique extrêmement nationaliste et royaliste. Il insiste sur l'élément latin au cours de l'histoire de France tout en sous-estimant l'influence germanique. Ses livres sont marqués par son jugement uniquement nationaliste et partial. Son œuvre principale est l'*Histoire de France* (1924). (30)
Barrès, Maurice, écrivain français, né en 1862 à Charmes (Vosges), mort en 1923 à Neuilly-sur-Seine. C'est d'abord un individualiste raffiné qui publie, de 1888 à 1891, la trilogie du *Culte du moi*. Son individualisme, par un approfondissement de ses déterminations provinciales et héréditaires, le conduit au nationalisme et au traditionalisme; politiquement, il adhère au mouvement boulangiste. Elu député de Paris en 1906, admis à l'Académie française la même année, il prend alors figure de guide intellectuel de tout le mouvement nationaliste. — Œuvres principales: *Les Déracinés* (1897), *Scènes et doctrines du nationalisme* (1902), *Les Bastions de l'Est* (1905–1909), *La Colline inspirée* (1913), *Chronique de la Grande Guerre* (1920–1924). (24)
Barthes, Roland, critique français, né en 1915, l'un des principaux représentants de la «nouvelle critique». Œuvres principales: *Le Degré zéro de l'écriture* (1953), *Sur Racine* (1963), *Mythologies* (1957), *Critique et vérité* (1966), *Système de la mode* (1967). (59)
Bastié, Jean, géographe français, professeur à l'université de Paris-Nanterre. (22)
Beaujeu-Garnier, Jacqueline, née en 1917. Professeur à la faculté des lettres de Paris, Secrétaire générale de l'information géographique. Son œuvre scientifique s'occupe surtout de la géographie économique et de la population. (53)
Boussard, Jacques, né en 1910. Professeur à la faculté des lettres de Poitiers, Directeur à l'Ecole pratique des hautes études. (7)
Braunschvig, Marcel, littérateur français (1876–1953). Elève de l'Ecole normale supérieure et docteur ès lettres, il est professeur à Toulouse, puis à Paris, au Lycée Louis-le-Grand. Outre un livre d'enseignement *Notre littérature étudiée dans les textes*, il a publié des ouvrages de pédagogie et d'esthétique, parmi lesquels *L'Art et l'Enfant*, sur l'éducation esthétique: *La Femme et la beauté; Le Sentiment du beau et le sentiment poétique.*

Camus, Albert, né en 1913 à Mondovi (Algérie) dans une famille d'ouvriers et de paysans. Son père tombe à la guerre en 1914. Camus passe son enfance à Alger, commence des études, mais doit les interrompre à cause d'une grave maladie (tuberculose). Pendant quelque temps (1933–1934), il est membre du parti communiste. En 1938, il est journaliste à *Alger républicain*, en 1940 à *Paris-Soir*. A partir de 1942, il prend part à la Résistance et est rédacteur en chef du journal *Combat* (1944–1946). Il prend souvent position à propos de questions politiques actuelles. En 1957, Camus reçoit le Prix Nobel de Littérature pour avoir «mis en lumière les problèmes se posant de nos jours à la conscience des hommes». Il est tué en 1960 dans un accident d'automobile. Principales œuvres: 1. Récits: *L'Etranger* (1942); *La Peste* (1947); *La Chute* (1956) — 2. Essais: *Le Mythe de Sisyphe* (1942); *Lettres à un ami allemand* (1948); *L'Homme révolté* (1951) — Théâtre: *Caligula* (1944); *L'Etat de siège* (1948); *Les Justes* (1950). (74)
Carco, Francis (de son vrai nom François Carcopino-Tusoli), écrivain français, né à Nouméa, Nouvelle-Calédonie, en 1886, mort à Paris, en 1958. Il a écrit des ouvrages romanesques où il dépeint surtout des personnages des bas-fonds, apaches, filles, hors-la-loi, bohèmes: *Jésus la Caille* (1914); *L'Equipe* (1919); *L'Homme traqué* (1922); *Brumes* (1936). Carco donne également des vies romancées, en particulier le *Roman de François Villon*. C'est peut-être, toutefois, dans ses nombreux livres de souvenirs, pénétrés d'une poésie nostalgique, qu'on trouve le meilleur de son œuvre: *De Montmartre au Quartier Latin* (1927); *A voix basse* (1938); *Bohème d'artiste* (1940); *Nostalgie de Paris* (1941); *L'Ami des peintres* (1944). (20)
Carrère, Paul, géographe, professeur d'université, né en 1905. (25)
Cesbron, Gilbert, né en 1913. Il dit lui-même qu'il n'est pas un écrivain catholique, mais un chrétien qui écrit des livres, ce qui, à son avis, est tout différent. Il a fait ses études à l'Ecole des Sciences politiques et est aujourd'hui au service des programmes de Radio Luxembourg. Il a publié des pièces de théâtre: *Il est minuit, docteur Schweitzer* (1951); des romans: *Les Saints vont en enfer* (1952, sur les prêtres-ouvriers); *Chiens perdus sans collier* (1954, problème de la jeunesse délinquante); *Il est plus tard que tu ne penses* (1958, thème du cancer); *Avoir été* (1960, thème de la vieillesse), *C'est Mozart qu'on assassine, Des enfants aux cheveux gris, Lettre ouverte à une jeune fille morte.* (66)

Chateaubriand, François-René de, né à Saint-Malo en 1768. Il passe son enfance soit dans sa ville natale, soit au château de Combourg en Bretagne. Après ses études, il fait un séjour à Paris où il assiste au début de la Révolution. En 1791, il s'embarque pour l'Amérique, d'où il revient l'année suivante. Il rejoint l'armée des royalistes et émigre en Angleterre. En 1800, il rentre en France et publie *Le Génie du Christianisme* (1802) qui le rend célèbre. Deux episodes du *Génie*, *Atala* (1801) et *René* (1805), sont publiés séparément et ont un vif succès auprès du public. D'abord en faveur chez Napoléon, Chateaubriand devient son ennemi à partir de 1804 à la suite de l'exécution du duc d'Enghien. Pendant la Restauration, Chateaubriand occupe plusieurs postes diplomatiques et est quelque temps ministre des Affaires étrangères (1823). Les dernières années de sa vie, l'auteur renonce à l'activité politique et s'emploie à terminer ses *Mémoires d'Outre-Tombe* publiés en 1848.

Chateaubriand meurt en 1848. (27, 41)

Chenot, Bernard, né en 1909. Conseiller d'Etat, ministre dans plusieurs cabinets de la Vᵉ République. (54)

Clozier, René, né en 1888. Inspecteur général de l'Instruction Publique, Directeur de l'*Information Géographique*. — Œuvres principales: *La Gare du Nord* (thèse, 1940), *Les Causses du Quercy* (thèse, 1940), *Histoire de la Géographie* (1942 5ᵉ éd. 1972), *L'économie de l'Allemagne et de l'Autriche* (1947, 5ᵉ éd. 1972), *La Géographie de la Circulation* (1969), *Géographie de la France* (12ᵉ éd. 1970). (17)

Daninos, Pierre, né à Paris en 1913, écrivain français. Premier reportage aux Etats-Unis en 1934. Pendant la guerre, agent de liaison auprès de l'armée britannique. Ses livres les plus connus sont *Les Carnets du Major Thompson* (1954); *Un certain M. Blot* (1960); *Daninoscope* (1963); *Snobissimo* (1964); *Le 36° dessous* (1966); *Le Major tricolore* (1968). (8)

Danton, Georges-Jacques (1759–1794), né à Arcis-sur-Aube (Champagne), avocat au conseil du roi jusqu'en 1791, fondateur du club des Cordeliers, ministre de la Justice; il fut un des plus grands hommes de la Révolution. Accusé de trahison par Robespierre, il fut décapité en 1794. (40)

Debré, Michel, né en 1912. Homme politique français, gaulliste de la première heure. Sénateur de 1948 à 1958, maire d'Amboise depuis 1966, Premier Ministre du 8 janvier 1959 au 14 avril 1962, plusieurs fois député, ministre dans plusieurs cabinets de la Vᵉ République. (69)

Destray, Jacques, né en 1946 dans une famille ouvrière d'une petite ville de province, doit interrompre fréquemment ses études pour gagner sa vie. Licence de sociologie. S'est spécialisé dans les problèmes du monde ouvrier. (62)

Detton, Hervé (1904–1963), conseiller d'Etat. (15)

Dreyfus, François-Georges, né en 1928. Universitaire, professeur aux Instituts d'études politiques de Strasbourg (1961) et de Paris (1963), Membre consultant du département Eglise et Société du Conseil œcuménique des Eglises (1963), corédacteur de la *Revue d'Allemagne* (depuis 1968). (65, 67)

Fénelon, François de Salignac de la Mothe-F. (1651–1715), archevêque de Cambrai. Comme précepteur, il fut chargé, en 1689, de l'éducation du duc de Bourgogne, petit-fils de Louis XIV. Il avait composé pour lui son célèbre *Télémaque*, livre rempli de critique indirecte à l'égard du gouvernement du roi et dont la publication le fit tomber en disgrâce. (34)

Garaudy, Roger, né à Marseille en 1913. Après ses études universitaires, il est d'abord professeur de lycée en province, puis à Paris. Maître de conférences à la faculté des lettres de Clermont-Ferrand (1962–1965), puis à la faculté des lettres de Poitiers (depuis 1965). Plusieurs fois député et sénateur communiste depuis 1945. Directeur du Centre d'études et de recherches marxistes (1960–1970). Garaudy a condamné l'invasion de la Tchécoslovaquie par les Russes en 1968 et la restauration de tendances staliniennes dans le Parti communiste. Exclu du Parti communiste français en mai 1970. Œuvres: *Les Sources françaises du socialisme scientifique; Humanisme marxiste; Perspectives de l'homme; Marxisme du XXᵉ siècle; La Liberté en sursis: Prague; Pour un modèle français du socialisme; Le grand tournant du socialisme; Toute la verité*. (50)

de Gaulle, Charles, né en 1890 à Lille, général et homme d'Etat français. Il participe comme officier de carrière à la première guerre mondiale et est fait prisonnier à Douaumont. Après la guerre, il est chargé de plusieurs missions, entre autres celle d'enseigner l'histoire militaire à l'école militaire de Saint-Cyr. Des articles, des études, des ouvrages consacrés à la philosophie de l'histoire (*Le Fil de l'épée*, 1932; *La France et son armée*, 1938) ou aux théories stratégiques (*Vers l'armée de métier*, 1934) font de Charles de Gaulle un des penseurs les plus remarquables de l'armée française. Nommé général de brigade en mai 1940, il part pour l'Angleterre après la défaite de la France. De là, il lance son célèbre appel du 18 juin, annonçant que des Français continuent la guerre aux côtés de la Grande-Bretagne. Chef incontesté du Comité de Libération, de Gaulle le transforme, en juin 1944, en gouvernement provisoire de la République française. Il entre à Paris le 25 août 1944. Après la victoire des Alliés, de Gaulle est nommé président du gouvernement provisoire, mais le 20 janvier 1946, hostile au «jeu des partis», il démissionne et se retire à Colombey-les-Deux-Eglises. Un mouvement politique, constitué par de Gaulle, le Rassemblement du peuple français (R.P.F.), ne parvient pas à enlever la majorité aux élections législatives de 1951. A la suite des événements d'Algérie de mai 1958 et devant les menaces de guerre civile, de Gaulle constitue un nouveau gouvernement et prépare la réforme des institutions; il propose aussi aux peuples d'outre-mer un type nouveau d'association avec la métropole: la Communauté. Les élections législatives de novembre 1958 assurent une forte majorité à l'U.N.R. dont le projet de constitution a été adopté. L'ancien général est élu président de la République en décembre 1958. Ayant commencé un second septennat le 1ᵉʳ janvier 1966, le général de Gaulle cesse d'exercer ses fonctions de Président de la République le 28 avril 1966. Il meurt le 9 novembre 1970. Il a écrit des *Mémoires* (Tome I, 1954; Tome II, 1956; Tome III, 1959; Tome IV, 1970). (16, 46, 48, 76)

Gaultier, Paul (1872–1960), philosophe français. Après divers travaux de psychologie expérimentale, il collabore à divers périodiques français et au journal *Le Temps*; puis il publie des ouvrages, parmi lesquels *Le Rire et la Caricature* (1907); *La Vraie Education* (1910); *Les Maladies sociales* (1913); *La Mentalité allemande et la guerre* (1919); *L'Avenir de la France* (1926); *Les Mœurs du temps* (1928). Membre de l'Académie des sciences morales en 1929. (18)

George, Pierre, né à Paris en 1909. Géographe français, docteur ès lettres en 1936, il enseigne à la Sorbonne depuis 1948. On lui doit de nombreux ouvrages de géographie générale, humaine et économique. (22)

Gide, André, né à Paris en 1869 d'un père languedocien et d'une mère normande, tous deux protestants. Son père meurt quand il a onze ans; élevé par sa mère, il fait des études irrégulières. Les vacances l'amènent souvent chez sa grand-mère paternelle à Uzès. Très tôt il entre en rapports avec Valéry, Mallarmé et le monde du symbolisme. Libéré par sa fortune des soucis matériels, il peut se consacrer entièrement à sa vocation littéraire. Elevé dans la stricte tradition protestante, il s'en libère tour à tour. En 1893, premier voyage en Afrique du Nord. En

1895, il épouse sa cousine. En 1908, fondation de la *Nouvelle Revue française*. Gide entreprend d'autres voyages dans la Méditerranée, en Afrique Noire (1926) et en U.R.S.S. (1936). Malgré les attaques de ses adversaires, Gide est le maître incontesté de la littérature française au début des années 30 et après la deuxième guerre mondiale. En 1947, il reçoit le Prix Nobel. — Ouvrages principaux: *La Porte étroite* (1909); *Les Caves du Vatican* (1913); *Les Faux-Monnayeurs* (1925); *La Symphonie pastorale* (1919); *Si le grain ne meurt* (1920); *Journal* (1939); *Et nunc manet in te* (1951). (9, 26, 68)

Giscard d'Estaing, Valéry, homme politique français (Républicain indépendant), né le 2 février 1926 à Coblence (Allemagne). Inspecteur des Finances (1954), Ministre des Finances et des Affaires économiques dans plusieurs cabinets de la Ve République, maire de Chamalières (1967–1974). Elu Président de la République le 19 mai 1974 contre François Mitterand (socialiste). (52)

Gougenheim, Georges, (1900–1972). Professeur à la faculté des lettres de Paris (1957–1972), directeur du Centre d'études du français élémentaire (1951–1972). Ouvrages principaux: *Système grammatical de la langue française* (1938); *L'Elaboration du français élémentaire* (en collaboration, 1956); *Les Mots français dans l'histoire et dans la vie* (1962). (12)

Hourticq, Jean, né à Paris en 1904. Conseiller d'Etat, Vice-président du conseil d'administration de l'office de la radio-télévision française (1964–1967). (15)

Lamennais, Félicité-Robert de (1782–1854), né à Saint-Malo (Bretagne). Catholique fervent dans sa jeunesse, inspiré par Chateaubriand, il devient libéral après la Révolution de 1830. Il est convaincu que l'Eglise doit se détacher des forces conservatrices de la noblesse et de la royauté pour s'appuyer sur le peuple dont il reconnaît assez tôt le rôle important pour l'avenir de la société moderne. Condamné par le pape, il défend ses idées dans *Les Paroles d'un Croyant* (1834), marquées déjà par ses idées socialistes. Il est exclu de l'Eglise et siège, en 1848, à l'Assemblée nationale. Mais la IIe République le déçoit, et quand il meurt, en 1854, ses idées ont très peu d'influence. Elles seront reprises à la fin du XIXe et au cours du XXe siècle. (43)

Lamour, Philippe, né en 1903 à Landrecies (Nord). Economiste français, membre du Conseil supérieur du Plan, Président de la Commission nationale de l'aménagement du territoire (février 1963), Vice-président de la Commission de developpement économique régional (Coder) Languedoc-Roussillon (depuis 1964). (19)

Le Bras, Gabriel (1891–1970), né à Paimpol (Côtes-du-Nord). Universitaire, Membre de l'Institut (1962), professeur (1929–1964), doyen (1959–1962), puis doyen honoraire (depuis 1962) de la faculté de droit et de sciences économiques de Paris. Conseiller technique du ministère des Affaires étrangères pour les affaires religieuses. Il a écrit des ouvrages sur l'histoire du droit canon, du droit romain, de l'Eglise, sur la sociologie religieuse, les relations entre les deux puissances, etc. (10)

Lefebvre, Georges (1874–1959), historien français. Il se spécialisa dans l'étude de la Révolution française, en donnant la place principale aux structures sociales et aux faits économiques. (42)

Madaule, Jacques, né en 1898 à Castelnaudary (Aude), écrivain et historien français. Après des études à l'université de Toulouse (histoire et géographie), il est professeur à Tunis, à l'école française de Rome et au Lycée Michelet. Vers sa trentième année, il rentre au sein de l'Eglise catholique. Il a publié: *Le Drame de Paul Claudel; Considérations de la Mort; Le Christianisme de Dostoïevski; Histoire de France; Le Chrétien dans la Cité; Apocalypse pour notre temps.* Jacques Madaule fait partie du Renouveau catholique. (2, 3)

Marcellin, Raymond, né à Sézanne (Marne) en 1914. Homme politique français (républicain indépendant), comme député (de 1946 jusqu'en 1958) il occupa plusieurs postes (secrétaire d'Etat) dans les cabinets de la IVe République; plusieurs fois député depuis 1958 et ministre dans divers cabinets de la Ve République. (51)

Marin, Gérard, né en 1926 à Paris, journaliste au Figaro (depuis 1946). Principaux grands reportages: L'Algérie, le Congo, le Vietnam, le Proche-Orient, l'Inde, Enquêtes sociales et économiques à travers l'Afrique, l'Asie, l'Europe (notamment sur les nouvelles générations française et allemande, 1964–1965). — Un essai: *Les nouveaux Français* (1966). Un récit vécu: *La grande aventure d'Emmaüs* (1969) relatant la vie de l'abbé Pierre et de ses compagnons. (21)

Michel, Henri, né en 1901 à Vidauban (Var). Secrétaire général du Comité d'histoire de la 2e guerre mondiale et des Commissions d'histoire de la déportation, de la captivité et de la Résistance. Il a écrit des ouvrages sur la Résistance française (*Quatre années dures; Histoire de la Résistance; Les Idées politiques et sociales de la Résistance*) et il est coauteur du film *Nuit et Brouillard.*

Michelet, Jules (1798–1874), un des plus grands historiens français. Issu d'une famille du peuple, il se distingue vite et fait de brillantes études qui le mènent aux Archives nationales, à la Sorbonne et au Collège de France. Sous Napoléon III il est destitué de ses fonctions. Ses ouvrages les plus connus sont l'*Histoire de France* (1833–1867) et l'*Histoire de la Révolution française*, qui fait partie de la première. (1, 31)

Minder, Robert, né en 1902 à Wasselone (Alsace); comme étudiant, il fit des études musicales et philosophiques (1919–1923) avec Albert Schweitzer. Professeur à la faculté des lettres de Nancy, de Grenoble et de Paris. Depuis 1957, il occupe la chaire de langues et littérature d'origine germanique au Collège de France. Ouvrages en français: *Un poète romantique allemand: Ludwig Tieck* (1936, ouvrage couronné par l'Académie française); *Allemagne et Allemands*, Tome I (1948). Ouvrages en allemand: *Die religiöse Entwicklung von K. Ph. Moritz 1756–1793* (Berlin 1936); *Kultur und Literatur in Deutschland und Frankreich* (Insel-Bücherei, Nr. 771, 1962); *Dichter in der Gesellschaft. Erfahrungen mit deutscher und französischen Literatur* (1966). Robert Minder a été élu à l'Akademie der Wissenschaften und Literatur (1951), à l'Akademie für deutsche Sprache und Dichtung (1957), il est Commandeur de l'ordre du Mérite de la République fédérale d'Allemagne. La Médaille Goethe lui a été décernée en 1961. (70)

Miquel, Pierre, né en 1930; chef de service à l'O.R.T.F. (61)

Monnet, Jean (né en 1888), économiste politique. Représentant de la France dans plusieurs organisations internationales (1914–1940), Commissaire à l'armement, au ravitaillement et à la reconstruction du Comité français de Libération nationale (de Gaulle) pendant la guerre. Créateur du Plan Monnet et Commissaire général du Plan de modernisation et d'équipement de la France (1946–1951). Président de la Haute Autorité de la Communauté européenne du charbon et de l'acier (1952–1955). Président du Comité d'action pour les Etats-Unis d'Europe (1956). Prix Charlemagne d'Aix-la-Chapelle (1953) et docteur honoris causa de plusieurs universités. (75)

Montherlant, Henry Millon de, né et mort à Paris (1896–1972), introduit dans la littérature du XXe siècle un certain romantisme viril, le goût de la violence et du sport et le mépris des femmes. Son œuvre est caractérisée par un style noble et classique. Pendant la première moitié de sa vie, Montherlant est surtout romancier: *Les Olympiques* (1924), *Les Jeunes Filles* (1936–1939). Depuis la guerre, Montherlant écrit aussi des pièces de théâtre qui révèlent son génie dramatique: *La Reine morte* (1942), *Fils de personne* (1943), *Le Maître de Santiago* (1947), *Le Cardinal d'Espagne* (1960). Dans son œuvre, il fait alterner une «veine chrétienne» et une «veine profane». Dans ses essais, Montherlant critique souvent la morale politique de la France. En 1960 il fut élu, sans candidature, à l'Académie française. Il s'est suicidé de peur d'être aveugle. (73)

Mousnier, Roland, né en 1907 à Paris. Universitaire, professeur d'histoire moderne à la faculté des lettres de Paris (depuis 1955). (36)

Navel, Georges, né en 1904, est le fils d'une famille de simples ouvriers. L'auteur a embrassé les plus diverses professions, soit dans le Nord, soit dans le Sud de la France. Il sait décrire, de sa propre expérience, la fatigue du terrassier et du bûcheron, l'inhumanité de la vie en usine, les travaux des laboureurs. Partisan du syndicalisme, il choisit finalement de vivre comme il lui plaît. Il raconte ses expériences dans ses livres: *Travaux* (1945); *Parcours* (1950); *Sable et Limon* (1952); *Chacun son royaume* (1960). (55)

Nistri, Roland, géographe francais. (23)

Prêcheur, Claude, né en 1922 à Mont-Saint-Martin (Meurthe-et-Moselle). Universitaire, professeur de géographie à la faculté des lettres de Nancy. (23)

Queneau, Raymond, né en 1903 au Havre, homme de lettres français. Collabore à *La Révolution surréaliste* (1924), secrétaire général des Editions Gallimard (depuis 1941), directeur de l'*Encyclopédie de la Pléiade* (depuis 1955), membre de l'Académie Goncourt (depuis 1951). Parmi le grand nombre de ses livres citons: *Exercices de style* (1947), *Bâtons, Chiffres et Lettres* (1952), *Zazie dans le métro* (porté à l'écran, 1960). Auteur de documentaires et de court-métrages, compositeur de chansons. (14)

Randet, Pierre, né en 1906 à Tunis, Inspecteur général de la construction, Commissaire général aux Xe Jeux olympiques d'hiver de Grenoble (1964–1966), membre de la Commission nationale d'aménagement du territoire (depuis 1963), Vice-président du Centre de recherches d'urbanisme (depuis 1963). (22)

Rioux, Lucien, né à Paris en 1928, occupa pendant plusieurs années des postes syndicaux importants. Il assure depuis 1954 la rubrique sociale du journal *France-Observateur*. Rioux a publié des études sur le syndicalisme et sur le mouvement ouvrier dans plusieurs revues. (64)

Rivarol, Antoine de (1753–1801) vint en 1777 à Paris, où il brilla dans les salons grâce à son esprit et se fit connaître par des petits écrits satiriques. Son *Discours sur l'universalité de la langue française* (1784) lui valut le titre de membre de l'Académie de Berlin. Sous la Révolution il prit le parti de la royauté et ajouta à ses ennemis littéraires bien des ennemis politiques. Pour se mettre en sécurité, il quitta la France, en 1792, et se rendit à Hambourg via Bruxelles et Londres. En 1800, il s'installe à Berlin, où il meurt en 1801. (11)

Rivière, Jacques (1886–1925), chercha à fonder sur la tradition classique la renaissance de la vie intellectuelle française. De 1919 à sa mort, il dirigea la *Nouvelle Revue française*, fondée par André Gide et qui jouissait alors d'une influence considérable sur la jeune génération. (72)

Rousseau, Jean-Jacques (1712–1778) est né à Genève où son père était horloger. Sa mère étant morte en lui donnant le jour et son père l'abandonnant dès 1720, Rousseau mène une vie d'aventures, sans cesser de s'instruire. Pendant deux ans il reste aux Charmettes, chez Madame de Warens, qui lui fait abjurer le protestantisme. En 1741, il quitte les Charmettes et se rend à Paris où il fait la connaissance des philosophes. Il mène d'abord la vie d'un homme de lettres besogneux, puis devient célèbre lorsque l'Académie de Dijon, en 1750, couronne son discours sur la question qu'elle avait posée au concours: *Le rétablissement des sciences et des arts a-t-il contribué à épurer les mœurs?* Condamné par le Parlement de Paris à être arrêté pour avoir publié son livre *Emile* en 1762, il s'enfuit de Paris et recommence sa vie aventureuse et errante en Suisse, en Angleterre et en France. Il meurt au Château d'Ermenonville, près de Paris, en 1778. — Principales œuvres: *Discours sur l'origine et les fondements de l'inégalité parmi les hommes* (1754); *Julie ou la Nouvelle Héloïse* (1761); *Du contrat social* (1762); *Emile ou de l'Education* (1762); *Les Confessions* (écrites de 1765 à 1770); *Les Rêveries d'un promeneur solitaire* (posthume). (37)

Sartre, Jean-Paul, né en 1905 à Paris. L'un de ses cousins était le docteur Albert Schweitzer. Il perd tôt son père, passe quelques années à La Rochelle, puis fait de brillantes études à Paris. Il entre à l'Ecole Normale supérieure et passe son agrégation de philosophie en 1929. De 1933 à 1934, Sartre est lecteur à l'Institut français de Berlin. Jusqu'en 1939, il enseigne la philosophie dans diverses villes. Mobilisé en 1939, il est fait prisonnier et libéré en 1941. Il continue à enseigner jusqu'en 1945, depuis il se consacre entièrement à ses livres. En 1964, il reçoit le Prix Nobel de littérature qu'il refuse. Principales œuvres: 1. Philosophie: *L'Etre et le Néant* (1943); *Critique de la raison dialectique* (1960) — 2. Romans et nouvelles: *La Nausée* (1938); *Le Mur* (1939); *Les Chemins de la Liberté* (1945–1949) — 3. Théâtre: *Les Mouches* (1943); *Huis clos* (1944); *Les Mains sales* (1948); *Le Diable et le Bon Dieu* (1951); *Les Séquestrés d'Altona* (1959) — 4. Essais: *L'Existentialisme est un humanisme* (1946) — 5. Histoire de la littérature: *L'Idiot de la famille, Gustave Flaubert de 1821 à 1857* (3 vol., 1971–1972) — 6. Autobiographie: *Les Mots* (1964) (60)

Sauvy, Alfred, né en 1898 à Villeneuve-de-la-Raho (Pyrénées-Orientales), chef de file des démographes français. Directeur de l'Institut national d'études démographiques (1945–1962), professeur au Collège de France, représentant de la France à la Commission de la population de l'O.N.U. Sauvy a voulu donner aux études démographiques entreprises à l'institut qu'il a dirigé l'ampleur que réclame cette science sociale. Ouvrages: *Richesse et population* (1943); *Bien-être et population* (1945); *Théorie générale de la population* (2 vol., 1952 et 1954); *La Nature sociale* (1957); *La Montée des jeunes* (1959); *La Longueur de la vie humaine* (1960). (5)

Valéry, Paul, né en 1871 à Sète (Languedoc). Dès 1890, il se lie d'amitié avec Mallarmé, Gide et Debussy, et surtout avec l'écrivain Pierre Louys (1870–1925). Tout en poursuivant ses études de droit à Montpellier, il écrit des poèmes qu'il envoie à ses amis parisiens. Mais en 1892 il renonce à la création littéraire et se décide à consacrer sa vie à la connaissance de soi. Employé au ministère de la guerre, il quitte ce poste en 1900 pour devenir secrétaire particulier d'Edouard Lebey, directeur de l'agence Havas. Valéry s'enferme dans un silence de vingt ans. Ce n'est qu'en 1917 qu'il publie un recueil de vers, *La jeune Parque*. Dès lors, il est célèbre. Il publie encore *Album de vers anciens* (1920); *Charmes* (1922); *Le Cimetière marin* (1926); et après sa mort *L'Ange* (1946). En 1926, Valéry est élu à l'Académie française. Il meurt à Paris en 1945. — Œuvres en prose: *Eupalinos* (1921); *L'Ame et la danse* (1925) — Essais: *Introduction à la méthode de Léonard de Vinci* (1895); *La Conquête allemande* (1897); *Regards sur le monde actuel* (1933); *Variétés* (5 vol.) — Théâtre: *Mon Faust* (1945). (4, 71)

Voltaire, [anagramme de Arouet l(e) J(eune)], de son vrai nom François-Marie Arouet, né et mort à Paris (1694–1778). Brillant libertin, le jeune Voltaire aspirait à la gloire personnelle et aux richesses de ce monde. Exilé en Angleterre pour ses idées audacieuses et indépendantes, il découvrit les libertés démocratiques de ce pays éclairé. Rentré en France, il attaqua le despotisme français en faisant dans ses *Lettres philosophiques* (1734) l'éloge des institutions anglaises. Ce livre fut condamné par le Parlement de Paris et brûlé publiquement. Voltaire se retira au château de Cirey en Champagne où il passa quinze ans de travail fécond. Il obtint la charge d'historiographe du roi et fut élu à l'Académie française (1746). Sur les sollicitations de Frédéric II il partit pour Berlin où il resta trois ans (1750–1753). — Après bien des aventures, Voltaire acheta, en 1758, le château de Ferney, près de Genève, où il devait séjourner le reste de sa vie. C'est de là que, fort de son indépendance, il exerça sur ses contemporains une influence plus active que jamais. Doué d'un tempérament combattif et d'un esprit mordant, il s'attaqua à l'intolérance politique et religieuse. Il publia son *Dictionnaire philosophique* (1764) et intervint en faveur des victimes d'erreurs judiciaires (procès Calas). Après un triomphal retour à Paris, il y mourut en 1778. — Principales œuvres: *La Henriade* (1723–1728) (épopée). — *Le Siècle de Louis XIV* (1751); *Essai sur les mœurs et l'esprit des nations* (1756) (histoire). — *Zaïre* (1732) (tragédie). — *Zadig ou la Destinée* (1747); *Candide ou l'optimisme* (1759) (contes philosophiques). (33, 35)

Young, Arthur, agronome anglais, né et mort à Londres (1741–1820). Après avoir publié sans succès des essais politiques et des romans, il s'orienta vers l'agriculture, se passionna pour la terre, et publia plusieurs ouvrages théoriques qui montrèrent ses excellentes qualités d'observation et contribuaient à jeter les bases théoriques de l'agronomie moderne. Mais son chef-d'œuvre est *Travels during the years 1787, 1788 and 1789. Undertaken more particularly with a view of ascertaining the Cultivation, Wealth and Resources of National Prosperity of the Kingdom of France* (1792, première traduction française 1793), dans lequel il décrit avec beaucoup de véracité la vie journalière du Français à la veille de la Révolution. (38)

Zola, Emile, né et mort à Paris (1840 à 1902). Zola est le fils d'un Italien naturalisé. Il fait ses études à Aix-en-Provence, mais échoue au baccalauréat. Il se lance dans le journalisme et, séduit par les idées de Taine, il trace le plan d'un grand cycle de romans (1868), *Les Rougon-Macquart; histoire naturelle et sociale d'une famille sous le Second Empire*. Dans cette série, Zola peint toutes les classe sociales de son époque, par exemple les ouvriers (*L'Assommoir*, 1877), les ecclésiastiques (*La Faute de l'abbé Mouret*, 1875), les mineurs (*Germinal*, 1885), etc. Autour de Zola se groupent les écrivains de l'école naturaliste (entre autres Huysmans et Maupassant). Zola s'engage aussi dans la lutte politique et sociale: lors de l'affaire Dreyfus, il publie un article en faveur du capitaine condamné, *J'accuse* (1898), ce qui lui vaut un an de prison. Il meurt en 1902 d'une asphyxie accidentelle. L'hypothèse d'un attentat d'origine nationaliste n'est pas improbable. (44)

Sources:

1. Who's who in France — Qui est qui en France. Paris, Editions Jacques Lafitte (1ère éd. 1953 — 12e éd. 1973).
2. Grimm, Pierre: Dictionnaire des biographies, 2 vol., Paris P.U.F., 1958.
3. Grand Larousse encyclopédique en 10 volumes (éd. de 1969).
4. Boisdeffre, Pierre de, et divers: Dictionnaire de la littérature contemporaine, 1900–1962, Paris, Editions Universitaires, 1962.

ORIENTATION BIBLIOGRAPHIQUE

(état des travaux fin 1972)

OUVRAGES DE CARACTÈRE GÉNÉRAL ET DOCUMENTAIRE

Annuaire statistique de la France, publié chaque année par l'I.N.S.E.E. (Les Annuaires de 1961 (66e vol.) et de 1966 (71e vol.) contiennent un Résumé rétrospectif.)
Beaujour, Michel / Ehrmann, Jacques: *La France contemporaine*, Paris, A. Colin, 1965, 419 p., Coll. «U» (textes et documents).
Blancpain, Marc / Couchoud, Jean-Paul: *La Civilisation française*, Paris, Hachette, 1972, 254 p. (bibl.) (Le pays et l'histoire).
Civilisation contemporaine. Aspects et problèmes. Textes choisis, classés et présentés par M.-A. Baudouy et R. Moussay, Paris, Hatier, 1965, 352 p.
Curtius, Ernst-Robert / Bergsträsser, Arnold: *Frankreich*, 2 Bde., Stuttgart u. Berlin, Deutsche Verlagsanstalt, 1931, 195 et 324 p. (bibl.).
La France d'aujourd'hui, 5e éd., Paris, Hatier, 1968, 463 p.
La France et les Français, publié sous la direction de Michel François, Paris, Gallimard, 1972, 1675 p., Encyclopédie de la Pléiade, (bibl.), (Permanences et variations, variétés du comportement des Français, diversité des sentiments des Français, unité de la nation française), (fondamental).
Girod, Roger / Grand-Clément, Francis: *Comment vivent les Français*, Paris, Hachette, 1972, 126 p., Coll. «Sélection pédagogique internationale».
Hamon, L., et autres: *Panorama de la France*, Paris, La Documentation française, 1970, 1228 p.
Hartig, Paul, u. a. (Hg.): *Frankreichkunde*, 4. Aufl. Frankfurt/Main-Berlin-Bonn, Diesterweg, 1964, 636 S., Bibl., „Handbücher der Auslandskunde".
I.N.S.E.E. (éd.): *L'espace économique français*, 2 vol., Paris, P.U.F., 1968, T. I: Démographie générale (216 p., 90 tableaux, statistiques, 110 cartes, 30 graphiques), T. II: Population active.
Journal de l'Année, paraît tous les ans, environ 500 p., Paris, Larousse. (Une équipe de journalistes donne le résumé et le tableau des événements qui ont marqué l'année considérée.)
Michaud, Guy (avec la collaboration de Hacquard, Georges): *Guide France*, manuel de civilisation française, Paris, Hachette, 1964, 286 p., Coll. «Classiques Hachette» (souvent réédité).
Mönch, Walter: *Frankreichs Kultur*. Tradition und Revolte. Von der Klassik bis zum Surrealismus, Berlin-New York, Walter de Gruyter, 1972, XVI, 826 p. et 9 pl. h.t. (bibl.).
Paoletti, Michel: *Civilisation française contemporaine*, Paris, Hatier, 1969, 192 p.
Population de la France. Départements, arrondissements, cantons et communes. Recensement de 1968. Paris, Direction des Journaux officiels, 1968, 1221 p.

Statistische Grundzahlen der Gemeinschaft. Vergleich mit verschiedenen europäischen Ländern, Kanada, den Vereinigten Staaten von Amerika, Japan und der Union der Sozialistischen Sowjetrepubliken, 10. Aufl., Brüssel u. Luxemburg, Statistisches Amt der europäischen Gemeinschaften, 1971, 224 p. (paraît chaque année).
Trotignon, Yves: *La France au XXe siècle*, Paris, Bordas-Mouton, 1968, 448 p., Coll. «Etudes Supérieures», Section historique, 51 (Une analyse des structures économiques, financières, sociales et démographiques de la France au XXe siècle).

I. LA FRANCE — TERRE ET POPULATION

La terre

George, Pierre: *La France*, Paris, P.U.F., 1967, 268 p.
Hartke, Wolfgang: *Das Land Frankreich als sozialgeographische Einheit*, Frankfurt/Main-Berlin-Bonn, Diesterweg, 1963, 131 p., Best.-Nr. 7444.
Le Lannou, Maurice: *Les régions géographiques de la France*, 2 vol., 3e éd., Paris, S.E.D.E.S., 1967—68.
Pinchemel, Philippe: *Géographie de la France*, 2 vol., Paris, A. Colin, 1964, 661 p., T. I: Les conditions naturelles et humaines, T. II: Les milieux: campagne, industries et villes. (Contient une bibliographie complète de toutes les publications antérieures à 1963.)
Vidal de la Blache, Paul: *Tableau de la géographie de la France* (T. Ier, 1re partie de l'*Histoire de France* d'Ernest Lavisse), Paris, 1903, 395 p., 3e éd. 1908 et New York 1969, Ams Press (Repr. from the ed. 1900–1911), («chef-d'œuvre inégalé»).

La population

Armengaud, André: *La population française au XXe siècle*, 3e éd., Paris, P.U.F., 1970, Coll. «Que sais-je?», n° 1167.
Beaujeu-Garnier, Jacqueline: *Le rajeunissement de la population française*, in: Le Français dans le Monde, n° 9 (1961), p. 4–.
Beaujeu-Garnier, Jacqueline: *La population française*, 2e éd., Paris, A. Colin, 1970, 256 p., Coll. «U 2», 52.
Huber, Michel / Bunle, Henri / Boverat, Fernand: *La population de la France*. Son évolution et ses perspectives, 4e éd., Paris, Hachette, 1965, 361 p.
Sauvy, Alfred: *La population*, Paris, P.U.F., Coll. «Que sais-je?», n° 148.
Sauvy, Alfred: *La vie de la population française*, tendances, n° 50, nov. 1967.

Le caractère des Français

Gramont, Sanche de: *Les Français*. Portrait d'un peuple. Trad. de l'américain, Paris, Stock, 1970, 463 p.

Hoffmann, Stanley / Kindleberger, Ch.-P. / Wylie, Laurence / DuRoselle, J. J. et col.: *A la recherche de la France*. Trad. de l'anglais, Paris, Le Seuil, 1964, 464 p., Coll. «Esprit».

Luethy, Herbert: *Frankreichs Uhren gehen anders*, Zürich-Stuttgart, Europa Verlag, 1954, 354 p.

Madariaga, Salvador de: *Anglais, Français, Espagnols*. Précédé d'une note d'André Maurois, 10ᵉ éd., Paris, Gallimard, 1930, 270 p.

Maurois, André: *Portrait de la France et des Français*, Paris, Hachette, 1955, 137 p.

Sieburg, Friedrich: *Gott in Frankreich*, Frankfurt/Main, Societäts-Verlag, 1929, 337 p. (souvent réédité), (Trad. française: Dieu est-il français? Paris, Grasset, 1930).

Wechssler, Eduard: *Esprit und Geist*. Versuch einer Wesenskunde der Deutschen und der Franzosen, Bielefeld und Leipzig, Velhagen und Klasing, 1927, 604 S.

Les Français et leur langue

Baldensperger, Fernand: *Comment le XVIIIᵉ siècle expliquait l'universalité de la langue française*, in: F. B.: Etudes d'histoire littéraire, Paris, 1907, p. 1–54 (vieux, mais pas encore remplacé).

Balous, Suzanne: *L'action culturelle de la France dans le monde*, Paris, P.U.F., 1970, 190 p.

Bruneau, Charles: *Petite histoire de la langue française*, 2 vol., 2ᵉ éd., Paris, A. Colin, 1961 (T. II) et 1962 (T. I), T. I: Des origines à la Révolution, 284 p., T. II: De la Révolution à nos jours, 366 p.

Chaurand, Jacques: *Histoire de la langue française*, Paris, P.U.F., Coll. «Que sais-je?», n° 167.

Laurent, Pierre: *La langue française dans le monde*, in: Le Français dans le Monde, n° 82 (1971), p. 6–11.

Lerch, Eugen: *Französische Sprache und Wesensart*, Frankfurt/M., Diesterweg, 1930, 304 S. (éd. augmentée en 1933).

Vossler, Karl: *Frankreichs Kultur und Sprache*, 2. Aufl., Heidelberg, Winter, 1929, 410 S. (Ed. française: Langue et culture de France; histoire du français littéraire des origines à nos jours. Préface et trad. par Alphonse Juilland, Paris, Payot, 1953, 341 p. (Ouvrage vieux mais toujours utile et avec des résultats toujours valables).

Wandruszka, Mario: *Der Geist der französischen Sprache*, Hamburg, Rowohlt, 1959, 145 S., rde.

Wartburg, Walter von: *Evolution et structure de la langue française*, 3ᵉ éd., Berne, Francke, 1946, 321 p., Bibliotheca romanica, Series prima, vol. 1.

II. PARIS ET LA PROVINCE

Administration centralisée – régionalisation

Auby, Jean-Marie / Ducos-Ader, Robert: *Institutions administratives*, Paris, Dalloz, 1966, 512 p., Coll. «Précis Dalloz».

Beaujeu-Garnier, Jacqueline: *La France aménage son territoire*, in: Le Français dans le Monde, n° 27 (1964), p. 6–12.

Belorgey, Gérard: *Le gouvernement et l'administration de la France*, 2ᵉ éd., Paris, A. Collin, 1970, 450 p., Coll. «U» (bibl.).

Brongniart, Philippe: *La région en France*, Paris, A. Colin, 1971, 128 p., Coll. «U 2», 151.

Carillon, Robert / Chaulier, Jean: *L'expansion régionale française*, in: tendances, n° 27, déc. 1963.

Catherine, Robert: *Le fonctionnaire français*. Droits – devoirs – comportement. Introduction à une déontologie de la Fonction publique, Paris, A. Michel, 1961, 411 p.

Cosperec, Jean-Louis / Guédon, Jean-François: *Organisation et méthode dans l'administration*, in: tendances, n° 51, févr. 1968.

Delmas, Claude: *L'aménagement du territoire*, Paris, P.U.F., Coll. «Que sais-je?», n° 987 (nouvelle éd. par Monod, J. / Castelbajac, Ph. de).

Detton, Hervé / Hourticq, Jean: *L'administration régionale et locale de la France*, Paris, P.U.F., Coll. «Que sais-je?», n° 598.

Eisenmann, Charles: *Centralisation et décentralisation*. Esquisse d'une théorie générale, Paris, Librairie de droit et de jurisprudence, 1948, 331 p.

La France régionale, Le Français dans le monde, n° 93 (1972), (numéro spécial), 110 p., (bibl.).

Gravier, Jean-François: *Paris et le désert français*. Décentralisation, équipement populaire, Paris, Le Portulan, 1947, 421 p., Coll. «L'Homme et la Cité», nouv. éd. 1972.

Gravier, Jean-François: *L'aménagement du territoire et l'avenir des régions françaises*, Paris, Flammarion, 1964, 340 p.

Paoletti, Michel: *Le maire et la commune*, in: Le Français dans le Monde, n° 59 (1968), p. 19–23. Dossier pédagogique sur le même sujet par Marc, Edmond, ibid., p. 40–47.

Pisani, Edgard: *Réflexions sur l'aménagement du territoire*, in: tendances, n° 50, déc. 1967.

La Région, Les Cahiers français, nᵒˢ 158–159, janvier–avril 1973, Paris, La Documentation française, 1973, 96 p. et 2 cahiers h.t., ill., cartes.

Paris

Akar, Bertrand: *Paris en question*. Une enquête du district de la région de Paris, Paris, P.U.F., 1965, 200 p.

Bastié, Jean: *La croissance de la banlieue parisienne*, Paris, P.U.F., 1965, 624 p., «Publications de la Faculté des Lettres et Sciences humaines de Paris, Série Recherches», T. XVII.

Bastié, Jean: *Die jüngste Entwicklung der Agglomeration Paris* (L'évolution récente de l'agglomération parisienne), Frankfurt/M., 1969, 13 S., Frankfurter Wirtschafts- und Sozialgeographische Schriften, Heft 5.

Boutet de Monvel, Noël: *Les demains de Paris*, Paris, Denoël, 1964, 232 p. (Analyse du passé, du présent et hypothèses de développement).

Bouvard, Philippe: *Petit précis de sociologie parisienne*, Paris, Grasset, 1966, 205 p.

Chevalier, Louis: *Paris: XXIe siècle*, in: Le Français dans le Monde, n° 22 (1964), p. 4–8.

Clerc, Paul: *Grands ensembles. Banlieues nouvelles*. Enquête démographique et psycho-sociologique, Paris, P.U.F., 1967, 494 p., Coll. «Publications de l'I.N.E.D., Travaux et documents», 49.

George, Pierre / Randet, Pierre / Bastié, Jean: *La région parisienne*, 2e éd., Paris, P.U.F., 1964, 192 p., Coll. «France de demain», 1.

Huguet, Michèle: *Les femmes dans les grands ensembles*. De la représentation à la mise en scène. Paris, C.N.R.S., 1972, 296 p., ill. ph. h.t., cartes (Etude scientifique de psycho-sociologie sur la vie des femmes dans les grands ensembles).

Michaud, Guy: *Paris, microcosme de civilisation*, in: Le Français dans le Monde, n° 1 (1961), p. 16–21. Dossier pédagogique «Pour aborder Paris», ibid., p. 44–48.

Pucheu, René: *Paris finit-il?* in: Le Français dans le Monde, n° 79 (1971), p. 40–46.

La région parisienne face à son avenir, tendances, n° 47, mai 1967.

Schneider, Arno: *Einführung in die Probleme der „Urbanisation" im Rahmen der Zivilisationskunde Frankreichs in Klasse 12*. Päd. Hausarbeit, Studienseminar Kaiserslautern, 1974 (Bibl.).

La Lorraine

Bonnet, Serge: *Sociologie politique et religieuse de la Lorraine*, Paris, A. Colin, 1972, 514 p., 54 tabl., 72 fig., 7 cartes, Coll. «Cahiers de la Fondation nationale des sciences politiques», 181 (Tableau extrêmement dense et vivante d'une province française).

Brunet, Roger (sous la direction de): *La France*, T. III (Nord, Alsace, Lorraine, Bourgogne), 328 p., 360 photos, graph., statist., 65 cartes, Paris, Larousse, 1973.

Moll, Peter: *Das lothringische Kohlenrevier. Eine geographische Untersuchung seiner Struktur. Probleme und Entwicklungstendenzen*. Diss. Saarbrücken, 1969, 36 S. (Kurzfassung).

Nistri, Roland / Prêcheur, Claude: *La région du Nord et du Nord-Est*, 2e éd., Paris, P.U.F., 1965, 168 p., Coll. «France de demain», 2.

Prêcheur, Claude / Schneider, Jean / Martinelli, Jean / Marot, Pierre: *Visages de la Lorraine*, nouv. éd., Paris, Horizons de France, 1966, 213 p.

Prêcheur, Claude: *La Lorraine sidérurgique*, Thèse, Paris, S.A.B.R.I., 1959, 631 p.

Schneider, Jean: *Histoire de la Lorraine*, Paris, P.U.F., Coll. «Que sais-je?», n° 450.

Vidal de la Blache, Paul: *La France de l'Est (Lorraine-Alsace)*, 4e éd., Paris, A. Colin, 1920, 280 p.

Le Languedoc

Carrère, Paul / Dugrand, Raymond: *La région méditerranéenne*, Paris, P.U.F., 1960, 2e éd. 1967, 160 p., Coll. «France de demain», 5.

Delaunes, Philippe: *Le Languedoc-Roussillon à l'heure européenne*, in: tendances, n° 66, août 1970.

Durliat, Marcel: *Languedoc méditerranéen et Roussillon*, Paris, Arthaud, 1968, 232 p., Coll. «Le Monde en Images».

Galtier, Gaston: *Le vignoble du Languedoc méditerranéen et du Roussillon. Etude comparative d'un vignoble de masse*, Thèse, Paris, 3 vol., Montpellier, Causse, Craille et Castelnan, 1960, 484, 353 et 317 p.

Histoire du Languedoc publiée sous la direction de Philippe Wolff, Toulouse, 1967, 540 p., «Univers de la France», Coll. d'histoire régionale (surtout hist. écon. et soc.).

Le Roy Ladurie, Emmanuel: *Les paysans de Languedoc*, 2 vol., Paris, S.E.V.P.E.N., 1966, 745 et 1045 p., Publié par l'Ecole pratique des Hautes Etudes, Centre de recherches historiques, VIe section.

Morel, Pierre: *Petite histoire du Languedoc*, 3e éd., Grenoble, Arthaud, 1944, 119 p.

Région Languedoc-Roussillon. Economie et population, Cahier n° 30, Paris, P.U.F., 1957, 328 p.

La Bretagne

La Bretagne, tendances, n° 22, avril 1963.

Cayol, Jean: *Destin d'une province: La Bretagne*, in: Le Français dans le Monde, n° 26 (1964), p. 6–11; du même auteur: *Bretagne vivante*, Dossier pédagogique avec bibliographie sommaire et indication des moyens audiovisuels, ibid., p. 29–34.

Chardonnet, Joseph: *Histoire de Bretagne. Naissance et vie d'une nation*, 2e éd., Paris, Nouvelles Editions Latines, 1965, 252 p.

Chateaubriand, François-René de: *Pages bretonnes*, présentées par Raymond Lebègue, Paris, Union générale d'édition, 1968, 189 p., Coll. 10/18. (Bonne introduction; le choix des textes repose sur l'œuvre entière, y compris la correspondance; annotation précise).

Durtelle de Saint-Sauveur, Edmond: *Histoire de Bretagne des origines à nos jours*, 2 vol., 4e éd., Rennes, Plihon, 1957.

Flatrès, Pierre / Burnet, Louis: *La région de l'Ouest*, Paris, P.U.F., 1964, 159 p., Coll. «France de demain», 7.

Histoire de la Bretagne, publiée sous la direction de Jean Delumeau, Toulouse, 1969, 542 p., 45 ill., 58 cartes, graph. et tabl., «Univers de la France», Coll. d'histoire régionale.

Le Braz, Anatole: *La Bretagne*. Choix de textes précédé d'une étude, 4ᵉ éd. illustrée, Paris, Renouard-Laurens, 1948, 252 p., Anthologies illustrées, Provinces françaises.

Le Lannou, Maurice: *Géographie de la Bretagne*, 2 vol., Rennes, Plihon, 1950–1952, T. I: Les conditions géographiques générales, 283 p., T. II: Economie et population, 464 p.

Pleven, René: *Avenir de la Bretagne*, Paris, Calmann-Lévy, 1961, 260 p.

Poupinot, Yann: *Les Bretons à l'heure de l'Europe*, Paris, Nouvelles Editions Latines, 1961, 191 p.

Rüdele, Horst Karl: *Die Bretagne. Wirtschaft, Kultur, Urbanisation*. Gesichtspunkte für eine Einführung in die Frankreichkunde in Klasse 11. Päd. Hausarbeit, Studienseminar Kaiserslautern, 1973 (Bibl.).

Waquet, Henri / Saint-Jouan, Régis de: *Histoire de la Bretagne*, Paris, P.U.F., Coll. «Que sais-je?», n° 147.

Waquet, Henri: *L'art breton*, Paris, Arthaud, nouv. éd. 1960, 376 p., Coll. «Art et paysages».

III. UN PASSÉ VIVANT

Généralités

Calmette, Joseph: *Trilogie de l'histoire de France*, Paris, Fayard, 1948–1952, T. I: Le Moyen Age, 663 p., T. II: L'Ere classique, 798 p., T. III: Les Révolutions, 852 p.

Duby, Georges / Mandrou, Robert: *Histoire de la civilisation française*, 2 vol., Paris, A. Colin, 1968, Coll. «U», T. I: Moyen Age – XVIᵉ siècle, 350 p., T. II: XVIIᵉ – XXᵉ, 378 p., (bibl.).

Gaxotte, Pierre: *Histoire des Français*, 2 vol., Paris, Flammarion, 1951, 574 et 577 p.

Lavisse, Ernest (sous la direction de): *Histoire de France des origines à la Révolution*, 10 vol., Paris, Hachette, 1910–1912 (vieux, jamais remplacé).

Madaule, Jacques: *Histoire de France*, 3 vol., nouv. éd., Paris, Gallimard, 1965–1966, 380, 374 et 377 p., Coll. «Idées».

Reinhard, M. / Dufourcq, N.: *Histoire de France*, 2 vol., Paris, Larousse, 1954, 520 et 536 p.

Sagnac, Philippe: *La formation de la société française moderne*, 2 vol., Paris, P.U.F., 1945–1946, T. I: La Société et la monarchie absolue (1661–1715), T. II: La révolution des idées et des mœurs et le déclin de l'ancien régime (1715–1788), 240 et 355 p.

Thoraval, J. / Pellerin, C. / Lambert, M. / Le Solleux, J.: *Les grandes étapes de la civilisation française*, Paris, Bordas, 1967, 696 p.

Charlemagne

Boussard, Jacques: *Charlemagne et son temps*, Paris, Hachette, 1968, 256 p., Coll. «L'univers des connaissances».

Calmette, Joseph: *Charlemagne*, Paris, P.U.F., Coll. «Que sais-je?», n° 471.

Halphen, Louis: *Charlemagne et l'empire carolingien*, nouv. éd., Paris, A. Michel, 1968, 508 p., Coll. «L'Evolution de l'humanité», 33, Bibliothèque de synthèse historique.

Wahl, Rudolf: *Karl der Große, der Vater Europas*. Eine Historie, Frankfurt/M.-Hamburg, S. Fischer, 1954, 245 S., Fischer-Bücherei, 50.

Jeanne d'Arc

Bossuat, André: *Jeanne d'Arc*, Paris, P.U.F., Coll. «Que sais-je?», n° 211.

France, Anatole: *La vie de Jeanne d'Arc*, 2 vol., Paris, Calmann-Lévy, 1908.

Michelet, Jules: *Jeanne d'Arc*, 11ᵉ éd., Paris, Hachette, 1913, 131 p. (souvent réédité).

Pernoud, Régine: *Vie et mort de Jeanne d'Arc*, Paris, Hachette, 1953, 288 p.

Henri IV

Andrieux, Maurice: *Henri IV*, Paris, Fayard, 1955, 510 p., Coll. «Les grandes études historiques».

Andrieux, Maurice: *Henri IV dans ses années pacifiques*, Paris, Plon, 1954, 427 p.

Erlanger, Philippe: *L'étrange mort de Henri IV ou les jeux de l'amour et de la guerre*, Paris, Librairie Académique Perrin, 1963, 314 p., bibl.

Leclerc, Joseph: *Histoire de la tolérance au siècle de la Réforme*, 2 vol., Paris, Aubier, 1955, Coll. «Théologie» (Trad. allemande: Geschichte der religiösen Freiheit im Zeitalter der Reformation, Stuttgart, 1965).

Mandrou, Robert: *Introduction à la France moderne* (1500–1640). Essai de psychologie historique, Paris, A. Michel, 1961, XXVIII–401 p., cartes, «Le Monde Moderne», 3, «L'Evolution de l'humanité», 52 (Histoire des mentalités collectives).

Mann, Heinrich: *Die Jugend des Königs Henri Quatre. Die Vollendung des Königs Henri Quatre*, Hamburg, Claassen, 1959, 742, 985 S. (romans).

Louis XIV

Cogny, Pierre, et autres: *La France de Louis XIV*, 1650–1715, Paris, Culture, Art, Loisirs, 1970, 255 p.

Erlanger, Philippe: *Louis XIV*, Paris, Fayard, 1965, 683 p., Coll. «Les grandes études historiques».

Gaxotte, Pierre: *La France de Louis XIV*, Paris, Hachette, 1968, 348 p., Coll. «Les grandes époques de l'histoire».

Goubert, Pierre: *Louis XIV et vingt millions de Français*, Paris, Fayard, 1966, 252 p., Coll. «L'histoire sans frontières».

Hazard, Paul: *La crise de la conscience européenne* (1680–1715), Paris, Boivin, 1935, 474 p., nouv. éd. Paris, Fayard, 1961 (Trad. allemande: Die Krise des europäischen Geistes, Hamburg, Hoffmann & Campe, 1939, 526 S.).

Léon, Pierre: *La crise de l'économie française à la fin du règne de Louis XIV*, in: L'Information historique, sept.–oct. 1956, p. 125–137.

Méthivier, Hubert: *Le siècle de Louis XIV*, Paris, P.U.F., Coll. «Que sais-je?», n° 426.

Mousnier, Roland: *Fureurs paysannes*. Les paysans dans les révoltes du XVIIe siècle, Paris, Calmann-Lévy, 1968, 380 p., Coll. «Les grandes vagues révolutionnaires».
Sagnac, Philippe / Saint-Léger, A.: *Louis XIV (1661–1715)*, 3e éd., Paris, P.U.F., 1949, 701 p., Coll. «Peuples et civilisations», T. X.

Fénelon
Carcassonne, Elie: *Etat présent des travaux sur Fénelon*, Paris, Belles Lettres, 1939, 136 p.
Carcassonne, Elie: *Fénelon, l'homme et l'œuvre*, Paris, Boivin, 1946, 170 p. (La biographie la plus complète de F.).
Fénelon: *Lettre à Louis XIV*, avec une préface de Henri Guillemin, Neuchâtel, Editions Ides et Calendes, 1962, 141 p.
Fénelon: *Correspondance*, Texte établi par Jean Orciabal, avec introduction, notes et commentaires, 3 vol., Paris, Klincksieck, 1972, T. I: L'abbé de Fénelon, sa famille, ses débuts, T. II: Lettres antérieures à l'épiscopat 1670–1695 (texte), T. III: Lettres antérieures à l'épiscopat 1670–1695 (commentaire).
Gallouédec-Genuys, Françoise: *La conception du prince dans l'œuvre de Fénelon*, Paris, P.U.F., 1963, 308 p., bibl., compl.
Goré, Jeanne-Lydie: *L'itinéraire de Fénelon: humanisme et spiritualité*, Paris, P.U.F., 1957, 754 p.
Havens, George R.: *Fénelon, critic of Louis XIV*, in Havens: *The Age of Ideas, From Reaction to Revolution in Eighteenth Century France*, New York, Holt, 1955, p. 38–58.
Kraus, Johannes, Calvet, J. (Hg.): *Fénelon. Persönlichkeit und Werk*. Festschrift zur 300. Wiederkehr seines Todestages, Baden-Baden, Verlag für Kunst und Wissenschaft, 1953, 404 S.
Mousnier, Roland: *La plume, la faucille et le marteau*. Institutions et société en France du Moyen Age à la Révolution, Paris, P.U.F., 1970, 404 p., Coll. «Hier». (Les idées politiques de Fénelon: p. 77–92.)
Schmittlein, Raymond: *L'aspect politique du différend Bossuet-Fénelon*, Baden-Baden, Ed. Art et science, 1954, 503 p.

La société française au XVIIIe siècle
Labrousse, Ernest: *La crise de l'économie française à la fin de l'Ancien Régime et au début de la Révolution*, 2 vol., Paris, P.U.F., 1944, T. I: Aperçus généraux, sources, méthode, objectifs, la crise de la viticulture, LXXV–664 p., tabl., fig., T. II n'a pas paru.
Mandrou, Robert: *La France aux XVIIe et XVIIIe siècles*, 2e éd. rev. et corr., Paris, P.U.F., 1970, 343 p. (bibl. détaillée).
Mandrou, Robert: *De la culture populaire aux XVIIe et XVIIIe siècles*. «La bibliothèque bleue de Troyes», Paris, Stock, 1964, 222 p.
Mousnier, Roland: *Le XVIIIe siècle. Révolution intellectuelle. Technique et politique. (1715–1815)*, Paris, P.U.F., 1953, 567 p., Histoire générale des civilisations, t. 5.
Sée, Henri: *La France économique et sociale au XVIIIe siècle*, nouv. éd., Paris, A. Colin, 1969, 192 p., bibl., Coll. «U 2», 2.
Soboul, Albert: *La civilisation et la Révolution française*, T. I: *La crise de l'Ancien Régime*, Paris, Arthaud, 1970, 635 p., 222 héliogr., 8 pl., 53 cartes, bibl. et Index documentaire. Coll. «Les Grandes Civilisations» (Ouvrage fondamental).

La Révolution et l'Empire
La Révolution
Albert-Sorel, Jean: *La Révolution française et la formation de l'Europe moderne*, Paris, Payot, 1965, 300 p.
Gaxotte, Pierre: *La Révolution française*, nouv. éd., Paris, Fayard, 1970, 503 p., Coll. «Les grandes études historiques».
Jaurès, Jean: *Histoire socialiste de la Révolution française*, 4 vol. nouv. éd., Paris, Les Editions Sociales, 1968–1971.
Lefèbvre, Georges: *La Révolution française*, nouv. éd., Paris, P.U.F., 1963, 698 p., bibl., «Peuples et civilisations», T. XIII.
Madelin, Louis: *La Révolution*, 12e éd., Paris, Hachette, s.d., (vers 1925), 578 p., Coll. «L'histoire de France racontée à tous».
Mathiez, Albert: *La Révolution française*, 3 vol., Paris, A. Colin, 1939–1954, T. I: La chute de la royauté (1787–1792), T. II: La Gironde et la Montagne, T. III: La Terreur.
Michelet, Jules: *Histoire de la Révolution française*, éd. établie et commentée par Gérard Walter, 2 vol., nouv. éd., Paris, Gallimard, 1961, Bibliothèque de la Pléiade, 1530 et 1686 p.
Die französische Revolution. Anlässe und langfristige Ursachen. Hg. von Eberhard Schmitt, Darmstadt, Wissenschaftliche Buchgesellschaft, 1973, 533 p., Bibl., „Wege der Forschung" Bd. CCXCIII.
Soboul, Albert: *La Révolution française*, Paris, P.U.F., Coll. «Que sais-je?», n° 142.
Soboul, Albert: *Le Premier Empire (1804–1815)*, Paris, P.U.F., 1973, Coll. «Que sais-je?»
Taine, Hippolyte: *Les origines de la France contemporaine*, 11 vol., Paris, Hachette, 1947, rééd. de l'éd. de 1899.
Torrelli, Maurice/Baudouin, Renée: *Les Droits de l'homme et les libertés publiques par les textes*, Québec, Presses de l'Université de Québec, 1972, 390 p.
Villat, Louis: *La Révolution et l'Empire (1789–1815)*, 2 vol., 2e éd., Paris, P.U.F., 1947, T. I: Les assemblées révolutionnaires (1789–1799), T. II: Napoléon (1799–1815), Coll. «Clio», VIII, 1 et 2.

L'Empire
Bainville, Jacques: *Napoléon*, Paris, Fayard, 1939, 592 p., Coll. «Les grandes études historiques» (souvent réédité).
Lefebvre, Georges: *Napoléon*, 2e éd., Paris, P.U.F., 1941, 606 p., «Peuples et civilisations»,

T. XIV (bibl.), (Trad. allem.; Baden-Baden, Grimm-Verlag, 1955).
Mistler, Jean / Maurois, André, et autres: *Napoléon et l'Empire*. 1769, 1815, 1821, 2 vol., Paris, Hachette, 1968, T. I: 324 p., T. II: 323 p., nombr. ill. en coul.
Taine, Hippolyte: *Napoléon*, Paris, Delforge, 1944, 140 p. (= T. IX des *Origines de la France contemporaine*).

L'époque moderne
La société française au XIXe siècle
Burnand, Robert: *La vie quotidienne en 1830*, Paris, Hachette, 1950, 255 p.
Chevalier, Louis: *Classes laborieuses et classes dangereuses à Paris pendant la première moitié du XIXe siècle*, Paris, Plon, 1958, 562 p., Coll. «Civilisations d'hier et d'aujourd'hui».
Ponteil, F.: *Les classes bourgeoises et l'avènement de la démocratie*, Paris, A. Michel, 1968, 573 p.
Sorlin, Pierre: *La société française*, T. I: 1840–1914, Paris, Arthaud, 1969, 310 p., 39 ill. et 8 cartes, Coll. «Sociétés contemporaines».

L'Affaire Dreyfus
Boussel, Patrice: *L'Affaire Dreyfus et la presse*, Paris, A. Colin, 1960, 272 p., Coll. «Kiosque».
Giscard d'Estaing, Henri: *D'Esterhazy à Dreyfus*, Paris, Plon, 1960, 180 p.
Martin du Gard, Roger: *Jean Barois*, Paris, Gallimard, 1913. Réimpr. in R.M.G.: *Œuvres complètes* en 2 vol., Paris, Gallimard, 1955, T. I: p. 205–529 (avec un *Résumé historique de l'affaire Dreyfus* établi par Jean-Bloch Michel, p. CXLIX–CLXVII), Bibl. de la Pléiade (Trad. allem. par Eva Mertens, Wien, Zsolnay, 1930, jetzt als Ullstein Buch Nr. 403/404).
Miquel, Pierre: *L'Affaire Dreyfus*, Paris, P.U.F., 1961, Coll. «Que sais-je?», n° 867.
Roux, Georges: *L'Affaire Dreyfus*, Paris, Librairie Académique Perrin, 1972, 300 p., 16 p. ill. h. t., Coll. «Présence de l'histoire».
Zola, Emile: *J'accuse. La vérité en marche*. Présentation de Jean-Pierre Legal, Paris, J.-J. Pauvert, 1965, 258 p., Coll. «Libertés», 19.

La Résistance
Baudot, M.: *L'opinion publique sous l'occupation: l'exemple d'un département français (1939 à 1945)*, Paris, P.U.F., 1960.
Bloch, Marc: *L'étrange défaite*, témoignage écrit en 1940, suivi de *Ecrits clandestins (1942–1944)*, Paris, A. Colin, 1957, 264 p.
Chaix, Marie: *Les lauriers du lac de Constance*. Chronique d'une collaboration, Paris, Seuil, 1974, 189 p. (L'auteur retrace dans un cadre romanesque la vie d'une époque.)
Cottier, Georges: *De la Résistance à la Révolution*. Anthologie de la presse clandestine française, Neuchâtel, La Baconnière, 1958.
de Gaulle, Charles: *Mémoires de guerre*, 3 vol., Paris, Plon, 1954–1956–1959, T. I: 1940–1944 – L'Appel, T. II: 1942–1944 – L'Unité, T. III: 1944–1946 – Le Salut.
Michel, Henri: *Histoire de la Résistance*, Paris, P.U.F., Coll. «Que sais-je?», n° 429.
Michel, Henri: *Histoire de la France libre*, Paris, P.U.F., Coll. «Que sais-je?», n° 1078.
Michel, Henri: *Les courants de pensée de la Résistance française*, Paris, P.U.F., 1963, 843 p., Coll. «Esprit de la Résistance».
Michel, Henri: *Biographie critique de la Résistance*, Paris, S.E.V.P.E.N., 1964, 223 p., Coll. «Bibliographies, catalogues».
Paxton, Robert O.: *La France de Vichy, 1940–1944*. Trad. de l'américain par Claude Bertrand. Préface de Stanley Hoffmann. (Titre de l'édition originale: *Vichy France. Old Guard and New Order, 1940–1944*). Paris, Seuil, 1973, 380 p., Coll. «L'univers historique». (Thèse principale de l'auteur est que la politique de collaboration de Vichy fut une entreprise volontaire, consciemment menée et nullement imposée, du moins au début, par les autorités allemandes d'occupation.)
Rémy (pseudonyme de Gilbert Renault): *Mémoires d'un agent secret de la France libre*, Paris, Ed. France-Empire, 1959–1961, 3 vol.

IV. ASPECTS DE LA VIE FRANÇAISE CONTEMPORAINE
La vie politique
Avril, Pierre: *Le régime politique de la Ve République*, Paris, Librairie générale de droit et de jurisprudence, Pichon et Durand-Auzias, 1964, 398 p., Bibliothèque constitutionnelle et de science politique, T. VIII.
Brogniart, P. / Muzellec, R.: *Le Président de la Ve République*, Paris, A. Colin, 1971, Coll. «Dossiers U 2».
Chapsal, Jacques: *La vie politique en France depuis 1940*, 2e éd., revue et augm., Paris, P.U.F. 1969, 618 p., Coll. «Thémis», Sciences politiques, 16.
Charlot, Jean: *Où en sont les partis politiques français?* in: Le Français dans le Monde, n° 31 (1965), p. 6–11.
Charlot, Jean: *Suivre la vie politique française*, in: Le Français dans le Monde, n° 36, p. 11–13.
Chevallier, Jean-Jacques: *Histoire des institutions et des régimes politiques de la France de 1789 à nos jours*, 4e éd., Paris, Dalloz, 1972, 783 p., Coll. «Etudes historiques, économiques et sociales».
Deutsch, Emeric / Lindon, Denis / Weill, Pierre: *Les familles politiques aujourd'hui en France*, Paris, Ed. de Minuit, 1966, 128 p., graph. et tabl., Coll. «Grands Documents», 26.
Dupeux, Georges: *La France de 1945 à 1965*, Paris, A. Colin, 1969, 384 p., Coll. «U 2», 72.
Duverger, Maurice: *Sociologie politique*, Paris, P.U.F., 1966, 506 p., Coll. «Thémis».
Duverger, Maurice: *La Ve République*, 4e éd., Paris, P.U.F., 1968, 291 p.

Duverger, Maurice: *Constitutions et documents politiques*, 6ᵉ éd., Paris, P.U.F., 1971, Coll. «Thémis», Textes et documents.

Goguel, F. / Grosser, Alfred: *La politique en France*, 4ᵉ éd., Paris, A. Colin, 1970, 368 p., bibl., fig. et cartes.

Leleu, Claude: *Géographie des élections françaises depuis 1936*, Paris, P.U.F., 1971, 353 p., Coll. «Thémis».

Meynaud, J. V. / Lancelot, A.: *La participation des Français à la politique*, Paris, P.U.F., Coll. «Que sais-je?», n° 911.

Muzellec, R.: *Le Parlement sous la Vᵉ République*, Paris, A. Colin, 1971, Coll. «Dossiers U 2».

Revel, Jean-François: *En France*. La fin de l'opposition, Paris, Julliard, 1965, 201 p.

Les événements de mai 1968

Alexandre, Philippe: *L'Elysée en péril. 2-30 mai 1968*, Paris, Fayard, 1969, 328 p., bibl. Coll. «Grands documents contemporains».

Aron, Raymond: *La révolution introuvable. Réflexions sur les événements de mai*, Paris, Fayard, 1968, 187 p., Coll. «En toute liberté».

Brau, Jean-Louis: *Cours, camarade, le vieux monde est derrière toi!* Histoire du mouvement révolutionnaire étudiant en Europe, Paris, A. Michel, 1968, 346 p., ph. ill. h. t., «Histoire du XXᵉ siècle».

Epistémon: *Ces idées qui ont ébranlé la France.* (Nanterre, novembre 1967–juin 1968), Paris, Fayard, 1968, 129 p.

Fontane, André: *La guerre civile froide*, Paris, Fayard, 1969, 193 p., «Les grandes études contemporaines».

Labro, Philippe, et coll.: *Mai/juin 68. «Ce n'est qu'un début.»* Paris, Editions et publications premières, 1968, Coll. «Edition spéciale», n° 2.

Lewino, Walter: *L'imagination au pouvoir.* Photographies de Jo Schnapp, Paris, Erich Losfeld Ed., «Le Terrain vague», 1968 (Recueil de photos).

Marcellin, Raymond: *L'ordre public et les groupes révolutionnaires*, Paris, Plon, 1969, 124 p., «Tribune libre».

Paillat, Claude: *Archives secrètes 1968-69.* Les coulisses d'une année terrible, Paris, Denoël, 1969, 473 p.

Tournoux, J.-R.: *Le mois de mai du général.* Livre blanc des événements, Paris, Plon, 1969, 527 p.

L'économie française

Généralités

Atlas industriel de la France, réalisé d'après le recensement de la population de 1954 sous la direction de Robert Giry et autres, Paris, La Documentation française, 1960, 201 p.

Atreize (pseudonyme d'un groupe de treize auteurs): *La planification française en pratique*, Paris, Economie et humanisme Ed. ouvrières, 1971, 382 p., Coll. «Initiation économique», 16.

Baleste, Marcel: *L'Economie française.* Structures et conjoncture, Paris, Masson & Co., 1969, 201 p., bibl., Premier Cycle Géographie, Coll. «Abrégés, Documents, Méthodes».

Beaujeu-Garnier, Jacqueline: *Rénovation de l'économie française*, in: Le Français dans le Monde, n° 14 (1963), p. 13–17.

Brousse, Henri: *Le niveau de vie en France*, Paris, P.U.F., Coll. «Que sais-je?», n° 371.

Chardonnet, Jean: *L'économie française*, 2ᵉ éd., Paris, Dalloz, 1970-1971, T. I: L'industrie, 549 p., nombr. cartes et stat., T. II, 1ʳᵉ partie: Les grandes industries, 466 p., cartes, stat., photos h. t., Coll. «Etudes politiques, économiques et sociales».

Chenot, Bernard: *Les entreprises nationalisées*, Paris, P.U.F., Coll. «Que sais-je?», n° 695.

Cosperc, Jean-Louis / Guédon, Jean-François: *Economie française et C.E.E.*, in: tendances, n° 57, février 1969.

Demangeon, A.: *Géographie économique et humaine de la France*, T. VI, vol. 2 et 3 de la *Géographie universelle* publiée sous la direction de P. Vidal de la Blache et L. Gallois, Paris, A. Colin, 1946–1948.

Durand-Viel, Marc: *La participation*, in: tendances, n° 64, avril 1970.

Fourastié, Jean: *L'économie française dans le monde*, Paris, P.U.F., Coll. «Que sais-je?», n° 191.

Hartemann, Bernard: *Comment se tenir au courant de la vie économique française*, in: Le Français dans le monde, n° 45 (1966), p. 22–24.

Jeanneney, Jean-Marcel: *Forces et faiblesses de l'économie française 1945-1956*, Paris, A. Colin, 1956, 339 p.

Jobard, Jean-Pierre: *Les disparités régionales de croissance.* Analyse économique des départements situés dans le Centre-Est de la France. 1801-1962, Paris, A. Colin, 1971, 240 p., Fondation nationale des sciences politiques, Coll. «Recherches sur l'économie française», 16.

de Lattre, A.: *Politique économique de la France depuis 1945*, Paris, Sirey, 1966, 522 p.

Lesourd, Jean-Alain / Gérard, Claude: *Histoire économique, XIXᵉ et XXᵉ siècles*, 2 vol., Paris, A. Colin, 663 p., Coll. «U».

Maillet, Pierre et Monique: *La structure économique de la France*, Paris, P.U.F., Coll. «Que sais-je?», n° 791.

Marc, Edmond: *La planification française*, in: Le Français dans le Monde, n° 28 (1964), p. 11–15. Dossier pédagogique sur le même sujet par le même auteur, ibid., p. 44–48.

Marc, Edmond / Paoletti, Michel: *Le travail des Français*, dossier pédagogique avec bibliographie, in: Le Français dans le Monde, n° 37, p. 32–41.

Mariano, Antoine-Pierre: *Métamorphose de l'économie française 63–73*, Préface de Raymond Aron, Paris, Arthaud, 1973, 362 p., Coll. «Notre temps», 27 (Un bilan de la gestion Pompidou-Giscard).

Miquel, Pierre: *Economie et société dans la France d'aujourd'hui*, Paris, Nathan, 1971, 192 p.

Parodi, Maurice: *L'économie et la société française de 1945 à 1970*, Paris, A. Colin, 1971, 376 p., Coll. «U».
Perol, Raoul: *La productivité en France*, in: tendances, n° 67, octobre 1970, bibl.
Le VIe Plan, La documentation française illustrée, numéro spécial 269–270, sept.–oct. 1971, Paris, La documentation française, 1971, 96 p., ill., graph., tabl.
Ponsard, Claude / Caillaud, Alain, et div.: *La France économique en 1970*. Annuaire de la vie économique française, Paris, Sirey, 1971, 275 p., Publication de la «Revue de l'Economie politique».
Sée, Henri: *Histoire économique de la France*, 2 vol., 2e éd., Paris, 1951, T. I: Le Moyen Age et l'Ancien Régime, T. II: Les temps modernes (1789–1914).
Tableaux de l'économie française, publ. par. l'I.N.S.E.E., Paris, P.U.F., 1966, 536 p., 1968, 576 p.

L'industrie
Adam, Yves: *Le secteur public*, in: tendances, n° 58, avril 1969, bibl.
Maillet, Pierre: *Le secteur public en France*, Paris, P.U.F., Coll. «Que sais-je?», n° 1131.
Prêcheur, Claude: *Les industries françaises à l'heure du Marché commun*, Paris, S.E.D.E.S., 1965, 500 p., 16 cartes.
Romeuf, Jean: *L'entreprise dans la vie économique*, Paris, P.U.F., Coll. «Que sais-je?», n° 477.
Sheahan, John: *Promotion and Control of Industry in Postwar France*, Cambridge Mass., Harvard University Press, 1963, 301 p.

L'agriculture
Blanc, André: *Nouveau visage de la campagne française*, in: Le Français dans le Monde, n° 17 (1963), p. 13–15.
Bourrinet, Jacques: *Le problème agricole dans l'intégration européenne*, Paris, Cujas, 1964, 340 p., bibl. (Cette ouvrage explique toute la genèse de la politique agricole commune, ses bases de départ et les difficultés qu'elle a eues à surmonter pendant la période de 1950 à 1963.)
Buovolo, Huguette: *Evolution de l'agriculture*, dossier pédagogique, in: Le Français dans le Monde, n° 17 (1963), p. 37–40.
Clerc, François: *Le Marché commun agricole*, Paris, P.U.F., Coll. «Que sais-je?», n° 1175.
Damoiseau, Robert / Deleval, Annie: *Le village français aujourd'hui*, in: Le Français dans le Monde, n° 68 (1969), p. 34–42.
Débatisse, Michel: *La Révolution silencieuse: le combat des paysans*, Paris, Calmann-Lévy, 1963, 275 p.
Delorme, H. / Tavernier, Y.: *Les paysans français et l'Europe*, Paris, A. Colin, 1969, 156 p.
Duplex, J. / Mendras, Henri: *Visages du paysan français actuel*, dossier pédagogique avec bibl., in: Le Français dans le Monde, n° 7, p. 43–48.
Faure, Marcel: *Les paysans dans la société française*, Paris, A. Colin, 1966, 344 p., bibl., Coll. «U».
Fauvet, Jacques / Mendras, Henri: *Les paysans et la politique dans la France contemporaine*, Paris, A. Colin, 1958, XXVI–533 p., Cahiers F.N.S.P. (Abondante documentation sur le comportement politique des agriculteurs et sur l'attitude des partis vis-à-vis du monde paysan sous la IVe République).
Gervais, Michel / Servolin, Claude / Weil, Jean: *Une France sans paysans*, Paris, Le Seuil, 1965, 128 p.
Jollivet, Marcel / Mendras, Henri: *Les collectivités rurales françaises*, Paris, A. Colin, 1971, T. I: Etude comparative de changement social, 228 p., bibl.
Lambert, Bernard: *Les paysans dans la lutte des classes*, Paris, Le Seuil, 1969, 192 p., Coll. «Politique».
Le Roy, Pierre: *L'avenir du Marché commun agricole*, Paris, P.U.F., 1973, 188 p., Coll. «SUP», série l'Economiste, 37.
Mendras, Henri: *Sociologie de la campagne française*, Paris, P.U.F., Coll. «Que sais-je?», n° 842, bibl. (A la fin de l'ouvrage se trouvent un essai de définition de la personnalité de base du paysan et une analyse du rôle des agriculteurs dans les institutions nationales.)
Mendras, Henri: *Le paysan français: la figure littéraire et l'homme d'hier et d'aujourd'hui*, in: Le Français dans le Monde, n° 7 (1962), p. 2–6.
Mendras, Henri: *La fin des paysans*. Changements et innovations dans les sociétés rurales françaises, rééd. Paris, A. Colin, 1970, 307 p., Coll. «U».
Pérol, Raoul: *La Concertation agricole*, in: tendances, n° 51, février, 1968, bibl.
Pucheu, René: *Un certain village*, in: Le Français dans le Monde, n° 67 (1969), p. 47–50.
Rambaud, Placide: *Société rurale et urbanisation*, Paris, Le Seuil, 1969, 320 p., Coll. «Esprit».
L'univers politique des paysans. Publications de la Fondation Nationale des Sciences Politiques, Cahier n° 184, Paris, A. Colin, 1972, 664 p.

La vie sociale
Généralités
Dubois, Jacques: *Les cadres, nouveau Tiers-Etat*, Paris-Montréal, Bordas, 1971, 160 p., Coll. «Bordas Connaissance», 11, Série Information.
Dupeux, Georges: *La société française 1789–1960*, Paris, A. Colin, 1964, 296 p., Coll. «U».
Dupeyroux, Jean-Jacques: *Sécurité sociale*, 5e éd., Paris, Dalloz, 1973, 1058 p., Coll. «Précis Dalloz».
Lacombe, E. H., et autres: *Les changements de la société française*, Paris, Ed. Economie et Humanisme / Ed. ouvrières, 1971, 240 p., Coll. «Initiation sociologique».
Laroque, Pierre: *Les classes sociales*, Paris, P.U.F., Coll. «Que sais-je?», n° 341.
Sorlin, Pierre: *La société française*, 2 vol., Paris,

Arthaud, 1969-1971, T. I: 1840-1914, 310 p., T. II: 1914-1968, 328 p., bibl., Coll. «Sociétés contemporaines».
Suavet, Thomas: *Dictionnaire économique et social*, 8e éd. revue, Paris, Economie et humanisme – Ed. ouvrières, 1973, 528 p. (bibl.). (S'adresse plus particulièrement aux militants syndicalistes et aux membres des services sociaux de formation catholique.)
Villes et campagnes. Civilisation urbaine et civilisation rurale en France. Recueil publié sous la direction et avec une introduction de Georges Friedmann, 2e éd., Paris, A. Colin, 1970, 480 p., Centre d'Etudes Sociologiques (Recueil des communications et des débats des douze séances de la Semaine sociologique tenue à Paris en mars 1951).

La bourgeoisie
Ellul, Jacques: *Métamorphose du bourgeois*, Paris, Calmann-Lévy, 1967, 304 p., Coll. «Liberté de l'esprit».
Morazé, Charles: *La France bourgeoise XVIIIe–XXe siècles*, Paris, A. Colin, 1947, XVI–220 p., nouv. éd. 1952, Economies, Sociétés, Civilisations.
Pernoud, Régine: *Histoire de la bourgeoisie en France*, 2 vol., Paris, Le Seuil, 1960-1962, T. I: Des origines aux temps modernes, 472 p., T. II: Les temps modernes, 680 p.
Pernoud, Régine: *Les origines de la bourgeoisie*, Paris, P.U.F., Coll. «Que sais-je?», n° 269.

Les ouvriers
Adam, Gérard / Bon, Frédéric / Capdevielle, Jacques / Mouriaux, René: *L'ouvrier français en 1970*. Enquête nationale auprès de 1.116 ouvriers d'industrie, Paris, A. Colin, 1971, 277 p., Coll. «Travaux et recherches de science politique», 13.
Bouvier-Ajam, Maurice: *Histoire du travail en France depuis la Révolution*, Paris, Librairie générale de droit et de jurisprudence, 1969, 604 p.
Bron, J.: *Histoire du mouvement ouvrier français*, 2 vol., Les Ed. ouvrières, 1969-1970.
Cacéres, Benigno: *Le mouvement ouvrier*, Paris, Le Seuil, 1967, 284 p., Coll. «Peuple et culture», 5.
Cayol, Jean / Damoiseau, Robert: *La vie de l'ouvrier français*, dossier pédagogique, in: Le Français dans le Monde, n° 52 (1967), p. 35-41.
Charpentreaux, J. / Kaes, R.: *La culture ouvrière en France*, Paris, Les Ed. ouvrières, 1962, 207 p.
Destray, Jacques: *La vie d'une famille ouvrière*. Autobiographies, Paris, Seuil, 1971, 174 p., Coll. «Esprit», «La condition humaine».
Frémontier, Jacques: *La forteresse ouvrière: Renault*, Paris, Fayard, 1971, 380 p., Coll. «Le Monde sans frontières».
Friedmann, Georges: *Où va le travail humain?* nouv. éd., Paris, Gallimard, 1963, 453 p.
Mallet, Serge: *La nouvelle classe ouvrière*, nouv. éd., Paris, Seuil, 1970, 253 p., Coll. «Politique».

Mothé, Daniel: *Les O.S.*, Paris, Editions du Cerf, 1973, 96 p., Coll. «Objectifs». (L'auteur expose les conditions de travail des O.S., leur action syndicale, leurs revendications fondamentales, ainsi que les solutions susceptibles d'être apportées à leur situation.)
Travail et condition ouvrière. Les Cahiers français, nos 154–155, mai–août 1972, Paris, La Documentation française, 1972, 96 p. et 3 cahiers h. t., ill., tabl.
Weil, Simone: *La condition ouvrière*, Paris, Gallimard, 1951, 273 p., Coll. «Espoir».

Les syndicats des travailleurs
Andrieux, Andrée / Lignon, Jean, avec la collaboration de Mille, François: *Le militant syndicaliste d'aujourd'hui*, Paris, Denoël / Gonthier, 1973, 328 p. (Le livre repose sur une enquête menée de 1961 à 1963.)
Bruhat, Jean / Piolot, Marc: *Esquisse d'une histoire de la C.G.T. (1895-1965)*, Paris, Ed. de la C.G.T., 1966, 184 p.
Capdevielle, Jacques / Mouriaux, René: *Les syndicats ouvriers en France*, Paris, A. Colin, 1970, 126 p., Coll. «U 2», 104, bibl.
Krasucki, Henri: *Syndicats et lutte de classes*, Paris, Ed. sociales, 1969, 126 p. (Point de vue communiste).
Lefranc, Georges: *Où en est le syndicalisme des travailleurs en France?* in: Le Français dans le Monde, n° 52 (1967), p. 17-22, bibl.
Lefranc, Georges: *Le mouvement syndical*, 2 vol., Paris, Payot, 1967-1969, T. I: Sous la Troisième République, 452 p., T. II: De la Libération aux événements de mai–juin 1968, 311 p.
Lesire-Ogrel, Robert: *Le syndicalisme dans l'entreprise*, Paris, Seuil, 1967, 143 p., Coll. «Société», 21.
Mothé, Daniel: *Le métier de militant*, Paris, Seuil, 1973, 188 p., Coll. «Politique», 59 (Observation des faits tout à fait remarquable, interprétations d'une grande intelligence).
Parfenov, Michel: *Le syndicalisme*, in: tendances, n° 46, avril 1967, bibl.
Reynaud, Jean-Daniel: *Les syndicats en France*, 2e éd., Paris, A. Colin, 1967, 292 p., bibl. Coll. «U».
Rioux, Lucien: *Où en est le syndicalisme?* Paris, Buchet/Chastel-Corréa, 1960, 159 p.

Les forces religieuses

Généralités
Boulard, Fernand: *Premiers itinéraires en sociologie religieuse*, rééd. Paris, Les Ed. ouvrières, 1966, 156 p. (Trad. allem.: Wegweiser in die Pastoralsoziologie, übers. v. Rosa Schnabel, München, Mainz 1960, 192 S., Veröff. d. Stifterbibliothek).
Coutrot, Aline / Dreyfus, François-Georges: *Les forces religieuses dans la société française*, Paris, A. Colin, 1965, 343 p., bibl., Coll. «U».
Dansette, Adrien: *Histoire religieuse de la France contemporaine*, 2 vol., nouv. éd., Paris, Flammarion, 1965.
Dreyfus, François-Georges: *Comment s'informer*

sur les problèmes religieux dans la France contemporaine, in: Le Français dans le Monde, n° 68 (1969), p. 6-10, bibl.
Hourdin, Georges: *Catholiques et socialistes*, Paris, Grasset, 1973, 272 p. (Livre suscitant bien des controverses.)
Le Bras, Gabriel: *La pratique religieuse dans les villes et campagnes*, in: *Villes et campagnes*. Civilisation urbaine et civilisation rurale en France, 2ᵉ éd., Paris, A. Colin, 1970, p. 283-326.
Le Bras, Gabriel: *Etudes de sociologie religieuse*, 2 vol., Paris, P.U.F., 1955-1956, T. I et II: 820 p.
Le Pointe, Gabriel: *Les rapports de l'Eglise et de l'Etat en France*, Paris, P.U.F., Coll. «Que sais-je?», n° 886.
Rémond, René (sous la direction de): *Forces religieuses et attitudes politiques dans la France contemporaine*, Paris, A. Colin, 1965, 397 p., Cahier 130 de la Fondation nationale des sciences politiques.

Le catholicisme dans la France contemporaine
Alméras, Philippe: *Les catholiques français*, in: Le Français dans le Monde, n° 34 (1965), p. 10-15.
Bouyer, Louis: *La décomposition du catholicisme*, Paris, Aubier-Montaigne, 1968, 153 p., Coll. «Présence et pensée».
Godin, Henri / Daniel, Yves: *La France, pays de mission?* Paris, Le Cerf, 1943, nouv. éd. 1950, 215 p., Coll. «Rencontres».
Guilmont, Paul: *Fin d'une église cléricale?* Le débat en France de 1945 à nos jours, Paris, Le Cerf, 1969, 363 p., Histoire des doctrines ecclésiologiques.
Klingler, Norbert: *Der französische Katholizismus in der politischen Gesellschaft*. Eine Untersuchung über die Bedeutung der Gruppen und Tendenzen innerhalb des französischen Katholizismus und ihren Einfluß auf die politische Gegenwart, Phil. Diss., Freiburg i. Br., 1967, 301 p.
Latreille, André / Rémond, René: *Histoire du catholicisme en France*, 3 vol., Paris, Spes, 1957-1962, T. I: Des origines à la chrétienté médiévale, T. II: Sous les rois très-chrétiens, T. III: La période contemporaine.
Marteaux, Jacques: *L'Eglise de France devant la révolution marxiste*, 2 vol., Paris, La Table Ronde, 1958-1959, T. I: Les voies insondables, 1936-1944, Les catholiques dans l'inquiétude, T. II: Les catholiques dans la tourmente.
Poulat, Emile: *Naissance des prêtres-ouvriers*, Paris-Tournai, Castermann, 1965, 538 p.
Problèmes actuels du catholicisme français, Paris, Centre catholique des intellectuels français, Desclée de Brouwer, 1969, 259 p., Recherches et débats du Centre catholique des intellectuels français, 64.
Solé, Robert: *Les prêtres français*, in: tendances, n° 78, août 1972, bibl.

Le protestantisme dans la France contemporaine
Bœgner, Marc / Siegfried, André, et autres: *Protestantisme français*, Paris, Plon, 1945, 448 p., Coll. «Présences».
Léonard, E.-G.: *Le Protestant français*, 2ᵉ éd., Paris, P.U.F., 1955, 316 p.
Léonard, E.-G.: *Histoire générale du protestantisme*, 3 vol., Paris, P.U.F., 1961-1964, T. I: La Réforme, T. II: L'établissement, T. III: Déclin et renouveau (XVIIIᵉ et XXᵉ s.).
Lestringant, P.: *Visage du protestantisme français*, Tournon, Cahiers du Réveil, 1959, 214 p.
Stéphan, R.: *Histoire du protestantisme français*, Paris, Fayard, 1961, 396 p.

La laïcité et la question scolaire
Campenhausen, Axel Freiherr von: *L'Eglise et l'Etat en France*, Paris, Ed. de l'Epi, 1964, 223 p. (Ed. allem.: Staat und Kirche in Frankreich, Göttinger Rechtswissenschaftliche Studien, Bd. 14, Göttingen, 1962, 172 S.)
Capéran, Louis: *Histoire contemporaine de la laïcité française*, 3 vol., Paris, 1957-1961, T. I: La crise du 16 mai et la revanche républicaine, T. II: La révolution scolaire, T. III: La laïcité en marche.
La Laïcité, publ. par le Centre des sciences politiques de l'Institut d'Etudes juridiques de Nice, Paris, P.U.F., 1960, 582 p.
Mayeur, Jean-Marie: *La Séparation de l'Eglise et de l'Etat*, Paris, Julliard, 1966, 202 p.
Mégrine, Bernard: *La question scolaire en France*, Paris, P.U.F., Coll. «Que sais-je?», n° 864.
Méjan, Louis: *La Séparation des Eglises et de l'Etat*, Paris, P.U.F., 1959, 573 p.
Montlucard, Maurice: *Conscience religieuse et démocratie*, Paris, Le Seuil, 1965, 285 p.
Ozouf, Mona: *L'Ecole, L'Eglise et la République, 1871-1914*, Paris, A. Colin, 1963, 304 p.

V. LES RAPPORTS FRANCO-ALLEMANDS

Généralités
Bainville, Jacques: *Histoire de deux peuples. La France et l'empire allemand*, Paris, Nouvelle Libr. nationale, 1915, 320 p. (souvent réédité), (Trad. allem.: Geschichte zweier Völker. Frankreichs Kampf gegen die deutsche Einheit. Übertr. v. Albrecht Erich Grimm, Hamburg, Hanseatische Verlagsanstalt, 1939, 194 S.).
Binoux, Paul: *Les pionniers de l'Europe. L'Europe et le rapprochement franco-allemand*. Joseph Caillan, Aristide Briand, Robert Schuman, Konrad Adenauer, Jean Monnet, Paris, Klincksieck, 1972, 221 p.
Calmette, Joseph: *L'Europe et le péril allemand. Du traité de Verdun à l'armistice de Reims, 843-1945*, Paris, Ed. Montaigne, 1947, 509 p., Coll. «Les grandes crises de l'histoire».
Carrias, Eugène: *Le danger allemand 1866-1945*, Paris, P.U.F., 1952, 264 p.
Eckert, Georg / Schüddekopf, Ernst-Otto (Hg.): *Deutschland-Frankreich-Europa. Die deutschfranzösische Verständigung und der Geschichtsunterricht*. Im Auftrag des Internationalen Schul-

buchinstituts hg. von Eckert und Schüddekopf, Baden-Baden, Verlag für Kunst und Wissenschaft, 1953, 144 p.

Gaxotte, Pierre: *Histoire de l'Allemagne*, 2 vol., Paris, Flammarion, 1963, T. I: 572 p., T. II: 537 p.

Lauret, René: *Notre voisin l'Allemand. Deux peuples s'affrontent*, Paris, Nouv. Ed. latines, 1960, 215 p., Coll. «Le XXe siècle» (Trad. allem.: Die Deutschen als Nachbarn. Revision eines Geschichtsbildes. Ein Beitrag zur deutsch-französischen Auseinandersetzung. Deutsche Übers. v. Marie-Luise Libbach und Christian Treff, Stuttgart, Seewald, 1972, Sonderveröffentlichung des Deutsch-französischen Instituts Ludwigsburg), (superficiel).

Minder, Robert: *Allemagnes et Allemands*. Essai d'histoire culturelle, T. I: éd. rev. et augm., Paris, Seuil, 1948, 484 p., Coll. «Esprit», «Frontière ouverte».

Pange, Jean de: *Les meules de Dieu. France-Allemagne-Europe*, Paris, Ed. Alsatia, 1951, 286 p. (Point de vue lorrain).

Vermeil, Edmond: *L'Allemagne*. Essai d'explication, 11e éd., Paris, Gallimard, 1945, 458 p.

Vermeil, Edmond: *L'Allemagne contemporaine sociale, politique et culturelle*, 1890-1950, 2 vol., Paris, Aubier, 1952-1953, T. I: Le règne de Guillaume II, 1890-1918, T. II: La République de Weimar et le Troisième Reich, 1918-1950, Coll. historique.

Wullus-Rudiger, Jacques: *Français et Allemands: ennemis héréditaires?* Bruxelles-Paris, Brépols, 1965, 304 p., 11 cartes.

Zeller, Gaston: *La France et l'Allemagne depuis dix siècles*, Paris, A. Colin, 1932, 212 p. (souvent réédité), (Trad. allem.: Tausend Jahre deutsch-französischer Beziehungen. Ein geschichtlicher Abriß in franz. Sicht, Baden-Baden, Verlag für Kunst und Wissenschaft, 1954, 138 S.).

De 1871 à 1914

Albin, P.: *L'Allemagne et la France en Europe* (1885-1914), Paris, 1913.

Digeon, Claude: *La crise allemande de la pensée française* (1870-1914), Paris, P.U.F., 1959, 568 p. (fondamental).

Le nationalisme français 1871-1914, textes choisis par R. Girardet, Paris, 1966.

Pinon, R.: *France et Allemagne* (1870-1913), Paris, 1914.

Poidevin, Raymond: *Les relations économiques et financières entre la France et l'Allemagne 1898-1914*, Paris, A. Colin, 1968, 968 p.

Ziebura, Gilbert: *Die deutsche Frage in der öffentlichen Meinung Frankreichs von 1911 bis 1914*, Berlin, Colloquium-Verlag, 1955, 223 S., Studien zur europäischen Geschichte aus dem Friedrich-Meinecke-Institut der Freien Universität Berlin, Bd. 1 (excellent travail, bibl. et référ. abondantes).

De 1918 à 1940

Bise, Pierre: *Le cauchemar allemand*, Lausanne, Ed. Civis, 1934.

Blondel, Georges: *Le triomphe du germanisme*, Paris, M. Rivière, 1934.

Brinon, Fernand de: *France-Allemagne (1918-1933)*, Paris, Grasset, 1934, 272 p. (Brinon fut condamné après la guerre pour collaboration.)

Carré, Jean-Marie: *Les écrivains français et le mirage allemand*, Paris, Boivin, 1947, 225 p.

Chevrillon, André: *La menace allemande. Hier et aujourd'hui*, Paris, Plon, 1934.

Duroselle, Jean-Baptiste: *Les relations franco-allemandes de 1914 à 1950*, Les Cours de Sorbonne, Histoire moderne et contemporaine, T. IV p. 1-86, T. V p. 87-190, Paris, C.D.U. et S.E.D.E.S. réunis, 1968, multigr. (excellent travail).

Engelmayer, O.: *Die Deutschlandideologie der Franzosen*, Berlin, 1936 (très orienté, partiel et partial).

Lichtenberger, Henri: *L'Allemagne d'aujourd'hui dans ses relations avec la France*, Paris, Crès, 1922, 280 p.

Lote, R.: *Les relations franco-allemandes*, Paris, 1922 (anti-allemand).

Reynaud, Louis: *Français et Allemands*, Paris, Fayard, 1930, 387 p., «Les grandes études historiques».

Romains, Jules: *Le couple France-Allemagne*, Paris, Flammarion, 1935, 144 p.

Vermeil, Edmond: *L'Allemagne et les démocraties orientales. Les conditions générales des relations franco-allemandes*, Paris, Conciliation internationale, 1931, 69 p.

Pendant la deuxième guerre mondiale

Bieber, Konrad F.: *L'Allemagne vue par les écrivains de la Résistance française*. Préface d'Albert Camus, Genève (Droz)-Lille (Giard), 1954, 185 p.

Depuis 1945

Grosser, Alfred: *La démocratie de Bonn 1949-1957*, Paris, A. Colin, 1958, 312 p., Coll. «Sciences politiques» (Trad. allem.: Düsseldorf, 1960).

Harcourt, Robert d': *La rencontre de Gaulle-Adenauer et l'opinion allemande*, in: Revue des deux Mondes, 1er sept. 1962, p. 3-13.

Korff, Adalbert: *Le revirement de la politique française à l'égard de l'Allemagne entre 1945 et 1950*, Thèse sc. pol., Lausanne, Ambilly-Annemasse, 1965, 368 p.

Michelat, G. / Thomas, J.-P.: *Dimensions du nationalisme*, enquête par questionnaire (1962), Paris, 1966, Cahiers de la Fondation nationale des Sciences politiques.

Moch, Jules: *Histoire du réarmement allemand depuis 1950*, Paris, Laffont, 1965, 416 p., Coll. «L'histoire que nous vivons».

Schwarz, Hans-Peter: *Vom Reich zur Bundesrepublik*, Neuwied-Berlin, 1966, 884 S., ,,Politica'', 38.

Ziebura, Gilbert: *Die deutsch-französischen Beziehungen seit 1945. Mythen und Realität*, Pfullingen, Verlag Günter Neske, 1970, 200 S. (Point de vue social-démocrate, bibl., référ.).

INDEX ALPHABÉTIQUE DES NOMS PROPRES

Les chiffres en caractères gras renvoient aux textes expliqués dans ce livre.
Les noms marqués d'un astérisque (*) renvoient aux notices biographiques à la fin du livre (p. 265).
On trouve dans cet index les dates principales des personnes seulement dans le cas où il n'y a pas d'autre référence dans le livre (notes ou notices biographiques).

Abélard, Pierre 38, 39
Abetz, Otto 249–250
Adam, George, écrivain et journaliste (né en 1908) 225
Adenauer, Konrad, homme d'Etat allemand (1876–1967), chancelier de la République fédérale d'Allemagne (1949–1963) 251, 256
Alain, Emile Chartier, dit A., 63, 182
Albert, Eric **220–221**
Alexandre Ier Pavlovitch (1777–1825), empereur de Russie (1801–1825) 158
Andrieux, Maurice **127–130**, 131
Anne d'Autriche (1601–1666), reine de France par son mariage avec le roi Louis XIII (1615–1643), régente pendant la minorité de Louis XIV (1643–1661) 134, 140
Anne de Bretagne, duchesse de Bretagne (1477–1514), reine de France par son mariage avec Charles VIII, puis avec Louis XII 127
Anouilh, Jean, auteur dramatique français (né en 1910) 124
Aragon, Louis, poète et romancier français (né en 1897) 168
Aristote 40, 41 (v. Index des matières)
*Aron, Raymond 30, 63, 170, **181–182**, 185, 188, 190
Artus (ou Arthur), roi de Galles 109, 111
*Bainville, Jacques **120–123**
Balzac, Honoré de, romancier français (1799–1850) 131
Barangé, Charles, homme politique français (M.R.P.) (né en 1897) 231 (v. Index des matières)
*Barrès, Maurice 39, **96–99**
*Barthes, Roland **212–214**
*Bastié, Jean 69, 71, **88–89**
Beauharnais, Hortense de (1783–1837), fille du vicomte de Beauharnais et de Josephine de B.; reine de Hollande (1806–1810) par son mariage avec Louis Napoléon 58
Beauharnais, Josephine de (1763–1814), impératrice des Français (1804–1809), femme de Napoléon Ier 158
*Beaujeu-Garnier, Jacqueline **194–197**
Beaumanoir, Jean 110, 111
Béguin, Albert, écrivain suisse (né en 1901) éditeur de la revue «Esprit» (depuis 1950) 232
Bergson, Henri 41

Bidault, Georges, homme politique français (né en 1899) 252
Billot, Jean-Baptiste 163, 164
Biron, Charles, duc de, maréchal de France (1562–1602) 129
Blum, Léon 197–198, 226
Boileau, Nicolas, dit B.-Despréaux, poète et critique français (1636–1711) 48
Boisdeffre, Raoul François Charles le Mouton de 163, 164
Boisrobert, François de, abbé 49
Bon, F. 235
Bonaparte, Charles-Louis-Napoléon (1778–1846), roi de Hollande (1806–1810) 58
Bossuet, Jacques Bénigne 38, 39
*Boussard, Jacques **32**
*Braunschvig, Marcel **48–49**
Broglie, Louis de, physicien français 51
Calvin, Jean, théologien et réformateur protestant (1509–1564) 227
*Camus, Albert 26, 168, **250–251**
Capet, Hugues (v. 941–996), roi de France (987–996) 53, 74, 123
Caraccioli (ou Caracciolo), Domenico (1715–1789), vice-roi de Sicile (1781, 1786), ministre des Affaires étrangères de Sicile; pendant son ambassade à Paris lié avec les encyclopédistes 42
*Carco, Francis 78, **79–81**
*Carrère, Paul **101–104**
Catherine de Médicis, reine de France 127, 129, 130, 131
Cazalé, Marcel **206–207**
César, Jules, général et homme d'Etat romain (101–44 av. J.-C.) 112, 121, 122
*Cesbron, Gilbert **232–234**
Cézanne, Paul, peintre français (1839–1906) 100, 106
Chaban-Delmas, Jacques 187, 188
Charette de la Contrie, François Athanase 110, 111
Charlemagne (742–814), roi des Francs (768–814), empereur d'Occident (800–814) 111, 120–123, 131, 145
Charles II le Chauve (823–877), roi de France (840–877) et empereur d'Occident (875–877) 51, 123
Charles IV (1294–1328), roi de France (1322–1328) 127
Charles V, roi de France 110, 111
Charles VII, roi de France 110, 111, 126

Charles VIII (1470–1498), roi de France (1483–1498) 127
Charles IX, roi de France 127, 129, 131
Charles V (Charles Quint) (1500–1558), roi d'Espagne (1516–1556), empereur germanique (1519–1556) 74
Charles de Bourgogne, le Téméraire (1433–1477), duc de Bourgogne (1467–1477) 127
Charles Martel (v. 685–741), maire du palais 123
*Chateaubriand, François-René de 38, 39, 50, 51, 107, **109–113**, 131, **153–156**, 158, 171
*Chenot, Bernard **197–199**
Claudel, Paul, diplomate et écrivain français (1868–1955) 162
Clemenceau, Georges, homme politique français (1841–1929) 162
Clisson, Olivier 110, 111
Clovis Ier (465–511), roi des Francs Saliens (v. 481–511), puis des Francs Ripuaires (500–511) 123, 227
*Clozier, René **64–65**
Colbert, Jean-Baptiste, homme d'Etat français (1619–1683) 115
Coligny, Gaspard de, dit l'amiral de C. (1519–1572) 129, 131
Conrart, Valentin 49
Corneille, Pierre, poète dramatique français (1606–1684) 49
Coutrot, Aline, **229–230**, **236–237**
*Daninos, Pierre **35–37**, 41, 52
*Danton, Georges-Jacques **150–152**, 153, 171
*Debré, Michel **241–242**
Déligny, Henri, journaliste du journal «Le Monde» 171
Descartes, René 38, 39, 247
*Destray, Jacques **218–220**
*Detton, Hervé **56–59**, 59–60
Diderot, Denis, philosophe français (1713–1784) 26
Dreyfus, Alfred 162–165, 171, 176 (v. Index des matières)
*Dreyfus, François-Georges **229–230**, **236–237**
Du Bellay, Joachim, poète français 48, 50
Duclos, Charles Pineau (ou Pinot) 110, 111
Du Couëdic, Charles-Louis de Kergoualer, chevalier du, célèbre marin français (1740–1780)
Dugrand, Raymond **101–104**
Duguay-Trouin, René 110, 111
Du Guesclin, Bertrand 110, 111

281

Du Paty de Clam, Armand-Auguste-Charles-Ferdinand-Marie Mercier, sous-chef du 3ᵉ bureau lors de l'affaire Dreyfus, puis colonel (1853 à 1916) 163, 164

Durif, François **32**

Duverger, Maurice, écrivain et juriste français (né en 1917) 178–181

Eckermann, Johann Peter, écrivain allemand (1792–1854); secrétaire et ami de Goethe («Entretiens avec Goethe») 74

Edouard III (1312–1377), roi d'Angleterre (1327–1377) 124, 126, 127

Eginhard ou Einhard, chroniqueur franc (770–840) 111

Eiffel, Gustave, ingénieur français (1832–1923) 35, 79 (v. Index des matières)

Elbée, Maurice Gigost d' 110, 112

Engels, Friedrich, théoricien socialiste allemand (1820–1895) 161

Enghien, Louis Antoine Henri de Condé, duc d'E. (1772–1804) 153

Esterhazy, Marie Ferdinand Walsin 162, 164, 165

Etiemble, René, romancier et essayiste français (né en 1909) 87

Faure, Félix, homme d'Etat français (1841–1899) 162, 164

*Fénelon, François de Salignac de la Mothe-F. **136–139**, 139, 140

Fourastié, Jean, économiste français, professeur d'université, membre de l'Institut (né en 1901) 31, 138, 193

France, Anatole François Thibault, dit Anatole F. 50, 51, 162, 165

François Iᵉʳ, roi de France 73, 74, 127

François II (1544–1560), roi de France (1559–1560) 129, 130

François de Sales, saint, écrivain religieux, évêque de Genève (1567 à 1622) 227

Frédéric Iᵉʳ Barberousse (1122–1190), empereur romain germanique (1152–1190) 120

Frédéric II, le Grand (1712–1786), roi de Prusse (1740–1786) 44

Frémontier, Jacques, journaliste français (né en 1930) 225

Gambetta, Léon 242

Ganelon, personnage légendaire; il trahit Roland dans la vallée de Roncevaux; son nom a passé dans la langue comme synonyme de «traître» 122

*Garaudy, Roger **183–185**, 187, 190

*Gaulle, Charles de, général et homme d'État français (1890–1970), président de la République (1958–1969) 53, **61–64**, 66, 166, 167, **168–170**, 171, 172, 176, **177**, 181, 184, 188, 189, 190, **254–255**, 256

*Gaultier, Paul **73–75**, 82

*George, Pierre 69, 71, **88–89**

*Gide, André **38–40**, 41, **104–106**, **237–239**, 243

*Giscard d'Estaing, Valéry 172, **187**, 188, 189, 190

Godin, Henri, abbé (1906–1944) 235

Goethe, Johann Wolfgang, écrivain allemand (1749–1832) 74, 158

Goldmann, Lucien, sociologue français 26

Goncourt, les, Edmond de G. (1822–1896) et son frère Jules de G. (1830–1870), écrivains français 74 (v. Index des matières)

Gonse, général français 164, 165

*Gougenheim, Georges **45–47**

Gravier, Jean-François, économiste français (né en 1915) 53

Hardouin, Jean, jésuite érudit (1646 à 1729) 110, 111

Haussmann, Georges-Eugène, baron, administrateur et homme politique 77

Hegel, Georg Wilhelm Friedrich, philosophe allemand (1770–1831) 18

Henri II (1519–1559), roi de France (1547–1559) 129, 130

Henri III, roi de France 110, 111, 129, 131

Henri IV, roi de France 127–131, 132, 134, 145

Henri V (1387–1422), roi d'Angleterre (1413–1422) 126

Hermant, Abel, romancier français (1862–1950) 49

Hitler, Adolf, homme politique allemand (1889–1945), chancelier du IIIᵉ Reich (1933–1945) 29, 30, 245, 256

*Hourticq, Jean **56–59**, 59–60

Hugo, Victor 39, 158

Innocent III (1160–1216), pape (1198–1216) 126

Isabelle de France (1292–1358), fille de Philippe IV, roi de France, épouse d'Edouard II d'Angleterre 126

Jeanne d'Albret, reine de Navarre, femme d'Antoine de Bourbon et mère de Henri IV (1528–1572) 131

Jeanne d'Arc, la Pucelle, sainte et héroïne nationale (1412–1431) 91, 120, 124–126, 131, 145, 227, 246

Jolliet (ou Joliet), Louis, explorateur canadien (1645–1700) 140

Justinien, empereur romain 40, 41 (v. Index des matières)

Labal, Paul **32**

La Bruyère, Jean de, écrivain et moraliste français (1645–1696) 138

La Fontaine, Jean de, poète français (1621–1695) 131

Lalande, André, philosophe français 113

Lamartine, Alphonse de 38, 39

*Lamennais, Félicité-Robert de 110, 111, **159–162**, 235

Lamotte-Picquet, Toussaint-Guillaume, comte Picquet de la Motte, connu sous le nom de L.-P., célèbre marin français (1720–1791) 110, 111

*Lamour, Philippe **76–78**

La Noue, François de 110, 111

Lapie, Pierre-Olivier, avocat et homme politique français (né en 1901), ancien ministre, président de la commission chargée de l'étude des rapports entre l'État et l'enseignement privé (1959) 240, 242 (v. Index des matières)

La Rochejaquelein, Henri Du Verger, comte de 110, 112

Latreille, André, professeur d'université français (né en 1901) 240

*Le Bras, Gabriel **40–41**, 52, 229, 226

Le Chapelier, Isaac René Guy, homme politique français (1754–1794) 225 (v. Index des matières)

*Lefebvre, Georges **156–158**

Le Nôtre, André, dessinateur français de jardins et de parcs (1613–1700) 43

Léon XIII (1810–1903), pape (1878 à 1903) 235

Lesage, Alain René 110, 111

Lesseps, Ferdinand de 19

Lévêque, Jean **204–206**

Lohrer, Robert **32**

Lothaire Iᵉʳ (795–855), empereur d'Occident (840–855) 51

Louis IX ou Saint Louis (1214–1270), roi de France (1226–1270) 126

Louis XI, roi de France 127, 129

Louis XIII, roi de France 49

Louis XIV (1638–1715), roi de France (1643–1715), le «Roi Soleil» 110, 111, 127, 128, 131, 132–140, 145, 227, 236, 238, 244, 245, 246

Louis XV (1710–1774), roi de France (1715–1774) 140, 238

Louis XVI (1754–1793) roi de France (1774–1791), roi des Français (1791–1792) 153

Louis XVIII (1755–1824), roi de France (1814–1824) 158

Louis Iᵉʳ de Bourbon, prince de Condé (1530–1569) 131

Louis Iᵉʳ le Pieux ou le Débonnaire (778–840), empereur d'Occident et roi des Francs (814–840) 123

Louis II le Germanique (804–876), roi des Francs orientaux (817–843), roi de Germanie (842–876) 51, 123

Louvois, Michel Le Tellier, marquis de 245, 246

Luther, Martin, théologien et réformateur allemand (1483–1546) 50

*Madaule, Jacques **14–17**, 18, **18–21**, 26, 31

Maintenon, Françoise d'Aubigné, marquise de (1635–1719), épouse morganatique de Louis XIV 136
Maistre, Joseph comte de, écrivain et philosophe français (1753–1821) 235
Malherbe, François de, poète français 42, 48
Malthus, Robert 30 (v. Index des matières)
Marc, roi légendaire de Cornouailles 111
*Marcellin, Raymond **186**–**187**, 190
Marguerite de Valois, dite la reine Margot (1553–1615), fille de Henri II et de Catherine de Médicis; elle épousa Henri de Navarre, le futur roi Henri IV, qui la répudia en 1599 131
Marie-Antoinette de Habsbourg-Lorraine (1755–1793), reine de France par son mariage avec Louis XVI (1774–1791), reine des Français (1791–1792) 153
Marie-Louise de Habsbourg-Lorraine (1791–1847), impératrice des Français par son mariage avec Napoléon Ier (1810–1814, 1815) 197
*Marin, Gérard **85**–**88**
Marquette, Jacques, jésuite français (1637–1675) 140
Marshall, George, général et homme politique américain (1880–1959) 226, 256 (v. Index des matières)
Martin du Gard, Roger, écrivain français (1881–1958) 165
Marx, Karl, philosophe et sociologue allemand (1818–1883) 30, 161, 185, 211, 213 (v. Index des matières s.v. Marxisme)
Mascarello, secrétaire C.G.T. 222
Matisse, Henri, peintre français (1869–1954) 100
Mauriac, François, écrivain et journaliste français (1885–1970) 74
Maurois, André, écrivain français (1885–1967) 34
Mayer, René, homme politique français (né en 1895) 61
Mazarin, Giulio, cardinal 132, 134, 140
Mélac, Ezechiel, comte de 245, 246
Mercier, Auguste 163, 164
Mérimée, Prosper, écrivain français (1803–1870) 109
Michaud, Guy 59–60
*Michel, Henri **166**–**168**, 169
*Michelet, Jules 10–13, 14, 16, 17, 18, 31, 39, **124**–**126**, 146, 148
*Minder, Robert **244**–**246**
*Miquel, Pierre **217**
Mirabeau, Honoré Gabriel Riqueti, comte de (1749–1791), homme d'Etat français 60
Mistral, Frédéric 105
Mitterand, François 172, 187, 188, 189, 190

Molière, Jean-Baptiste Poquelin, dit M., auteur comique français (1622–1673) 110
Moll, Peter 92
*Monnet, Jean 198, **251**–**254**
Montaigne, Michel Eyquem de 26, 38, 39, 48, 50, 51
Montesquieu, Charles de Secondat de la Brède et de M., écrivain français (1689–1755) 10, 131
*Montherlant, Henry Millon de **249**–**250**
Moreau, Jean-Victor 110, 112
*Mousnier, Roland **139**–**140**
Musset, Alfred de, écrivain français (1810–1857) 158
Napoléon Ier Bonaparte, empereur des Français (1804–1814, 1815) 53, 57, 60, 73, 74, 112, 115, 127, 129, 131, 146, 153–158, 159, 163, 171, 176, 183, 228, 244, 245, 246
Napoléon III, Charles-Louis-Napoléon Bonaparte; empereur des Français 58, 67, 68, 159, 176, 245
*Navel, Georges **202**–**204**
Nelson, Horatio, vicomte, duc de Bronte, amiral britannique (1758–1805) 158
Nistri, Roland 92, **93**–**96**
Nithard, historiographe franc (IXe siècle) 51
Otton IV de Brunswick (1175 ou 1182–1218), empereur germanique (1209–1218) 74
Pascal, Blaise 38, 39, 227
Péguy, Charles, écrivain français (1873–1914) 162
Pépin le Bref (v. 715–768), roi des Francs (751–768)
Pétain, Henri-Philippe, maréchal de France (1856–1951), chef de l'Etat français pendant l'occupation allemande (1940–1944) 166, 167, 168, 170
Philippe II Auguste, roi de France (1180–1223) 73, 74, 126
Philippe IV le Bel, roi de France 41, 126, 227
Philippe VI de Valois (1293–1350), roi de France (1328–1350) 126
Picquart, Georges, commandant (pendant l'affaire Dreyfus), puis général français (1854–1914), ministre de la Guerre (1906–1909) 164
Pie XII (1876–1958), pape (1939–1958) 235
Poher, Alain, homme d'Etat français (né en 1909) 177, 190
Poincaré, Raymond, avocat et homme politique français (1860–1934), président de la République (1913–1920) 60
Pompidou, Georges, homme d'Etat français (1911–1974), premier ministre (1962–1968), président de la République (1969–1974) 177, 188, 190
Poujade, Pierre, directeur de journal et homme politique français

(né en 1920), fondateur et président de l'Union de défense des commerçants et artisans (depuis 1953) 176
Poupinot, Yves **117**–**118**
*Prêcheur, Claude 92, **93**–**96**
*Queneau, Raymond **50**–**51**, 52
Rabelais, François 48, 50, 51
Racine, Jean 50, 51
*Randet, Pierre 69, 71, **88**–**89**
Ravaillac, François (1578–1610), assassin de Henri IV 131
Renoir, Auguste, peintre français (1841–1919) 100
Ribbentrop, Joachim von, homme politique allemand (1893–1946), ministre des Affaires étrangères du IIIe Reich (1938–1945) 250
Richard Ier Cœur de Lion (1157–1199), roi d'Angleterre (1189–1199) 126
Richelieu, Armand-Jean du Plessis, duc de R., cardinal 48, 49, 74, 245, 246
Rigaud, Hyacinthe, peintre français (1659–1743) 133, 145
*Rioux, Lucien **222**–**225**
*Rivarol, Antoine, dit le comte de 42, **43**–**45**, 45, 47
*Rivière, Jacques **248**
Robespierre, Maximilian de, homme politique français (1758–1794) 146, 153
Roland, préfet des marches de Bretagne 109, 111, 121, 122
Rollon, chef normand (mort en 927) 123
Ronsard, Pierre de, poète français (1524–1585) 48
*Rousseau, Jean-Jacques **140**–**144**, 148, 158
Saint-Foix, Germain François Poullain de 110, 111
Sangnier, Marc, journaliste et homme politique français (1873–1950) 235
*Sartre, Jean-Paul 26, 185, **214**–**216**
*Sauvy, Alfred **29**–**32**, 33
Schiller, Friedrich, écrivain allemand (1759–1805) 158
Schmitt, Carl, juriste, professeur de droit public allemand (né en 1885) 177
Schuman, Robert, homme politique français (1886–1963) 17, 251, 252, 256
Schwartzkoppen, attaché militaire allemand lors de l'affaire Dreyfus 164
Schwob, Maurice, écrivain et journaliste français 246, 247
Sévigné, Marie de Rabutin-Chantal, marquise de 110, 111
Shaw, George Bernard, écrivain irlandais (1856–1950) 124
Sixte V (1520–1590), pape (1585–1590) 131
Sorel, Georges, sociologue français (1847–1922) 226

283

Sorlin, Pierre **207–209**
Staël, Germaine Necker, baronne de (1766–1817), romancière et critique 244
Stavisky, Alexandre, homme d'affaires (1886–1934) 176 (v. Index des matières)
Tanneguy-Duchastel ou Tanguy II du Chastel 110, 111
Théocrite de Syracuse 105
Thomas d'Aquin, saint, théologien italien, docteur de l'Eglise (1225–1274) 227
Thouret, Jacques, homme politique français (1746–1794) 60
Tinténiac, Johan de 110, 111
Triolet, Elsa, femme de lettres française (1896–1972) 168

Tristan 109, 111
Urbain II (v. 1042–1099), pape (1088–1099) 126
*Valéry, Paul **24–27**, 31, 50, 51, 53, **246–247**
Van Gogh, Vincent, peintre néerlandais (1853–1890) 100, 106
Vauban, Sébastian Le Prestre de, maréchal de France (1633–1707); le «Projet de dîme royale» qu'il publia sans autorisation fut saisi peu avant sa mort 145
Vaugelas, Claude Favre de, 42, 49
Vauvenargues, Luc de Clapier, marquis de 97–98
Vercingétorix 121, 122
Vercors, pseudonyme de Bruller, Jean, écrivain français (né en 1902) 168
Vigny, Alfred de 88, 89, 158
Villon, François, poète français (1431–après 1463) 127
*Voltaire, François-Marie Arouet, dit V. 50, 51, 124, 127, 131, **132–135**, **139–140**, 228
Weber, Max 211
Willems, Emilio, sociologue brésilien 219
Williams, Ernest E. 246, 247
Witikind, duc des Saxons (mort en 807) 121, 122
*Young, Arthur 33, 144, **144–145**
Yseut (ou Iseut) 109, 111
*Zola, Emile 162–165, 171

INDEX ALPHABÉTIQUE DES NOMS GÉOGRAPHIQUES ET DES MATIÈRES

Les noms en caractères gras renvoient aux chapitres donnant une introduction dans les méthodes de travail.
Les chiffres en caractères gras renvoient aux grands chapitres du livre.

Académie française **48–49**, 52, 69, 73, 74
acier 91
Action catholique 230, 231
administration **53–67** (v. aussi s. v. centralisation, concentration)
Afrique 11, 132
~ Equatoriale Française 170
~ du Nord 18, 19, 20, 101, 170
Agde (Hérault) 100
agriculture française, agriculteur(s) **200–207**, 208
Aigues-Mortes (Gard) 100
Aix-la-Chapelle 120, Traité d'~ 140
Albigeois 126, 227
Alès (Gard) 100
Alger, Algérie 19, 43, 101, 102, 189
Algésiras, Acte d'~ 256
aliénation, aliéné 30
Allemagne, Allemand(s), peuple allemand, République Fédérale d'Allemagne, République Démocratique Allemande 9, 11, 12, 13, 20, 21, 22, 23, 33, 34, 40, 44, 45, 50, 59, 65, 91, 112, 120, 121, 149, 153, 158, 162, 167, 168, 170, 171, 172, 176, 191, 194, 196, 200, 206, 207, 208, 225, 227, 242, **244–256**
Alliance française 46
Alpes 10, 14, 19
Alsace, Alsacien(s) 11, 15, 59, 63, 67, 91, 140, 227, 242, 247, 256
Amboise, conspiration d'~ 130
aménagement du territoire 53–67, 191
Amérique (continent) 43, 132, 246
Amiens (Somme), charte d'~ 226
analyse de texte, ~ **de style** 17–18, 28
Anapo (rivière en Sicile) 104, 105

Ancenis (Loire-Atlantique) 107
Ancien Régime 44, 57, 157, 159
Angleterre, Grande-Bretagne, Iles Britanniques, Anglais 9, 11, 12, 19, 20, 21 23, 24, 27, 32, 33, 35, 36, 40, 43, 44, 45, 74, 106, 109 (Albion), 111, 115, 124, 126, 127, 130, 144, 146, 149, 158, 166, 168, 171, 191, 245, 246
Anjou, Angevin(s) 63, 126, 129
Antiquité 25
Arabes 41, 123
Aragon (province espagnole) 111
Ardèche (dép.) 100
Ardennes (montagne) 10
Argenteuil (Val-d'Oise) 70
Aristote, réforme aristotélienne 40, 41 (v. Index des noms propres)
Arles (Bouches-du-Rhône) 104
Armorique, Armoricain 106, 113
arrondissement 60
artisans 208
Artois, Artésien(s) 63
Assemblée nationale 69, 151, 153, 172, 173, 174, 175, 176, 182, 188, 189, 190
associations 61, 62
athée(s), athéisme 227
Atlantique v. s.v. océan Atlantique
Aude (dép.) 100
Auerstedt, bataille d'~ 158
Aurore (L') (journal) 164
Austerlitz, bataille d'~ 158
automatisme, automation 29, 30
Autriche, Autrichien(s) 153, 158
Auvergne, Auvergnat(s) 10, 61, 63, 67, 73, 113, 129
Aveyron (dép.) 73, 74
Avignon (Vaucluse) 104, 105, 227
Azincourt (Pas-de-Calais), bataille d'~ 126

Baltique, mer 15
banlieue parisienne 71, 74, 77, 79, 85
Barangé, loi 231 (v. Index des noms propres)
Barcelone 15
Bas-Rhône (région) 64
Basques, Pays Basque 15, 59, 111, 122
Bastille 79, 153
Bavière, Bavarois 113
Bayeux (Calvados), discours de ~ 234
Bayonne (Pyrénées-Atlantiques) 144
Belfort (Terr. de Belfort) 60
Belgique, Belge(s) 23, 43, 65, 172
Bénélux 206
Berliet (firme) 204, 206
Berry, Berrichon(s) 63
Béziers (Hérault) 100
Bible 160, 161
blocus continental 115, 157, 158
Bonn 75, 89
Bordeaux (Gironde) 11, 15, 23
Boulogne-Billancourt (Hauts-de-Seine) 70, 225
Bourbons 126–127, 157, 158, 159
bourgeois, bourgeoisie 156, 162, 208, **209–216**, 226, 232, 237
Bourgogne, Bourguignons 10, 59, 63, 67, 127
Bourse 70, 88
~s du travail 225
Bouvines (Nord), bataille de ~ 74
Bréguet (firme) 70
Bréhat, île de (Côtes-du-Nord) 113, 115
Brest (Finistère) 107, 114
Bretagne, Breton(s) 10, 15, 59, 61, 63, 73, 104, **106–118**, 119, 161, 229, 230, 236

Brétigny (Eure-et-Loir), traité de ~ 126
Burundi 43
cadres 208, 226, 236, 237
Calais (Pas-de-Calais) 19, 124, 126
Cambodge 43
Cameroun 43, 166
Canada 9, 23, 43, 115
canal du Bas-Rhône-Languedoc 102
canton 60
Capétiens 73, 74, 123, 124, 126
capitalisme 156, ~ d'Etat 191
caractère des Français **34–41**
Carcassonne (Aude) 100
Carling (Moselle) 93, 94
Carnutes, forêt des ~ 15, 16
Carolingiens 123
cartel(s) 252, 253–254
Castillon-la-Bataille (Gironde), bataille de ~ 126
Catalans 15
Cateau-Cambrésis (Nord), traité de ~ 130
catholique(s), catholicisme 104, 105, 127, 129, 159, **227–235**, 243
Celtes, Celtique 11, 12, 22
Cent-Jours 155, 158
Centrafricaine, République 43
centralisation **53–59**, 67, 68
Cévennes, Cévenol(s) 227, 229, 237–239
Chambre des députés 60
Champagne 112
Champs-Elysées 85
Chantereine (Somme) 195
charbon, houillères 64, 65, 91, 92, 95, 96
charte de 1815 158
Chartres (Eure-et-Loir) 15, 16
Châteaubriant (Loire-Atlantique) 107
Cherbourg (Manche) 114
Chiers (rivière) 93, 94
Cid (le), tragi-comédie de Pierre Corneille 49
cité(s) ouvrière(s) 93, 94, 95, 119
Cîteaux (Côte-d'Or) 227
Citroën (firme) 70
Clairvaux (Aube) 227
classe (sociol.) 211
cléricalisme 241, 242
Clermont-en-Argonne (Meuse) 144
Clermont-Ferrand (Puy-de-Dôme) 14, 126
Cluny (Saône-et-Loire) 227
Code civil 153, 154, 171
Collège de France 73, 74
Cologne 89
Comité de Libération Nationale 189
Comité de Salut public 153
Comité national de la Résistance 166, 167
commerçants 208
Commission de développement économique régional (C.O.D.E.R.) 62, 230, 243
Communauté économique européenne (C.E.E.) v. s.v. Marché commun

Communauté européenne de défense 189, 256
Communauté européenne du charbon et de l'acier (C.E.C.A.) 64, 65, **252–254**
Communauté française 173, 174, 175, 176
commune (unité administrative) 60
~ de Paris de 1871 80, 162, 185
communistes, Parti Communiste Français (P.C.F.) 172, 178–181, 182, 185, 198, 226, 232, 234
Comores (îles) 176
compte rendu 66–67
Concarneau (Finistère) 107, 117, 118
concentration, déconcentration 53, 56, 61, 67
concordat de 1801 154, 171, 228
Concorde, place de la ~ 79
Confédération Française des Travailleurs Chrétiens (C.F.T.C.) 222, 226, 231, 235
Confédération Générale du Travail (C.G.T.) 185, 198, 222, 225, 226
conférence de presse 63
Congo-Brazzaville 43, 166
Congo-Kinshasa 43, 166
congrégations religieuses 240–241
Conseil constitutionnel 174, 176, 187, 188
Conseil de région 61, 62, 67
Conseil des Ministres 59, 60
Conseil général 60
Conseil municipal 60
Conseil National de la Résistance 170
Constituante, Assemblée ~ 60, 61, 146, 153
constitution de 1946 172, 173, 176
constitution de la Ve république **172–176**
constitution civile du clergé 228
Consulat 153
contestation, contestataire(s), contester 183, 185
Convention nationale 153
Corse 14, 101
Côte Française des Affars et Issas (Côte Française des Somalis, Djibouti) 176
Côte d'Ivoire 43
Côtes-du-Nord (dép.) 107, 115
Courbevoie (Hauts-de-Seine) 70
Courneuve (La) (Seine-Saint-Denis) 70
Crécy-en-Ponthieu (Somme), bataille de ~ 126
Crédit maritime 118
croisades 41, 126, 227
Croisic (Le) (Loire-Atlantique) 117, 118
Dahomey 43
Danemark 115
Danube (fleuve) 14, 15
Dassault (firme) 70
décentralisation 57, 58, 61
Déclaration des Droits de l'homme et du citoyen **146–149**, 153, 171, 173, 176

Déclaration d'Indépendance de 1776 149
département(s) 59, 60, 61, 62, 64, 67
description 99
développement régional, Sociétés de ~ 64
dialectique 17
Dieuze (Moselle) 97, 98
Dinan (Côtes-du-Nord) 107
Directoire 153
dirigisme 197–199, 207
discours 170–171
dolmens 107
Dombasle-sur-Meurthe (Meurthe-et-Moselle) 92, 93, 94
Douvres 19
Dreyfus, affaire **162–165**, 171, 176 (v. Index des noms propres)
droite politique 38, 172
druides, druidique 109, 111
Dunkerque (Nord) 19
école libre 231
Ecole Normale Supérieure 70
Ecole Polytechnique 70
économie française **191–207**
Ecosse 11, 12
Eglise catholique 38, 120, 159, 227, 230
Egypte 153
Eiffel, tour 35, 79 (v. Index des noms propres)
Elbe (fleuve) 11, 121
éloquence 63, 67
Empire, Premier 114, 115, 146, 158, 159
~, Second 77, 159
employés 208
Entente cordiale 256
Epinal (Vosges); images d'~ 246
Escaut (fleuve) 11, 12
Espagne, Espagnol(s) 9, 11, 12, 15, 20, 24, 25, 32, 48, 121, 129, 158
essai 26
Essonne (dép.) 60, 68, 85
Etats généraux 127, 129, 153
Etats-Unis d'Amérique (U.S.A.) 9, 23, 29, 112, 149, 166, 169, 172, 251, 252
Etel (Morbihan) 117, 118
Etoile, place de l'~ 79
Europe, Européen 9, 11, 12, 14, 18, 19, 24, 32, 33, 41, 42, 46, 52, 77, 78, 119, 122, **251–254**
événements, v. s.v. mai 1968
exode rural 193, 202, 237
explosion démographique, v. s.v. population
fascisme 29, 32
Faulquemont (Moselle) 93, 94
Fédération, Fête de la ~ 151
fédérations 61, 62
Fédérés, mur des ~ 79, 80
félibrige 105
Fentsch (rivière) 92, 93, 94
fer, sidérurgie 64, 65, 91, 92, 95, 96
Finistère (dép.) 107, 111
Flandre, Flandres, Flamand(s) 34, 61, 63

285

Flins-sur-Seine (Yvelines) 195, 196
Folschwiller (Moselle) 93, 94, 95
fonctionnaire(s) 59, 62, 208
Fontainebleau (Seine-et-Marne) 158
fonte 91
Fontenay-en-Pusaye (Yonne) 51
Fontenay-le-Comte (Vendée) 111
Forbach (Moselle) 92
Forces Françaises de l'Intérieur (F.F.I.) 170
Forces Françaises Libres (F.F.L.) 166, 170
Fougères (Ille-et-Vilaine) 107
France libre 166, 170
Francfort-sur-le-Main 89, 256
Franche-Comté, Franc-Comtois 63
Francs-Tireurs et Partisans (F.T.P.) 170
Franks, Francs (tribu germanique) 109
Fronde 132, 140
Front populaire 184, 198, 226
Gabon 43, 166
Galice (région espagnole) 15
Galles, pays de ~ 11, 12
gallicanisme 228
Gard (dép.) 100
 pont du ~ 104, 109
Gardon (rivière) 104, 105
Garonne (fleuve) 11, 12
Gascogne 129
Gaule 14, 16, 111, 121
gaullisme, gaulliste(s) 172, **178–181**, 182, 184, 188, 189
gendarmerie 60
Genève 141, 238
Germanie, Germain(s) 22, 121
Gironde (région) 144
Goncourt, déjeuner ~, prix ~ 74 (v. Index des noms propres)
Grande-Bretagne, v. s.v. Angleterre
grands ensembles 85, 86
Grèce, Grec(s) 24, 43, 44, 48, 104
Grenelle, accords de ~ 185, 226
Grenelle (quartier) 85, 86
Grenoble (Isère) 234
Guadeloupe (île) 60
Guerre, ~ de Cent ans 124, 126, 127
 ~ de Hollande 139
 ~ de succession d'Espagne 139, 140
 ~ de Trente ans 132, 140, 245
 ~s de religion 129, 236
 ~ franco-allemande de 1870–1871 159, 256
 ~ froide 251
 deuxième ~ mondiale (1939–1945) 250–251, 256
 Grande ~, première ~ mondiale (1914–1918) 30, 77, 249, 256
Guilvinec (Le) (Finistère) 117, 118
Guinée 43
Guingamp (Côtes-du-Nord) 107
Guise (famille noble) 129, 130
Guyane française 60
Habitations à Bon Marché (H.B.M.), ~ à Loyer Modéré (H.L.M.) 85, 218
Habsbourg, maison de ~ 74

Hagondange (Moselle) 95
Haïti 43
Hasparren (Pyrénées-Atlantiques) 144
Haute-Volta 43
Hauts-de-Seine (dép.) 60
Havre (Le) (Seine-Maritime) 14, 214
Heidelberg 89
Hérault (dép.) 100
hexagone 9, 29
Hispana (firme) 70
Hollande, v. s.v. Pays-Bas
Holstein 247
Hongrie, Hongrois 32
houillères, v. s.v. charbon
huguenots 110, 111, 127, 129, 227, 237, 238 (v. s.v. protestants)
Iéna, bataille d'~ 158
Ile-de-France 88
Ille-et-Vilaine (dép.) 107
impôts, v. s.v. perception des impôts
Indes 18
 ~ orientales 132
 compagnie des ~ 114, 115
industrie française **191–199**
Inquisition 227
Inscription maritime 118
investissements 192
Irlande 11, 12, 15, 106, 111
ironie, ironique 36
Islande 113, 115
Islettes (Les) (Meuse) 144
Israël 227
Italie, Italien(s) 9, 11, 19, 23, 32, 43, 48, 121, 153, 196, 206
Ivry-la-Bataille (Eure), bataille d'~ 131
jansénisme 139
Japon 9, 25
Jarnac (Charente) 188
 bataille de ~ 131
jeunes 29, 32
Jeunesse Agricole Chrétienne (catholique) (J.A.C.) 205, 206, 230, 235
Jeunesse Ouvrière Chrétienne (catholique) (J.O.C.) 230, 235
Jésuites 40, 41
juge de paix 60
Juif(s), Judaïsme 227, 240
Jura (montagne) 10, 15, 229
Justinien, Réforme justinienne 40, 41 (v. Index des noms propres)
Lacq (Pyrénées-Atlantiques) 65
laïcité, laïque 173, 176, 190, **240–242**, 243
Land, Länder (Allemagne) 64
Landes (région) 64
langue d'oc 15, 16, 104, 105
langue d'oïl 16, 104, 105
langue française **42–52**
Languedoc, Bas-Languedoc 64, **100–106**, 119, 129, 227, 229
Lannion (Côtes-du-Nord) 107
Laos 43
Lapie, commission ~ 240, 242 (v. Index des noms propres)
latin 43, 44, 48

Layrac (Gironde) 144
Le Chapelier, loi ~ 225 (v. Index des noms propres)
Législative, Assemblée ~ 151, 153
Leipzig, bataille de ~ 158
Léon, pays de ~ (Bretagne) 111
Liban 43
libéralisme, libéral 156, 159
Libération 167
libre pensée 38
Ligue, ligueurs 110, 111
Lille (Nord) 64, 189
Limoges, Limousin(s) 14, 73, 74
Limoux (Aude) 100
Locarno, accords de ~ 256
Lodève (Hérault) 100
logements, v. s.v. pénurie de logements
Loire (fleuve) 10, 68, 122, 150
Loire-Atlantique (dép.) 107
Lombards 121
Londres 11, 75, 168, 189, 252, 254
Longwy (Meurthe-et-Moselle) 92, 95
Lorient (Morbihan) 107, 114, 117, 118
Lorraine, Lorrain(s) 11, 38, 39, 61, 63, 65, **91–99**, 112, 119, 123, 229, 242, 247, 256
Louvre 73, 79
Ludwigshafen 89
lumières, Siècle des ~ 244
Luxembourg 43, 65
Lyon (Rhône) 14, 23, 204
Madagascar 43
Madeleine (La) (Meurthe-et-Moselle) 93, 94
mai 1968, événements de ~ 29, 30, 177, 181, **183–187**, 189
Maine (province) 126
maire 60
Mali 43
Malplaquet (Nord), bataille de ~ 246
malthusianisme, esprit malthusien 29, 30, 33, 252, 254 (v. Index des noms propres s.v. Malthus)
Manche (bras de mer) 10, 15, 24, 104, 106
Mannheim 89
maquis, maquisards 166
Marché commun, Communauté économique européenne (C.E.E.) 64, 103, 119, 191, 200, 202, **206–207**, 252
Marienau (Moselle) 93, 94
Marignan (Italie), bataille de ~ 127
Maroc 19, 43, 256
Marseille, (Bouches-du-Rhône), Marseillais 11, 18, 23, 113
Marshall, plan ~ 226, 256 (v. Index des noms propres)
Martinique (La) 60
marxisme, marxiste 30, 161, 185, 211, 213 (v. Index des noms propres s.v. Marx)
Massif central 15, 74, 100, 230, 238
matérialisme historique 161
Matignon, accords ~ 226
Maures 24, 111